SPICES

**향신료,
인류사를 수놓은 맛과 향의 프리즘**

향신료, 인류사를 수놓은 맛과 향의 프리즘

지은이 | 김현위
초판 1쇄 발행 | 2025년 10월 20일

펴낸곳 | 도서출판 따비
펴낸이 | 박성경
편   집 | 신수진, 정우진
디자인 | 이수정(본문), 김종민(표지)
출판등록 2009년 5월 4일 제2010-000256호
주소 서울시 마포구 월드컵로28길 6(성산동, 3층)
전화 02-326-3897
팩스 02-6919-1277
이메일 tabibooks@hotmail.com

인쇄·제본 영신사

ⓒ김현위·(주)오뚜기, 2025

* 잘못된 책은 구입하신 서점에서 바꾸어 드립니다.
* 이 책의 무단 복제와 전재를 금합니다.

ISBN 979-11-92169-53-8 03590

책값은 뒤표지에 있습니다.

SPICES

향신료,
인류사를 수놓은 맛과 향의 프리즘

김현위 지음

archive
01

책을 내며

향신료, 세계를 연결한 맛의 오래된 여정

　인류가 생존하고 식생활 문명의 역사를 만들기까지 가장 중요한 두 가지 사건을 꼽는다면 아마도 첫째는 불의 발명과 기술적 이용이고, 둘째는 향신료를 사용하면서 맛의 문화를 이루었다는 사실일 것이다.
　생식生食을 하는 동물과는 다른 인간의 식생활에서 가장 큰 특징은 식재료를 굽고, 삶고, 볶고, 지지고, 튀기는 등의 '조리'를 하고, 나아가 음식을 더 맛있게 먹기 위해 조리하는 과정에서 조미료나 향신료 같은 '양념'을 사용한다는 점이다. 이처럼 인류의 음식문화는 '어떻게 하면 맛있게 먹을 수 있을까'를 고민하면서 발전시켜온 역사의 산물이라고 해도 과언이 아니다. 이러한 미식美食 문화의 추구에 절대적인 역할을 한 것이 동서양을 막론하고 양념의 사용이고, 그 중심에 향신료가 있었다. 서양의 경우는 육식 문화를 기반으로 주로 소금과 향신료가, 동양의 경우는 곡식과 채식 문화를 기반으로 소금과 발효 양념장류 그리고 향신 채소가 음식문화를 일구어왔다.
　고대 문명으로 거슬러 올라가면, 인류 초기의 향신료는 음식의 보존뿐 아니라 장례 시 주검의 부패를 지연하는 방부제로 사용되기도 했고, 종교의식과 주술에서도 활용되었다. 또한 향신료와 허브는 질병의 예방과 치료를 위해 사용되었고, 향신료의 효능을 파악해 약재로 활용했던 것이 초기 의학의 근간이 되었다. 이렇게 해서 탄생한 고대 문명의 의학이 바로 고대 이집트 의학, 인도의 아유르베다 의학, 페르시아·아라비아의 유나니 의학, 그리스의 히포크라테스 의학, 그리고 중국 의학 등이다. 과거와 비교할 수 없을 만큼 고도로 발전한 현대 의학에서도 여전히 제약과 치료제의 일부로 향신료가 활용되고 있다. 그 실체는 향신료의 식물학적 특성에서 발현되는 향과 맛, 그리고 색을 내는 성분들인데, 과거에 경험하고 습득한 건강상의 이점이 현대에 들어서는 과학적인 증거로 구체적으로 밝혀지고 있어서 향신료의 미래가 더욱 기대된다.

이는 용어에서도 잘 나타난다. 우리가 흔히 사용하는 향신료 베이스를 '양념[藥念]'이라고 부르는데, 이를 '약으로 생각하고 넣는 것', '먹어서 몸에 약처럼 이롭기를 염두에 둔다.'라고 풀이하거나 학자에 따라 '약이 되는 소금'이라는 의미로 해석한다. 그런데 마침 '스파이스 spice'라는 용어 역시 약품이라는 뜻의 라틴어 '스페키에스 species'에서 유래했다고 하니, 향신료에 대한 동서양의 인식과 활용이 결코 다르지 않았음이 흥미롭다.

중세에 들어서는 약재와 식재료로서 가치가 확인되고 그 수요가 더욱 크게 증가하면서, 향신료는 그야말로 다이내믹한 세계사의 중심에 서게 되었다. 인도를 비롯한 아시아 지역에서 주로 생산되는 지리적 제약에 따른 희소성 때문이었다. 이로 인해 유럽 각국 사이에서 향신료 확보를 위한 경쟁이 촉발되었고, 대항해 시대가 열리면서 신항로의 개척과 신대륙의 발견 등으로 이어졌다.

향신료를 찾아 나선 탐험은 제국 또는 국가 간 지배·정복·경쟁과 같은 부정적인 역사의 일면을 만들기도 했지만, 또 한편으로는 동양과 서양 간 무역의 본격적인 시작, 그리고 구대륙과 신대륙 간 교류의 물꼬를 튼 세계사 변혁의 계기가 되었다. 그야말로 인류의 음식문화사에 길이 남을 이정표가 된 셈이다.

근대에 들어 향신료는 동서양 음식문화의 교류와 융합의 매개체 역할을 톡톡히 했다. 그러면서도 특정 지역별로 향신료 사용의 고유한 패턴이 있고, 그 안에 지역 요리[ethnic food]의 전통과 정체성 그리고 음식의 민족성을 담아 현재까지 이어지고 있다. 향신료가 근대 이전에는 교역을 통해 지역과 지역을 연결했다면, 지금은 사람과 문화를 연결하며 퓨전 요리를 이끌고 있다. 최근에는 기후 변화와 함께 점점 더 복잡해지는 사회문화 환경 등으로 인해 향신료를 이용한 음식과 음식문화의 패러다임이 조금씩 바뀌고 있다. 이는 향후 다양한 방향으로의 '스파이시 웨이브spicy wave'를 전망케 한다.

이 책은 8개의 장으로 구성되어 있다. 1장과 2장에서는 향신료에 대한 기본적인 이해를 돕기 위해 개념과 기원을 밝히고, 고대부터 현대에 이르기까지 향신료가 어떻게 이용되고 인식되어왔는지를 소개했다. 3장에서는 우리 한국인이 주로 사용하는 향신료들이 언제 한반도에 전래되어 우리 음식문화를 형성하는 데 기여해왔는지, 그 역사를 담았다. 4장에서는 세계인의 사랑을 받고 있는 37종의 단품 향신료들, 그리고 지역 음식문화의 상징인 다양한 혼합 향신료에 대해 꼼꼼히 살펴보았다. 5장에서는 이들 향신료를 이용한 세계의 다양한 요리들과 함께, 식재료와 향신료의 어울림을 음식학 측면에서 알아보았다. 그리고 6장과 7장, 8장에서는 향신료의 과학과 건강학, 생산과 소비에 관련된 지리 내용을 두루 다루었다.

향신료를 다룬 책들이 국내외에서 꽤 출간되었다. 하지만 대부분 향신료를 둘러싼 역사를 다룬 인문서이거나 향신료를 이용하는 방법을 다룬 요리책, 또는 향신료를 소개하는 도감(圖鑑)류다. 향신료의 방대한 세계를 한 권의 책에 폭넓게, 또한 깊이 있게 담고 싶어 이 책을 기획했는데, 마무리를 하고 보니 아쉬움이 다소 남는다.

그동안 향신료는 요리를 할 때 음식의 맛을 풍부하게 하거나 음식을 오랫동안 저장하기 위한 보조적인 수단으로만 여겨졌다. 그러나 향신료가 그러한 역할을 할 수 있게 된 것은 기후 조건과 식물의 방어기제라는 자연과 더불어, 각 향신료 고유의 맛과 향, 색을 음식문화 속에 녹여내고자 한 인류의 지혜 덕분이다. 독자 여러분께서 이 책을 통해 향신료들이 오랜 역사 속에서 어떻게 이용되어왔고 음식문화 속에 어떻게 자리 잡아왔는지 알아보고, 다양한 향신료에 들어 있는 고유한 향, 맛, 색을 내는 성분들이 음식에서 어떻게 작용하고 건강에 어떤 영향을 미치는지 확인할 수 있기를 바란다. 이를 통해 우리가 접하는 매일의 요리에 대한 인식과 경이로움이 배가된다면 저자로서 더할 나위 없이 기쁠 것이다.

모쪼록 이 책에서 소개하는 향신료의 향을 차근차근 따라가며 익숙한 요리 속에 스며들어 있는 작은 변화가 주는 큰 즐거움과, 향신료 한 줌에 담긴 오랜 시간과 문화의 깊이를 자연스럽게 느끼시기를 바란다.

국내에서 가장 먼저 향신료를 사용한 제품을 만들어내고 소비자들에게 향신료의 매력을 소개한 (주)오뚜기에서 향신료를 종합적으로 다룬 책을 내고 싶다는 소망을 오랫동안 품어왔는데, 드디어 그 소망을 실천하게 되어 기쁜 마음이다.

오뚜기 식문화원 원장 김현위

차례

책을 내며
향신료, 세계를 연결한 맛의 오래된 여정   4

PART 1 —— 향신료란 무엇인가
01   향신료의 정의   14
02   향신료의 기원   18

PART 2 —— 향신료의 세계사
03   고대에서 근대까지, 향신료가 바꾼 역사   24
04   현대의 향신료, 인식과 위상   45

PART 3 —— 한국의 향신료
05   한국 향신료의 역사와 문화   50
06   한국인이 사랑한 향신료들   57

PART 4 ── **향신료의 종류와 특성**

07 인간을 매혹시킨 식물, 단품 향신료　　　　84

후추, 가장 흔하고 가장 귀한 향신료　　　　85
강황, 건강한 노란색　　　　92
생강, 달콤한 매운맛　　　　99
카다멈, 청량하고 기품 있는 향미　　　　105
커민, 양고기의 필수 향신료　　　　109
펜넬, 생선을 원래의 맛으로 되돌리는 허브　　　　114
셀러리, 입맛을 돋워주는 풀 냄새　　　　119
고수, 비릿한 잎과 달콤한 씨앗　　　　123
캐러웨이, 커민과 닮은　　　　129
아니스, 과자를 빛내주는 달콤함　　　　133
딜, 오이피클의 향　　　　137
파슬리, 상큼한 풀 향　　　　142
육두구와 메이스, 하나의 열매에서 나는 두 가지 향신료　　　　146
정향, 가장 귀한 꽃봉오리　　　　152
올스파이스, 모든 향을 가진 하나의 향신료　　　　157
페누그릭, 볶으면 한층 달달해지는 향　　　　162
타마린드, 새콤달콤한 열대의 맛　　　　166
바질, 아름답고 향기로운 잎　　　　170
타임, 작은 잎이 내는 강한 향　　　　174
세이지, 건강을 부르는 허브　　　　179
오레가노, 강렬하고 야성적인 향　　　　184
시나몬과 카시아, 단맛을 강화하는 달달한 향　　　　189

월계수 잎, 육수를 낼 때 빠지면 안 되는	196
스타아니스, 중국 요리 특유의 향	200
사프란, 가장 비싼 향신료이자 착색료	204
마늘, 한국 음식의 향	209
머스터드, 톡 쏘는 매운맛의 매력	216
호스래디시, 추운 곳에서 나는 유일한 매운맛	224
와사비, 일본을 대표하는 매운맛	228
레몬그라스, 열대 아시아의 레몬 향	234
고추, 세계를 정복한 매운맛	239
할라페뇨, 기름기를 씻어주는 핫소스의 맛	246
파프리카, 맵지 않은 붉은색	250
초피와 화자오, 닮은 듯 다른 동아시아의 매운맛	255

08 지역 음식문화의 상징, 혼합 향신료	**262**
인도 아대륙	263
동남아시아	270
동아시아	274
아프리카·중동	278
유럽	285
아메리카	291

PART 5 ── 향신료의 음식학

09 향신료는 그 지역 음식의 색깔	298
10 세계의 향신료 요리	300
11 식재료와 향신료의 어울림	325

PART 6 —— 향신료의 과학

- 12 향신료의 조리과학1 — 336
- 13 향신료의 조리과학2 — 347
- 14 매운맛을 내는 향신료의 과학 — 362
- 15 향신료 가공의 과학 — 382

PART 7 —— 향신료의 건강학

- 16 고대 의학에서의 향신료 — 388
- 17 현대 의학에서의 향신료 — 390

PART 8 —— 향신료 생산과 소비의 지리

- 18 향신료의 주요 생산 지역 — 408
- 19 향신료의 재배 및 생산 현황 — 410
- 20 세계의 향신료 시장 현황 — 422
- 21 한국의 향신료 시장 현황 — 432

부록 — 438
참고문헌 — 451
도판 출처 — 468

PART 1

향신료란
무엇인가

향신료의 정의

향신료의 기원

01 | 향신료의 정의

향신료는 '천국의 향기'라 불리는 독특한 향과 맛으로 고대부터 세계인의 입맛을 사로잡아왔다.

향신료香辛料/spice라는 단어는 처음부터 강렬하고 자극적인 맛을 선사하는 물질이라는 뉘앙스를 함축하고 있었다. 고대 로마 사람들은 의사가 사용하는 식물성 약재와 요리사가 이용하는 향이 강한 식재료를 모두 species(스페키에스)라고 불렀다. 중세 이후 향신료라는 단어에는 이국적인 정취가 덧붙여졌다. 그러나 근대 이후 '향신료'라는 단어에 함축되어 있던 이국적인 의미는 어느 정도 상실되었다.

현대에 들어 향신료는 미각, 후각, 시각, 통각 등 여러 감각신경을 자극해 음식의 맛을 좋게 하거나 향을 변화시켜 식욕을 증진하는 방향성芳香性을 갖는 식물에서 얻은 조미료를 의미하며, 스파이스spice와 허브herb를 총칭한다. 스파이스는 열대, 아열대, 온대 지역에서 생산되는 방향성 식물의 씨앗, 열매(과실), 뿌리, 줄기, 꽃, 나무껍질 등에서 얻으며, 대부분 말려서 사용한다. 예를 들면 후추, 시나몬, 육두구, 메이스, 올스파이스, 생강, 정향 등이 있다. 반면, 허브는 목질태의 관목이 아니라 꽃이 피고 나중에 시드는 부드러운 줄기를 가진 잎이 많은 부

표 1-1 이용 부위에 따른 향신료 및 허브의 종류

이용 부위	향신료 및 허브 종류
씨앗	고수, 커민, 페누그릭, 펜넬, 카다멈, 육두구, 겨자(머스터드), 아니스, 셀러리 씨, 캐러웨이, 딜, 참깨
뿌리(뿌리줄기)	강황, 생강, 갈랑갈, 호스래디시, 와사비
줄기(비늘줄기)	마늘, 양파, 파
열매	고추, 후추, 스타아니스(팔각), 파프리카, 올스파이스
열매껍질	진피(말린 귤껍질), 메이스
줄기 껍질	시나몬, 카시아, 레몬그라스
꽃봉오리	정향, 사프란
잎	월계수 잎, 커리리프, 고수 잎, 로즈메리, 민트, 감초, 세이보리, 겨자 잎, 오레가노, 파슬리, 바질, 세이지, 타임

표 1-2 기능 및 사용 목적에 따른 분류

주요 역할	향신료 및 허브 종류
향 발현	올스파이스, 육두구, 시나몬, 아니스, 바질, 딜, 메이스, 펜넬, 파슬리, 타라곤, 마조람, 커민, 민트, 카다멈
색 발현	강황(노란색), 사프란(황금색), 파프리카(붉은색)
매운맛 발현	고추, 후추, 겨자, 호스래디시, 와사비, 생강, 화자오, 초피
불쾌한 냄새 억제	마늘, 정향, 로즈메리, 양파, 월계수 잎, 타임, 세이지, 고수, 캐러웨이, 오레가노

위에서 얻으며, 방향성이 있으면서 약리학적 효능을 가지는 식물을 말한다.

향신료香辛料는 한자 그대로 자극성의 향과 맛을 가지고 있다. 이런 향미로써 음식물의 풍미를 더해 식욕을 증진하거나 식재료의 누린내나 비린내를 덮는 것이 향신료를 사용하는 가장 큰 목적이다. 그러나

> ### 식품 산업에서의 '향신료' 정의
>
> - 국제표준화기구International Organization for Standardization, ISO: 천연의 식물성 제품 또는 이들의 혼합물이면서, 홀whole 또는 분쇄 형태로, 식품에 풍미, 향 및 특이성을 부여하고 조미료로 사용된다.
> - 미국향신료무역협회American Spice Trade Association, ASTA: 주로 조미 목적으로 사용되는 건조 식물 제품.
> - 전일본향신료협회全日本スパイス協会: 식품의 조리를 위해서 사용하는 방향성과 자극성을 가진 식물.
> - 한국의 '식품공전': '향신료' 자체에 대한 정의는 없으며, '향신료 가공품'으로 "'조미식품'에 속하며, 조미식품은 식품을 제조·가공·조리하는 과정에서 풍미를 돋우기 위한 목적으로 사용되는 식품이다. 주로 식초, 소스류, 카레(커리), 고춧가루 또는 실고추, 향신료 가공품, 식염 등이 여기에 들어간다. 향신료 가공품은 향신 식물(고추·마늘·생강 포함)의 잎, 줄기, 열매, 뿌리 등을 단순가공한 식품 또는 식품첨가물을 혼합하여 가공한 식품을 가리킨다. 다만 카레, 고춧가루, 실고추는 별도의 조미식품으로 뽑았다."로 정의되어 있다.

이외에도 음식의 색을 입히거나 소화흡수를 돕는 기능도 있다.

그렇다면, 이렇게 독특한 향미를 가진 식물을 통틀어 가리키는 '향신료' 혹은 '스파이스'라는 말은 언제부터 사용하게 된 것일까?

'스파이스'라는 뜻의 단어가 처음 사용된 기록은 1140년경 프랑스에서 나온 《샤를마뉴의 순례Pèlerinage de Charlemagne》라는 책이다. 스파이스를 뜻하는 프랑스어 épice는 라틴어 species에서 유래했는데, 프랑스 고어 espice를 거쳐 épice가 되었다. 돈을 가리키는 프랑스어 espèces도 역시 고대 라틴어 species에서 나왔다. 중세에는 관리들에게 무언가 특별한 부탁을 할 때 향신료로 사례하는 것이 관습이었기 때문에 돈과 향신료는 거의 동일시되었다. 이처럼 돈(금)과 향신료는 처음부터 서로 밀접한 관계를 가지고 있었으므로, 이 둘은 역사 속에서 가장 값진 재물의 동의어로 남게 되었다. 한편 영어 spice는 1225년경 나온 《여성 은둔자들을 안내서Ancrene Riwle》에 명사로 처음 사용되었다.

한자 문화권인 동아시아에서는 약재나 양념으로 사용하는 향이 나는 식물을 '물료物料' 또는 '요물料物'이라고 불렀다. 18세기에 유중림柳重臨(1705~1771년)이 쓴 《증보산림경제增補山林經濟》(1766년)에서는 파, 마늘, 생강, 후추, 고추 등 향신료를 사용해 양념 만드는 법을 '조물료법造物料法'이라고 제시했다. 이후 20세기에 들어 일본에서 영어 spice를 한자어 '향신료香辛料'로 번역하면서 이 단어가 지금까지 통용되고 있다.

표 1-3 **단어의 변화**

향신료	서양	라틴어 species → 프랑스 고어 espice → 프랑스어 épice → 영어 spice
	동양	물료物料/요물料物 → 향신료香辛料
허브	서양	고대 라틴어 herba → 프랑스어 herbe → 영어 herb
	동양	약초藥草 또는 향초香草

02 향신료의 기원

인간은 언제부터 향신료를 사용했을까? 시리아의 데데리예Dederiyeh 동굴 안에 있던 6만 년 전(구석기시대) 네안데르탈인이 사용한 화로 안에서 팽나무속Celtis 식물의 열매가 화석으로 발견되었다. 이 열매는 다소 불쾌한 맛이 나므로 단독으로 먹기에는 적당하지 않다. 그런데 미국 남서부 사막지대에 사는 아메리카 원주민들은 지금도 이와 비슷한 팽나무 열매를 고기를 조리할 때 첨가한다고 한다. 마치 말린 후추를 사용하듯이 말이다. 네안데르탈인이 이 열매를 향신료로 사용했는지는 알 수 없다.

지금과 비슷한 형태로 향신료를 사용한 고고학적 증거는 기원전 4600년 무렵의 것으로 추정되는 독일 북부의 노이슈타트Neustadt 유적지에서 나왔다. 유럽에서 농경문화가 북쪽으로 확산되고 수렵채집인들의 식습관이 과도기를 겪던 시기의 유적지인데, 여기서 수렵채집인들이 고기, 지방, 약간의 전분과 함께 마늘냉이Alliaria petiolata를 향신료로 사용한 스튜와 비슷한 음식을 먹은 흔적이 발견된 것이다.

향신료는 단백질이나 지방, 탄수화물 함량이 거의 없어서 에너지원으로서의 가치는 거의 없다. 맛 또한 단독으로 먹기에는 지나치게 자극적이다. 그런데도 인간은 향신료를 오래전부터 사용했다. 어떻게, 어떤 이유로 향신료를 사용하게 되었을까?

코넬대학교의 진화생물학자인 폴 셔먼Paul W. Sherman 교수는 향신료 사용의 문화적 진화를 '다윈의 요리법' 가설로 주장했다. 즉, 인류가 태초의 수렵 시절부터 먹을 수 있는 것과 먹을 수 없는 독성물질을 경험을 통해 구별해오다가 어느 시점에 향신료가 포함된 음식은 덜 상한다는 사실을 깨달았고, 그 후 음식을 잘 보존하려고 향이 강한 식물 부위를 향신료로 사용했다는 가설이다.

《딜리셔스—인류의 진화를 이끈 미식의 과학》에서 저자인 롭 던Rob Dunn과 모니카 산체스Monica Sanchez는 다양한 문화권에서 여러 가지 이유로 향신료를 사용하기 시작했을 것으로 추정했다. 어떤 향신료는 색다른 미학적 문화의 발현으로, 또 어떤 향신료는 음식 섭취를 통한 예방 의학의 일환으로 사용하기 시작했을 수 있다는 것이다.

실제로 세계 여러 나라의 요리법을 분석하면, 더운 지역일수록 요리에 사용되는 향신료의 종류와 양이 더 많은 것으로 나타난다. 이는 따뜻하고 습한 기후대에서 더 다양한 향신 식물이 자란다는 자연적 요인과, 더위와 습기로 인해 식재료가 더 빨리 부패하는 것에 대한 인류의 자연스런 방어 기제가 상호작용한 결과로 보인다.

한편, 향신료를 식재료로 사용하기 더 오래 전에 약재로 사용하는 일이 먼저 있었고, 그것이 확장되어 식재료로 사용했으리라는 주장도 있다. 고대 로마의 유명한 미식가인 마르쿠스 가비우스 아피키우스Marcus Gavius Apicius(기원전 80?년~서기 20년)가 쓴 서양 최초의 요리서《데 레 코퀴나리아De re coquinaria(요리에 관하여)》를 통해서도 이러한 추론이 가능하다. 이 책에 소개된 조리법 중 멧돼지, 사슴, 노루, 쇠고기, 송아지고기 같은 고기 요리에 후추, 러비지lovage*, 오레가노, 커민,

민트, 타임, 캐러웨이, 펜넬 등 다양한 향신료를 사용했다. 이는 음식의 풍미를 올리려는 목적보다는 병원균으로부터 식품을 오래 안전하게 보존하려는 목적으로 사용한 것으로 보인다. 그보다 오래된 문명을 가진 인도나 중국에서도 질병 치료를 위한 처방으로 향신료를 비롯한 다양한 식재료를 활용해왔다.

이처럼 고대인들은 경험을 통해 건강과 관련한 향신료의 가치를 알게 되었을 것이고, 반대로 많은 사람의 희생을 통해 향신료 중 일부는 사람들을 아프게 하거나 해를 주기도 한다는 사실도 자연스럽게 깨달았을 것이다. 또한 몇몇 향신료는 음식을 더 맛있게 먹을 수 있게 돕는다는 사실도 알게 되었다.

수렵채집 시대 이후 농경문화가 출현하면서 인류는 곡식을 재배하고 곡물을 주식으로 삼게 되었다. 이때 음식을 장기간 저장할 필요성도 생겼다. 이 시기부터 식품을 매개로 한 질병은 더욱 문제가 되었을 것이고, 음식을 상하지 않게 저장하는 방법도 개발되었을 것이다. 이와 동시에 쌀이나 카사바, 옥수수, 밀처럼 비교적 맛이 단조로운 곡물이 점차 주식이 되면서, 이 주식에 맛을 더하는 부식도 다양해졌을 것이다. 그러면서 향신료가 주는 건강상의 혜택과 향미의 매력을 점점 더 크게 느꼈을 것이다. 이런 이유로 향신료가 널리 쓰이기 시작하면서 수요 또한 늘어났을 것이다. 그러나 특히 향신료의 수요가 커진 유럽에서는 지리적인 제약과 희소성으로 인해 그 가격이 비쌌고, 이로 인해 향신료를 획득하기 위해 교역과 경쟁이 격화되면서 '향신료의 지구사'가 탄생했다.

---

* (앞쪽) 학명은 *Levisticum officinale*로, 미나리과 러비지속의 여러해살이풀이다. 서남아시아 원산으로 셀러리, 파슬리와 비슷한 향미를 갖는다.

모든 향신료는 식물 자신의 존속을 위한 화학물질을 함유하고 있으며, 그로 인해 특유의 맛과 향을 갖게 되었다. 우리가 향신료의 특성에 관해 무엇을 기대하고 어떻게 활용하든, 그것은 어디까지나 질병을 예방하고 건강을 지속시키기 위한 식물의 방어와 번식의 화학을 근간으로 하고 있는 것이다. 특히 최근 과학의 발전과 함께 향신료의 비밀이 하나씩 밝혀짐으로써 인간의 건강과 관련한 의학, 약학은 물론 미식학의 관점에서 그 가치와 존재감이 더 분명해지고 있다.

PART 2

향신료의
세계사

고대에서 근대까지, 향신료가 바꾼 역사

현대의 향신료, 인식과 위상

03 | 고대에서 근대까지, 향신료가 바꾼 역사

인류가 향신료를 이용해온 역사는 무척 길다. 기원전 7000년경 남미 산악지대에서 카엔고추cayenne pepper가 재배된 것으로 밝혀졌고, 인도에서는 기원전 3000년경에 이미 후추와 정향 등을 사용한 것이 기록되어 있다. 또한 히브리성경에서도 향신료는 동방Orient에 있는 신비한 것이자 지상낙원의 비유로 쓰였다. 앞서 향신료의 기원에서도 밝혔듯이, 고대인들은 자극적인 향과 맛을 가진 향신료를 음식의 풍미를 더하고 오래 보존하기 위해서뿐만 아니라 방향제, 향수, 향료주로 사용했고, 주술과 종교의식에서도 이용했다. 따라서 인류는 다양한 향신료를 야생에서 채취하는 데서 나아가 적극적으로 재배하게 되었다.

고대에 향신료의 가장 중요한 용도는 질병을 예방하고 치료하는 약재였다. 기원전 4000년대 후반에 시작된 고대 이집트 의학, 약 5,000년의 역사를 가진 인도의 아유르베다Ayurveda* 의학과 페르시아·아라비아의 유나니Unani** 의학, 서양 의학의 기초가 된 그리스의 히포크라테

---

* '생명의 과학'이라는 뜻의 산스크리트어로, 아유Ayu는 '삶', 베다veda는 '앎'을 의미한다.
** 유나니Unani는 아라비아어로 '이오니아Ionia'를 뜻한다.

스 의학, 고대 중국 의학, 메소아메리카의 나우아Nahua 의학* 등에서 저마다 향신료를 이용한 사실이 문서나 의학서에 언급되어 있다. 이처럼 고대 문명에서 의학이 탄생한 기반에 향신료(약초)가 있었다.

고대부터 현대에 이르기까지 음식 섭취와 건강의 관련성은 마치 '달걀이 먼저냐, 닭이 먼저냐'의 문제처럼 단언하기 어렵다. 약재와 식재료로 복합적인 역할을 하는 향신료야말로 음식학과 의학을 불가분의 관계로 묶는 요체였다.

역사적으로 향신료는 주로 인도와 동남아시아에서 생산되었고, 페니키아**와 아라비아 상인들이 육로로 운반해 지중해 연안으로 들여갔다. 이 향신료들은 다시 바닷길을 통해 유럽 전역으로 퍼져나갔다. 먼 곳에서 운반해 온 향신료는 귀중품이자 사치품이었다. 특히 육류 조리와 보존에 사용한 후추는 금보다 비쌌고, 고대 그리스 상류층은 순은 주전자(항아리)에 넣어 소중히 취급했다.

실크로드를 통한 육로 무역에서 시작된 향신료의 동서 교역은 오랫동안 중동의 패권을 쥔 아라비아-비잔틴-이슬람 상인들이 주도했다. 그러다 근대로 접어들며 유럽 각국이 향신료 무역에 뛰어들었다. 이 과정에서 향신료 동서 교역의 주도권은 차례로 베네치아, 포르투갈 및 스페인, 영국과 네덜란드가 차지했다. 향신료는 국제 무역의 핵심 품목으로 14~16세기 유럽 경제의 원동력이자 신대륙 발견의 계기였다. 17세기 초에 영국과 네덜란드가 설립한 동인도회사는 향신료를 비롯한 동방 무역을 주도하며 식민지 개척의 첨병 역할을 했다.

---

* 멕시코 지역에서 아스텍 문명을 일군 나우아족의 의학 체계. 수십 가지의 전문 분야로 나뉘며, 수술 및 마취 기법과 함께 약초 치료법이 발달했다.

** 지금의 레바논, 시리아, 이스라엘 북부 지역을 중심으로 번성한 고대 해양 문명으로, 기원전 1200년 이전부터 기원전 539년까지 존속했다.

고대: 기원전 3000년에서 서기 500년까지

향신료 사용의 역사는 고대 문명으로 거슬러 올라간다. 당시 향신료는 요리에서의 가치뿐만 아니라 의학적·종교적·경제적으로 중요했다. 가장 오래된 문명 중 하나인 메소포타미아에서는 음식의 맛내기와 식재료 보존의 용도로 커민, 고수, 겨자 같은 향신료를 사용했고, 이집트에서는 미라를 만들 때 시신의 부패를 막는 방부제 용도로, 그리고 종교의식에서 향신료를 사용했다. 인도의 산스크리트어 문헌과 히브리성경에도 향신료가 언급되었다. 인도 남부 및 동남아시아가 원산지인 여러 향신료가 메소포타미아와 이집트에서 고고학적 증거 및 문헌 기록을 남겼다. 이는 고대의 향신료 교역이 세계적인 수준에서 이루어졌음을 보여준다.

고대 메소포타미아(기원전 4000년에서 기원전 300년)

인류 최초의 문명으로 알려진 메소포타미아에서의 향신료와 허브 사용에 관해서는 설형문자로 이루어진 기록이 남아 있다. 기원전 3000년경 수메르인들이 작성한 의학에 관한 점토판에는 정향을

프로닥발라단 2세의 왕궁 정원에서 재배한 식물의 목록이 기록된 설형문자 점토판.

포함해 향기가 나는 다양한 식물들이 언급되어 있다. 바빌로니아(기원전 1894~539년)의 프로닥발라단 2세Merodach-Baladan II(재위 기원전 722~710년)는 자신의 왕궁 정원에서 64종의 식물을 기르도록 했다고 하며, 카다멈, 고수, 마늘, 타임, 사프란, 강황 같은 많은 향신료와 허브 재배법에 관한 기록을 남겼다. 아시리아(기원전 2450~609년)의 왕 아슈르바니팔Ashurbanipal(재위 기원전 669~631년) 시대의 설형문자 기록에도 정향, 참깨, 카다멈, 강황, 사프란, 양귀비, 마늘, 커민, 아니스, 고수, 실피움, 딜, 몰약myrrh 같은 향기로운 식물들의 긴 목록이 남아 있다. 양파, 마늘, 샬롯shallot은 기원전 6세기경 페르시아 제국에서 인기 있는 조미료였으며, 페르시아인들은 장미, 백합, 고수, 사프란의 정유로 만든 향유도 즐겨 사용했다.

고대 이집트(기원전 3100년에서 기원전 30년)

기원전 1550년경에 작성된 이집트의 의료 기록인 〈에베르스 파피루스Ebers Papryus〉에는 800여 가지의 다양한 약초 치료법과 수많은 약제법이 실려 있는데, 특히 캐러웨이, 고수, 펜넬, 마늘, 민트, 양파, 양귀비를 이용한 처방이 기록되어 있다. 그중에서도 마늘과 양파가 특히 중요했는데, 피라미드의 건설에 동원된 노동자들의 스태미나와 건강을 증진하기 위해 마늘과 양파를 먹였다고 한다.

일부 이집트인은 건강한 사후세계를 보장하기 위해 자신의 무덤에 마늘과 정향으로 장식한 나무상을 놓기도 했다. 당시에는 왕이나 왕족의 시신은 그 영혼의 부활을 믿고 미라로 만들어졌는데, 이때 방부 작용이 강한 시나몬, 정향, 커민 등의 향신료를 사용했다.

쿠푸 왕의 피라미드. 피라미드 건설에 동원된 노동자들에게 마늘과 양파를 제공했다는 기록이 이 피라미드 벽면에 상형문자로 기록돼 있다.

> **기독교성경 속 향신료**
>
> 구약성경에서도 향신료는 여러 곳에서 언급된다. '솔로몬의 노래'(아가서)에서 시나몬과 사프란을 포함한 여러 향신료가 언급되었고, 시바의 여왕The Queen of Sheba이 예루살렘에 있는 솔로몬 왕을 방문하여 "120킬로그램의 금과 많은 향신료와 귀중한 돌들"(역대기(하) 9:9)을 바쳤다는 기록도 있는데, 이는 기원전 1000년경의 일로 추정된다. 이스라엘 사람들은 빵을 "고수 씨처럼 하얗다."(출애굽기 16:31)고 표현했다. 신약성경에서는 "너희는 박하와 회향과 근채의 십일조는 드리면서, 정의와 자비와 신의와 같은 율법의 더 중요한 요소들은 버렸다."(마태복음 23:23)라는 내용이 있어 당시 향신료가 비싼 상품이었음을 보여주며, 마가복음 16장 1절 "안식일이 지났을 때에, 막달라 마리아와 야고보의 어머니 마리아와 살로메는 가서 예수께 발라 드리려고 향료를 샀다."에서 '향료'는 허브를 넣어 만든 기름, 성유聖油일 것이다.

이집트인들은 에티오피아에서 가져온 카다멈과 시나몬을 사용해 음식의 풍미를 돋우기도 했다.

고대 인도(기원전 2500년에서 기원전 300년)

인도인들은 후추, 시나몬, 강황, 카다멈과 같은 향신료와 허브를 수천 년 동안 약재이자 식재료로 사용해왔다. 기원전 4세기경에 활동했던 의사 수슈루타Sushruta[*]는 악령을 물리치기 위해 침상에 흰 겨자와

---

[*] 고대 인도 제국의 외과의사. 기원전 5세기경에 아유르베다 의학에 관한 서적인 《수슈루타 사미타Sushruta Samhita》를 저술했는데, 이 책에는 76가지의 눈에 관한 질병과 더불어 눈과 관련된 다수의 외과적인 기술이 언급되어 있다.

여러 향기 나는 식물들을 놓고 자도록 했으며, 또한 수술 후 상처의 소독을 위해 깨를 이용해 찜질을 했다. 차라카Charaka(1세기)와 수슈루타 2세(2세기)의 의학 저술에도 향신료와 허브가 언급되어 있는데, 수슈루타 2세는 치유의 목적으로 시나몬, 카다멈, 생강, 강황, 후추 같은 향신료를 사용했다. 아유르베다 의학에서는 소화불량에 대한 처방으로 정향이나 카다멈과 같은 향신료를 빈랑檳榔* 잎으로 싸서 식후에 씹음으로써 타액 분비를 늘리라고 했다. 이처럼 고대의 향신료는 다양한 형태의 건강을 도모하는 약재로 쓰였다.

고대 그리스(기원전 1000년에서 기원전 400년)와 로마(기원전 753년에서 서기 476년)

고대 그리스인들은 동방의 향신료(후추, 카시아, 시나몬, 생강 등)를 수입했으며, 또한 이웃 나라에서 생산된 많은 향신료를 소비했다. 캐러웨이와 양귀비 씨앗을 빵을 만들 때 넣었고, 펜넬을 식초 소스 만들 때 활용했으며, 음식과 와인의 맛을 내는 데 고수를 쓰고, 고기 요리를 위한 소스에 민트를 썼다. 마늘도 여러 요리에 널리 사용했다.

향신료와 허브는 그리스 의학에서도 중요한 역할을 했다. 히포크라테스Hippocrates(기원전 460~377년)는 사프란, 시나몬, 백합, 고수, 민트, 마조람 같은 향신료와 허브를 질병의 치료를 위해 사용했다. 그가 사

---

* 비틀넛betel nut. 종려나무과의 상록교목으로, 열매를 식용한다. 중국을 비롯한 일부 아시아 국가에서 위장 질환과 냉증 치료, 기생충 퇴치 약재로 사용됐다. 각성 효과가 있어 껌처럼 씹는 사람도 있다. 하지만 세계보건기구WHO 국제암연구소는 2003년 빈랑을 1급 발암 물질로 지정했고, 중국도 2017년 빈랑에 함유된 아레콜린 성분을 구강암 유발 물질로 규정하고 규제하고 있다.

영국 서퍽 지방 혹슨Hoxne의 보물 은닉처에 묻혀 있던 제정 로마 말기의 후추통.

용했던 400여 가지의 허브 치료법 중 적어도 절반은 오늘날에도 사용되고 있다. '식물학의 아버지'라 불리는 테오프라스토스Theophrastus(기원전 372~287년)는 600가지 이상의 향신료와 허브에 관한 지식을 《식물의 역사Historia Plantarum》(기원전 300년경)에 담았다. 또한 그리스의 의사 디오스코리데스Dioscorides(서기 40~90년)*는 1,500년 이상 식물학과 의학에서 참고가 된 백과사전적 약학서인 《약물지De Materia Medica》**에서 카다멈과 시나몬, 그리고 마늘, 부추, 양파, 케이퍼 및 겨자 같은 매운맛 향신료, 감초, 캐러웨이, 커민, 파슬리, 러비지, 펜넬 같은 여러 향신료와 허브를 언급했다.

한편, 로마인들은 향신료와 허브를 보다 사치스럽게 사용했다. 향신료를 첨가한 와인을 즐겼고, 향신료를 재료로 만든 연고balm와 오일은 목욕 후에 사용하는 것으로 인기가 있었다. 향신료가 건강에 좋은 특성을 가지고 있다고 여겼기 때문에 찜질이나 패치에도 사용했다.

---

* 로마 군대에서 활동한 그리스인 의사이자 약학자.
** 제목인 De materia medica는 그리스어 Περὶ ὕλης ἰατρικῆς의 라틴어 번역으로, '의료 재료'를 의미한다. 약용 식물과 그로부터 얻을 수 있는 '의약품에 대한 약전'으로, 5권으로 구성되었다. 르네상스 시대에 이르기까지 1,500년 이상 널리 읽힌 책으로, 오스트리아 비엔나 국립도서관에 소장된 비잔틴 시대 판본(512년경)은 세계에서 가장 오래된 삽화가 있는 책으로 유명하다.

고대 제국 간 향신료 무역

고대 세계에서 향신료는 이처럼 다양하게 활용되었지만, 그 생산 지역이 아시아 일부 지역으로 한정돼 있었다. 따라서 향신료 교역의 역사 또한 매우 오래전으로 거슬러 올라간다. 1970년대 프랑스 인류학박물관의 조사 작업 중에 람세스 2세(재위 기원전 1279~1213년)의 미라 코 윗부분에서 후추 열매 여러 개가 발견되었는데, 이는 고대 이집트인이 미라의 방부 처리를 위해 향신료를 사용했음과 더불어 고대 세계에서 향신료 무역이 있었음을 보여주는 증거다. 후추는 당시 인도 남부 및 동남아시아 일대에서 생산되었기 때문이다. 수천 년 동안 우리 짐작보다 더 다양한 향신료가 남아시아에서 서아시아와 유럽으로 운송되었는데, 가장 널리 퍼진 향신료 중에는 시나몬, 후추, 정향, 육두구 등이 있었다.

고대 세계에서 향신료 무역을 담당한 이는 아라비아 상인이었다. 아랍인들은 인도와 동남아시아에서 향신료를 받아 육로로 홍해의 항구까지 운송하면서 향신료 무역의 중개인 역할을 독점해 영향력을 발휘했다. 향신료의 중개지가 된 아라비아의 항구 도시나 시장 도시를 중심으로 아라비아 상인들이 동서를 오가며 향신료를 독점해 큰 이익을 내고자 애를 썼던 것과 관련한 당시의 사정에 관해서는 유명한《천일야화(아라비안나이트)》를 통해서도 알 수 있다.《천일야화》가 세계에 알려진 것은 19세기 중엽에 영국인 리처드 F. 버턴Richard F. Burton이 영어로 옮기면서부터지만, 그 이야기들은 사산조 페르시아(224~651년) 때의 것으로, 페르시아, 인도, 아라비아를 배경으로 펼쳐진다.

서기 1세기경에는 인도를 중심에 둔 무역 네트워크가 육로뿐 아니라 바다를 가로질러 연결되었다. 아시아 내에서는 인도인들이 인도

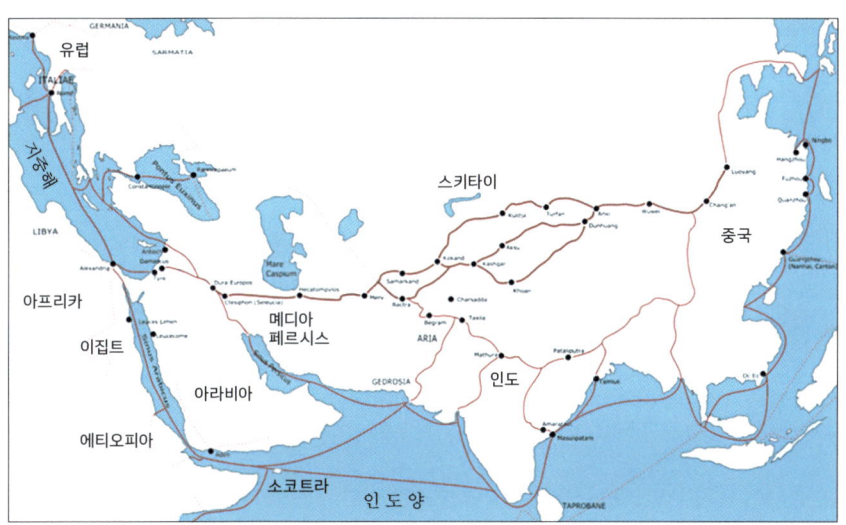

서기 1세기경 동서 교역로.

양을 통해 남쪽으로 인도네시아까지 항해했고, 그곳에서 후추를 정향, 육두구와 교환했다. 중국의 상인들도 남중국해를 건너 말레이 제도, 인도네시아 및 스리랑카까지 가서 다양한 향신료를 구입했다. 유럽과 아시아도 연결됐다. 로마에서부터 지중해를 가로질러 북아프리카까지, 인도양을 건너 인도네시아까지, 그리고 남중국해를 거쳐 중국까지 해상 무역로가 이어졌다. 인도인, 아랍인, 그리스인들이 소코트라Socotra*에 거주하며 홍해와 인도양 사이에서 이루어지는 국제 무역을 주도했다는 사실이 1세기경 이집트계 그리스인이 저술한 것으로 추정되는 《에리트라이해 항해기The Periplus of Erythraean Sea》에 기록되어 있다.

---

* 아라비아 반도와 아프리카의 뿔 사이에 위치한 인도양 북부(아라비아 해)의 섬으로, 현재 예멘의 영토다.

중세: 서기 500년에서 1500년까지

유럽에서의 향신료 수요는 계속 증가했지만, 아시아에서만 재배되는 지리적 한계에서 비롯된 희소성 때문에 그 가격은 천정부지로 올랐다. 게다가 비잔틴, 아랍-이슬람, 페르시아 상인 간의 향신료 무역의 주도권 경쟁이 오스만 제국 건설 이후에는 막을 내려 이슬람 상인에 의해 독점되었다. 인도에서 유럽까지의 향신료 무역을 독점했던 이슬람 상인들은 향신료의 원산지를 비밀에 부쳤는데, 이 때문에 유럽에서 향신료는 오히려 고대보다 더 신비로움의 대상이 되었다.

유럽 각국은 이슬람 상인들의 독점을 깨고 향신료 교역에서 우위를 확보하기 위한 경쟁에 총력을 기울였고, 이 경쟁은 결국 대항해 시대를 여는 계기가 되었다.

중세 유럽에서의 향신료 가치와 용도

중세 유럽에서 가장 흔히 쓰인 향신료는 시나몬, 육두구, 정향, 생강, 커민, 후추였다. 이들 향신료는 모두 아시아와 아프리카에서 수입되었기 때문에 당시 아주 비싼 상품 중 하나였다. 특히 중세 초기(십자군전쟁 전) 유럽에서 아시아 향신료는 매우 고가라 왕가와 귀족들 사이에서나 사용되었다. 대중적으로 인기 있었던 후추는 (비싼 가격과 더불어 보존성과 보관성 때문에) 유럽 전역에서 세금, 통행료 그리고 임대료를 지불하는 화폐로 사용될 정도였다.

아시아의 향신료를 유럽으로 넘기는 중개무역은 비잔틴 상인, 페르시아 상인, 아랍-이슬람 상인이 서로 경쟁하고 있었는데, 9세기경 이슬람 상인이 이 경쟁에서 승리하면서 향신료 무역을 주도하게 되자 유럽에서 향신료의 가치가 폭등했다. 육두구 1파운드(약 450그램)가 양 세 마리의 가격에, 카다멈 1온스(약 28그램)는 평민 1년치 생활비에 맞먹었으며, 후추 한 컵은 노예 한 명과 맞바꿀 정도의 가치가 있었다. 한편, 유라시아에 걸쳐 광대한 제국을 건설한 원나라는 페르시아, 이슬람, 비잔틴의 상인을 비롯한 서방과의 교역에 개방적이었다. 그러나 원나라의 세력이 약화된 틈을 타 15세기에 오스만 제국이 건설되면서 무역로를 차단하고 동서 교역을 독점했다.

당시 유럽인들은 이슬람 상인이 향신료를 어디서 가져오는지 알지 못했다. 이는 이슬람 상인들이 향신료 무역의 독점을 유지하기 위해 향신료의 원산지를 극비에 부쳤기 때문이었다. 한편, 이탈리아 반도의 베네치아 공화국*은 비잔틴 상인 및 이슬람 상인으로부터 향신료를 확보해 유럽 내 향신료 중개무역을 독점함으로써 이웃한 이탈리아 해양 공화국들과 도시국가들에 대한 우위를 점했다.

중세 후기에는 약 1,000톤의 향신료, 특히 후추가 매년 서유럽으로

---

* 8세기부터 1797년까지 이탈리아 반도 북동부 아드리아 해안의 베네치아를 중심으로 존속한 도시국가. 약 1,000년간 독자적인 공화정 형태를 갖추고 독립 도시국가로 존속했고, 한때 해양 강국으로 지중해 무역을 독점했다.

파울로 안토니오Paolo Antonio의 〈향신료 가게La Spezieria〉(1637년).

수입되었다고 추정되는데, 당시 그 가치는 150만 명이 1년 동안 먹을 수 있는 곡물의 양과 맞먹는 것이었다. 이처럼 유럽 사회에서 향신료 사용이 대중화된 계기는 11세기 말에서 13세기 말까지 아홉 차례에 걸쳐 일어난 십자군전쟁이었다. 다양한 계급이 십자군으로 참여해 동방의 문화를 접하며 후추, 육두구, 정향, 카다멈과 같은 아시아의 향신료에 익숙해졌고, 고국으로 돌아가서도 이를 널리 사용했기 때문이다.

중세 의학자들은 전염병이 재발하는 시기에는 매일 음식을 통해 향신료와 허브를 섭취해야 한다고 강조했고, 유럽의 왕족과 귀족들은 향신료가 낙원에서 온 것이라고 믿으며 갈망했다. 유럽의 약제사들은 치료법과 묘약에 토종 약초뿐만 아니라 아시아의 향신료와 허브를 처방했는데, 그 치료법은 주로 아라비아 의학에 기초한 것이었다.

식료품점의 전신, 후추 상인 길드

헨리 2세가 재위하고 있던 1180년, 영국에서는 후추 상인 길드Guild of Pepperers가 설립되었다. 당시 후추 상인은 약제사가 필요로 하는 약재, 즉 각종 향신료를 공급하는 도매상으로, 향신료의 품질 관리, 중량 등 판매 기준을 정하는 일을 맡았다. 향신료와 허브 상인들은 약제사의 개업과 영업을 돕기도 했고, 이들이 의사가 되는 것을 돕기도 했다. 이 길드는 1345년 식료품 무역에 종사하는 상인들의 조합Worshipful Company of Grocers으로 발전했는데, 17세기까지 의료를 위한 향신료·허브 공급자와 약사회도 이 조합의 일원이었다.

중세 시대 향신료와 허브를 이용한 의료 관행은 시나몬과 정향의 정유에 적신 스펀지를 환자의 코 아래에 두거나, 세이지 연기로 방을 살균하고, 건강에 도움이 되는 사프란, 마늘 수프, 주니퍼 와인을 먹도록 처방하는 것이었다.

향신료를 향한 탐험과 무역의 시대

이처럼 약으로서, 또한 음식으로서 향신료의 이용이 활발해지면서 중세 유럽에서 수요는 더욱 커졌다. 육류 위주의 식문화가 향신료의 수요를 더욱 부추겼는데, 특히 후추가 향신료 무역의 중심을 이루면서 상당한 귀중품으로 거래되었다. 후추 외에 시나몬, 정향, 육두구 등을 생산하는 동양은 유럽인의 눈에 보물섬으로 비쳐 동양 진출의 꿈을 갖게 했다.

그 꿈에 불을 지핀 것이 13세기 말엽(1271~1295년 항해) 원나라에 다녀왔던 여행가이자 상인이었던 마르코 폴로Marco Polo(1254~1324년)[*]의 회고록 《동방견문록》(1298년경)이다. 이 책은 15세기가 되어서야 독일어로 번역되었는데, 이렇게 번역이 늦어진 것도 베네치아 상인들이 향신료 중개무역의 독점권을 보다 오래 유지하기 위해 다른 나라에서의 출간을 늦추었기 때문이라고 한다. 마르코 폴로는 회고록에서 자신이 베이징에서 본 향신료들과, 향신료를 술이나 요리에 사용하는 모습을 묘사했다. 여기에는 중국 동부 저장성浙江省의 항구 도시인 항저우杭州에 매일 모인 1만 파운드의 후추를 사람들이 여러 도시로 운반했다는 언급이 포함되었다. 또한 인도네시아의 자바Java와 남중국해의 섬들에서 후추, 육두구, 정향이 생산되며, 인도의 말라바르Malabar 해안에서 시나몬, 후추, 생강이 풍부하게 생산된다고 묘사했다. 이런 마르코 폴로의 언급은 국제 향신료 무역이 더욱 활발해지는 계기가 되었고, 15세기에 대항해 시대를 여는 데에도 영향을 미쳤다.

---

* (앞쪽) 베네치아의 상인으로, 동방으로 떠나 중국 각지를 여행하고 원나라에서 관직에 올라 17년을 살았다. 이후 이야기 작가인 루스티켈로에게 자신이 동방에서 보고 들은 것을 필록筆錄시켜 여행기《세계 경이驚異의 서》(통칭 '동방견문록')가 탄생했다.

마르코 폴로의 여행기 속 삽화 '후추 수확'.
(*Le livre des merveilles de Marco Polo*)

인도에서 출발해 호르무즈 해협에 도착한 마르코 폴로.
(*Livre des Merveilles du Monde*에 수록된 삽화, Boucicaut Master 그림)

근대: 1500년에서 1800년까지

마르코 폴로의 《동방견문록》으로 인해 향신료의 원산지가 알려진 이후, 유럽에서는 탐험과 정복의 시대가 열렸다. 이탈리아 탐험가인 크리스토퍼 콜럼버스Christopher Columbus(1451~1506년)가 대서양을 건너 아메리카 신대륙을 발견했고(1492년), 포르투갈 항해사이자 모험가인 바스쿠 다 가마Vasco da Gama(1460~1524년)가 아프리카 남단의 희망봉을 돌아 인도까지의 항로를 개척했으며(1498년), 포르투갈의 항해사인 페르디난드 마젤란Ferdinand Magellan(1480?~1521년)이 태평양을 건너 세계일주(1519~1522년)를 단행했다. 이들을 비롯한 탐험가들이 개척한 인도로의 해양 무역로를 '스파이스 루트Spice Route'라고 한다.

신항로 개척의 시발점이 된 항해들은 모두 타국보다 먼저 향신료를 확보하려는 것을 목적으로 하고 있었다. 당시 인도와 중국으로 이어진 육로가 오스만 제국에 의해 차단되었기 때문에 향신료를 비롯한 동양의 물자를 구하려면 바닷길을 개척할 수밖에 없었던 것이다. 향신료는 새로운 땅으로의 탐험과 무역로의 개척에 중요한 역할을 했고, 이로 인해 세계사에 큰 영향을 끼쳤다.

이렇게 개척된 스파이스 루트, 즉 유럽에서 동인도 제도로 가는 해상 경로를 통해 점점 더 많은 후추, 시나몬, 육두구, 정향 등이 유럽으로 옮겨졌고, 이 무역로와 향신료의 원산지에 대한 지배력을 독점하기 위한 유럽 제국 간 경쟁은 점점 치열해졌다. 유럽인들이 세계 곳곳에 식민지를 건설하게 된 원인이 결국 향신료였던 셈이다.

지중해에서 대서양으로

15세기 말에서 19세기 초에 이르는 시기는 향신료를 확보하려는 유럽 각국 간의 경쟁이 촉발한 제국주의와 식민지 개척의 시대였다.

당시까지 향신료의 육로 교역로인 중국-중앙아시아-중앙아시아 사막지대-아나톨리아 반도-지중해로 이어지는 실크로드가 오스만 제국에 의해 막혔다. 또한 베네치아 상인들이 오스만 제국의 상인들과의 교역을 거의 독점하며 유럽 내 향신료 공급을 좌지우지했다. 특히 유럽에서 수요가 컸던 후추, 정향, 육두구는 각각 인도 남서부의 말라바르 해안과 인도네시아의 몰루카 제도Molucca Islands*에서만 얻을 수 있었기에 유럽 국가들은 이 지역을 차지하기 위해 혈안이 되었다.

인도와 동남아시아를 대상으로 한 향신료 전쟁에서 먼저 우위를 점한 것은 포르투갈이었다. 포르투갈의 항해사 바스쿠 다 가마는 1499년 지중해를 거치지 않고 아프리카 희망봉을 돌아가는 새로운 항로로 인도에 도착했다. 이로써 베네치아가 요구한 것보다 훨씬 싼 가격에 후추를 확보할 수 있게 되자 당시 포르투갈의 왕 마누엘 1세Manual I(재

---

* 현재 인도네시아 영토로, 말레이 제도의 일부다. 술라웨시 섬의 동쪽, 뉴기니의 서쪽, 티모르의 북동쪽에 위치하고 있다. 이곳에서만 육두구(와 메이스), 정향이 나기 때문에 '향신료 제도'라 불린다.

위 1495~1521년)는 탐험가들의 신항로 개척을 적극 지원해 인도와의 직무역과 향신료 확보를 꾀했다. 1510년 포르투갈 장군 아폰수 데 알부케르크Afonso de Albuquerque(1453~1515년)가 인도의 고아Goa와 말레이시아의 믈라카Melaka를 장악함으로써 포르투갈은 몰루카 제도, 중국, 시암Siam(지금의 태국)과 직접 무역할 수 있었다.

대서양을 넘어 인도로 가고자 했던 스페인(그 덕에 아메리카를 얻었다)은 향신료 무역에서 포르투갈에 한 발 뒤졌으나 곧이어 스파이스 루트를 통해 인도와 동남아시아로 진출했다. 포르투갈 태생이지만 스페인으로 귀화해 스페인 국왕 카를로스 2세의 지원을 받아 세계일주를 단행한 페르디난드 마젤란은 비록 태평양을 건너 필리핀까지 당도한 후 사망했지만, 그의 선원들은 인도네시아에 도착해 정향을 가득 싣고 서쪽으로 계속 항해해 스페인으로 돌아왔다. 이후 한동안 포르투갈과 스페인이 몰루카 제도에 대한 지배권을 두고 다투었다.

16세기 후반, 영국은 향신료를 실은 포르투갈과 스페인의 선박을 노린 해적 행위로 세력을 키우며 식민지 개척을 시작했다. 이후 네덜란드도 몰루카 제도에 진출해 원주민과의 우호적인 교역으로 지배권을 넓혀갔다. 17세기 초반 영국과 네덜란드는 아시아와의 무역을 활성화하기 위해 동인도회사를 설립했으며, 이로써 인도양 시장에 뛰어들어 수익성이 좋은 향신료 무역의 대부분을 포르투갈로부터 빼앗았다. 그다음에는 두 국가 간의 경쟁이 치열해졌다.

네덜란드 상인들은 향신료 무역의 중심지인 자바 섬 반탐Bantam에 상관商館을 세우고 동방 무역에서의 주도권을 먼저 쥐었다. 1600년 영국이 아시아 지역과의 향신료 및 차, 실크 등의 무역을 목적으로 무역 독점회사인 동인도회사를 세운 데 자극받은 네덜란드는 1602년에 동인도회사를 설립했는데, 이는 세계 최초의 주식회사이기도 하다. 영국 동인도회사가 인도, 방글라데시, 파키스탄 등 다양한 지역을 대상으로 한 반면, 네덜란드 동인도회사는 주로 인도네시아의 장악에 주력했다. 그 덕에 17세기 초부터는 네덜란드가 향신료 무역을 장악하게 되었다. 처음 몰루카 제도에 진출했을 때와는 달리, 네덜란드의 동인도회사는 자바 섬 인근의 원주민들을 착취했고 약탈에 가까운 가격으로 향신료를 사들였다. 특히 가격이 비싼 정향과 육두구는 노예노동으로 재배했다. 영국과 네덜란드 모두 아메리카 신대륙과의 향신료 무역을 통해 큰 수익을 냈다.

향신 식물의 이식과 향신료 전쟁의 종언

아메리카와 아프리카에 광활할 식민지를 확보한 유럽 각국은 인도 및 동남아시아와 기후 조건이 비슷한 자국 식민지에 향신 식물을 이식·재배하여 안정적으로 향신료를 확보하고자 했다.

프랑스가 정향과 육두구 묘목을 몰래 빼돌려 1770년 서인도양에 있는 프랑스 영토 부르봉 섬(현재의 레위니옹 섬)에 정향을 이식하는 데 성공한 이후 남아메리카, 서인도 제도* 등으로 산지를 넓혀갔다. 영국 또한 정향과 육두구를 말레이시아 페낭Penang 섬에 이식했다. 일찍이 향신료의 원산지를 비밀로 하는 것에 투철했던 아라비아인들마저 열심히 향신료의 이식에 임했을 정도였다.

이렇게 재배지가 확대됨에 따라 향신료 제도(몰루카 제도)를 대상으로 한 식민지 정책은 그 의미가 희미해졌다. 19세기 중반에는 원산지보다 이식된 지역에서의 향신료 생산량이 더 많은 상황이 되었고, 향

---

* 카리브해와 대서양 연안에 위치한 12,000여 개의 섬으로 이루어진 군도.

> ### 아메리카와 새로운 향신료
>
> 아메리카의 발견은 유럽의 식생활을 넘어 전 세계의 식생활에 지대한 영향을 끼쳤다. 감자와 옥수수는 많은 사람을 기근에서 구했고, 토마토와 가지가 세계인의 식탁을 풍부하게 했으며, 초콜릿이 사람들의 입맛을 사로잡았다. 이에 그치지 않고, 향신료의 세계에서도 한 획을 그었다. 바닐라, 올스파이스, 그리고 한국인에게 무엇보다 중요한 고추가 이를 계기로 우리 곁에 왔기 때문이다.
>
> 시나몬·정향·육두구의 맛과 향을 모두 가지고 있는 올스파이스는 유럽에서 비싼 가격에 팔리던 후추와 육두구, 정향을 대신해 사용됨으로써 해당 향신료의 가격을 낮추는 데 기여했으며, 너무 매워 유럽에서는 관상용으로 키우는 데 그쳤던 고추는 머나먼 동남아시아와 중국 그리고 한국에서 필수적인 향신료로 자리 잡았다.
>
> 18세기 후반 독립 국가가 된 미국이 향신료 무역에서 차지한 역할도 컸다. 인도네시아에서 후추를 들여와 유럽으로 판매하는 중개무역 기지이자 자국 소비를 위한 수입항으로 번창했는데, 미국의 향신료 무역을 상징하는 도시가 매사추세츠 주의 세일럼Salem이다.

신료 전쟁은 자연스럽게 소멸의 길을 걷게 된다. 과거에는 고가의 사치품이었던 향신료를 서민들도 쉽게 손에 넣을 수 있게 되었고, 요리를 비롯해 다양한 형태의 이용이 가능해져 오늘에 이르고 있다.

04 현대의 향신료, 인식과 위상

향신료 무역의 독점이 지배적이었던 시대를 지나, 이제 향신료 산업은 상대적으로 분산되어 있다. 향신료와 허브는 음식의 맛을 개선하고 새로운 맛을 제공하기 위해 요리에 사용되는데, 1982년 미국 우주왕복선 프로그램 중에 향신료가 우주비행사를 위한 음식의 하나로 포함되기도 했다. 또한 20세기 중반 이후 정보화 시대의 시작과 함께 세계적인 음식 공유의 새로운 시대가 열리면서, 호기심이 많은 요리사들은 점점 더 많은 향신료를 사용해 다양한 민족의 음식을 응용할 수 있게 되었다.

미국 농무부USDA는 지난 반세기 동안 미국에서의 향신료 소비가 기하급수적으로 증가했고, 특히 서양식에서 비교적 덜 사용되었던 생강과 고추 같은 향신료가 예전보다 더 자주 사용되고 있다고 보고했다. 21세기 들어 향신료와 허브의 건강상 이점에 대한 관심도 다시 높아지고 있다. '미국인을 위한 2020~2025년 식생활 지침'은 "향신료와 허브는 첨가당, 포화지방, 나트륨을 감소시킬 때 식품의 풍미를 향상시키고 특정 문화를 반영하는 영양소가 풍부한 식품, 요리, 식사의 즐거움을 더할 수 있다."고 밝혔다.

현대인의 식생활에서 경계 대상인 당뇨병, 고혈압, 심장 질환 등을 예방하기 위해 저염 및 저당의 음식을 준비할 때, 소금이나 당류의 대체제로 향신료를 이용한 요리가 주목받고 있다.

노령 인구의 건강 유지를 위해 저염·저당 식사의 중요도가 더욱 커지고 있는데, 이런 가운데 부족한 맛과 풍미를 충족시키기 위한 대안으로 영국심장재단British Heart Foundation에서는 25종의 허브와 향신료*를 제안했다. 치포틀레chipotle 고추(훈제·건조한 할라페뇨고추)와 같은 향신료가 효과적이라는 연구 결과도《음식의 품질과 기호Food Quality and Preference》저널 2022년 6월호에 게재됐다. 또한, 중국의 연구진들이 미국심장학회와《고혈압Hypertension》저널에 발표한 바에 따르면, 요리에 향신료를 조금만 넣으면 소금을 많이 사용하지 않고도 맛있게 조리할 수 있으며, 더불어 매운 음식을 즐기면 뇌의 짠맛 신경 처리를 수정해 개인의 염분 선호 경향을 낮추고 1일 염분 섭취량 및 혈압을 크게 낮출 수 있다고 했다. 결론적으로 매운맛 향신료가 높은 염분 섭취량과 혈압을 낮추는 행동 개입 요인이 될 수 있다는 것이다.

이처럼 염도 제한 식사에 긍정적인 영향을 미칠 수 있다는 점에서 향신료의 활용도는 더 높아질 전망인데, 실제로 코로나 팬데믹 이후 가정식 섭취가 늘면서 향신료 판매가 늘어났다. 현대 향신료의 전망을 매우 밝게 하는 이유 중 하나는 우리 선조들이 이미 경험한 건강상의 이점을 뒷받침하는 과학적 증거가 축적되고 있다는 것이다. 연구에 따르면, 향신료와 허브는 사람들이 더 건강한 음식을 더 쉽게 받아들

---

* 민트, 로즈메리, 육두구, 바질, 카다멈, 고추, 시나몬, 차이브, 고수, 딜, 커민, 생강, 오레가노, 파프리카, 파슬리, 사프란, 세이지, 타라곤, 타임, 강황, 페누그릭, 수막, 가람마살라, 월계수 잎, 후추.

일 수 있도록 만듦으로써 식단의 질을 개선할 뿐만 아니라 심장 건강, 인지認知, 체중 조절 같은 건강관리 분야에서 유익한 효과를 기대할 수 있다.

시대를 거듭하면서 향신료에 대해 이미 가지고 있던 경험의 지혜를 뒷받침하는 과학적 증거들이 구체적으로 밝혀지고 또한 확장되고 있어, 향신료에 더욱 관심을 가질 필요성이 높아졌다.

PART 3

한국의
향신료

한국 향신료의 역사와 문화

한국인이 사랑한 향신료들

05 한국 향신료의 역사와 문화

한반도 역사의 초기부터 지금까지 즐겨온 향신료들은 고추를 제외하고는 대부분 삼국시대부터 사용되었다. 대체로 중국을 통해 전래되었기에 그 영향을 받았다. 초기에는 약선藥膳으로 많이 이용한 것도 그 영향이다.

고려시대 의학서인 《향약구급방鄕藥救急方》(1236년)의 부록 격인 〈방중향약목초부方中鄕藥目草部〉에는 180여 종의 약재가 적혀 있는데, 이 중에는 마늘[大蒜] 외에 부추[韭], 염부추[薤], 파[葱], 초피[川椒], 참깨[胡麻] 등의 향신료가 포함되어 있다. 처방에 해당하는 구급방 중에는 육독肉毒*에 파·마늘·생강·개자(겨자)를 쓰라는 내용이 있으며, 소변하혈방小便下血方**과 부인잡방婦人雜方***에 생강이 효능이 있다고 언급되어 있다. 마늘·파·생강·참깨·고추 등은 비록 원산지가 한반도는 아니지만, 한반도에 들어온 이후 널리 그리고 많이 쓰이면서 한국의 식문화

---

* 오래된 고기나 독성이 있는 고기를 잘못 먹어서 생긴 중독 증상.
** 소변에 피가 섞여 나오는 증상에 대한 처방.
*** 임신, 출산, 산후병, 부인병 등 여성에게 생길 수 있는 다양한 증상에 대한 처방.

를 대표하는 향신료가 되었다.

일본의 식문화학자인 이시게 나오미치石毛直道와 한국의 식문화학자인 이성우는 세계의 식문화권을 구분하며 한국과 일본을 포함한 동아시아권을 '두장 문화권豆醬文化圈'이라고 했다. 콩을 발효시켜 만든 된장과 간장을 주로 사용하는 음식문화권이라는 의미다. 한국은 양념으로 장류醬類를 주로 소비했고, 특히 고려시대 이후 육류 소비가 적었던 만큼 향신료에 대한 관심은 크지 않았다.

한반도에서 향신료 사용의 면모는 조선 중·후기에 쓰인 문헌들을 통해 본격적으로 확인할 수 있다. 조선 중기 장계향張桂香(1598~1680년)이 쓴《음식디미방》(1670년경)에서는 주로 고기와 생선을 주재료로 한 음식에 후추를 쓰도록 했다. 매운맛을 내는 초피, 후추, 겨자와 더불어 파도 많이 사용했고, 생강의 사용 빈도가 마늘보다 높았다. 서유구徐有榘(1764~1845년)가 집필한 백과전서《임원경제지林園經濟志》의〈정조지鼎俎志〉*에서도 총蔥(파), 대산大蒜(마늘), 소산小蒜(달래), 강薑(생강), 번초蕃椒(고추), 호채胡荽(고수), 회향茴香(펜넬), 호초胡椒(후추), 호마胡麻(참깨), 개자芥子(겨자), 귤피橘皮, 계피 등이 음식을 만들 때 사용하는 양념으로 수록되어 있다. 간장, 파, 마늘, 깨소금, 참기름, 후춧가루, 고춧가루, 생강 등을 주로 사용하는 현재와 큰 차이가 없음을 알 수 있다. 한편 조선 후기에도 정향, 육두구, 석란육계錫蘭肉桂(시나몬)는 거의 약재로만 쓰였을 뿐 음식에는 사용되지 않았다.

한국 음식은 식재료 자체의 맛을 강조하기보다는 조미료와 향신료를 적절하게 사용해 어우러진 맛을 즐기고, 간을 맞추는 데는 주로 간

---

*《임원경제지》의 16지志 중 하나로, 7권으로 구성돼 있다. 정조지의 '정조鼎俎'는 '솥과 도마'를 가리키며, 음식의 재료, 조리법, 효능 및 금기 등을 다룬다.

장을 즐겨 사용하는 편이다. 사용하는 향신료의 종류는 다양하지 않지만, 사용량은 비교적 많은 편이다.

현대에 와서는 1980년대 후반 아시안게임과 올림픽, 여행 자유화를 계기로 외식문화가 확산되었고, 생소하게 느껴졌던 다양한 향신료를 수입해 사용하게 되었다. 2000년대에는 글로벌 문화의 가속화로 세계 각지의 향신료가 한국인의 일상 식생활에 깊게 스며들었다.

주요 향신료의 한반도 도입

주요 향신료가 한반도에 도입된 시기에 관해서는 이견이 있다. 김상보는 《한국의 음식생활문화사》(광문각, 1997년)에서 각 향신료가 원산지에서 중간 이동지인 중국을 거쳐 한반도에 들어온 시기에 관해, 고추(조선시대)를 제외하고는 대부분 철기시대 초기로 보았고(표 3-1 참고), 장지현은 〈우리나라 전래의 양념류〉(《한국식품조리과학회지》 2권 2호, 1986년)에서 고추(조선시대)를 제외하고는 삼국시대 또는 그 후에 한반도로 전래된 것으로 보았다(표 3-2 참고).

향신료와 양념

조선시대 후반부터 조미료와 향신료를 포괄한 개념으로 '양념'이라는 용어를 주로 사용했지만, 그 이전에는 '물료物料'라는 용어를 주로 썼다. '조물료造物料'라는 단어가 사용되던 시기인 17세기 《음식디미방》에 '약념'이라는 한글 표기가 최초로 등장하며, 이후의 고조리서에도 '약념'과 '양념'이 등장한다. 영어 spice가 약품이라는 뜻의 스페키에스 species'에서 유래한 것과 마찬가지로, 우리말 양념 역시 약념이라는 단

표 3-1 **향신료들의 한반도 도입 시기**

종류	근원지	중간 이동지(이동 시기)	한반도 도착 시기	기타
울금	인도	중국 (기원전 1000년)	초기 철기시대 (기원전 300년경~)	주나라 때 울금을 재료로 울창주를 만들어 마셨다.
사탕 수수	뉴기니 → 인도	중국(7세기경)	통일신라시대	당나라에서 설탕 수입, 고려 때는 송宋, 원元에서 수입, 사용
생강	인도	중국(기원전 1000년)	초기 철기시대	《예기禮記》에 기록이 있음.
후추	인도	중국 전한	초기 철기시대	중앙아시아의 통상로를 경유하여 전해졌기 때문에 호초胡椒라 함.
참깨	아프리카 → 인도	중국 전한 (기원전 3000년)	초기 철기시대	전한의 장건이 이슬람 문화로부터 들여옴. 胡麻라 함.
양파	중앙아시아	중국	조선시대 (16세기경)	이집트 피라미드 건설 때 양파, 마늘, 무를 노동자에게 먹였다는 기록이 있음(기원전 2700년).
파	중앙아시아	중국(기원전 5000년)	초기 철기시대	중국에서부터 재배, 불가의 5신辛 중의 자은慈恩에 해당.
마늘	중앙아시아	중국 전한	초기 철기시대	전한의 장건에 의해 전해짐.
고추	중앙아메리카	중국(16~17세기 말)	조선시대(17세기)	

출처: 김상보, 《한국의 음식생활문화사》, 광문각, 1997, pp. 258-259에서 발췌.

어와 함께 사용되고 있어, 서양과 마찬가지로 약과 같은 역할을 기대하면서 사용했음을 알 수 있다.* 현대에 와서 실제로 향신료에 다양한 기능성이 있음이 과학적으로 밝혀진 바 있다.

선조들은 어떤 향신료를 이용해 어떤 양념을 만들었고, 또한 양념

---

* 고조리서에서는 대체로 한글 표기로 약념, 양념이라고 썼고 한자 표기는 보이지 않는다. 한자 표기로는 최세진이 《박통사》를 번역하여 펴낸 《번역박통사》(16세기 초)에 '약藥'을 양념으로 풀이했고, 정약용은 어원 해설서인 《아언각비雅言覺非》(1819년)에서 생강과 마늘 등을 잘게 썬 것을 약렴藥廉으로 정의했다.

표 3-2 한국의 향신료 사용 역사

	고대(기원전 3000~서기 500년)		중세(500~1500년)		근대(1392~1910년)
	선사기(약 140만 년 전)	청동기(기원전 1500~1000년)	삼국(4세기 초~7세기 중엽)	통일신라(676~935년)	고려(918~1392년)	조선(1392~1910년)
후추	기원 전후 전래로 추정	호초胡椒로 부름. 고려시대에 와서 후추 수입이 늘어났고, 조미료로도 널리 사용. 호초胡椒에 관한 식품으로, 물고기 자 공양을 위한 후춧차의 재료로 사용.			고려시대부터 조미료로 쓰이는 가장 중요한 향신료로 자리 잡음. 《고려사》에 1389년 유구국琉球國에서 후추 300근을 받았다는 기록	
마늘		대부분 삼국시대부터 사용	삼국시대부터 중요 향신료로 이용			
겨자		중국 영향으로 약선표膳으로 많이 이용	삼국시대 또는 그 이전까지 겨잣가루, 겨자유 등으로 사용	흑신胡蒜으로 표기. 삼국시대 이후 한식의 맛을 좌우하는 향신료로 자리 잡음.	고려시대부터 야생종 겨자[山芥]를 이용. 개자芥子는 조선《세종실록지리지》에 공물 중 하나로 등재.	
생강		의학서인 《향약구급방》(1236년)에 소개 된 180여 종의 약재 중 마늘, 부추, 염부추, 파, 겨자, 생강, 천초 등이 포함.	삼국시대 또는 통일신라시대에 전래된 것으로 추정		강薑 또는 강薑으로 표기. 《고려사》에 1018년 현종이 장병 가족에게 나눠주었다는 기록이 있음.	
파		조선 중기: 후추 사용 크게 증가《음식디미방》	삼국시대부터 사용		총葱으로 표기. 《동국이상국집》(1241년)에 '국 양념으로 기록	
산초		조선 후기: 정향, 육두구, 석란육계(시나몬)는 약재로만 사용.	천초川椒 또는 산초山椒로 표기. 고추가 전래되기 이전 매운맛을 내기 위해 사용한 것은 '초피'. 《도문대작》(1611년)에 초사椒沙 등등. 1700년 무렵 김치에 넣어 사용하면서 소비량 줄음.			
고추		장醬 위주의 식생활. 고려시대 이후 육류 소비가 적었던 만큼 외국 향신료에 대한 관심은 작았음.		통일신라 조에 전유진全有真 (참기름가 페백음식)으로 정착.	고려시대에는 호마胡麻 임자진子로 불리며 식용. 우용. 초지마炒芝麻(복음참깨)로 사용.	1592년 이후 전래된 것으로 추정
참깨		생강, 후추, 회향[펜넬], 음피, 계피, 팔각, 겨자를 현대보다 자주 사용《정조지》, 18~19세기				
계피 (시나몬)		현대: 주로 간장, 파, 마늘, 깨소금, 참기름, 후춧가루, 고춧가루, 생강 등을 사용.				조선 초기 석란육계錫蘭肉桂, 후추와 함께 쓰시마에서 조공으로 바친 향신료
정향			정향과 육두구는 임 일본, 유구국을 통해 조선에 들어옴			조선 초(1400년대 초) 전래 추정
육두구						조선 초(1400년대 초) 전래 추정

자료: 장지현, 《우리나라 전래의 양념류》, 《한국식품조리과학회지》, 1986, 2(2): 87~94를 참고하여 작성.

으로 인해 한국의 음식문화는 어떻게 형성되었을까? 음식을 다루고 있는 농서 및 조리서를 살펴보면 양념에 사용된 향신료를 알 수 있을 뿐 아니라 그 사용 범위를 확인할 수 있다.

18세기 중반에 편찬된 《증보산림경제》에서는 겨자, 후추, 초피(川椒로 표기), 말린 생강을 똑같은 양으로 섞어 가루로 만들고 물로 개서 환丸을 만들어 필요할 때 손가락으로 으깨어 사용하며, 휴대하기 편하다는 내용이 나온다. 양념 준비와 사용의 편리함을 추구한 지혜로움이 보인다.

[원문] 造物料法
黃芥子胡椒川椒乾薑等分為末滴水為丸每用調和撚破入鍋出行時尤便
[번역문] 양념 만드는 방법
노란 겨자, 후추, 초피, 말린 생강을 똑같은 양으로 섞어 가루로 만들어서 물방울을 떨어뜨려 동그란 환을 만든다. 맛을 낼 때마다 손가락으로 으깨어 솥에 넣는다. 길을 떠날 때 특히 편리하다.

조선 후기의 한글 조리서인 《규곤요람》(1795년경)에는 가정에서 항상 갖추고 있어야 할 양념으로 장醬과 참기름, 식초, 후추, 생강, 초피, 고추, 겨자, 마늘, 파 등을 언급하면서 양념을 옳게 넣어야 음식을 잘 만들 수 있다고 쓰여 있다.

[원문] 디강 술의ᄂ 누룩이 웃듬이오 음식의ᄂ 쟝이 웃듬이라 누룩과 쟝을 브딕 제 씩예 만드러 두고 음식은 양념이 가쳐야 미양 올흐ᄂ니라 춤 기름과 초를 줄 담아두고 그 밧 호쵸 싱강 뎐초 고쵸 계즈 마늘 파 표고 셕이 춤버슷 쳥각 녹말 진말 계란 ᄀᆞ튼 거를 갓화두고 음식이 도라여 졍흔

법이 업이 죠화를 부려 임시ᄒ여 짐쟉으로 ᄒ는 거시라

[번역문] 대체로 술에는 누룩이 제일 중요하고 음식에는 장이 가장 중요하다. 누룩과 장은 제때에 만들어두고 써야 한다. 음식은 양념을 잘 갖추어놓고 있어야 제대로 만들 수 있다. 참기름과 식초를 잘 담아두고 그 밖에 후추, 생강, 천초, 고추, 겨자, 마늘, 파, 표고, 석이, 참버섯, 청각, 녹말, 밀가루, 달걀 등을 항상 갖추고 있어야 한다. 음식이 반드시 정한 법대로 해야만 하는 것은 아니고 임의로 짐작하여 하기도 하나 양념을 옳게 넣어야 음식을 잘 만들 수 있다.

19세기에 최한기崔漢綺(1803~1879년)가 편찬한 종합 농서인《농정회요農政會要》(1830년경)에는 큰 양념 만들기[造大料物法(조대료물법)], 간단한 양념 만들기[造省力物料(조성력물료)] 등이 실려 있다. 이 양념의 재료로는 겨자, 마늘, 파, 후추, 생강, 고추 외에도 계피, 회향, 진피, 팔각 등 외국에서 들여와야 하는 향신료를 여럿 사용하고 있어 양념 문화가 한층 발달했음을 알 수 있다.

06 한국인이 사랑한 향신료들

우리가 향신료 하면 떠올리는 많은 것이 인도를 비롯한 열대 아시아에서 나지만, 세계 각 지역에서는 그 기후와 토양에 맞는 갖가지 식물을 향신료로 사용해왔다. 이 다양한 식물 특유의 맛과 향이 그 지역 음식에 고유한 특성을 부여하므로, 그 문화권에서 사용하는 향신료가 곧 그 지역 음식의 맛과 향이 된다. 한국 음식 하면 마늘 향과 고추의 매운맛이 떠오르는 것처럼 말이다. 그러나 마늘과 고추 외에도 여러 향신료가 한식에 다양하게 사용되었으며, 현대도 여전히 사용되면서 한식에 개성을 부여하고 있다. 여기서는 한국 음식문화를 상징하는 주요 향신료를 살펴보자.

마늘

문헌 기록을 통해 확인할 수 있는 가장 오래된 향신료는 《삼국유사》 속 단군신화에서 곰과 호랑이가 먹었다는 蒜(산)이다. 한자 蒜은 달래와 마늘을 모두 일컫는데, 시기로 보아 단군신화의 蒜은 달래나 명이나물(산마늘)일 것이라 추정된다. 달래는 자생종이고, 마늘은 중국을 거쳐 들어온 외래 식물이다.

마늘은 이란과 중앙아시아 원산으로, 이집트에서 기원전 2500년경 피라미드를 건설할 때 노동자들에게 마늘을 제공했다는 기록이 있을 정도로 식용 및 재배의 역사가 오래되었다. 중국 문헌에 의하면 한漢나라 때 서역西域을 탐험한 장건張騫(?~기원전 114년)이 그 지방에서 먹는 마늘을 갖고 들어온 것이 중국 마늘 재배의 시초라고 한다. 한반도에는 중국을 통해 들여와 삼국시대부터 중요한 향신료로 이용한 것으로 보인다. 《일본서기日本書紀》(720년)에 마늘이 삼국시대에 한반도를 거쳐 일본 열도에 전해진 것으로 기록돼 있는 것도 삼국시대에는 마늘을 재배했음을 짐작하게 한다.

마늘의 한자 표기를 통해서도 동아시아 유입 역사를 짐작할 수 있다. 서역으로부터 마늘이 들어오기 전까지, 본래 중국에서 蒜은 달래류를 가리키는 한자였다. 마늘은 처음에는 서역에서 왔다고 하여 호산胡蒜이라고 불렸다. 하지만 이 호산이 점차 중국 전역으로 퍼져나가자 달래류를 소산小蒜이라 표기하고 마늘을 대산大蒜이라 표기하게 되었다. 달래류보다 크기가 큰 데서 붙은 이름이다. 이런 명칭의 변화는 조선의 문헌을 통해서도 확인할 수 있다. 조선시대 세종 때 펴낸 의서 《향약집성방鄕藥集成方》(1433년)에는 "도은거陶隱居*가 말하기를 지금 사람들이 호葫라고 부르는 것은 대산大蒜이며, 산蒜이라 부르는 것은 소산小蒜이다."라고 중국에서 마늘의 명칭이 어떻게 변화했는지 기록했다. 조선 초기의 학자 최세진崔世珍(1468~1542)이 쓰고 이후 여러 차례 수정된 어학사전 《훈몽자회訓蒙字會》(1527년)에는 마늘에 관해 "마늘,

---

* 중국 남북조시대(386~589년)에 살았던 도홍경陶弘景(456~536년)을 가리킨다. 도교 도사道士이자 의학자醫學者로, 도교의 모산파茅山派의 개조開祖다.

성협의 〈야연〉(상)과 김홍도의 〈설후야연〉(하). 조선시대의 대표적인 육류 요리인 설하멱雪下覓(혹은 설야멱雪夜覓)은 눈 오는 겨울밤의 술안주로 선비들이 즐긴 것으로 알려졌다. 쇠갈비나 염통을 기름과 훈채(마늘, 생강)로 양념해 숯불이나 화로에 구워 먹었다.

산蒜, 일명 호葫"라고 풀이되어 있다. 또한 허준許浚(1539~1615년)은 《동의보감東醫寶鑑》(1610년)에서 "대산大蒜은 마늘, 소산小蒜은 족지, 야산野蒜은 달랑괴(달래)라고 부른다."라고 조금 더 세분하여 설명했다.

마늘의 강한 향에는 귀신이나 액을 쫓는 힘이 있다고 여겨 복숭아, 고추와 함께 제사 음식에 쓰지 않는 음식으로 꼽힌다. 또한 마늘은 수련修鍊을 방해하는 음식인 오신채五辛菜*의 하나로, 불가佛家에서 금지하는 식품이기도 하다. 그러나 일상의 요리에는 다양하게 활용되었다. 마늘은 한식의 거의 모든 음식에 사용되므로 수확한 마늘을 1년 내내 저장해두고 썼다. 이를 사용할 때는 속껍질까지 벗기고 눈을 자른 다음 용도에 따라 곱게 다지거나 채나 편으로 썰었다.

고조리서에는 마늘을 저장하는 방법이 많이 소개되었다. 세종 때의 어의 전순의全循義가 쓴 《산가요록山家要錄》(1450년경)에는 '침산沈蒜'이라는 조리법이 나오는데, 이는 '마늘 절이는 방법'을 뜻한다. 《증보산림경제》에는 마늘을 찧어 소금과 함께 오이에 넣어 절이는 '황과산법黃瓜蒜法'과 마늘을 식초에 재우는 '초산법醋蒜法'이 소개되어 있다. 근대 조리서인 《반찬등속》(1913년)과 《우리음식》(1948년)에는 지금도 한국인이 즐겨 먹는 '마늘[蒜]장아찌' 만드는 법이 나온다.

강한 맛을 내는 마늘은 비린내 같은 식재료의 나쁜 냄새를 없애고 음식의 맛을 좋게 하는 것은 물론 식욕 증진 및 건강 증진 효과가 높다. 삼국시대 이후 현대에 이르기까지 한국 음식의 맛을 좌우하는 중요한 향신료로 자리 잡았다.

---

* 오훈채五葷菜라고도 한다. 승려들이 수행하는 데 방해되는 다섯 가지 매운 나물로, 마늘, 파, 부추, 달래, 아위阿魏를 말한다.

파

파의 원산지는 중국 서부로 알려져 있으며, 한반도에서는 고려시대부터 널리 사용된 것으로 보인다. 중국에서는 3,000년 전부터 재배되었다고 알려졌지만, 원종이 발견되지 않아 추정일 뿐이다. 최세진은 《훈몽자회》에서 蔥을 '파 총'이라고 순우리말로 풀이했으며, 18세기 후반에 간행된 《해동농서海東農書》에는 처음 난 싹을 '총침蔥針', 잎은 '총청蔥青', 껍질은 '총포蔥袍', 줄기는 '총백蔥白', 잎 속의 끈끈한 액체를 '총염蔥苒'이라 한다며 각 부위별로 파의 명칭을 기록하고 있다. 이는 그만큼 파를 다양하게 활용했음을 보여준다.

고려시대에 간행된 이규보의 《동국이상국집東國李相國集》(1241년)에 "모절성갱미경가芼切腥羹味更嘉", 즉 '비린 국에 썰어 넣으면 더욱 맛나네.'라는 시가 실려 있는데, 파가 오래전부터 국에 넣는 향신료로 사용되었음을 알려준다. 지금도 파는 설렁탕, 곰탕 등에 송송 썰어 넣어 맛을 한층 돋우는 향신 채소로 사용되고 있다.

파 자체를 채소로서 사용하기도 했다. 조선 전기의 《산가요록》에는 '생총침채生蔥沈菜'라는 조리법이 나오는데, 생파 절임, 즉 파김치 담그는 법이다. 조선 후기의 《규곤요람》(1896년)에는 파를 그대로 이용한 요리로 '(파)강회'가 등장한다. 그리고 근대 조리서인 《조선요리제법》(1934년), 《조선무쌍신식요리제법》(1936년), 《우리음식》에는 '파나물[蔥菜], 파[蔥]장아찌, 파강회'의 조리법이 소개되어, 파를 양념이나 채소로 이용하는 방법은 오랫동안 변함없이 이어져왔음을 알 수 있다.

파는 음식으로 먹었을 뿐 아니라 방충防蟲을 위해서도 사용했다. 《고려사》 제55권 〈지志〉에서는 고려 고종 33년(1246년) 5월에 일어난 사건이 다음과 같이 기록되어 있다. "음식에 섞여 사람의 뱃속으로 들어가거나 물어서 피부로 들어가면 사람이 문득 죽으니, 당시에 식인충食人蟲이라 불렀다. 온갖 약을 써도 죽지 않더니 파의 즙을 바르자 곧 죽었다." 파는 마늘과 더불어 대표적인 '훈채葷菜'다. 훈채는 자극적인 냄새가 나고 쓴맛이 나는 채소류를 일컫는데, 귀신을 쫓는 음식으로 여겨 제사에 쓰는 것을 꺼리는 풍습이 있다.

생강

생강은 한자로 薑, 蘆, 姜이라고 쓰는 오래된 향신료로, 원산지는 인도 동부 및 동남아시아로 추정된다. 약 2,500년 전에 중국에 전해진 후 중국을 거쳐 한반도에 들어온 것으로 보인다. 《고려사》〈병제사兵制史〉에 고려 현종 9년(1018년)에 "8월에 (왕이) 명령하기를 을묘년 이래로 북쪽 변방에서 전사한 장병들의 부모와 처자에게 차茶·생강薑·피륙을 차등 있게 주라 했다."는 기록이 있다. 이를 통해 생강이 당시 많이 소비된 식품으로 교환가치가 컸으며, 국가에서 대량으로 생강을 보관할 만큼 활발하게 재배하고 있었음을 알 수 있다. 또한 생강의 전래 시점은 이 기록이 있었던 1018년보다 훨씬 앞선 통일신라나 삼국시대로 추정할 수 있다.

생강은 식초와 간장, 술, 꿀, 소금과 잘 어울리며, 배척하는 맛이나 식재료가 없어서 양념뿐 아니라 음료와 과자, 약으로 두루 사용되었다. 이러한 특성으로 인해 우리 조상들은 생강을 음식에 넣기도 했지만, 생강차, 생강주 등을 만들어 마시기도 했다. 특히 단맛과 잘 어울려 과자류와 후식류에 많이 사용되어 여러 고조리서에 그 조리법이 소개되었다. 빙허각이씨憑虛閣李氏(1759~1824년)가 지은 《규합총서閨閤叢書》(1809년)에는 다양한 한과에 생강을 사용하는 것으로 나온다. 유

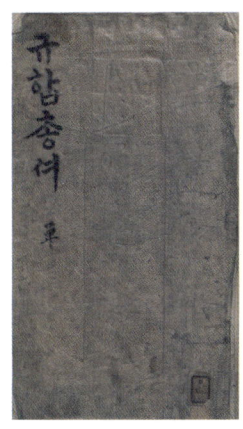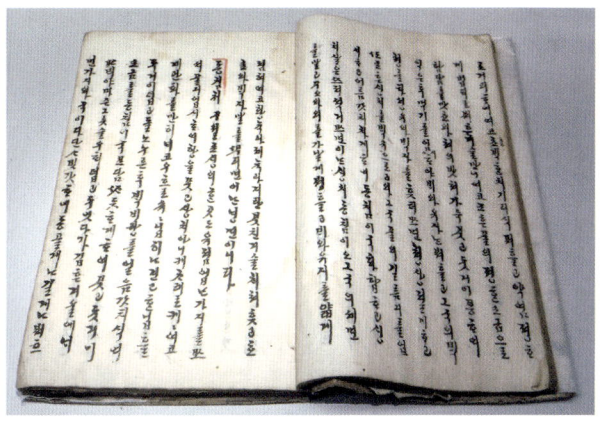

《규합총서》 표지와 내지. 빙허각이씨가 쓴 가정백과로, 조선 후기의 식생활을 살필 수 있는 저작이다.

밀과油蜜菓를 만들 때 계피桂皮, 후추胡椒와 함께 말린 생강[乾薑]과 생강즙[薑汁]을 사용했고, 유밀과의 일종인 연사라교를 만들 때는 생강즙을 계피, 후추와 함께 사용했고, 계강과桂薑果에는 생강즙과 계핏가루를, 생강과生薑果에는 다진 생강을 사용했으며, 이외에도 다양한 다식茶食이나 정과正果에 계피와 말린 생강을 사용했다. 또한 배 조림의 일종인 향설고香雪膏에는 생강을 통후추, 계핏가루와 함께 사용했다. 1800년대 말에 편찬된 조리서 《시의전서是議全書》에서도 생강정과를 소개해, 후식류의 맛내기에 많이 사용했음을 알 수 있다.

생강은 음식에 다양하게 쓰였을 뿐 아니라 약재로도 사용되었다. 따라서 이 생강을 오랫동안 보존할 필요가 있었고, 이를 위한 방법도 많이 소개되었다. 《산가요록》에 '침강법沈薑法(생강 절이는 법)'이, 《증보산림경제》와 《농정회요》에 '생강전법生薑煎法(생강 조리는 법)'이 실려 있다. 또한 《증보산림경제》에는 생강을 '식초에 재우는 법[醋薑]'이, 근대 조리서인 《조선요리제법》에는 '생강가루 만드는 법'이 실려 있다.

후추

후추의 매운맛은 우리 조상들의 입맛에 잘 맞았다. 후추는 기원전 후에 한반도에 전해진 것으로 추정되며, 호초胡椒로 불렸다. 후추는 한반도에서 재배되지 않아 수입에 의존할 수밖에 없어 귀한 식품이었다. 통일신라시대에는 불교의 차 공양을 위한 후추차의 재료로 사용되었다. 고려시대 들어 후추 수입량이 늘어났고 매운맛을 내는 조미료로 이용되기 시작했다.

조선 후기의 실학자 홍만선洪萬選(1643~1715년)이 쓴 백과전서 《산림경제山林經濟》(1700년대)에 '나귀곰국[煮驢馬]' 만들 때 창자를 깨끗이 씻어 누린내를 없애고, 참기름·파·후추를 섞은 다음 물을 넣고 끓인다고 나오는데, 이 요리는 중국의 《거가필용居家必用》*과 《신은지神隱志》**를 인용한 것이다. 이를 통해 아시아에서도 후추는 육류 요리에서 잡내 제거를 위해 사용되었음을 알 수 있다.

후추의 원산지는 인도이지만, 기원전 100년쯤 힌두인들이 자와Jawa 섬에 정착하면서 이곳에서도 재배되기 시작했다. 중국 남부에서 인도로 가는 것보다는 자와 섬으로 가는 것이 더 쉬웠기 때문에 중국인들이 자와 섬에서 후추를 구해 갔을 가능성이 크다. 이렇게 중국으로 들어온 후추가 한반도에도 유입되었을 것이다.

고려시대에 들어서는 후추의 수입 경로가 다양해졌다. 《고려사》에

---

* 원래 제목은 《거가필용사류전집居家必用事類全集》이다. 원나라 전반기에 편찬된 저자 미상의 종합생활백과전서로, 일상생활의 구심점인 가정을 중심으로 전개되는 제반 생활문물 지식을 집대성했다.

** 명나라 때 주권朱權(1378~1448년)이 지은 책으로, 도교 선인들의 일상생활, 농사와 식생활, 생산과 노동, 그리고 질병의 치료까지 간략하게 설명한 책이다.

신안 앞바다의 보물선과 후추

　1975년 전라남도 신안군 증도면 방축리 해역에서 조업 중이던 어선의 그물에 오래된 도자기가 끌려 올라왔다. 이 도자기는 원나라 시기 중국 항저우에서 출발해 고려를 거쳐 일본으로 가던 중 신안 앞바다에서 침몰한 무역선에 잠들어 있던 것이었다. 침몰 연대는 도자기 양식, 동전, 목간에 쓰인 기록 등으로 보아 고려시대 후기인 1331~1350년으로 추정된다.

　침몰된 선박은 최대 길이 34미터, 너비 11미터의 초대형 무역선이었는데, 1976년부터 1984년까지 9년에 걸친 인양·발굴 작업에서 도자기 2,000여 점과 주화 약 800만 개(28톤)를 찾아냈다.

　이 신안 해저유물은 14세기 중국 송나라와 원나라의 도자기 연구를 비롯해 당시 한·중·일 3국의 교역사 및 선박 연구에 커다란 기여를 했는데, 놀라운 것은 배 안에서 다량의 후추가 발견되었다는 사실이다. 이는 후추가 동아시아에서도 중요한 교역품이었음을 보여준다.

 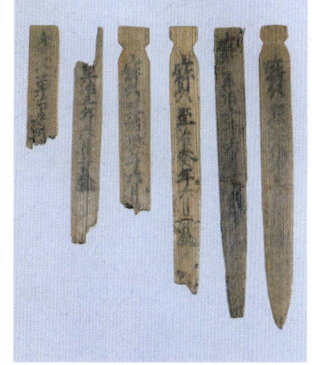

신안 앞바다에서 출토된 도자기들(좌)과 목간(우).

는 1389년 유구국琉球國(지금의 일본 오키나와현)에서 후추 300근을 바쳤다는 내용이 나오며, 조선왕조실록의 《태조실록》과 《태종실록》에는 자와 섬의 마자파힛Majapahit 왕국*에서 온 '진언상陳彦祥'이라는 인물이 다섯 차례나 언급되는데, 그중 1406년 8월 11일의 기록에 그가 후추를 배에 싣고 왔다는 내용이 나온다.

조선 조정은 후추를 직접 재배하기 위해 백방으로 애를 썼다. 특히 성종(재위 1470~1494년)은 후추를 구하기 위해 많은 노력을 기울인 것으로 유명하다. 당시 조선은 일본 상인으로부터 후추를 수입하고 있었는데, 1482년 성종은 후추의 씨앗을 구하라고 예조에 명을 내렸고, 예조는 대마도주, 일본 사신 및 상인에게 부탁했다. 1485년에는 대장경을 원하던 일본에게 후추 씨앗과 교환하자고 요구하기도 했다. 그러나 후추 씨앗을 구해 오라는 성종의 계속된 어명에도 불구하고 일본 역시 후추 씨앗을 구해 오지는 못했다. 생후추를 구할 수 없었기 때문이다(후추가 씨앗이라는 사실도 알지 못했다는 것이 아이러니지만, 생후추를 구한다 해도 기후 조건 때문에 재배할 수는 없었을 것이다).

다만, 조선에서 후추를 구한다는 것을 알고 일본 상인들은 대량으로 후추를 가져왔다. 이 때문에 왕실의 창고에 후추가 지나치게 많아지자 성종은 1488년과 1489년에 종친과 조정 신료들에게 후추를 하사했다. 당시 후추는 더위 먹은 병과 두통 등을 치료하는 한약재로 쓰였다.

성종이 후추 씨앗을 구하고자 한 것은 조선에서 후추를 생산해 중국에 수출하기 위해서였다. 중국은 특히 후추를 많이 소비했는데, 14세기부터 중국의 연간 후추 수입량은 유럽 전체의 수입량보다 많아

---

* 1293년에서 1527년까지 인도네시아 자와 섬 중부에 존재했던 왕국.

졌다. 조선은 이미 중개무역을 통해 후추를 중국에 팔고 있었다. 연산군 2년(1496) 명나라 사신으로 다녀온 남곤南袞(1471~1527년)*이 임금에게 "후추[胡椒]는 무역을 통해 얻을 수 있는 이익이 많기 때문에 명나라 서울에 가는 사람들이 반드시 많이 가지고 갑니다. 하지만 후추는 우리나라 산물이 아니니, 이를 금지하게 하소서."라고 건의했는데, 이는 사무역을 금지하고 정부 차원에서 중국에 후추를 수출하고자 했던 것이다. 그만큼 후추는 교역의 이익이 큰 상품이었다.

유성룡柳成龍(1542~1607년)이 쓴《징비록懲毖錄》(1647년)**에는 후추와 관련된 다음과 같은 일화가 적혀 있다. "(선조 19년[1586]) 일본 사신 다치바나 야스히로橘廉廣가 조선에 오자 예조판서가 그를 맞이해 잔치를 베풀었다. 이때 그는 후추를 한 주먹 꺼내서 자리에 뿌렸다. 그러자 기생, 악사들이 달려들어 후추를 줍느라고 잔칫상이 금세 아수라장이 되었다. 다치바나는 이를 보고 아랫사람들의 기강이 이 모양이니 조선은 곧 망할 것이라고 했다." 유성룡은 당시 조선의 기강 문제를 지적하고 있지만, 이런 소동을 통해 당시 후추의 위상을 엿볼 수 있다.

조선 후기에는 본격적으로 후추를 음식 조리에 사용했다. 실제로 조리에 쓰인 예는《음식디미방》에서 확인할 수 있다. '해삼탕'의 조리법으로 "해삼을 칼로 타 또 칼로 긁으며 깨끗하게 씻어 가장 무르게 고아 일부는 그저 말리고, 일부는 썰어 말려서 두고, 급한 때 쓸 데 있거든 물에 담가 그저 말린 것은 약념하되 생치生雉(꿩고기) 잘게 쪼아

---

* 조선 중종 때 심정沈貞(1471~1531년) 등과 함께 기묘사화를 일으켜 조광조, 김정 등 신진 사림파를 숙청한 후 좌의정과 영의정 등을 역임한 문신.
** 조선시대 문신 유성룡이 쓴 임진왜란(1592~1597년)의 기록으로, 1647년 간행되었다.

후추, 천초, 진가라[眞末: 밀가루] 넣어 실로 동여매어 닭 찌듯이 쪄 실 풀고 썰어 쓰고 썰어 말린 것은 간장기름에 가루(밀가루) 담게[淡-: 싱겁게] 타, 후추, 천초 약념하여 탕하여 쓰라."고 하여 후추를 양념으로 사용했다.

일제강점기의 요리 연구자 방신영方信榮(1890~1977년)은 《조선요리제법》에 구이, 회, 나물, 볶음 요리 등에 후추를 다양하게 사용하는 조리법을 기록했는데, 특히 어육魚肉 요리에 사용했다.

초피

초피는 중국, 일본, 한국에서 오래전부터 사용한 향신료다. 한반도 남부에 자생하는 초피나무의 열매이므로 오래전부터 사용했으리라 추정되나, 문헌에 기록된 것은 고려시대가 최초다. 1236년에 편찬된 고려의 의학서 《향약구급방》의 〈방중향약목초부〉에 180여 종의 약재 중 하나로 천초를 들었는데, 그것이 바로 초피다.

초피는 다양한 이름으로 불리거나 기록되었다. 《향약구급방》에서는 천초川椒라고 하면서, 다른 이름으로 촉초蜀椒라고도 하며 민간에서는 진초眞椒라고 부른다고 쓰여 있다. 조선시대의 의서인 《동의보감》〈탕액편湯液篇〉에도 '촉초蜀椒'에 관해 설명하면서, 다른 말로 천초川椒, 파초巴椒, 한초漢椒라고도 한다고 했다. 촉초란 중국 촉蜀 지방에서 나는 매운 열매라는 뜻인데, 촉 지방은 오늘날의 쓰촨성四川省이다. 천초 역시 쓰촨四川 지방에서 나는 매운 열매라는 뜻이다. 중국에서 촉초는 화자오 또는 마자오(258쪽 참고)를 가리키는 단어이지만, 조선에서는 초피를 가리키는 단어로 사용했다.

현재 한국에서는 초피를 '산초'와 혼용해 부른다. 산초는 한반도와

중국, 일본에 자생하는 산초나무Zanthoxylum schinifolium의 열매로, 매운 맛은 나지 않으며 특유의 향이 강하다. 주로 씨앗에서 '산초기름'을 내서 사용한다. 반면 초피는 초피나무Zanthoxylum piperitum의 열매로, 맵고 화한 맛이 난다. 추어탕에 넣는 것이 바로 초피 열매를 말려 낸 가루다. 초피를 산초로 부르게 된 것은 일본의 영향으로, 일본에서 초피를 산쇼山椒/さんしょう로 부르기 때문에 한국에서도 초피와 산초를 혼동해 부르게 되었다.

초피는 과거부터 향신료와 약재로 쓰였다. 약재로는 복통, 설사, 치통, 천식 등에 처방했으며, 어의 전순의가 지은 《식료찬요食療纂要》(1460년)에는 갑자기 기침을 할 때 배[梨]에 10여 개의 구멍을 내고 구멍마다 초피[椒] 1개씩을 넣고 밀가루로 겉을 입혀 구워 익힌 후 초피를 제거하고 먹이라는 처방이 있다.

고추가 전래되기 전에는 김치 등에 넣어 매운맛을 내는 데 사용했다. 허균許筠(1569~1618년)의 《도문대작屠門大嚼》(1611년)에 초시椒豉(초피 메주)라는 단어가 나오는데, 이는 고추가 전래되기 전 고추장과 같은 역할을 한 음식으로 보인다. 《음식디미방》에는 각종 고기 요리에 꼭 들어가는 향신료의 하나로, 후추와 함께 사용하는 조리법이 나온다. 《증보산림경제》에는 찹쌀가루 반죽 위에 초핏가루를 뿌려 재반죽하거나 초피 열매를 얹어 말린 후 기름에 지져 먹는 초피 조림[煎川椒法]이 소개되어 있다.

매운 열매라는 의미로 '고초苦草'라고도 불렸으나 조선 후기에 고추가 들어와 재배되면서 고초라는 이름을 고추에 넘겨주었고, 매운 향신료의 대표라는 역할도 잃었다.

고추

한국의 음식문화를 바꾼 대표적인 향신료를 꼽으라면 '고추'다. 한국인이 가장 많이 소비하는 향신료로, 풋고추를 생으로 먹기도 하고, 빨갛게 익은 고추를 말려 가루를 내 여러 음식에 양념으로 사용하고, 또 고추장으로 만들어 먹기도 한다. 고추가 듬뿍 든 김치를 매끼 먹는데, 한국인의 고추 사랑은 동남아시아나 라틴아메리카에서 볼 수 있는 매운맛 식문화와도 차별화될 만큼 유별나다.

아메리카가 원산지인 고추가 한반도에 전해진 시기에 관해서는 여러 견해가 있지만, 대체로 임진왜란(1592년 발발) 전후에 들어온 것으로 본다. 한반도에 들어온 고추는 선조(재위 1567~1608년) 말년까지만 해도 상식常食되지는 않고 마당에서 조금씩 가꿔 고추술을 만드는 정도였을 뿐, 조선 사람들에게 처음부터 환영받지는 못했다.

조선 최초의 백과전서인 이수광李睟光(1563~1628년)의 《지봉유설芝峰類說》(1614년)에 "남만초南蠻椒는 대독大毒하다. 처음 왜국에서 들어왔기 때문에 세속에서 왜개자倭芥子라 한다. 요즘은 자주 심는데 술집에서 몹시 매운 것을 이용한다(술안주로 고추를 먹는다). 혹 고추를 소주에 타서 팔기도 하는데 이것을 마신 사람이 많이 죽었다."라는 내용이 있다. 여기서 '남만초'가 고추인데, 이때까지만 해도 조선인이 고추의 매운맛에 익숙하지 않았음을 알 수 있다.

고추가 들어오기 전에도 한반도에는 매운맛을 내는 달래, 마늘, 파, 생강, 초피 등이 있었다. 고기나 생선의 비린내를 없앨 때는 초피를 썼고, 부자들은 후추를 구해 썼다. 그런데 초피는 사람이 직접 채집해야 했고, 후추는 전적으로 수입에 의존하고 있었으므로 당연히 귀하고 비쌌다. 이에 비해 고추는 한반도 남부 지역에서는 쉽게 재배할 수 있었기에 금세 조선 사람들에게 받아들여졌고, 시간이 갈수록 재배지가 북쪽까지 넓어졌다. 17세기가 되면서 점차 고추의 식용이 시작되었고, 18세기에 이르러서는 초피와 후추를 대신해 매운맛을 내는 으뜸 재료로 인기를 누렸다.

원래 우리 조상들이 매운 재료로 만든 장醬은 초피로 만든 천초장川椒醬이었다. 《증보산림경제》의 〈치선治膳〉에 고추(고추를 '만초', 고춧가루를 '만초말'로 표기)로 장 만드는 법이 '조만초장법造蠻椒醬法'이라는 이름으로 소개된다. 이 조리법에서 주목되는 점은 "만초 대신에 천초를 쓰기도 한다."라고 한 것이다. 《증보산림경제》가 편찬된 18세기 중반에는 이미 고추가 초피를 밀어낸 상태였음을 알 수 있다.

이시필李時弼(1657~1724년)이 쓴 《소문사설謏聞事說》(1720년경)의 〈식치방食治方〉에는 '순창고초장조법淳昌苦艸醬造法'이라는 이름으로 고추장 만드는 법이 제시되어 있는데, 이는 한양의 순창조씨 집안에 전해지는 고추장 만드는 법이다. 고추와 우리의 된장 문화가 이상적으로 절충돼 고추장이라는 발효 문화의 극치를 이룬 것은 18세기 후반의 일로 보인다. 19세기 초의 문헌들에는 이미 순창고추장과 천안고추장이 팔도의 명물로 기재돼 있다. 《규합총서》에는 '고쵸 가루로 고쵸장 만드는 법'이 나오며, 섞박지나 김치류 등 채소 절임 음식에 마늘·파·생강과 함께 고추를 썰어서 넣는다고 나온다. 이외에 고춧가루를 넣은 매운탕 조리법도 등장하며, 고춧잎을 이용한 장아찌 담그는 법도 소개되었다.

고추는 향신료로서뿐 아니라 민간의학에서도 활용되었다. 1850년대에 나온 이규경李圭景(1788~1856년)의 《오주연문장전산고五洲衍文長箋散稿》에는 고추가 혈액 순환이나 추위를 이겨내는 데 유용해 추운 날 먼 길 떠나는 사람이 배에 고추를 넣어 만든 복대를 차고 버선 틈에 고추를 넣어 신었다고 나온다. 고추가 매울 뿐 아니라 몸에 열을 내게 하는 작용을 이용한 민간요법이다.

고추는 다양한 가공 형태와 용도로 쓰인다. 덜 익은 풋고추, 잘 익은 홍고추 등은 다지거나 송송 썰어 다진 양념으로 사용한다. 빨갛게 익은 홍고추를 잘 말린 후 분쇄한 고춧가루는 음식에 붉은색과 매운맛이 나게 하는데, 입자 크기를 달리하여 고운 것은 나박김치, 고추장, 생채, 젓갈용으로, 중간 것은 김치나 일반 음식에, 굵은 것이나 말리지 않은 홍고추를 굵게 간 것은 겉절이와 열무김치에 사용한다. 가늘게 채 썬 실고추는 주로 고명으로 올려 음식을 맛깔나게 보이도록 한다.

■ 명칭의 변천

고추가 한반도에 처음 들어왔을 때, 일본을 통해 들어온 매운 열매라는 뜻으로 '왜개자倭芥子' 또는 '왜초倭椒'라고 불렸다. 또 '남만초南蠻椒' 또는 '남초南椒', '번초番椒' 등으로도 불렸다. 남만은 남쪽 오랑캐를 일컫는 말인데, 고추가 동남아시아에서 전해진 것으로 오해했기 때문에 붙은 이름이다. 《지봉유설》에서도 고추의 이름을 남만초南蠻椒라고 알리면서, 고추가 왜국에서 건너왔기 때문에 '왜개자倭芥子' 또는 '왜개초倭芥草'라고 부른다고 해설했다. 그 가루는 '만초말蠻椒末' 또는 '번초설番椒屑', 지금의 고추장에 해당하는 것은 '만초장蠻椒醬'이라고 불렀다. 또 중국에서 왔을 것이라는 짐작으로 '당초唐椒' 또는 '당고초唐苦草'라고도 불렸다.

본래 후추와 초피 등을 두루 가리켰던 '고초苦草/苦椒'라는 명사가 고추를 부르는 말로 쓰이기 시작한 때는 19세기 초반이다. 1809년에 나온 《규합총서》에는 '고쵸, 고쵸가로, 고쵸닙, 고쵸닙장짠찌, 고쵸장'과 같은 한글 표기가 나온다. 또 고초苦椒와 고초말苦椒末이라는 한자어도 쓰였다.

■ 김치 식문화 발전의 핵심

한반도 김치의 기원은 삼국시대 전후로 거슬러 올라가는 오랜 역사를 가지고 있으며, 통일신라시대와 고려시대를 거치면서 제조 방법이 발전해왔다. 고려시대까지는 양념으로 초피, 귤피, 생강 등을 사용했고, 조선시대부터는 파, 마늘, 생강을 사용했다. 매운 향신료로 초피를 넣다가 고추로 바뀐 것은 18세기의 일이며, 고추가 쓰이기 전에는 맨드라미꽃을 섞어 붉은색을 냈다고 한다.

1766년에 간행된 《증보산림경제》에는 김치 담그는 법이 10여 가지 기록돼 있는데, 대부분은 주재료를 소금이나 젓갈에 절이는 법이고, 겨우 두 가지(오이소박이, 총각김치)에만 고추를 쓴 것으로 되어 있다. 이를 통해 김치류에 고추를 넣기 시작한 것은 1700년대 중반이라는 것을 알 수 있다. 1700년대 후반에는 배추김치에도 고추를 넣게 되면서 배추김치의 소비량이 급증했고, 이는 한국을 대표하는 음식인 김치가 오늘날과 같은 모습을 갖게 된 계기가 되었다.

고추와 후추는 모두 매운맛을 내는 향신료다. 그런데 고추는 한국과 같은 발효음식 문화권에서 발달한 반면, 후추는 유럽과 같은 유지油脂음식 문화권에서 발달했다. 이는 후추가 육류에 어울리고, 고추가 채소에 어울린다는 것을 보여준다. 육식을 주로 하는 서양 사람들이 월동 준비로 고기를 저장할 때 지방의 부패를 억제하고 고기의 선도를 오래 유지하기 위해 반드시 필요한 향신료가 후추였다. 반면 한국과 같은 발효음식 문화권에서 채소나 젓갈류의 산패를 막고 산패 직전의 아미노산 맛을 유지하는 데 마력을 발휘하는 것은 고추의 매운맛 성분이다. 즉, 지방의 산패를 막는 데는 후추가, 발효 산패를 막는 데는 고추가 저마다의 역할을 하는 셈이라고 볼 수 있다.

■ **21세기 매운맛 종주국의 핵심**

한민족이 고춧가루와 고추장의 매콤한 맛을 즐긴 것은 얼마 되지 않았다. 일제강점기에 경제적인 식재료로 많은 가정에서 여러 음식에 고춧가루를 사용했고, 1950년대부터는 6.25전쟁으로 인한 빈곤과 기아의 스트레스를 매운맛으로 풀게 되면서 고춧가루가 생필품으로 굳어졌다. 1960년대 후반에는 고추가 특용작물로서 농가소득 증대에 기여했으며, 농촌진흥청의 노력으로 청양고추 등의 신품종이 등장했다. 1970년대 들어 고추는 훨씬 값싸고 친근한 향신료가 되었고, 음식에 넣는 양도 증가했다. 실제로 김치를 담글 때 넣는 고추의 양이 점점 늘어났다. 배추 한 포기당 평균 고추 사용량은 1930년대 5.35그램, 1980년대 53.37그램, 2010년대 71.26그램으로 크게 증가했고, 한국인 1인당 고추 연간 소비량도 계속 증가해 1970년에 1.2킬로그램이던 것이 1975년에 2.7킬로그램으로 배 이상 뛰었고, 2013년에는 3.7킬로그램으로 늘었다.

이렇듯 고추의 사용량이 늘면서 1980년대 중후반에는 고추의 매운맛이 한국 음식의 정체성으로 각인되기 시작했다. 특히 1980년대부터 외식 산업이 성장하면서 한국 음식의 매운맛이 더욱 부각되었다. 비빔밥, 떡볶이, 라면, 매운 닭강정 등 다양한 매운 음식이 연이어 등장했고, 급기야 2000년대 이후에는 더 강렬한 매운맛이 K푸드의 상징이 되었다.

참깨

참깨의 원산지에 관해서는 아프리카 열대 지방이라는 설과 인도라는 설이 있다. 열대 아프리카가 참깨의 원산지라는 설에서는 메소포타미아-실크로드-중국을 거쳐 한반도로 참깨가 전래했다고 본다. 한편 인도가 원산지라는 설에서는 인도의 참깨가 페르시아·메소포타미아·소아시아·이집트 등으로 퍼져 유럽에 전해졌고, 중국에는 아라비아 상인을 통해 들어왔다고 추측한다. 한반도에는 중국을 통해 전래되었다는 견해는 마찬가지다.

 한반도에서 참깨 재배가 시작되고 참기름이 출현한 시기는 삼국시대인 1~3세기로 추정된다. 《삼국사기》〈신라본기〉에는 683년 신문왕神文王(재위 681~692년)이 김흠순金欽純의 딸을 부인으로 맞으면서 납채 예물로 보낸 물품 목록이 기록되어 있는데, 여기에 '유油'가 있다. 이 기름이 참깨를 짠 참기름인지 확인할 수는 없지만, 이미 기름 짜는 법을 이용하고 있었음은 알 수 있다. 문헌상으로 참깨 재배를 확인할 수 있는 것은 고려시대부터다. 송나라의 사신 서긍徐兢(1091~1153년)은 고려 견문록인 《선화봉사고려도경宣和奉使高麗圖經》에 "고려의 토지는 메조[黃梁], 옻기장[黑黍], 좁쌀[寒粟], 참깨[胡麻], 보리와 밀[二麥] 등을 재배하는 데 알맞다."라고 썼다. 1100년경에 이미 기름틀을 이용한 식물성 유류의 제조법이 정착되었고 착유搾油 전문 판매업자도 있었다고 하므로, 참기름과 들기름을 흔히 사용했을 것으로 보인다.

 참깨는 한국 음식문화에 오래전에 정착하여 죽과 떡, 한과, 면, 찬물(반찬) 등 거의 모든 음식 전반에 이용돼왔다. 참깨를 씻은 다음 볶아서 음식의 주재료나 부재료 또는 양념으로 사용하는데, 사용하는 형태도 다양했다. 통깨 그대로 사용하기도 하고, 빻아서 사용하기도 하고, 깨즙이나 깻묵의 형태로도 사용한다. 참깨를 반드시 볶아서 사용한다는 점과 조미 향신료로 상용하는 점은 우리 음식문화의 두드러진 특징이라 할 수 있으며, 이러한 참깨의 이용 방식과 조리법은 조선시대 이후 거의 변함없이 지금까지 이어지고 있다.

조선시대에 사용된 백자 기름 항아리. 높이 5.4센티미터, 입지름 3.5센티미터로 가정에서 기름을 넣어두고 저장하던 용도로 쓰였다.

농경민족으로서 쌀과 잡곡을 주식으로 하면서 동물성 식품의 섭취량이 부족할 수밖에 없었던 우리 조상들은 참깨를 식사 때마다 필수 조미료로 소량이나마 계속 섭취함으로써 지방의 급원식품으로 삼았다. 또한 참깨와 참기름의 독특한 향과 고소한 맛은 음식의 풍미를 한층 높이는 데 효과적이었다.

■ 명칭의 변천

중국의 역사서 《주서周書》와 《수서隋書》에 전국적으로 오곡[黍, 稷, 菽, 麥, 麻]이 재배되고 있었다고 나오는데, 이 중 참깨를 나타내는 글자가 '마麻'다. 중국에서는 참깨가 서역에서 유래했다고 하여 '호마胡麻'라고 불렀다.

《향약구급방》에서도 참깨를 '호마胡麻'로 가리키며 민간에서는 '깨

> **참깨와 들깨**
>
> 과거부터 현재까지 참깨와 함께 기름을 내는 식물이 들깨다. 비슷하면서도 서로 다른 풍미를 가진 참기름과 들기름을 제각기 사용하며, 한국 음식은 더욱 풍요로워졌다. 그런데 참깨와 들깨는 같은 '깨'로 분류되지만 서로 다른 식물이다. 참깨는 학명이 *Sesamum indicum*으로 참깨속에 속하며, 들깨는 학명이 *Perilla frutescens* var.로 들깨속에 속한다. 들깨가 한반도에 언제 전래되었는지는 확인할 수 없으나 통일신라시대에 널리 심었다는 기록이 남아 있다.

[임자荏子]'라고 부른다 설명했다. 참깨라는 우리말을 그대로 한자로 표현해 '진임眞荏'이라고 쓰기도 했는데, 이는 특별히 '검은 참깨'를 가리키기도 했다. 이외에 지마芝麻/脂麻로 참깨를 가리키기도 했다.

흰 참깨와 검은 참깨를 구분하지 않고 부르기도 하고, 구분하기도 했다. 흰 참깨는 백호마白胡麻, 백지마白芝麻/白脂麻로, 검은 참깨는 호마胡麻, 호마자胡麻子, 지마, 흑임자黑荏子, 거승巨勝으로 구분했다. 우리가 현재 사용하고 있는 참깨와 참기름이라는 이름은 최초의 한글 조리서인 《음식디미방》에 처음 등장한다. 조선시대에 참깨와 참기름의 호칭이 다양했던 가운데 전통성과 고유성이 짙은 진임, 진유眞油와 함께 1900년대 중반까지 혼용되다가, 그 이후에 순우리말인 참깨와 참기름으로 굳어졌다.

■ **고소한 맛과 향**

참깨와 참기름은 고소한 맛과 향으로 한식을 더욱 한식답게 하는 향신료이자 향미유다. "깨소금 맛이다", "깨 볶는 냄새가 난다" 같은 관능적 표현이 우리 문화와 정서의 은유로 깊이 자리 잡고 있을 정도다. 고소함은 한국인만이 느끼고 즐기는 맛으로, 영어나 일본어 등 외국어에서는 고소함에 해당하는 단어를 찾을 수 없다. 한·중·일 3국이 모두 참깨와 참기름을 사용하는 식문화를 가지고 있지만, 그중에서도 한국에서 각별한 사랑을 받고 있다.

《음식디미방》에는 참기름, 으깬 참깨, 볶은 참깨를 각각 사용하는 다양한 조리법이 소개되어 있다. 볶은 참깨의 가루 혹은 여기에 소금을 섞은 것을 '깨소금'이라고 하는데, 이를 조선시대에는 초지마설炒芝麻屑, 염마설鹽麻屑이라고 했으며, 깨소금 만드는 법에 대해서는《임원경제지》의 〈정조지〉에 처음으로 나온다. 이처럼 조선시대에는 참기름과 깨소금을 만들어 양념으로 사용하는 것은 물론, 유밀과, 다식, 죽 등 다양한 전통 요리에 활용하며 우리만의 독특한 식문화를 구축했다.

현대에 들어서 참깨와 참기름을 각각 별개로 사용하기도 하지만, 참기름으로 무치고 참깨를 뿌리는 식으로 조화를 이뤄 맛과 향의 시너지 효과를 내는 경우가 대부분이다. 조물조물 무쳐 먹는 나물 요리, 불고기 같은 고기 요리, 비빔밥에 이르기까지, 참깨와 참기름을 빼놓고는 한식을 논할 수 없으니, 과연 '한국인의 특별한 향신료이자 향기'라 해도 과언이 아니다.

겨자

겨자는 갓의 씨앗이다. 갓을 한자로 '개芥'라 하고 그 씨앗을 '개자芥子'라 하는데, 개자가 '겨자'로 변환된 것이다. 갓의 원산지는 중앙아시아로, 한반도에서는 삼국시대, 또는 그 이전에 전해져 겨잣가루, 겨자유芥子油 등으로 사용해왔다.

고조리서에는 겨자를 이용한 조리법이 여럿 나온다. 《증보산림경제》에는 배추나 오이를 겨자즙에 재우는 조리법으로 '숭개법菘芥法'과 '황과개채법黃瓜芥菜法'이 소개되어 있다. 《임원경제지》에는 겨자즙 만드는 법을 '개자장방芥子醬方'이라는 이름으로 소개되어 있다. 겨자는 씨앗 형태 그대로, 혹은 가루 상태에서는 매운맛이 나지 않지만, 가루를 따뜻한 물로 반죽해 잠시 두면 휘발성의 매운맛 성분인 겨자유가 생긴다. 이때 가루를 개는 물의 온도나 쓴맛이 나지 않게 하는 첨가물 등이 필요하므로, 고조리서에서는 겨자장 만드는 법을 중요하게 다루었다.

겨자는 음식으로 먹기 이전에 약으로 사용되었는데, 1460년에 간행된 《식료찬요》에 가슴과 명치가 아픈 증상[心痛]을 치료하려면 겨자를 가루로 만들어 술과 식초에 타서 복용하라는 처방이 있다.

계피

흔히 시나몬과 계피를 같은 것으로 통용하고 있지만, 계피는 육계肉桂나무Cinnamomum cassia의 얇은 껍질을 말린 것으로, 영어로는 카시아cassia라고 부른다. 껍질을 그대로 말려 통계피로도 쓰고 가루로 만들어 계핏가루로도 쓴다. 육계나무는 중국 남부 원산이며, 제주도를 비롯한 한반도 남부에서도 자란다.

지금 시나몬이라 불리는 것은 실론 계피나무Cinnamomum verum의 껍질로, 이름처럼 스리랑카가 원산지다. 조선에서는 '석란육계錫蘭肉桂'라 불렸으며, 후추와 함께 쓰시마(대마도)에서 조공으로 바친 향신료였다. 하지만 조선 후기에 약재로 사용량이 증가하자 베이징에서 구입해 오는 일이 늘어났다. 그러나 이것도 가짜가 많아서 석란육계 대신 계피를 약재로 쓰는 경우가 잦았다.

계피는 청량감과 단맛이 있어서 수정과, 떡 등 다양한 요리에 사용되었으며 매우 오래전부터 소비된 향신료다. 《증보산림경제》, 《규합총서》, 《시의전서》 등 여러 고조리서에서는 상쾌한 청량감과 독특한 향미가 있는 계피를 달여서 수정과 국물이나 계피차의 재료로 쓰도록 했으며, 계핏가루는 떡, 약밥, 유과, 전과, 강정, 숙실과 등에 넣어 향과 색을 내는 데 이용하라고 소개했다.

정향과 육두구

인도네시아 몰루카 제도에서만 나는 향신료로, 조선시대 초에 이미 한반도에 전해졌다. 정향은 고기의 누린내를 없애주고 방부 효과가 탁월한 향신료이며, 육두구는 강장제 등의 약재로 사용하는 한편 생선요리 등에 쓰였다.

태종 원년(1401)에 명나라가 조선의 말[馬] 1만 필과 바꾸기 위해 면포, 모시, 명주실 등과 함께 정향, 육두구, 양강良薑(생강보다 맛과 향이 강한 향신료)을 보낸 바 있다. 세종 3년(1421)에 일본 일기주一岐州(일본 쓰시마와 규슈 사이에 있는 섬인 이키노시마)의 도주島主가 육두구 20근 등을 바쳤다는 사실이 《세종실록》에 기록되어 있다. 또한 조선과 교역이 활발했던 유구국에서 성종 14(1483)년에 후추 500근과 함께 육두구 100근을 바쳤다는 기록도 있다.

이처럼 정향과 육두구는 명, 일본, 유구국을 통해 조선에 들어왔지만 지속적으로 공급되지 못했고, 소비 또한 대중적으로 이루어지지 못했다. 조선 후기까지도 육두구에 대한 정보는 상대적으로 적다.

회향(펜넬)

조선시대의 이두어로 '가음초加音草'로 표기했고,《동의보감》에는 회향茴香으로 나온다.《훈몽자회》에서는 회향을 한자로 '회茴'라고 적는다고 설명했다.《산림경제》에 죽순젓[造熟筍鮓]·부들순젓[造蒲筍鮓]·연근끝젓[藕梢鮓] 담글 때에 파채[蔥菜], 귤피채[橘絲], 생강채[薑菜] 등과 함께 회향을 사용하는 것으로 나온다.

PART

4

향신료의 종류와 특성

인간을 매혹시킨 식물, 단품 향신료

지역 음식문화의 상징, 혼합 향신료

07 | 인간을 매혹시킨 식물, 단품 향신료

전 세계에서 사용되는 향신료는 이루 헤아릴 수 없이 많으며, 지역별로 다른 문화권에는 거의 알려지지 않은 고유의 향신료도 많이 사용하고 있다. 여기서 소개하는 37종의 향신료는 오래전부터 사용되며 세계 음식문화에 큰 영향을 끼친 것들이다. 오랫동안 사랑받으며 각 지역 음식에 고유의 맛과 향을 부여해온 다양한 향신료를 꼼꼼히 살펴보자.

후추, 가장 흔하고 가장 귀한 향신료

학명 *Piper nigrum*
명칭 호초胡椒, 블랙페퍼black pepper
원산지 인도 남부, 동남아시아
주산지 베트남, 인도네시아, 인도, 브라질, 스리랑카, 말레이시아, 중국 등
과명 후춧과 *Piperaceae*
가용부 열매

유래 및 역사

인도 남서부의 말라바르 해안이 원산지인 후추는 시나몬, 정향, 육두구와 함께 세계 4대 향신료로 꼽히며, "한 가지 요리에 세 번을 쓴다."는 말이 있을 정도로 용도가 다양하다. 그만큼 인기 있고 가장 많이 유통되는 대표적인 향신료다.

원산지 주민들이 야생 후추를 양념으로 이용한 역사는 기원전 2000년경으로 거슬러 올라가고, 기원전 500년 무렵에는 후추를 재배했다고 전해진다. 아라비아 상인을 통해 유럽에 전해진 때는 기원전 400년경이다. 중국에는 육조시대六朝時代(220~589년)에 인도에서 전해졌다고도 하고, 한나라 때 서역을 탐험한 장건이 실크로드를 통해 가져왔다고도 한다. 로마 제국의 마르쿠스 가비우스 아피키우스가 쓴 현존하는 가장 오래된 서양 요리책 《데 레 코퀴나리아》에 후추를 이용한 여러 요리법이 등장한다.

pepper라는 영어는 산스크리트어 *pippali*(피팔리)를 차용한 라틴어 *piper*(피페르)와 고대 영어 *pipor*를 거쳐 만들어졌다. 라틴어 *piper*는 독일어 pfeffer, 프랑스어 poivre, 네덜란드어 peper, 그리고 다른 비슷한 형태의 여러 단어의 어원이기도 하다. '페퍼'는 비유적인 의미로 사용되기도 했는데, 적어도 1840년대까지 '정신' 또는 '에너지'를 의미했다. 한국어 '후추'는 '서역[胡]에서 전래된 향신료[椒]'를 뜻하는 한자어 '호초胡椒'가 변형된 것이다.

중세 유럽에서는 고기를 소금이나 꿀에 절여 저장했다. 그러나 염장鹽藏이나 당장糖藏을 한 고기도 그리 오랫동안 보존할 수는 없었기에, 상한 고기의 냄새와 맛을 가리기 위해 일반 농민들은 주변에서 구할 수 있는 타임 같은 허브를 뿌렸다. 이때 부유한 기사나 영주 이상의 계급은 후추를 고기에 뿌려 조리했다. 그런데 후추는 먼 동방에서 수입한 고가품이었기 때문에 부유한 귀족들은 후추를 과사용으로 필요량 이상 사용하는 경우가 많아졌다. 당시 귀족사회에서는 향신료를 많이 사용할수록 고급 요리로 인식했는데, 연회에서는 쟁반 가득 통후추를 담아주고 손님들이 한 움큼씩 집어 페퍼밀pepper mill로 즉석에서 갈아 먹는 것이 관례였다고 한다.

육수를 우려낼 때 후추를 갈지 않고 통으로 넣어 끓이는 경우도 많았는데, 이는 후추의 강한 향이 재료 고유의 맛과 향을 가리지 않게 하려는 이유도 있었지만, 귀한 후추를 말려서 재활용하기 위해서이기도 했다. 중세 후반에는 농민들도 시장에서 후추를 살 수 있을 정도로 흔해졌고, 희소성이 없어지자 지위가 높은 사람들은 정향, 육두구, 사프란 등 다른 향신료로 눈을 돌렸다.

성상과 특징

후추는 후춧과의 여러해살이 덩굴성 상록수의 열매다. 나무는 키가 10미터까지 자라고, 열매는 최대 수령 40년까지 수확할 수 있다. 처진 이삭에 많은 흰 잔꽃이 달리는데, 여기서 맺은 열매를 건조시켜 사용한다. 페퍼콘peppercorn이라고 부르는 후추 열매는 지름이 5밀리미터이고, 하나의 씨앗을 품고 있다. 덜 익었을 때에는 녹색이었다가 익을수록 빨갛게 변해 완전히 익으면 검붉은색이 된다. 제대로 말린 후추(수분 함량 8~10%)는 밀폐 용기에 보관하면 수년간 맛과 향을 잃지 않는다.

상쾌한 향과 적당한 매운맛이 특징이다. 종류에 따라 풍미와 매운 정도가 다르지만 어떤 요리와도 잘 어울려 세계적으로 가장 널리 사랑받는 향신료다. 다양한 요리에 쓰이지만, 고기 요리에 사용하는 빈도가 가장 높아 서양 요리에서 필수 향신료다. 보통 '간을 한다'고 하면 동양 문화권에서는 '소금간을 한다', '간장을 넣는다'를 떠올리지만, 서양 문화권에서는 소금과 후추를 뿌리는 것을 생각한다. 서양 육류 요리의 밑간은 90%가 '소금+후추'다.

세계적인 후추 산지는 말레이시아의 사라왁Sarawak과 인도네시아의 람풍Lampung, 베트남 푸꾸옥Phú Quốc이다.

후추 열매를 언제 수확해 가공하느냐에 따라 종류가 나뉜다.

종류

후추는 수확 시기나 가공 상태에 따라 종류가 나뉜다. 덜 익은 녹색 열매를 수확해 햇빛에 말리면 풍미가 독특하고 강한 흑후추black pepper가 되고, 말리지 않은 채 소금에 절이거나 동결건조하여 껍질 색이 산화하지 않도록 건조시키면 산뜻하게 매운 녹색후추green pepper가 된다. 또 빨갛게 과숙되도록 방치한 후 수확해 열매를 말리면 풍미가 순하고 색이 선명한 적후추red pepper가 되고, 완숙한 열매를 말린 후 물에 담가 불려서 껍질을 벗겨서 말리면 풍미가 순한 백후추white pepper가 된다.

후추 종류에 따라 풍미와 맛과 향이 조금씩 다르기 때문에 요리의 종류에 따라 각각 다른 후추를 사용하며, 이들을 서로 섞어서 다른 색상과 맛을 내기도 한다. 흑후추는 고기나 해산물 구이에 필수적으로 쓰이며 스튜나 카레, 볶음 요리에도 쓰인다. 백후추는 흑후추보다 매운맛과 향미가 약해 소스나 수프에 주로 사용되며, 요리의 색을 살리기 위해 흑후추 대신 사용되기도 한다. 동남아시아에서는 덜 익은 녹색 열매를 생으로 기름에 볶아 매운맛이 아니라 향만을 살려 요리를 마무리하는 데 활용하기도 한다.

후추는 중세 유럽 사람들에게 매운맛을 내는 대표적인 향신료였기 때문에 후에 발견된 매운맛 향신료는 대부분 pepper가 포함된 이름

왼쪽부터 흑후추, 녹색후추, 적후추, 백후추.

> **핑크페퍼**
>
> 푸아브르 로제poivre rose라고도 한다. 옻나무과 활엽수인 페퍼나무Schinus molle나 브라질페퍼나무Schinus terebinthifolia의 막 익은 붉은색 열매를 소금과 식초에 재운 향신료로, 후추가 아니다. 옻나무과의 열매이므로 견과류 알레르기가 있는 사람은 과민 반응이 일어날 수 있다.

을 갖게 되었다. 파프리카bell pepper, 고추chili pepper, 바나나페퍼banana pepper(작고 노란색이 나는 고추), 핑크페퍼pink pepper(옻나무과 식물의 열매)가 그 예다. 마파두부麻婆豆腐의 얼얼한 매운맛을 내는 향신료 화자오花椒 또한 '쓰촨四川에서 나는 후추'라는 의미로 시추안페퍼Sichuan pepper라고 한다.

향미 특성

후추 열매 자체에서는 향이나 맛이 나지 않지만, 열을 가하거나 갈면 향이 난다. 향미는 백후추가 흑후추보다 부드럽고 고급스럽다. 후추의 방향 성분이 주로 외피(겉껍질)에 함유되어 있기 때문에 껍질을 제거한 백후추의 향미가 흑후추의 4분의 1 정도로 약한 것이다.

후추 정유精油/essential oil의 50% 정도는 모노테르펜monoterpene으로, 그 주성분은 피넨pinene(4~17%)과 리모넨limonene(4~21%), 사비넨sabinene(2~30%), 카리오필렌caryophyllene(12~42%) 등이다.

후추는 뚜렷한 향 외에도 특유의 매운맛을 내는데, 피페린piperine과 피페린의 입체이성질체인 차비신chavicine에 의한 것이다. 매운맛은 혀의 맛봉오리로 느끼는 것이 아니라 혀의 신경말단과 연관된 수용체(TRP 채널)의 작용으로 느끼는 감각이다. TRP[transient receptor potential] 채널('온도 감수성 수용체'라고도 한다)은 기계적·화학적 자극, 그리고 온도에 연관된 자극에 반응하는데, 고추 캡사이신의 타는 느낌, 멘톨의 시원한 느낌과 탄산음료의 따끔따끔한 느낌 등이 그 예다. 후추의 피페린 성분은 통각인 매운맛뿐 아니라 '뜨거운 느낌' 또한 갖게 한다.

요리 적성

후추는 고기, 생선, 채소를 이용한 다양한 요리에 폭넓게 사용되며, 카레분말이나 토마토케첩 같은 조미료의 재료로도 쓰인다. 동서양을 막론하고 전 세계의 수많은 요리에 이용되는 만능 향신료다. 흑후추는 고기 요리를 비롯한 서양 요리 전반에, 백후추는 흰살 생선이나 달걀 등 밝은 색의 담백한 재료로 만드는 요리에, 적후추는 요리에 색을 내는 데 쓰는 등 종류에 따라 구분해서 사용한다.

서양 요리, 중국 요리, 태국 요리 등 국적을 막론한 다양한 음식에 폭넓게 사용하고, 또 잘 어울린다. 스테이크에 소금과 후추만으로 맛을 내기도 하고, 파스타에 페코리노 치즈와 흑후추를 뿌려 먹기도 한다. 페퍼밀로 통후추를 즉석에서 갈아서 사용하면 향도 좋아지고 요리 과정의 재미를 느낄 수 있다. 후추는 대부분의 요리에서 조미료로 사용되지만, 후추를 주재료로 사용하는 요리도 있다. 중국 음식인 후라탕胡辣湯*이다.

술이나 음료수에 후추를 사용한 역사도 긴데, 현존하는 가장 오래된 농서인 가사협賈思勰의 《제민요술齊民要術》(532~549년)에 생강과 후

---

* 후추와 고추를 전분과 함께 풀어 스튜같이 끓여 고기완자, 감자, 버섯, 땅콩 등의 건더기와 함께 다시 한 번 끓인 음식으로, 지역에 따라 밀가루 빵이나 만두, 전병 등을 곁들여 먹는다. 중국 북방 지방(특히 허난성, 산시성)에서 인기 있는 조식 메뉴다.

추, 석류의 즙을 술에 넣고 따뜻하게 데워 먹는 후추술[胡椒酒]이 소개되었으며, 또한 서양에서는 와인에 여러 향신료와 함께 후추를 넣어 끓여 뱅쇼vin chaud를 만들어 마셔왔다. 또한 보드카와 토마토주스로 만든 칵테일인 블러디메리Bloody Mary*에 후추를 넣기도 한다.

약리 효과

후추는 예로부터 약으로 쓰였으며, 지금도 건강에 좋은 향신료로 인식된다. 인도의 아유르베다 의학에서는 후추의 정유를 마사지 오일로 이용했으며, 중의학과 한의학에서는 위장 기능 강화, 식욕 증진, 장내 가스 배출 촉진 등을 위해 후추를 처방했다.

후추는 혀의 맛봉오리를 자극하고, 발한과 배뇨를 촉진하며, 에너지 대사를 높여 지방세포의 연소를 촉진한다고 알려져 있는데, 이는 후추의 매운맛 성분인 피페린의 작용에 기인한다. 또한 피페린은 동맥경화증, 심혈관 질환, 신경 질환과 같은 만성질환의 위험을 낮추는 데 도움이 되는 항산화제의 일종으로 여겨지고, 커큐민curcumin이나 레스베라트롤resveratrol과 같은 생리활성물질의 흡수와 생체 이용률을 높이는 효과가 있다고 한다. 후추의 상쾌한 향과 매운맛이 혀를 자극해 소금을 적게 넣어도 만족감을 얻을 수 있어 저염 식단에 활용되기도 한다.

스테이크 요리를 할 때 후추와 소금을 고기에 뿌려 밑간 한 뒤에 굽는데, 이때 후추가 가열되면서 아크릴아마이드acrylamide가 발생한다. 아크릴아마이드는 발암 물질로 분류되어 우려를 사고 있는데, 음식에 포함된 정상적인 양을 섭취할 경우는 크게 걱정할 필요가 없다.

---

* 보드카와 토마토주스 베이스에 각종 향신료를 넣어 만든 칵테일.

강황, 건강한 노란색

학명 *Curcuma longa*
명칭 강황薑黃, 터메릭tumeric
원산지 인도, 말레이시아, 인도네시아
주산지 인도, 스리랑카, 인도네시아, 베트남, 중국

과명 생강과 *Zingiberaceae*
가용부 뿌리줄기(근경)

유래 및 역사

강황의 원산지는 인도와 인도네시아, 말레이시아로, 오래전부터 열대 아시아를 중심으로 재배되었다.

강황을 사용한 역사는 매우 오래되어, 인도의 아유르베다 의학에서는 약으로, 그리고 종교 행사에 내는 음식의 향신료로 사용했다. 또한 노란색을 내는 염료로도 사용되었다. 힌두교와 불교 승려들의 옷을 염색하는 데 강황을 이용했기 때문에, 강황은 불교와 함께 중국 등 동아시아로 전파되었다. 한편 기원전 2000년경의 것으로 추정되는 강황의 화석이 이스라엘의 메기도Megiddo에 있는 한 상인의 무덤에서 발견되었는데, 이로써 강황이 오래전부터 열대 아시아로부터 동과 서로 널리 퍼졌음을 알 수 있다.

베네치아 상인이자 모험가 마르코 폴로는 1280년에 여행지에서 강황을 발견하고 "종류는 다르지만 사프란과 비슷해서 사프란 대신 사용하기에 충분하다."라는 기록을 남겼다. 그러나 강황은 이미 기원전 8~7세기에 중동 지역에 전파되어 사프란과 함께 노란색 착색제로 사용되었다는 기록이 아시리아의 설형문자로 남아 있다.

중세에는 유럽인들이 강황을 비싼 사프란 대신 사용하면서 '인도의 사프란'으로 부르기도 했다. 강황의 학명인 쿠르쿠마 롱가 Curcuma longa 의 속명 Curcuma는 사프란을 뜻하는 아라비아어인 kurkum(황금)에서 유래했으며, 영어 tumeric은 '가치 있는 땅[meritorious earth]'이라는 뜻의 라틴어 terra merita(테라 메리타)에서 따온 것으로, 강황의 색이 광물의 색과 닮은 것에서 유래했다.

성상과 특징

강황은 생강과 강황속의 다년생 식물로, 생강과 비슷하게 뿌리줄기를 먹을거리이자 약으로, 또한 염료로 사용한다. 카레의 노란색을 띠게 하는 착색성 향신료로 특히 유명하다. 강황의 노란색을 띠게 하는 성분인 커큐미노이드 curcuminoid가 뿌리줄기에 2.5~6% 함유되어 있다. 그중 가장 많은 성분은 커큐민으로, 대략 0.5~6%(평균 2~3%) 함유되어 있다.

강황의 주요 방향 성분은 세스퀴테르핀 sesquiterpine 또는 투메론 tumerone으로, 약 53%를 포함하고 있다. 그다음은 진지베렌 zingiberene 으로 약 25%를 포함하고 있다. 그 외의 성분은 알파-펠란드렌 α-phellandrene(1%), 사비넨(0.6%), 시네올 cineol(1%), 캄펜 camphene, 보르네올borneol(0.5%)이다. 강황은 대개 토양취가 있으며, 약간의 쓴맛과 아린 맛이 난다.

분류

강황은 형태와 산지에 따라 〈표 4-1〉과 같이 나뉜다.

표 4-1 **강황의 형태와 산지에 따른 분류**

형태적 분류	핑거finger형	뿌리의 두 번째 가지 부분으로, daughter rhizome이라고 하며, 길이는 2.5~7센티미터, 지름은 1센티미터 정도다.
	벌브bulb형	달걀 모양으로, mother rhizome이라고 하며, 핑거형보다 길이가 짧고, 지름은 두껍다. 뿌리의 중앙에 위치하며, 재배 시 밭에 직접 심는 씨앗으로 사용한다. 향이 약해 식품에 직접 사용하지 않고 올레오레진 추출 등에 이용한다.
	스플릿split형	벌브형을 2~4조각으로 갈라서 건조한 것으로, 올레오레진 추출 및 블렌딩의 소재로 사용한다.
산지별 분류	알레피Alleppey 강황	인도 케랄라Kerala의 토두푸자Thodupuzha, 무바타푸자 Muvattapuzha 지역에서 재배되며, 커큐민 함량이 높다. 연마하지 않은 상태로 거래된다.
	마드라스Madras 강황	인도 타밀나두Tamil Nadu 및 군투르Guntur, 라자문드리 Rajamundry, 니자마바드Nizamabad 지역에서 재배되고, 품질과 향이 우수하며 주로 카레 등의 식품 원료로 사용한다. 강황의 집산지인 마드라스에서 주로 거래된다.
	서인도West Indian 강황	카리브해 지역을 비롯한 중앙아메리카, 남아메리카에서 일부 재배되며, 인도산 강황보다 품질이 나쁘다.

요리 적성

카레분말 특유의 노란색은 강황에서 기인한 것으로, 시판 카레분말에는 강황이 20~30% 들어 있다. 이와 같은 착색성과 더불어, 강황의 건강 기능성이 밝혀지면서 여러 식품에 자주 사용한다. 쌀에 강황가

강황도 생강과 마찬가지로 뿌리줄기를 식용한다.

루를 넣어 강황밥을 짓거나 강황가루와 고기, 새우 등을 넣고 밥을 볶아 강황 필라프로 즐길 수도 있다.

특유의 향과 맛이 약간 있긴 하지만, 향미료보다는 강황의 노란색으로 가공식품에 색을 입히는 착색제로 이용하는 경우가 많다. 유럽에서는 사프란을 대신해 치즈나 버터의 색을 내는 용도로 쓰고, 일본에서는 단무지의 색을 내기 위해 사용한다. 이외에도 겨자소스, 밥, 음료, 케이크, 비스킷, 아이스크림, 요구르트, 오렌지 주스, 팝콘, 시리얼, 소스, 치즈, 버터, 마가린, 샐러드드레싱, 치킨수프 등에 사용된다. 남아시아와 중동의 채소와 고기 요리, 카레 요리, 디저트와 피클, 태국과 베트남의 볶음이나 국물 요리 등에 자주 쓰인다. 맛과 향이 무난하고 호불호가 갈리지 않아 요리에 폭넓게 활용할 수 있다.

고기 재울 때 양념과 함께 쓰면 어느 정도 누린내를 잡아주는 효과를 볼 수도 있지만, 다소 쓴맛이 강하므로 너무 많이 넣으면 안 된다. 오븐구이 통닭, 닭날개 구이 등을 할 때 강황을 쓰면 비린내도 어느 정도 잡아주고 색을 입혀준다. 국수, 파스타, 피자, 수제비, 튀김옷 등 밀가루 반죽에 강황가루를 섞어 색을 내는 것도 가능하며, 부침이나 전煎 등에 쓰기도 한다.

요리 이외의 활용

인도의 아유르베다 의학에서는 강황에 사악한 것을 물리치는 마력이 있다고 믿어 신성한 식물로 여긴다. 또한 힌두교 의식에서는 강황으로 물들인 옷을 부적 삼아 입으며, 신랑신부는 결혼식 일주일 전부터 온몸에 강황을 발라 몸을 정화한다. 인도네시아에서도 결혼식 때 신부와 신랑의 팔을 강황으로 물들이거나 노랗게 물들인 밥을 먹으며 피로연을 한다. 한편 강황 팩은 미백과 뾰루지 완화 등 피부 미용에 효과가 있어 오래전부터 인도 여성들의 사랑을 받았다. 동남아시아에서는 액막이로도 이용한다. 강황의 작은 뿌리줄기를 갓 태어난 아기의 목에 걸기도 하고, 걷게 될 때까지 매일 아이의 머리에 강황수를 가볍게 붓기도 한다.

약리 효과

인도의 아유르베다 의학에서는 강황을 혈액 정화, 해독, 강장 및 당뇨·피부병·황달 등의 치료에 이용하고, 중의학에서는 혈액 상태를 개선하고 기氣의 흐름을 도울 목적으로 사용한다. 《동의보감》에서는 "그 성질은 열熱하며 맛은 맵고 쓰며[辛苦] 독이 없다. 징가癥瘕*와 혈괴血

---

* 여성 생식기에 발생하는 종괴腫塊.

> ### 강황과 울금
>
> 강황은 종종 울금과 같은 것으로 여겨지지만, 강황薑黃은 *Curcuma longa*의 뿌리줄기, 울금鬱金은 *Curcuma aromatica*의 덩이뿌리다. 한의학에서는 강황은 성질이 뜨겁고 울금은 성질이 차며, 강황이 울금보다 약효가 강하다고 설명하고 있다. 채집하거나 재배해서 먹는 국가 및 문화권에서는 대체로 둘을 같은 용도와 같은 명칭으로 부른다. 농경을 통해 재배되는 품종은 99% *Curcuma longa*에 속한다.

塊*, 옹종癰腫**을 낫게 하며 월경을 원활하게 한다. 다쳐서 어혈이 진 것을 삭게 한다. 냉기를 헤치고 풍風을 없애며 기창氣脹***을 삭게 한다. 효과가 울금鬱金보다 센데, 썰어서 식초에 무쳤다가 볶아 쓴다."라고 강황의 약효를 설명했다.

현대의 약효 연구에서 강황의 주요 성분인 커큐민의 항산화 기능이 밝혀지면서 의학적인 활용에 관한 연구가 이어졌다. 그 결과 간 해독 효과, 항염증 작용, 관절염 및 근육통 완화 작용, 암 예방 효과, 인지 능력과 기억력 향상 효과 등이 있는 것으로 확인되었다. 특히 인지 능력 향상과 관련해 뇌에 쌓이는 아밀로이드 플라크amyloid plaques****를 감

---

* 아랫배에 피가 몰려 덩어리가 생긴 병.
** 피부 조직의 염증.
*** 몸의 일부분 혹은 전신이 부어오르는 병증의 하나.
**** 알츠하이머병 환자의 뇌에서 베타아밀로이드β-amyloid가 비정상적으로 뭉쳐져 있는 것이 밝혀져 아밀로이드 플라크가 관심을 끌게 되었다. 이 플라크는 뇌의 신경세포 간 통신을 방해하고 염증반응 및 신경세포의 사멸을 유발하는 것으로 알려졌다. 베타아밀로이드 자체는 뇌에서 자연적으로 소량씩 생성되는데, 잠의 중요한 역할 중 하나가 뇌 안에 침착된 베타아밀로이드를 제거하는 것이다.

소시키는 것으로 확인되어 알츠하이머의 예방에 도움이 될 것으로 기대된다.

그동안 발표된 연구 내용을 강황의 각 성분별로 정리하면 〈표 4-2〉와 같다.

표 4-2 **강황 주요 성분의 생리적 기능**

구분	성분	기능
색소	커큐민curcumin	이담 작용(담즙 분비 촉진), 이뇨 작용, 간 기능 개선, 치매 예방, 항암(위암, 대장암 등) 효과, 활성산소 억제 및 노화 방지, 유전자 산화억제, 항균 및 항염증 작용, 알레르기 예방
정유 성분	알파-커큐멘 α-curcumene	이담 작용, 콜레스테롤 용해 작용, 담관 결석 예방, 고지혈증·고혈압·동맥경화 예방 및 개선
	투메론tumerone	이담 작용, 항염증 작용, 기생충의 번식 억제
	쿠르쿠몰curcumol	항종양 작용
	시네올cineol	소화효소 분비 촉진, 건위 작용, 살균 및 항균 작용
	아슬렌aslene	항염증 작용, 항궤양 작용, 건위 작용, 피로리균에 대한 살균 작용

생강, 달콤한 매운맛

학명 *Zingiber officinale*
명칭 생강生姜, 진저ginger
원산지 인도 동부 및 동남아시아
주산지 중국, 인도, 서아프리카, 자메이카, 일본, 브라질, 호주
과명 생강과*Zingiberaceae*
가용부 뿌리줄기(근경)

유래 및 역사

영어 ginger는 '뿔처럼 생긴 모양'을 의미하는 산스크리트어 *śṛṅgavera* (스란가베라)에서 유래해 중세 인도어(프라크리트어) *singabera*(싱가베라), 중세 라틴어 *gingiber*(긴기베르)를 거쳐 만들어졌다. 뿌리줄기의 모양이 사슴뿔과 닮았다고 해서 붙은 이름이다. 산스크리트어의 문헌에는 요리에 자극을 주는 향신료 중 하나라고 기록되어 있다.

인도와 동남아시아 원산으로, 아시아에서 유럽으로 전해진 가장 오래된 향신료 중 하나로 알려져 있다. 고대 그리스와 로마는 아라비아 상인으로부터 약재로서 생강을 수입했다. 먹기 위해 이용했다는 기록은 1세기 무렵 인도와 아랍권 국가의 요리책에 나오지만,《논어論語》에는 공자(기원전 551~479년)가 평소에 생강을 즐겨 먹되 많이 먹지는 않았다는 언급이 있어, 실제로 식용한 역사는 훨씬 길 것으로 보인다.

중세 유럽에서는 비싼 가격으로 거래되어 일부 특권 계급만이 생강을 맛볼 수 있었다. 동서 간 향신료 무역에서 생강이 중요한 상품이 된 것은 십자군전쟁 이후로, 성지 팔레스타인에서 돌아온 십자군이나 순례자들이 생강을 유럽에 전하면서 대중화되었다. 원산지를 벗어난 곳에서도 잘 적응해 자라므로, 세계 여러 곳에 이식되어 재배되었다. 스페인 사람들이 아메리카 대륙으로 생강을 가져갔는데, 1547년에는 산티아고에서 스페인으로 생강을 수출할 정도가 되었다. 16세기 초 스페인은 생강을 비롯한 몇 가지 향신료를 아메리카에 이식했는데, 재배에 성공한 것은 생강뿐이었다고 한다.

생강이 유럽의 식생활에서 대중화되었음은 문학작품을 통해 확인할 수 있다. 영국의 시인 제프리 초서Geoffrey Chaucer(1343년경~1400년)가 1390년대에 발표한 〈캔터베리 이야기The Canterbury Tales〉에 '진저브레드ginger bread'가 언급된다. "우선 감미로운 술이 나왔습니다. 그다음에는 나무 사발에 꿀 술이 가득 나왔고, 모든 종류의 향신료와 아주 맛있는 생강과자에다 감초와 달콤한 설탕이 나왔습니다." 또한 궁정에서 일어난 연애담을 다룬 셰익스피어의 희곡 〈사랑의 헛수고Love's Labour's Lost〉(1595년경)에서도 진저브레드를 발견할 수 있다. "내가 가진 것이 세상에 1페니밖에 없다면, 진저브레드를 사겠다."

진저브레드는 '생강을 넣은 빵'이라는 이름과 달리 빵뿐 아니라 쿠키 같은 과자류까지 포함하며, 특히 '진저브레드맨'이라는 사람 모양 쿠키로 널리 알려져 있다.

진저브레드의 유래와 문화

진저브레드의 뿌리를 고대 이집트와 그리스로 거슬러 올라간다고 보는 이도 있다. 당시 종교의식에 생강과 꿀을 사용한 과자가 있었다는 이유 때문이다. 지금과 같은 진저브레드는 992년에 니코폴리스(지금의 아르메니아)의 수도사 그레고리가 프랑스의 기독교인들에게 비스킷 굽는 기술을 가르치면서 시작되었다고 본다.

십자군전쟁을 통해 설탕과 향신료가 유럽으로 전파되며 진저브레드의 레시피가 점차 발전했다. 특히 독일에서는 '렙쿠헨lebkuchen'이라는 이름으로 불리며, 크리스마스를 대표하는 과자가 되었다. 13세기에는 독일 이민자들이 진저브레드를 스웨덴으로 가져갔는데, 15세기 스웨덴 바드스테나 수도원Vadstena Abbey의 기록 중에는 수녀들이 소화불량을 완화하기 위해 진저브레드를 구워 먹었다는 내용이 있다.

진저브레드는 15세기 영국에서 큰 사랑을 받았다. 엘리자베스 1세 여왕은 귀빈들을 위해 사람 모양의 진저브레드 쿠키를 구워 선물했다고 한다. 이로써 진저브레드는 단순히 과자가 아니라 손님을 환대하는 예술적인 상징이 되었다. 이즈음부터 진저브레드는 단순히 먹는 것을 넘어 장식적인 역할을 하기 시작했고, 기독교와의 연관성을 배경으로 점차 크리스마스의 중요한 전통 중 하나로 자리 잡게 되었다. 독일의 그림Grimm 형제가 정리해 출간한《그림 동화》의 영향으로, 진저브레드 하우스(과자로 만든 집) 또한 인기를 끌며 명절 장식으로 활용되었다.

오늘날 진저브레드는 전 세계에서 다양한 형태로 즐기고 있다. 쿠키 형태로 만들어 크리스마스를 표현하고, 케이크로 구워 따뜻한 음료와 함께 겨울 디저트로 즐기며, 가족 간의 소통과 사랑을 나누는 따뜻한 선물의 상징이 되었다. 그 배경에 시대와 국경을 넘어 많은 사람들의 입맛을 사로잡은 생강의 달콤한 풍미가 있다.

성상과 특징

생강과의 여러해살이풀로, 둥글고 매끄러운 잎의 껍질로 둘러싸인 가짜줄기 pseudostem(나무줄기처럼 보이지만 목질이 없는 풀의 줄기)가 1미터 정도까지 곧게 자란다. 식용부는 뿌리줄기로, 비옥하고 수분이 많은 토양에서 잘 자란다.

1년 정도 자란 뿌리를 캐내 세척해서 햇볕에 말리는데, 백색의 육질로 섬유질이 많으며 강한 매운맛을 낸다. 수확 후 처리 방법에 따라 건조 전에 완전히 껍질을 제거한 것, 절반가량 제거한 것, 제거하지 않은 것, 완전 제거한 후 아황산으로 표백한 것으로 유통된다. 생강은 생으로 유통되는 것 외에도 신선한 페이스트, 건조 분말, 시럽에 보존한 슬라이스 등의 형태로 유통·소비된다.

생강의 향미는 고기와 채소뿐 아니라 디저트와 음료에도 잘 어울린다.

향미 특성

달콤하고 시원한 청량감이 있는 방향과 자극적인 매운맛이 특징이다. 주요 방향성 정유 성분은 시트랄citral, 메틸헵테논methyl-heptenone, 노닐알데히드nonyl aldehyde, 리날룰linalool, 보르네올borneol, 진지베롤zingiberol, 진저론zingerone, 쇼가올shogaol 등이다. 생강 특유의 톡 쏘는 자극적인 느낌을 주는 화합물은 진저롤gingerol, 쇼가올, 파라돌paradol이며, 진저론도 입안에서 매운 감각을 일으킨다. 성분 구성의 차이는 성숙도, 유전자형 및 재배 기후 조건에 따라 달라지는데, 생으로 사용하면 상당히 강한 냄새가 나지만 충분히 건조시키면 방향성이 약해진다. 올레오레진oleoresin으로 추출한 생강 성분이 매운맛 양념으로 사용된다.

요리 적성

생강은 어떤 재료와도 궁합이 잘 맞아서 고기와 채소 요리에 두루 사용되며, 조미료로서뿐 아니라 음료, 과자, 술 등에 첨가되어 달콤하면서 상쾌한 향과 자극적이고 알싸한 맛을 낸다.

생강은 아시아의 다양한 요리에 거의 필수적으로 사용된다. 중국에서는 어패류나 육류의 냄새 제거에 사용하고, 일본에서는 생강을 갈아서 튀김이나 구이 등의 소스 또는 생선회를 찍어 먹는 간장에 첨가한다. 한국에서는 마늘과 함께 조림 음식이나 절임 음식의 양념으로 쓰고, 주로 고기나 생선 요리의 잡내를 없애는 용도로 사용한다.

인도의 가정에서는 기본양념으로 진저 갈릭 페이스트ginger garlic paste를 만들어두고 사용한다. 생강과 마늘을 믹서에 갈아두는 단순한 조리법의 양념으로, 각 가정의 전통에 따라 기름, 소금, 식초, 강황 또는 기타 향신료와 허브를 함께 넣기도 한다. 한국에서 간 마늘을 사용하듯이 이 페이스트를 각종 음식에 넣어 조리한다. 서양에서는 보통 과자나 빵, 캔디 등 달콤한 디저트를 만들 때 생강을 넣는다. 차이chai*나 시럽을 만들 때에도 첨가되는데, 단맛이 있는 음식의 균형을 잡는 효과가 있기 때문이다. 한국에서도 각종 요리에 사용하는 것 외에도 생강정과,

---

* 힌디어로 차茶를 뜻하는 단어이고, 차이 티chai tea를 인도에서는 일반적으로 마살라 차이masala chai 혹은 마살라 티masala tea라고 부른다. 진하게 우려낸 홍차에 따뜻한 우유를 넣은 뒤 카다멈, 생강, 시나몬, 정향 등의 향신료와 설탕을 넣어 달콤하게 즐긴다.

수정과, 생강차 같은 단 음식 및 음료의 재료로 사용되어왔다.

약리 효과

생강은 전통적으로 소화를 돕고 배탈, 설사와 메스꺼움을 치료하는 약재로 사용되었다. 생강의 매운맛을 내는 주요 성분인 진저롤이 항암, 항염증, 항혈소판 작용을 하고, 치주 질환을 유발하는 세균을 억제해 잇몸 건강을 지켜주며, 근육통이나 관절염의 증상을 완화하고, 심혈관 질환 억제에 효과가 있다는 것이 현대 과학으로 밝혀졌다. 또한 임신부의 입덧과 메스꺼움 완화에도 도움이 되는데, 미국 산부인과학회에서도 메스꺼움과 구토에 대한 허용 가능한 비약물적 치료법으로 생강을 언급하고 있다. 이외에도 소화불량 완화, 만성질환 예방 및 감기, 인후통, 냉증 치료에도 효능이 있다.

카다멈, 청량하고 기품 있는 향미

학명 *Elettaria cardamomum*
명칭 소두구小荳蔲, 카다멈cardamom
원산지 열대 및 아열대 아시아
주산지 인도, 과테말라, 탄자니아, 스리랑카, 말레이 반도 등
과명 생강과 *Zingiberaceae*
가용부 씨앗

유래 및 역사

아주 오래된 향신료 중 하나로, 인도에서는 수천 년 전부터 다양한 요리에 사용해왔다. 청동기시대부터 바빌로니아인과 아시리아인이 카다멈을 인도에서 육로로 페르시아만까지 가져와 지중해 연안과 서아시아로 중개무역을 했다. 유럽인이 일찍부터 접한 향신료로, 고대 그리스와 로마에서는 소화 촉진을 위한 약재나 구취 제거제, 또한 향수 원료로 사용했다.

몸의 열기를 가라앉히고 소화를 돕는 효과가 있어 기온이 높은 아랍권에서 일상생활에 꼭 필요한 향신료로 꼽힌다. 향이 풍부해서 카레분말의 주재료 중 하나다.

 카다멈은 생강과 엘레타리아속Elettaria과 아모뭄속Amomum에 속하는 몇몇 식물의 씨앗을 가리킨다. 이 중 '그린 카다멈' 혹은 '트루 카다멈'으로 불리는 것Elettaria cardamomum은 인도 원산으로, 말레이시아로 퍼졌다. '블랙 카다멈'으로 불리는 것Amomum subulatum은 히말라야 동부 원산으로, 네팔, 인도 등으로 퍼졌다. 그린 카다멈은 민트 같은 상쾌한 풍미가 있고, 블랙 카다멈은 매운맛이 강하고 생강 향이나 훈연 향이 난다.

성상과 특징

 카다멈은 생강과의 여러해살이풀로, 뿌리줄기에서 여러 가닥의 줄기를 올려 많은 꽃을 피우고 열매를 맺는다. 성숙한 열매는 약 1.5센티미터의 달걀형 또는 타원형이 되는데, 중심에는 암갈색의 씨앗이 15~20개 들어 있다. 향신료로 이용하는 것이 이 씨앗인데, 열매의 꼬투리(외피)에는 거의 향이 없고, 향미 성분은 그 속의 씨앗에 포함되어 있다. 꼬투리를 벗긴 씨앗은 향미를 급격히 잃는다. 꼬투리째 분쇄

카다멈은 인도에서 '향신료의 여왕'으로 불린다.

해 유통되는 카다멈도 있는데, 품질이 낮은 것으로 평가받아 가격도 싸다.

건조된 카다멈은 선명한 녹색을 띨수록 좋은 품질로 인정받으며, 그린 카다멈을 표백한 화이트 카다멈도 있다. 그린 카다멈은 재배의 역사가 200년에 불과할 정도로 재배가 까다롭다. 이전에는 모두 야생의 것을 채취해서 사용했고, 그래서 아주 비싼 향신료 중 하나였다. 인도에서는 '향신료의 왕'인 후추와 더불어 '향신료의 여왕'으로 불린다. 블랙 카다멈은 근연관계이지만 다른 품종이다.

향미 특성

알싸하게 매우면서도 달콤하고, 레몬처럼 상큼하고 청량감 있는 향이 특징이다. 기품 있는 향미라는 평가를 받는다. 씨앗을 입에 넣으면 캠퍼camphor(장뇌)와 비슷한 자극이 느껴지고 쓴맛이 아련하게 남는다. 씨앗의 보존 상태에 따라 향미가 변화한다. 정유의 주요 방향 성분은 1,8-시네올(36%), 알파-테르피닐아세테이트α-terpinyl acetate(30%), 리모넨(11%)이다.

요리 적성

카다멈은 디저트와 주요 요리에 널리 사용되는 향신료 중 하나로, 달콤한 요리에서 매콤한 요리까지 두루 잘 어울린다.

인도 요리에 많이 쓰이는데, 전통의 혼합 향신료인 가람마살라garam masala의 주재료 중 하나다. 마살라 차이masala chai에 들어가는 필수 향신료로 유명하며, 아랍권 국가에서는 귀한 손님에게 카다멈으로 향을 더한 카다멈 커피를 대접한다.

원산지인 인도 외에 중동, 북유럽 국가 등에서도 폭넓게 사용되고 있다. 동로마 제국(비잔틴 제국)은 바이킹을 용병으로 고용했는데, 이때 카다멈을 접한 바이킹이 고향으로 가져가면서 북유럽에서도 오래전부터 사랑받고 있다. 북유럽에서는 빵이나 과자의 향을 돋우는 데 사용하거나 애플파이에 이국적인 풍미를 더할 목적으로 사용한다. 스웨덴에서는 과자용 향신료로 시나몬보다 카다멈이 더 많이 사용될 정도다.

카다멈은 시나몬, 육두구, 정향과 잘 어울리는 향신료로, 카레분말과 각종 소스, 피클 등 가공품 분야에서도 중요한 향신료다. 육가공 제품에도 사용되지만 카다멈의 가격이 비싸기 때문에 고급품에 한정되어 있다.

약리 효과

카다멈은 소화불량, 메스꺼움, 구토, 장내 가스 배출, 가래가 많은 폐 질환 등에 사용되며, 또한 복통과 조임통, 장내 가스가 차 악취가 나는 것을 예방하기 위한 완화제(설사, 변통제)로서도 사용된다. 인도에서는 천식, 기관지염, 신장결석, 거식증, 전신 쇠약증 등 여러 가지 질환과 요로 장애 치료에 쓰인다.

또한 청량한 향을 살려 구취 제거제로도 사용되고 있으며, 나라에 따라서는 카다멈을 입에 머금고 술 냄새를 없애는 습관도 있다. 호흡을 달콤하게 하기 위해 씨앗을 씹기도 하고, 커피를 너무 많이 마시는 사람들은 카페인을 해독하기 위해 복용하기도 한다.

커민, 양고기의 필수 향신료

학명 *Cuminum cyminum*
명칭 커민cumin, 마근馬芹, 지라jeera(인도)
원산지 지중해 연안, 이집트
주산지 인도, 우크라이나, 모로코, 이집트, 이란, 멕시코, 중국, 튀르키예
과명 미나리과Apiaceae
가용부 씨앗

유래 및 역사

지중해 연안과 이집트가 원산지이며, 4,000년 전 크레타 섬에서 약으로 사용되었다는 기록이 남아 있을 정도로 역사가 오래된 향신료다. 고대 이집트의 의술 문서 〈에베르스 파피루스〉에 커민을 이용한 기록이 있다. 방부 효과가 있어 미라를 만드는 데에도 사용했다고 한다.

톡 쏘는 맛이 있어 고대 그리스와 로마에서는 비싼 후추 대신 사용했다. 고대 그리스인들은 커민을 식탁에 늘 올려놓고 사용했으며, 모로코에는 지금도 그 습관이 남아 있다. 고대 로마에서는 고기에 뿌려 먹었으며, 이후 유럽에서는 치즈나 소시지에 첨가하는 향신료로 쓰였다. 스페인과 포르투갈의 정복자들에 의해 아메리카 대륙에 전해져 지금은 라틴아메리카 요리에서도 많이 쓰이는 향신료가 되었다.

영어 cumin은 라틴어 *cuminum*(쿠미눔)에서 유래했다. 그런데 라틴어 *cuminum*은 아카드어 *kamūnu*(𒅴𒄑)에서 유래한 히브리어와 아랍어를 차용한 단어다. 커민의 전래 과정이 이 단어에 담겨 있다.

고대에는 커민이 욕심의 상징으로 여겨져, 탐욕스러운 로마 황제 안토니우스 피우스Antoninus Pius(86~161년)*와 마르쿠스 아우렐리우스 안토니우스Marcus Ayrelius Antonius(121~180년)**에게 커민이라는 별명이 붙었다. 중세 유럽에서는 커민이 남녀 간 정절의 상징으로 여겨지기도 했다. 때문에 기사가 전쟁터에 가 있는 동안 연인이 변심하지 않도록 커민 씨를 몸에 지니거나 결혼식 때 신랑신부의 주머니에 커민 씨를 숨겨놓는 관습이 있었다고 한다.

성상과 특징

커민은 미나리과의 한해살이풀로, 흰색이나 분홍색 방사형의 작은 꽃을 피우고, 황갈색의 가늘고 길쭉하며 홈이 파인 모양의 씨앗이 맺힌다. 씨앗 한 알의 크기는 깨알의 2배 정도다. 커민은 캐러웨이*Carum carvi*와 혼동되곤 하는데, 캐러웨이보다 커민이 더 맵다. 외형도 커민이 색은 더 밝고, 조금 길쭉하고 크다.

향미 특성

미나리과 식물이 지닌 톡 쏘는 강한 향이 특징으로, 약간의 쓴맛

---

* 로마 제국의 제15대 황제(재위 138~161년).
** 로마 제국의 제16대 황제(재위 161~180년).《명상록》을 남긴 철학자이기도 하다.

커민은 양고기 요리뿐 아니라 제과에도 어울린다.

과 매운맛이 난다. 커민의 향미는 제품화된 카레분말과 칠리 파우더의 향미를 특징짓는 중요한 성분이며, 카레 특유의 풍미를 내는 데 꼭 필요한 향신료다.

정유의 주성분은 35~60%를 차지하는 쿠민알데히드cumin aldehyde와 쿠미놀cuminol이고, 그 외에 알파-피넨, 베타-피넨, 리모넨, 파라-시멘para-cymene, 베타-펠란드렌, 1,8-시네올, 리날룰 등을 함유한다. 커민 특유의 향미와 쓴맛은 쿠민알데히드에 기인한다.

커민은 보통 볶아서 사용하는데, 볶은 커민의 향기 성분은 피라진 화합물pyrazines(특히 2,5-dimethyl pyrazine, 2,6-dimethyl pyrazine)과 알킬피라진 유도체들(2-ethoxy-3-isopropyl pyrazine, 2-methoxy-3-sec-butyl pyrazine, 2-methoxy-3-methyl pyrazine, 2-methylthio-3-isopropyl pyrazine 등)이다.

요리 적성

육류 요리를 비롯해 수프, 스튜, 소시지, 치즈, 피클, 처트니chutney*의 시즈닝으로 폭넓게 사용된다. 커민은 대부분 단독으로는 사용하지 않고, 두세 가지의 다른 향신료와 블렌딩하여 함께 사용한다. 특히 가람마살라, 카레분말, 칠리 파우더, 판치포론panch phoron(265쪽 참고), 다나지라dhana jeera** 등의 혼합 향신료에 빠지지 않고 들어간다. 인도 요리에는 커민이 흔히 사용되며, 지역에 따라서는 커민의 향이 음식 전체의 향을 지배한다. 인도에서는 보통 조리하기 전에 커민을 달여서 맛을 돋운다. 피클이나 샐러드에 넣어 향을 내기도 하며 양념으로도 사용한다. 마살라 요리, 탄두리 치킨tandoori chicken***, 음료인 잘지라jal-jeera**** 등 거의 모든 인도 요리에 커민이 사용된다.

중앙아시아에서 지중해 지역까지 폭넓은 지역에서 사용된다. 중동과 북아프리카의 달걀 요리 샤크슈카shakshuka*****는 커민과 고추 등을 넣은 토마토소스를 이용한다. 북아프리카에서는 쿠스쿠스couscous****** 등 개성이 강한 요리에 커민으로 풍미를 돋운다. 튀르키예 요리와 그리스 요리에서도 자주 쓰는 향신료로, 케밥kebap을 만들 때 양고기의 잡내를 잡기 위해 사용한다. 또 동북 3성과 네이멍구에

---

* 과일이나 채소에 식초, 향신료를 넣어 만든 달콤하고 새콤한 인도의 소스.
** 고수와 커민을 혼합한 향신료로, 남아시아 요리에 주로 이용된다.
*** 닭을 향신료와 요구르트로 양념해 인도의 전통 화덕인 탄두르tandoor에서 구워내는 인도 전통 요리.
**** 레몬 즙, 커민, 민트와 후추, 소금 등을 넣어 만드는 음료로, 식욕을 높이고 소화를 촉진하는 효과가 있다.
***** 매운 토마토소스에 달걀을 깨 넣어 익힌 음식으로, 에그인헬eggs in hell이라고도 한다.
****** 밀가루를 좁쌀 모양으로 반죽해 찜통에 쪄낸 후 고기나 채소를 곁들여 먹는 북아프리카의 전통 요리.

이르기까지 중국 여러 지역에서 사용하는데, 양꼬치 전문점에서 볼 수 있는 쯔란이 바로 커민이다.

양고기 외의 고기 요리와도 궁합이 잘 맞아서 유럽에서는 소시지나 미트로프meat loaf에 필수적으로 들어간다. 네덜란드와 스위스에서는 치즈에, 프랑스와 독일에서는 케이크와 빵에 풍미를 부여하기 위해 커민을 사용한다. 스페인에서는 시나몬이나 사프란과 함께 스튜에 넣고, 라틴아메리카(미국 텍사스 주 포함)에서는 칠리 콘 카르네chili con carne에 넣는다. 미국식 훈연 바비큐의 양념(드라이 럽dry rub*)에도 거의 필수적으로 들어간다.

약리 효과

고대부터 약용 식물로 이용되었고, 인도 전통 의학에서도 흥분제, 중풍 치료약, 건위약으로 사용했다. 비타민A, 비타민B₂, 비타민B₃, 비타민C, 비타민E, 칼륨, 철분, 마그네슘이 풍부하다. 항산화 성분인 쿠민알데히드와 리모넨을 함유해 노화 방지와 면역력 개선에 효과가 있다. 커민은 특히 몸을 따뜻하게 하는 작용이 있고 혈액을 건강하게 하는 무기철을 함유해 월경 중이나 임신 중, 수유 중인 여성에게 추천할 만한 향신료라고 한다.

미용 효과도 뛰어나서 고대 이집트에서는 여왕의 피부와 모발을 관리하는 데 썼다고 하는데, 지금도 커민의 정유는 화장품의 성분으로 쓰인다. 커민의 향은 지친 마음에 활력을 불어넣고 긴장을 가라앉히는 효과가 있다.

---

* 바비큐의 기본양념으로, 여러 향신료를 섞어 만든 분말이다. 페이스트 형태의 바비큐 양념은 웨트 럽wet rub이라고 한다.

펜넬, 생선을 원래의 맛으로 되돌리는 허브

학명 *Foeniculum vulgare*
과명 미나리과 Apiaceae
명칭 펜넬fennel, 회향茴香, 프누이fenouil(프랑스), 피노키오finocchio(이탈리아)
가용부 씨앗
원산지 지중해 연안
주산지 인도, 이집트, 유럽 등

유래 및 역사

펜넬은 역사적으로 아주 오래된 작물 중 하나로, 펜넬의 이름에 얽힌 신화를 통해 알 수 있다. 펜넬의 그리스어 이름은 marathon($μάραθον$) 또는 marathos($μάραθος$)다. 마라톤은 기원전 490년 그리스와 페르시아 간에 전투가 벌어졌던 장소로, '펜넬이 있는 평야'라는 뜻이다. 실제로 봄철에 마라톤 들판을 가면 여기저기에 노란 펜넬 꽃이 피어 있는 것을 볼 수 있다고 한다. 한편 그리스 신화에서는 프로메테우스Prometheus가 속이 빈 펜넬의 줄기 속에 불을 숨겨 인간에게 전해주었다고 한다. 영어 fennel의 어원은 '건초'를 뜻하는 라틴어 *faeniculum*(패니쿨룸)의 약칭인 *faenum*(패눔)으로, 고대 프랑스어 *fenoil*을 거쳐 영어로 편입되었다. 펜넬의 황록색 줄기가 시들어 마른 것처럼 보이기 때문에 붙은 이름이다.

지중해에 면한 남유럽 원산으로, 고대 그리스에서부터 사용되어 로마 제국이 확대되면서 유럽 전체로 퍼졌다. 중세 시대에 펜넬은 성 요한의 풀 St. John's-wort로 불리는 서양고추나물 *Hypericum perforatum*과 함께 마법이나 사악한 것들을 쫓아내는 풀로 인식되었다고 하는데, 이는 펜넬이 방충제로 사용되었음을 보여준다. 또한 펜넬은 앵글로색슨족이 신성하게 여기는 아홉 가지 허브(약초) 중 하나로, 중세 수도원의 약초원에서 빼놓을 수 없는 식물이었다.

성상과 특징

펜넬은 미나리과에 속하는 여러해살이풀이다. 지상부의 줄기는 2미터까지 자라며, 푹신한 잎과 노란 꽃을 가진다. 독특한 향이 강하게 나

'생선의 허브'라 불리는 펜넬.

서 잎, 줄기, 씨앗 모두를 이용한다. 씨앗은 길이 3~4밀리미터의 길쭉한 타원형으로, 녹색을 띤 연한 황갈색이다. 노화하면서 서서히 회색으로 변한다. 건조 상태에서도 초록색을 띠는데, 색이 짙을수록 좋은 품질로 여긴다.

지중해 연안이 원산지이지만 동아시아에서도 오래전부터 사용한 허브로, 한자 이름으로는 '회향茴香'이라고 하는데, 약간 상한 것 같은 육류나 생선류에 쓰면 원래 맛으로 돌아온다고 해서 붙은 이름이다. 유럽에서도 '생선의 허브'라는 별명으로 불린다.

향미 특성

잎보다 씨앗의 풍미가 강해 향신료로는 씨앗이 사용된다. 민트 향 같은 달달한 향과 약간 쓴맛이 있는 뒷맛을 남긴다. 아니스, 스타아니스와 비슷한 향미다.

품종에 따라 차이가 있지만, 건조한 상태에서는 상쾌하고 화한 향과 달콤한 맛이 특징이다. 이런 향미를 내는 성분은 트랜스-아네톨trans-anethole로, 정유의 50~60%를 차지한다. 이외에 펜콘fenchone이 10~20%를 차지하며, 에스트라골estragol(=methylchavicol), 피넨, 리모넨, 캄펜 등을 함유한다. 아네톨 함유량이 많을수록 단맛을 강하게 느끼게 되는 반면, 캄펜 함유량이 많으면 단맛은 약해지고 쓴맛이 강해진다. 세계적으로 사랑받는 향신료이지만, 톡 쏘는 듯한 특유의 향으로 인해 한국인에게는 고수, 정향과 함께 비호감 향신료로 꼽힌다.

요리 적성

가장 널리 쓰이는 부분은 씨앗이지만, 꽃, 구근bulb, 잎 등 다양한 부분을 요리에 사용한다. 펜넬의 잎과 줄기는 순하고 부드러우며 시

피렌체 펜넬의 구근.

원하고 상큼한 단 향이 있다. 딜dill과 비슷하게 생긴 여린 잎은 샐러드로 먹거나 가니시garnish로 활용한다. 가열하면 향이 약해지므로, 잎을 사용할 경우 조리 과정 후반에 첨가하거나 마지막에 섞어준다. 통통한 구근은 채소로 활용하는데, 생으로 또는 굽거나 삶아서 먹는다. 특히 이렇게 먹도록 개량된 종류를 '피렌체 펜넬Florence fennel'이라고 부른다.

이탈리아 요리에는 펜넬의 씨앗과 함께 잎을 사용하는 것이 많다. 잎을 말려서 음식에 첨가하기도 하는데, 특히 국물 요리에 향을 내는 용도로 많이 사용한다. 생선이나 고기 요리의 경우 말린 잎이나 생잎을 넣어 향을 내고, 달걀 요리와 생선 요리에는 말린 잎을 사용한다. 잎을 데치거나 식초와 소금 등에 절여 리소토risotto에 넣기도 한다. 생선 비린내 또는 해산물 지방 성분의 뒷맛을 적당하게 억제한다.

씨앗을 향신료로 사용할 경우 통씨앗 그대로, 또는 갈아서 사용한다. 서양에서는 이탈리아 소시지와 북유럽 호밀빵에 사용한다. 펜넬 씨앗은 다양한 문화권에서 필수적으로 사용된다. 중국을 대표하는 혼합 향신료인 오향분(스타아니스, 정향, 계피, 화자오, 펜넬)과 동인도를 대표하는 혼합 향신료인 판치포론의 필수 재료다. 인도 전역에서 사용하는 가람마살라의 재료이기도 하며, 치킨 카레나 피시 카레 같은 주요 메뉴 중에는 펜넬 씨앗이 없으면 안 되는 것들도 있다.

이처럼 펜넬 씨앗은 다른 향신료와의 궁합이 좋아 균형을 잡아주는 효과를 기대할 수 있으며, 식재료의 맛을 끌어내는 힘도 강하다. 피클에 풍미를 더하기 위해 사용하고, 애플파이나 비스킷, 캔디 등 달콤한 과자류에도 사용한다. 그리고 압상트absinthe* 제조에 사용되는 세 가지 향신료 중 하나다.

약리 효과

동서양을 막론하고 약재로 사용해왔다. 소화불량, 기침, 치통 등에 펜넬을 진하게 우린 물에 설탕 등을 넣고 끓여서 시럽처럼 만들어 먹었다. 또한 천연 치약의 향료로 사용되었는데, 지금도 인도에서는 구취 제거 용도로 식후에 펜넬 씨를 씹는 사람이 많다. 레스토랑 계산대 옆에 설탕으로 코팅한 펜넬 씨가 놓여 있기도 해서 '인도식 껌'으로도 통한다. 펜넬 씨앗을 뜨거운 물에 우려낸 허브티는 소화 촉진 및 장내 가스 제거 효과와 더불어 신진대사를 촉진하는 효과가 있다고 알려져 있다.

---

* 주정에 녹색 아니스, 펜넬, 향쑥*Artemisia absinthium* 등의 향신료와 허브계 약초를 넣고 만든 증류주.

셀러리, 입맛을 돋워주는 풀 냄새

학명 *Apium graveolens*
명칭 셀러리celery, 양미나리
원산지 지중해 연안, 인도, 서남아시아, 중앙아시아
주산지 유럽, 인도, 미국

과명 미나리과Apiaceae
가용부 씨앗

유래 및 역사

지중해 연안에서 인도, 중앙아시아에 이르는 폭넓은 지역에서 자생했다. 파슬리를 뜻하는 그리스어 *selinon*에서 라틴어 *selinon*, 이탈리아어 *seleri*, 프랑스어 *céleri*를 거쳐 영어 celery가 되었다. 약 3,000년 전부터 식용했으며, 고대 그리스와 로마에서는 주로 소화기 계통의 기능 개선을 위한 약초로 사용했다. 그리스에서는 셀러리 잎을 죽은 자를 위한 화환이나 운동 경기 대회 우승자에게 주는 화환으로 사용했고, 셀러리 씨로 향을 낸 와인은 상품으로 수여되었다. 호메로스 Homeros(기원전 8세기)의 서사시 〈오디세이아Odysseia〉에는 마녀 칼립소의 동굴 근처에 보라색 셀러리가 우거진 초원이 등장한다.

야생 셀러리는 쓴맛이 강했기 때문에 식용으로 선호되지 않았는데, 17세기에 이탈리아에서 개량된 이후 맛이 좋고 단단하고 굵은 줄기를 가진 셀러리가 본격적으로 식용으로 재배되었다. 현재는 줄기와 씨앗이 모두 식용으로 쓰인다.

성상과 특징

셀러리는 미나리과의 한해살이 또는 두해살이풀로, 1미터 정도까지 자란다. 3~6센티미터 길이에 2~4센티미터 너비의 작은 잎사귀가 나며, 2~3밀리미터의 작은 흰색 꽃을 피운다.

셀러리는 채소와 향신료 두 가지로 사용된다. 채소로 먹는 셀러리로 셀러리악celeriac, *Apium graveolens* Rapaceum Group과 잎셀러리leaf celery, *Apium graveolens* Secalinum Group가 있는데, 이들은 모두 먹기 쉽게 쓴맛을 줄인 개량종이다.

향신료로 사용되는 것은 셀러리의 성숙한 씨앗[celery seed]인데, 넓

야생 셀러리는 쓴맛이 강해 먹지 않았지만, 개량한 셀러리는 채소와 향신료로 환영받는다.

셀러리악(좌)과 잎셀러리(우).

은 타원형에 길이는 1.5~2밀리미터다. 셀러리 씨를 수확해 말린 후 껍질을 벗기고 한 번 더 말려서 사용한다.

향미 특성

셀러리 씨의 향미는 전형적인 풀 냄새와 비슷한 향에 씁쓸함이 특징이다. 잎에서는 신선한 향이 나지만 씨앗은 파슬리와 비슷한 풋내가 난다. 입에 넣으면 씁쓸한 맛과 함께 육두구와 비슷한 단맛이 약하게 느껴진다. 정유의 주성분은 리모넨(50.1~65.5%)과 베타-셀리넨 β-selinene(11.2~22.2%), 세스퀴테르펜(2.2~7.6%)이다. 이외에 프탈라이드 phthalide, 미르센myrcene, 피넨 등도 함유돼 있다.

요리 적성

토마토처럼 풋내가 나는 식재료의 냄새를 잡아주고 재료 본연의 맛을 살려준다. 피클을 만들 때 넣으면 풍미를 보강할 수 있다. 셀러리 씨를 빻아 소금을 혼합해 만든 '셀러리 솔트'를 식탁용 조미료로 사용하거나 스테이크의 시즈닝 재료로 사용한다.

육수를 우릴 때 셀러리 줄기 대신 씨를 쓰기도 한다. 채소로 쓸 때보다 보존성이 월등히 높으므로 셀러리 씨를 구입해두고 필요할 때마다 조금씩 사용해도 좋다. 수프나 스튜의 베이스가 되는 미르포아 mirepoix[*]에 이용되고, 캐서롤casserole^{**} 요리, 조림 요리, 카레, 달걀 및 생선 요리에 어울리며, 빵에 넣기도 한다. 잎은 전채나 충전재 및 요리의 장식으로 쓰인다.

셀러리의 재배 범위가 넓기 때문에 셀러리 씨는 러시아와 북유럽에서부터 인도와 중앙아시아까지 폭넓게 사용된다. 인도 요리에서는 주로 토마토나 감자 등을 조리할 때 함께 사용한다.

씨앗 자체의 크기가 상당히 작아 분말 향신료와 다를 바 없이 사용하지만, 첨가하는 양이 많으면 향이 제법 강하게 나므로 주의가 필요하다.

약리 효과

잎은 비타민B_1과 비타민B_2가 풍부하고 나트륨과 칼슘도 함유하고 있어 이뇨와 통증 완화 작용이 있다고 알려져 있다. 그러나 어떤 사람에게는 치명적인 알레르기 반응을 일으킬 수도 있다. 한편 씨앗은 망간, 마그네슘, 인, 헴이 아닌 철분non-heme iron^{***}의 훌륭한 공급원이다. 때문에 적혈구 생성을 도와 빈혈을 예방할 수 있으며, 혈당 수치를 조절하고 제2형 당뇨병 위험을 줄이는 데 도움이 된다.

---

* 양파, 셀러리, 당근 등을 잘게 썰어 섞은 다음, 약한 불에 버터나 오일 등을 넣고 갈색이 날 때까지 가열해 만든 프랑스의 양념.
** 조리한 채로 식탁에 내놓을 수 있는 서양식 찜냄비, 또는 이 냄비를 사용해 만든 요리.
*** 헴heme은 환원 헤마틴(헤모글로빈의 색소 성분)으로, 철분은 헴 철분heme iron과 헴이 아닌 철분으로 나뉘는데, 헴 철분은 주로 동물성 식품, 특히 붉은 고기에 많이 함유돼 있으며, 체내 흡수가 잘된다. 반면 헴이 아닌 철분은 주로 식물성 식품에 함유돼 있으며 체내 흡수가 어려워 비타민C처럼 흡수를 도와주는 성분과 함께 먹는 것이 좋다.

고수, 비릿한 잎과 달콤한 씨앗

학명 *Coriandrum sativum*　　　　　　**과명** 미나리과 Apiaceae
명칭 고수, 빈대풀(한국), 코리앤더 coriander, 실란트로 cilantro(스페인), 샹차이 香菜(중국), 팍치 phak chi(태국), 중국 파슬리 Chinese parsley
가용부 씨앗, 잎, 줄기, 뿌리　　　　　**원산지** 서아시아, 남유럽
주산지 인도, 모로코, 폴란드, 캐나다 등

유래 및 역사

coriander라는 영어는 라틴어 *coriandrum*(코리안드룸)에서 유래했는데, 고대 그리스어 *koriandron*에서 차용한 것일 수 있다. 그리스어 *kóris*는 빈대를 의미하는데, 이는 고수 잎에서 나는 특유의 냄새 때문에 붙은 이름으로 보인다. 한국에서도 고수를 '빈대풀'로 부르기도 한다.

인류가 사용한 최초의 향신료 중 하나로, 약 7,000년 전부터 사람들에게 사랑받았다. 고대 이집트의 〈에베르스 파피루스〉에 고수를 약으로 쓰는 방법과 요리에 쓰는 방법이 기록되어 있고, 파라오 투탕카멘Tutankhamen*의 피라미드에서도 고수 씨앗이 발견되었다. 고대 그리스와 로마에서 흔하게 쓰인 약초 중 하나이며, 의학의 아버지라 불리는 히포크라테스도 고수의 사용을 권장했다. 산스크리트어로 쓰인 서책과 히브리성경에도 등장할 정도로 역사가 오래된 향신료이자 허브다. 8세기 후반 바이킹의 콘스탄티노플 습격 이후 북유럽에도 도입되었다.

중국에는 한나라(기원전 207년~서기 220년) 때 전래된 것으로 알려져 있으며, 잎과 씨앗 모두 약재와 식품으로 사용되었다. 6세기경 사산 왕조 페르시아의 이야기를 모은 《천일야화》에는 고수가 최음제로 등장한다.

향신료로 사용하는 부분은 씨앗(열매)이지만, 잎은 허브나 채소와 고명으로도 쓰인다. 동남아시아에서는 줄기와 뿌리까지 먹는다. 고수의 잎과 씨앗은 향과 맛에서 큰 차이가 있지만, 생산국에서는 둘의 수요가 모두 높다. 특히 남아시아 요리와 라틴아메리카 요리에서는 필수 향신료로 꼽힌다.

잎은 빈대 냄새라고 표현할 만큼 독특한 향이 나지만 씨앗은 향이 달콤해서 화장품 재료로 쓰이기도 했다. 과거 이스라엘 북부에 위치한 가르멜산의 은둔자들은 고수로 화장수를 만들어 햇볕에 그을리거나 거칠어진 피부를 관리하는 데 사용했다고 한다.

성상과 특징

고수는 미나리과의 한해살이풀로, 60~90센티미터 정도 자란다. 뿌리는 가늘고 잎은 잘게 나뉘어 있으며, 백색 혹은 핑크색의 작은 꽃을

---

* 이집트 18왕조의 제12대 왕(재위 기원전 1332~1323년).

고수는 잎과 씨앗이 서로 다른 향을 내는 향신료다.

피운다. 씨앗은 구형에 가까운 타원형이고 갈색, 황색, 적색을 띠며 지름은 약 5밀리미터다. 완숙한 씨앗을 건조시켜 향신료로 이용한다. 지중해 지역에서 서아시아까지 폭넓은 지역에서 자생했고, 지금은 전 세계에서 재배되고 있다. 그 때문에 다양한 언어권에서 고수를 가리키는 저마다의 이름을 사용하는데, 한국에서는 고수, 영어로는 코리앤더coriander, 태국어로는 팍치phak chi, 중국어로는 샹차이香菜, 인도어로는 다니야dhaniyā 등이다. 스페인어 실란트로cilantro가 라틴아메리카로 넘어가면서, 아메리카에서는 고수 중에서도 특히 잎을 가리키는 용어로 사용된다.

잎과 덜 익은 녹색 열매에서는 불쾌한 냄새가 느껴지지만, 동그란 열매가 완전히 숙성·건조되면 나쁜 냄새는 사라지고 상쾌한 향이 난다. 초봄에 씨앗을 뿌려 4개월 정도 성장하고 7~8월에 씨앗이 맺혀 녹색에서 황갈색으로 익으면 수확한다. 수확 후 고수 씨를 쌓아놓고 수일간 건조시키고 껍질을 벗긴 후 다시 완전히 말려 밀봉한 용기에 넣어 보관한다.

향미 특성

신선한 푸른 잎과 말린 갈색 씨를 모두 요리에 사용한다. 고수 잎에서 나는 독특한 냄새에 대한 호불호는 극명하게 갈린다. 반면, 완숙한 씨앗에서는 후추와 같이 자극적이면서도 꽃과 같은 상큼한 향이 느껴지며, 한편으로는 아니스 또는 레몬과 세이지를 섞은 듯한 달콤한 향이 난다.

정유의 주성분은 d-리날룰이며, 정유의 60~70%를 차지한다. 그 밖에 알파-피넨, 베타-피넨, 리모넨, 게라니올geraniol, 파라-시멘, 1-보르네올 등이 함유돼 있다. 브라운 코리앤더와 그린 코리앤더라고 불리는 것으로 나뉘는데, 일반적으로 유통되는 것은 브라운 코리앤더다. 그린 코리앤더는 달달한 향이 더 강하고, 요리에 부드럽고 순한 풍미를 더해준다. 일반적으로 유통되는 모로코산을 브라운 코리앤더, 단 향이 나는 인도산을 그린 코리앤더라고 부르며 구별하기도 한다.

잎의 향미는 씨앗과 달리 2-데세날2-decenal과 2-도데세날2-dodecenal이 주성분으로, 특유의 냄새가 이 성분에서 비롯된다.

요리 적성

고수 씨는 매콤한 요리와 달콤한 요리 모두에 잘 어울려 세계 각국의 요리에 사용되는 만능 향신료다. 잎과 줄기는 생으로 먹거나 고명으로 쓰고, 달콤한 향이 나는 씨는 카레나 피클, 소시지 등에 넣는다. 알코올 음료, 특히 진gin의 풍미를 내기 위해 사용한다.

고수 잎은 요리의 마무리에 듬뿍 얹거나 페이스트로 만들어 다양한 요리에 사용하는데, 가열해 적당히 풍미를 배게 하는 패턴이 주류를 이루고 있다. 일본에서는 '팍치'라는 태국어로 고수를 가리킬 만큼 '태국 요리에 주로 쓰이는 허브'라는 이미지가 강하지만, 실제로는 동남아시아 전역에서 샐러드 재료나 토핑으로 얹는 방식으로 흔히 이용된다. 쌀국수에 토핑으로 올리는 것은 물론, 고수 잎을 그대로 그릇에 담아 제공하는 샐러드 메뉴도 볼 수 있다.

중동에서는 매운맛 페이스트인 주그zhug/skhug[*]에 빠지지 않고 사용되는데, 다양한 향신료와 허브, 고추와 함께 고수의 잎과 씨앗을 모두 넣는다. 멕시코에서는 고수 잎을 고추나 마늘, 라임 등과 섞어 샐러드 드레싱으로 사용하거나 아보카도, 토마토, 라임, 양파, 고수 잎 등을 으깨서 섞은 멕시코 소스인 과카몰레guacamole[**]에 사용하고, 어패류를 조리할 때 육수에 넣기도 한다. 그리스에서 유래한 프랑스 냉요리인 아 라 그레크a la grecque[***]에 꼭 들어가는 허브이기도 하다.

씨앗 또한 전 세계에서 광범위하게 사용된다. 고수 씨는 다른 향신료와 조합했을 때 맛의 균형을 잡아주는 역할을 해 '조화의 향신료'라고 불린다. 고수 씨를 많은 비율로 첨가하면 음식 풍미의 균형이 잡혀 먹기 편한 요리가 되는 것이다. 향이 순해 사용하기 쉽다는 것이 장점이다. 유럽과 아메리카에서는 피클용 향신료로 사용하며, 케이크나 빵, 쿠키 반죽에 섞거나 우유나 홍차에 넣어서 끓이는 등 디저트나 음료에 향을 더하는 용도로도 많이 쓰인다. 복숭아나 서양배에 고수가루를 솔솔 뿌려주면 단맛이 살아나 과일 본연의 풍미를 한층 더 즐길 수 있다.

---

[*] 고추, 마늘, 고수로 만들어지는 예멘의 핫소스로, 레드red, 그린green, 훈연smoked으로 종류가 다양하다.
[**] 아보카도를 주재료로 하는 매운맛 페이스트로, 토르티야 조각으로 떠서 먹는다.
[***] A la grecque는 '그리스식으로'라는 뜻의 프랑스어로, 익힌 채소를 와인, 올리브유, 레몬 즙, 향신료 등으로 마리네이드하여 차갑게 내는 요리다.

약리 효과

히포크라테스는 고수가 건위, 최면 작용에 약효가 있다고 했다. 다양한 문화권의 민간의학에서 소화 촉진, 식욕 증진, 진통 억제, 위장 내 가스 배출, 관절이나 근육의 염증 완화제 등으로 사용되어왔다. 최근 연구에서는 고수의 정유가 항균, 항산화, 항당뇨, 항암, 항돌연변이 특성을 가지고 있는 것으로 밝혀졌으며, 해독 효과도 주목받고 있다.

항산화제 성분들이 면역력을 증진시키고, 혈압과 LDL(나쁜) 콜레스테롤 저하, HDL(좋은) 콜레스테롤*을 증가시켜 심장병 예방에 도움이 된다는 연구 결과도 있다. 과민성대장증후군 환자들이 겪는 팽만감이나 불편한 증상을 완화하며, 식중독 및 살모넬라균 등에 대한 항균 효과, 노화와 햇빛에 의한 피부 손상을 보호하는 효과도 있는 것으로 확인되었다. 이외에도 고수 잎과 씨앗에는 비타민K가 풍부해 혈액 응고와 골다공증 예방 및 심장병 위험을 줄이는 데 도움이 된다는 연구 결과도 있다.

---

* LDL은 low density lipoprotein의 줄임말로, '저밀도 지단백질'을 의미한다. LDL 콜레스테롤은 자신이 가지고 있던 콜레스테롤의 일부를 말초혈관 내벽에 내어주는 기능을 하므로 혈중 LDL 콜레스테롤의 수치가 높을 경우 동맥경화증과 같은 심혈관계 질환의 원인이 된다. 반면 HDL은 high density lipoprotein의 줄임말로, '고밀도 지단백질'을 의미한다. HDL 콜레스테롤은 혈액을 순환하면서 말초혈관에 쌓인 콜레스테롤을 걷어 간으로 이동시켜주는 역할을 하여 심혈관계 질환을 예방해준다.

캐러웨이, 커민과 닮은

학명 *Carum carvi*
명칭 캐러웨이caraway, 회회향茴茴香
원산지 서아시아, 유럽, 북아프리카
주산지 네덜란드, 핀란드, 남동유럽, 북아프리카 등

과명 미나리과Apiaceae
가용부 씨앗, 잎

유래 및 역사

캐러웨이는 아시아와 유럽, 북아프리카 등 광범위한 지역에서 자라는 식물이다. 기원전 16세기의 〈에베르스 파피루스〉에 캐러웨이를 소화 보조제로 사용한 것으로 나온다. 유럽에서 오래전부터 널리 쓰였던 향신료로, 유럽 남부 선사시대 거주지에서도 씨앗이 발견되었다. 캐러웨이의 어원은 불분명하지만, 이 이름을 사용한 시기는 최소 1440년으로 거슬러 올라가며, 아랍어 *karawya*(카라우야)에서 유래했을 가능성이 있다.

고대 로마 시대부터 빵과 케이크를 장식하거나 향을 내는 용도로 사용했으며, 지금도 케이크나 빵, 쿠키를 구울 때 쓰인다. 인도와 동남아시아에서는 소화를 돕는 효과가 있다고 여겨 식후에 캐러웨이 씨를 씹는 습관이 있다.

캐러웨이는 마녀로부터 아이를 보호하고 변덕스러운 연인을 연결하는 힘이 있다고 믿어져 액막이에 쓰였고, 만성피부병 치료제로 쓰이기도 했다. 또 가축의 먹이 속에 캐러웨이를 넣어두면 가축이 도망가지 않는다는 미신도 있었다. 오늘날에도 지역에 따라서는 기르는 비둘기의 먹이 속에 캐러웨이 씨를 넣는 관습이 남아 있다.

성상과 특징

캐러웨이는 미나리과의 두해살이풀로, 키는 30~60센티미터에 달하고 날개 모양으로 가늘게 펼쳐진 잎은 당근 잎과 비슷하다. 방사상으로 크림색 꽃이 핀다. 내한성이 있고, 봄과 가을에 모두 수확이 가능하지만, 겨울을 지나지 않으면 개화하지 않기 때문에 결실을 맺는 데 2년이 필요하다.

향신료로는 수확 후 햇볕에 말린 씨앗을 이용하는데, 어린잎이나 방추형 다육질 뿌리도 먹을 수 있다. 길쭉하고 납작한 초승달 모양의 갈색 씨앗은 실제로는 과실이다. 자오선 펜넬meridian fennel 혹은 페르시아 커민Persian cumin 이라는 별명이 있을 정도로 두

캐러웨이 씨는 유럽의 다양한 요리에 활용된다.

식물과 닮았다. 프랑스에서는 '목장의 커민'이라고도 하고, 영어권에서는 '산山의 커민'이라고도 부른다. 커민과 혼동하기 쉬운 만큼 커민으로 속여 유통하기도 한다.

향미 특성

캐러웨이 씨는 은은한 쓴맛을 포함한 상쾌한 향을 가진다. 씹으면 부드러운 단맛과 약간의 신맛, 쓴맛이 느껴진다. 캐러웨이의 독특한 향은 카르본carvone과 리모넨이 주성분으로, 순수한 카르본은 그 자체로 캐러웨이의 향을 가지고 있다. 요리에 들어가면 여운이 남는 맛을 낸다. 잎은 파슬리와 딜의 중간 정도 풍미를 가지고 있다.

요리 적성

캐러웨이 씨는 유럽의 다양한 요리에 폭넓게 사용된다. 고대 로마인은 어패류 요리나 수프, 콩 요리 등에 사용했다. 전통적으로 독일식 양배추 절임인 사워크라우트sauerkraut나 헝가리 스튜인 굴라시gulyás에 캐러웨이 씨를 필수적으로 넣고, 소시지를 만들 때에도 넣는다. 영국에서는 캐러웨이 씨를 케이크 반죽에도 넣는다.

하리사harissa*라고 불리는 튀니지의 혼합 향신료 재료 중 하나이며, 모로코의 전통 요리에도 이용된다. 달콤한 디저트류나 증류주에 풍미를 입힐 때에도 사용된다.

호밀빵이나 치즈에 섞어 먹어도 맛있다. 특히 사과와 궁합이 좋아서 애플파이와 잘 어울린다. 비스킷, 케이크, 스콘 등에 뿌리거나 토핑

---

* 마그레브 지역(북아프리카 서부)에서 사용하는 고추 기반 페이스트로, 고추, 마늘, 캐러웨이 씨, 고수 씨, 커민과 올리브오일을 섞어 만든다.

으로 올리기도 한다. 잎은 샐러드, 수프, 스튜 등에 이용하며, 어린 줄기는 샐러드로 먹고, 파스닙parsnip*과 비슷한 맛이 나는 뿌리는 삶아서 먹을 수 있다.

약리 효과

섬유질과 철분, 마그네슘, 구리, 칼슘 등 미네랄이 풍부하게 함유되어 있고, 항산화제의 풍부한 공급원이다. 특히 비타민B, 비타민C, 철분, 인, 아연 등은 1일 영양 권장량의 20% 이상을 함유하고 있다.

전통 의학에서 항비만 약물의 주성분으로 이용했으며, 소화 장애를 완화하는 데에도 사용했다. 현대 의학에서도 이들 효과가 확인되어 체중 감량 및 속쓰림, 복부 팽만감, 가스, 식욕 부진, 변비, 그리고 경미한 위와 장 경련의 치료제로 사용된다.

캐러웨이 오일은 페퍼민트 오일 또는 멘톨과 함께 기능성 소화불량 치료에 사용된다. 복부에 캐러웨이 오일을 바르면 과민성대장증후군 증상이 완화된다고 하며, 항아플라톡신** 효과, 항산화 및 항균 효과를 가지고 있어 천연 방부제로 사용한다. 구취 예방과 빈혈 예방에도 효과가 있다.

---

* 학명은 파스티나카 사티바Pastinaca sativa로, 미나리과의 뿌리채소다. 당근과 흡사하지만 색깔이 하얗고 익히면 달아진다. 당근처럼 유라시아 대륙이 원산이며 고대부터 식용했다.
** 아플라톡신aflatoxin은 곰팡이가 생성하는 발암성 독소다.

아니스, 과자를 빛내주는 달콤함

학명 *Pimpinella anisum*
명칭 아니스anise
원산지 지중해 동부(크레타 섬, 중동, 남서아시아)

과명 미나리과*Apiaceae*
가용부 씨앗(열매)
주산지 유럽 남동부, 북아프리카, 인도

유래 및 역사

영어 anise는 딜dill을 가리키는 그리스어 *ánēthon*에서 유래했다. 이 그리스어에서 파생된 라틴어 *anīsum*에서 프랑스 고어를 거쳐 지금의 영어로 굳어졌다.

오래전부터 사용된 향신료 중 하나다. 고대 이집트에서 미라를 만들 때 시신의 부패를 방지하고자 사용한 것으로 알려졌으며, 히브리 성경에도 등장한다. 아니스를 요리에 사용한 것은 고대 이집트인들로 거슬러 올라가며, 로마인들은 소화를 용이하게 하기 위해 식사 후 아니스 씨 케이크를 먹었다. 아니스는 고가의 사치품이었기에 고대 세계에서는 공물로, 중세에는 교회에 내는 십일조와 세금으로 쓰이기도 했다. 중세에 유럽 각지로 전파되었고, 신성로마제국 카롤루스 대제 Carolus Magnus(재위 800~814년)의 명으로 장원莊園*에서 아니스를 재배했다고 한다.

성상과 특징

미나리과의 한해살이풀로, 키는 60~90센티미터로 자라고, 흰색이나 노란색의 꽃을 피운다. 1~5센티미터 길이의 잎은 옅은 엽층을 가지고 있으며, 줄기 위쪽의 잎은 깃털 모양이다. 향신료로는 주로 아니시드aniseed/anise seed라고 불리는 씨앗을 사용하는데, 보풀이 돋은 갈색의 작은 씨앗에서 부드러우면서도 달콤한 향기가 난다. 커민이나 딜,

아니스는 달콤한 향과 맛으로 단맛 나는 음식에 많이 쓰인다.

---

* 부호나 영주 등이 소유하는 대토지를 가리키며, 봉건제의 자급자족 경제단위였다.

캐러웨이 등의 씨와 비슷한 향을 가졌으며, 식물학적으로도 가깝다. 스타아니스star anise(팔각)와는 식물학적으로 유연관계가 없지만, 아니스 대용품으로 스타아니스를 쓰기도 한다.

향미 특성

상쾌하면서 자극적인 향을 지닌 향신료이지만, 강한 향이 지속되지는 않고 달콤한 향과 맛이 은은하게 감돈다. 아니스의 향미는 공기 중에서 쉽게 변화해 빻자마자 사라지기 시작하므로, 씨를 그대로 보관하고 있다가 사용할 때마다 조금씩 빻아 써야 한다.

아니스의 자극적인 향은 아네톨에서 비롯되는데, 정유 성분의 80~90%를 차지한다. 그 외에 4-아니스알데히드4-anisaldehyde, 에스트라골 등이 함유돼 있다.

요리 적성

달콤한 향과 맛이 은은하게 감돌므로 케이크나 잼, 쿠키 등 단맛이 나는 음식에 많이 쓰인다. 특히 네덜란드의 출산 축하 과자인 베스하위트 메트 마위시스beschuit met muisjes라는 러스크rusk*에 여자아이는 분홍색, 남자아이는 하늘색 설탕으로 코팅한 아니시드를 토핑으로 올린다. 쓴 약의 코팅제로 사용되며, 리큐어를 만들 때 향을 내는 용도로도 쓰인다. 과일을 사용하는 요리나 달콤한 디저트류 등에는 아니스 에센스를 첨가하기도 한다. 지중해 지역에서는 요리에도 많이 사용하는데, 생선, 닭고기, 뿌리채소를 양념할 때 넣고 국물에도 넣는다.

---

* 빵이나 카스텔라 따위를 얇게 썰어서 버터나 설탕을 발라 오븐에 구워낸 유아용 비스킷.

약리 효과

아니스 씨앗에는 헤모글로빈의 필수 성분인 철분이 비교적 많이 함유되어 있어서 철분 결핍성 빈혈 예방에 효과가 있다.

소화 촉진, 건위, 이뇨 작용, 가래 제거, 기침 완화, 살충, 냄새 제거, 부패 방지 등의 효과도 있어서 소화제, 이뇨제, 거담제 등으로 사용된다. 특히 인도에서는 씨앗을 그대로 삼켜 소화제처럼 사용하고 식사 후에 입냄새를 제거하는 용도로도 사용한다. 달콤한 향이 나는 추출액과 정유는 포푸리potpourri*나 향수 재료로 인기가 있다.

---

* 일반적으로 거주 환경에 자연의 향기를 제공하기 위해 사용하는, 향기를 풍기는 식물성 재료의 혼합물.

딜, 오이피클의 향

학명 *Anethum graveolens*
명칭 딜dill, 시라자蒔蘿子, 양회향洋茴香
원산지 서남아시아, 지중해 연안, 러시아 남부
주산지 서남아시아, 중앙아시아, 남유럽, 북유럽 등

과명 미나리과Apiaceae
가용부 씨앗, 잎, 줄기

유래 및 역사

영어 dill은 '달래다, 진정시키다'라는 의미를 가진 고대 스칸디나비아어 *dilla*(딜라)에서 유래했다. 속명인 *Anethum*은 오래전에는 아니스와 딜을 모두 가리키는 라틴어였는데, 후에 *anīsum*은 아니스를, *anēthum*은 딜을 의미하게 되었다.

딜을 사용한 역사는 상당히 길어서, 메소포타미아 지방에서 발굴된 기원전 3000년경의 점토판에 수메르인이 약재로 사용했던 식물 200여 종 중 하나로 기록되어 있다. 고대 이집트에서도 사용의 흔적이 보이는데, 〈에베르스 파피루스〉에 진통제 혼합물의 성분으로 기록되어 있으며, 기원전 1400년경의 것으로 추정되는 아멘호텝 2세 Amenhotep II*의 피라미드에서도 발견되었다.

기원전 400년대 메소포타미아 지방을 정복한 수메르인들이 재배했으며, 그 후 바빌로니아, 그리스, 로마 등으로 재배 지역이 확산되었다고 한다. 중국에는 8세기 이전에 전래된 것으로 추정된다. 더위와 추위에 모두 강해 재배하기 쉬우므로 현재는 유럽이나 러시아, 미국 등 세계 각지에서 널리 이용되고 있는데, 미국보다는 유럽과 아시아에서 더 많이 사용된다.

음식에 사용하는 부위는 줄기이지만, 씨앗 또한 오래전부터 약재로 사용했다. 고대 이집트인, 그리스인, 로마인들은 딜 씨앗을 달인 물을 위장약이나 영아 산통제**로 사용했다. 특히 게르만 전사의 상처 치유를 위해 딜 씨앗을 구워 상처에 발랐는데, dill이라는 이름이 여기서 비롯된 것으로 보인다.

성상과 특징

미나리과의 한해살이풀로, 키는 60센티미터에서 150센티미터까지 자란다. 전체적으로 펜넬과 비슷한 모양이고 작고 노란 꽃을 피운다. 식물 전체에 방향성이 있기 때문에 잎과 줄기, 꽃도 이용하지만, 향신료나 약재로는 향이 강한 씨앗을 주로 이용한다. 잎을 이용할 때는 꽃이 피기 전에 채취하며, 말리면 향이 약해지므로 생으로 사용한다.

딜 잎은 아니스나 레몬 같은 상큼한 향이 특징이며, 주로 유로피언 딜European dill이라고 불리는 품종을 사용한다. 어패류와의 궁합이 좋

---

* 이집트 신왕국 제18왕조의 제7대 파라오(재위 기원전 1425~1400년).
** 영아 산통은 생후 4개월 미만의 신생아가 이유 없이 발작하듯 울고 보채는 증상이다.

딜의 씨앗과 잎은 서로 다른 향미를 가지고 있다.

아 소스를 만들 때 넣으면 좋은 풍미를 낸다. 요리에 듬뿍 넣어도 풍미를 해치지 않으므로 사용하기 편리한 대표적인 허브라고 할 수 있다. 한편 씨앗을 사용하는 경우는 인디언 딜Indian dill이라고 불리는 품종을 사용하며, 캐러웨이와 비슷한 달달한 향기 속에서 날카로운 자극도 느껴진다. 기름에 볶아서 요리에 풍미를 더하곤 한다.

딜 씨앗은 캐러웨이의 대용품으로도 쓰였다.

향미 특성

식물 전체에 방향이 있지만 잎과 씨앗은 향미가 다르다. 서양 요리에서는 잎이 많이 사용되는데, 양치식물처럼 길게 뻗은 잎 부분은 상쾌한 향이 있다. 모양이 펜넬과 닮았지만, 펜넬과 같은 달콤한 방향은 느껴지지 않는다.

씨앗은 약간 자극적인 방향을 가지며, 맛을 보면 타는 듯한 매운맛이 느껴진다. 카르본이 주 방향 성분으로, 정유 성분의 40~60%를 차지한다. 이것은 캐러웨이와 같은 방향 성분인데, 딜의 향이 캐러웨이보다 약간 가볍게 느껴진다. 아니스나 레몬 같은 맛이 나기도 한다.

요리 적성

유라시아에서 광범위하게 재배되는 딜은 중부유럽에서 중국까지 폭넓은 지역에서 다양한 요리에 사용된다.

딜 잎은 영어권에서는 딜위드dill weed라고 부르며 딜 씨앗 혹은 오일과 구분하는데, 특유의 형태와 모양으로 인해 버터, 크림치즈, 요구르트 등에 섞어 풍미를 살리는 데 활용된다. 특히 폴란드에서는 딜 잎을 섞은 사워크림sour cream*이 기본적인 샐러드드레싱으로 사용된다. 그리스에서도 요구르트에 딜과 함께 오이, 레몬, 마늘, 후추 등을 넣어 '차지키tzatziki'**라는 소스를 만들어 다양한 요리에 사용한다. 간단하게 마요네즈에만 섞어도 소스의 풍미를 살려준다.

기후 조건으로 인해 다양한 허브를 이용하지 못하는 북유럽과 러시아 요리에서 딜은 필수 식재료다. 고기·생선·달걀·감자 요리에 폭넓게 사용되는데, 특히 어패류 요리에 어울려 '생선 요리를 위한 허브'라고

---

* 생크림을 발효시켜 신맛이 나는 크림. 발효 과정에서 자연적으로 유산균이 발생하거나 인위적으로 유산균을 첨가해 신맛이 난다.
** 그리스의 요구르트 소스로, 그리스식 요구르트에 다진 마늘, 오이, 딜, 올리브유를 섞어 만들며, 고기 요리나 감자튀김 등에 곁들여 먹는다.

도 불린다. 유럽에서는 생선 요리의 밑간으로 딜을 쓰며 감자 요리에는 다진 딜 잎을 얹어 먹는다.

딜의 씨앗과 꽃은 피클을 담글 때 넣는다. 햄버거에 끼워 먹는 오이 피클의 독특한 향은 딜에서 비롯된 것이다. 또한 식초와 오일에 절여 향이 배게 해 딜 식초, 딜 오일로 만들어 먹기도 한다. 씨앗은 빵과 케이크 등에 넣어 향미를 돋우는 데 사용한다.

아랍권 국가들에서도 딜을 음식의 풍미를 살리기 위해 사용하며, 이란에서는 쌀 요리에 딜을 사용한다. 인도에서는 딜을 감자 요리에 주로 사용하며, 육류를 사용하는 요리(키마kheema나 사모사samosa)에도 딜을 넣는다. 허브차로도 즐긴다.

약리 효과

유럽에서 오래전부터 유아의 배앓이 증상에 사용해온 그라이프 워터gripe water의 재료로 쓰였다. 딜 씨앗을 물에 담근 딜 워터dill water를 소화불량이나 영아 산통의 증상 완화를 위해 자주 사용해왔다.

항균 및 항종양 작용, 면역력을 높이는 효과가 있어 감기 예방 및 증상 개선에 쓰였다. 뼈를 만드는 칼슘, 혈액을 강하게 하는 철을 함유하고 있으며, 진정 효과가 있는 마그네슘을 함유하고 있어 잠이 오지 않을 때 허브티의 형태로 섭취하면 효과가 있다. 또 위장 활동을 조절해 소화를 돕는 효능이 있어서 소화불량과 복통을 가라앉히는 데 도움이 된다. 모유 생성을 촉진해 수유 중에 섭취하면 좋다.

파슬리, 상큼한 풀 향

학명 *Petroselinum crispum*
명칭 파슬리parsley, 네델란드 미나리
원산지 지중해 연안, 북아프리카
과명 미나리과*Apiaceae*
가용부 줄기, 잎
주산지 유럽, 미국 등

유래 및 역사

영어 parsley는 중세 영어 *petersilie*와 중세 프랑스어 *peresil*의 합성어로, 이 단어들은 라틴어 *petrosilium*에서 유래했다. 이 라틴어는 그리스어 *petroselinon*(πετροσέλινον)에서 온 것인데, *petra*는 바위나 돌을, *selinon*은 셀러리celery를 의미한다.

기원전 4~3세기에 그리스에서 파슬리를 재배했다는 기록이 남아 있다. 고대 그리스에서는 셀러리 잎과 마찬가지로 파슬리 잎을 엮은 화환을 선물하거나 올림픽 경기의 우승자에게 수여했다. 로마인들에게서도 사랑받았는데, 식중독을 예방할 수 있다고 생각했기 때문에 여러 가지 음식에 곁들여졌다. 파슬리는 13세기 북유럽, 15세기 영국, 17세기 미국에서 차례로 재배되기 시작해 현재는 전 세계에서 재배되고 있다.

성상과 특징

파슬리는 다양한 요리에 사용할 수 있는 만능 허브다. 다양한 재배 품종이 있지만, 가장 흔하게 보이는 것은 잎을 식용하는 두 종류의 파슬리다. 그중 '이탈리안 파슬리'로 불리는 것은 잎이 평평한 종[flat leaf parsley]인데, 재배가 쉽고 풍미가 더 강한 것으로 알려져 있다. '프렌치 파슬리'로 불리는 것은 잎이 꼬불꼬불 말려 있는 종[curly leaf parsley]으로, 주로 음식을 장식하는 용도로 사용된다. '함부르크 파슬리'로 불리는 종은 뿌리를 식용하는데[root parsley], 주로 유럽 중부 및 동부에서 자주 먹으며, 수프나 스튜에 사용된다.

파슬리는 미나리과의 두해살이풀인데, 파종한 다음 해에 꽃이 피기 때문에 두 해를 키워야 씨앗을 수확할 수 있다. 그러나 상업적으로는

이탈리안 파슬리(좌)와 프렌치 파슬리(우).

잎 부분을 이용하기 때문에 한해살이풀로 재배된다.

향미 특성

파슬리 특유의 방향 성분은 잎에 주로 포함되어 있고, 씨앗에는 포함되어 있지 않다. 잎을 씹으면 상쾌한 풋내가 느껴지는데, 이것은 주성분인 아피올apiole(=parsley camphor)과 알파-피넨에서 유래한 것이다. 그러나 아피올은 비휘발성이라 첫 향[top note]이 약하고, 따라서 먹고 나서야 강한 향미를 느끼게 된다. 향미 특성은 육두구의 방향 성분인 미리스티신myristicin과 비슷하다.

예부터 파슬리는 카다멈과 마찬가지로 입냄새를 완화시켜주는 효과가 있으며, 마늘 냄새도 잡아준다고 하는데, 그 작용이 아피올에 의한 것으로 본다.

요리 적성

파슬리는 풀 향에 더해 살짝 감칠맛이 도는 독특한 향이 있기 때문에 샐러드, 수프, 소스 등 다양한 서양 요리에 널리 사용되며, 오믈렛이나 고기 소를 채워 넣는 요리에 다져서 넣기도 한다. 잎이 평평한 이탈리안 파슬리는 생선, 고기, 채소, 피자, 파스타 등 다양한 요리에 쓰이며, 조리 과정 마지막에 뿌리면 맛과 향이 살아난다. 건조한 것보다 생잎의 빛깔과 향이 훨씬 좋다.

잎이 꼬불꼬불한 프렌치 파슬리는 완성된 요리에 토핑으로 올려 장식하는 데 주로 쓰지만, 마요네즈와 궁합이 좋기 때문에 다져서 마요네즈에 섞으면 만능 소스로 사용할 수 있다. 자극적인 강한 향이 있으므로 소량으로도 강한 인상을 남길 수 있다. 이 자극적인 향은 마늘 냄새를 없애는 데 탁월한 효능이 있다.

약리 효과

피로 회복, 미백, 빈혈 예방, 생리 불순 치료에 효과가 있고, 혈당의 안정적인 유지, 심혈관, 신장 및 골격 건강에 도움이 된다. 다른 채소에 비해 영양적으로도 뛰어난 편으로, 철분, 요오드 등 미네랄, 비타민A, 비타민C, 비타민K가 풍부하게 포함되어 있다. 특히 뼈와 심장 건강을 지원하는 영양소인 비타민K의 훌륭한 공급원으로, 파슬리 2큰술(8그램)만으로도 1일 권장량의 150% 충족이 가능하다. 또한 파슬리에 함유된 다량의 플라본flavone(아피게닌apigenin)은 항산화 기능을 하는 것으로 알려져 있다.

육두구와 메이스, 하나의 열매에서 나는 두 가지 향신료

학명 *Myristica fragrans*
명칭 육두구肉荳蔲, 너트맥nutmeg/메이스mace
가용부 씨앗
주산지 인도네시아, 그레나다, 스리랑카

과명 육두구과*Myristicaceae*
원산지 몰루카 제도

유래 및 역사

육두구를 뜻하는 영어 nutmeg은 라틴어 *nux muscatus*에서 유래했으며, 이는 '사향 냄새 나는 호두[musky nut]'라는 뜻이다.

육두구는 정향과 더불어 세계에서 오직 한 곳, 인도네시아의 몰루카 제도에서만 생산되어 그 희소성에서 견줄 향신료가 없다. 이처럼 한정된 지역에서만 자라지만 그 매력은 오래전부터 알려져, 인도 브라만교의 경전인《베다Veda》에는 육두구를 두통이나 열병, 복통 등을 치료하는 약으로 썼다는 기록이 있다. 인도와 아라비아, 중국, 유럽 등에서 약으로 먼저 사용되었다.

중세 유럽에서는 후추, 시나몬, 정향과 함께 '4대 향신료'로 꼽히며 귀한 대접을 받았다. 당시 유럽에 육두구 공급을 독점한 아랍 상인들이 원산지를 비밀에 부쳐 더욱 신비화되었다. 17세기부터는 인도네시아에 거점을 마련한 네덜란드가 육두구 거래를 독점했는데, 육두구와 메이스가 같은 열매에서 난다는 사실을 몰랐던 네덜란드 정부는 메이스의 수요가 훨씬 많고 값이 비싸므로 육두구나무를 베어내고 메이스나무를 심으라고 현지에 지시했다고 한다.

성상과 특징

목련목 육두구과에 속하는 상록 소교목의 열매에서 육두구와 메이스가 나온다. 육두구나무는 약 20미터 높이까지 자랄 수 있는데, 파종 후 8년 만에 열매를 맺고 60년 이상 수확할 수 있다. 열매는 살구와 비슷한 모양의 핵과로, 가지에서 늘어져 열린다. 열매가 완전히 성숙하면 둘로 갈라져서 진홍색의 속껍질이 드러난다. 이 열매 안의 씨앗을 둘러싼 가종피仮種皮*인 새빨간 껍질이 메이스mace이고, 이 껍질 속에 들어 있는 씨앗이 육두구nutmeg로, 각각 다른 향신료로 쓰인다. 메이스는 건조시켜 사용하고, 육두구는 주로 분쇄해서 사용한다.

메이스는 붉은 자주빛 나는 그물망 모양으로, 육두구를 감싸고 있는데, 이것을 분리해 평평하게 펴서 건조시킨다. 건조되면서 오렌지색이나 연한 황갈색을 띠게 되며 길이는 4센티미터 정도다. 완전히 건조된 것은 조직이 각질화되어 딱딱해진다. 메이스의 품질은 밝은 갈색이 1등급, 암갈색과 흑갈색은 2등급, 3등급이다.

---

* 씨 표면을 덮고 있는 섬유 같은 물질.

같은 나무, 같은 열매의 가종피(메이스)와 씨앗(육두구)이 서로 다른 향신료가 된다.

향미 특성

특유의 달콤한 향과 쌉쌀한 맛이 특징이다. 육두구의 주요 방향 성분은 사비넨(15~50%), 피넨(α-pinene 10~22%, β-pinene 7~18%), 미르센(0.7~3%), 1,8-시네올(1.5~3.5%), 미리스티신(0.5~13.5%), 리모넨(2.7~4.1%), 사프롤safrole(0.1~3.2%), 테르피넨-4-올terpinen-4-ol(0~11%) 등이다.

메이스의 향미는 육두구와 비슷하면서도 육두구보다 단맛은 더 강하고 자극감과 쓴맛이 약해 좀 더 섬세한 향을 가진다. 방향 성분의 조성은 육두구와 같지만 양이 적어서, 육두구가 메이스보다 좀 더 강렬한 맛과 향을 갖고 있다.

요리 적성

육두구는 정향이나 후추에 비해 자극적이지 않지만 고급스러운 향미를 가지며, 독특한 매운맛과 함께 약간 달콤한 맛이 난다. 누린내나 비린내를 제거하는 데 탁월한 효과가 있어 햄버거, 미트볼, 미트로프, 미트소스 등의 다진 고기 요리에 반드시 필요한 향신료다. 이런 이유로 고기 요리에 사용되는 소스나 토마토케첩 등에도 주요 조미 원료로 포함된다.

육두구가 누린내나 비린내를 잡아주는 작용은 마늘이나 양파 등의 작용과는 다르다. 마늘이나 양파에 함유된 황 화합물이 누린내나 비린내 성분에 작용해 화학적으로 변화시키는 것인 반면, 육두구는 그 냄새를 덮는 마스킹 효과가 작용한다. 냄새 제거 효과는 그다지 강하지 않고, 대량으로 사용하면 오히려 육두구 냄새만 나는 요리가 되므로 다른 향신료와 함께 사용하는 것이 효과적이다.

북인도에서 가람마살라를 만들 때 사용하고, 인도네시아에서는 소스나 카레에 사용된다. 시나몬, 생강처럼 제과용 향신료로도 쓰이는데, 자극적인 달달한 향은 쿠키나 케이크, 파이 등 단맛이 특징인 제품에 적합하다. 푸딩, 커스타드, 에그노그eggnog*, 구운 바나나 등에도 사용한다. 원산지에서는 육두구 과육을 통째로 설탕에 조리거나 소금에 절여서 먹기도 한다.

메이스는 유럽, 인도, 중동, 카리브해 요리에서 많이 사용하는 향신료로, 육두구보다 자극이 적고 더 달콤한 향이 나므로 시나몬과 함께 쿠키나 빵에 넣으면 효과적이다. 과일파이, 파운드케이크 등에 시나몬

---

* 북아메리카에서 크리스마스에 마시는 음료로, 우유, 크림, 설탕, 달걀에 시나몬과 육두구 가루를 뿌려 풍미를 더한다.

과 함께 사용하면 고급스러운 달콤한 향이 느껴진다. 또한 베샤멜소스béchamel sauce*, 수플레soufflé**, 크림치즈를 사용한 디저트 등 순하고 단맛이 나는 요리나 디저트류에 사용하면 악센트를 줄 수 있다. 수프, 피클, 토마토케첩, 퓨레, 처트니 같은 채소 저장 음식을 비롯해 하우다gouda 치즈, 체더cheddar 치즈 등 다양한 종류의 치즈에 풍미를 더하기 위해서 사용된다.

인도에서는 마살라 재료로 사용할 뿐 아니라 밥을 지을 때 넣기도 하고, 유럽이나 미국에서는 육류 가공품의 누린내를 제거하거나 향미를 부여하기 위해 사용한다. 사과, 배, 베리류 과일과도 잘 어울리고, 차나 커피 같은 뜨거운 음료에 첨가해 풍미를 높일 수 있다.

약리 효과

과거 육두구를 약재로 사용하던 시절에는 기억력을 좋게 하고, 위장을 튼튼하게 해 소화를 도우며, 몸을 따뜻하게 해줘 수족냉증에 효과가 있고, 설사를 멈추게 하는 신비한 향신료로 알려지기도 했다. 전통적으로 소화기 질환과 신장병을 치료하는 데 사용했다. 한방에서도 변비 방지, 복통과 소화불량 개선, 건위 약재로 배합해 사용한다.

육두구를 과량 복용할 경우 환각이 나타날 수 있으므로 주의해야 한다. 육두구의 환각 작용이 정확히 어떤 성분 때문에 일어나는지

---

* 같은 양의 버터와 밀가루를 약한 불에 볶아 루roux를 만들고, 뜨거운 루에 차가운 우유를 풀어가며 끓여 만드는 화이트소스로, 육두구 등의 향신료로 향을 더해 완성한다. 크림소스로도 불리며, 프랑스 요리의 핵심 소스다.

** 거품 낸 달걀흰자에 밀가루, 우유 그리고 추가적인 재료를 첨가한 뒤 틀에 넣고 오븐에 구워 부풀린 프랑스 디저트.

는 알려지지 않았지만, 미리스티신과 엘레미신elemicin이 대사 작용 중에 암페타민amphetamine*과 유사한 물질로 전환되는 것으로 추정하고 있다. 그러나 향신료로서 적당히 섭취할 경우에는 문제가 없다.

---

* 매우 강력한 중추신경 각성제로서, 1887년 처음으로 합성되었다. 1932년 의료계에 소개되어 기관지천식, 비만증, 우울증, 파킨슨씨병, 간질, 수면발작, 주의력결핍과다행동장애 등의 치료에 사용되어왔다. 정신적 의존(중독)이 나타날 수 있어 한국, 일본 등 일부 국가에서는 사용이 금지되어 있다.

정향, 가장 귀한 꽃봉오리

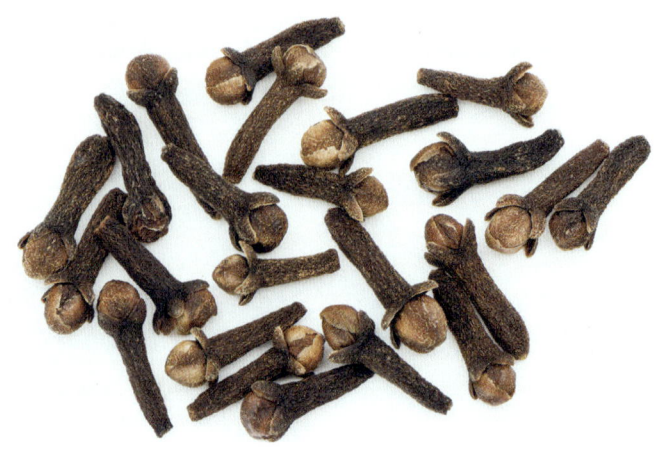

학명 *Syzygium aromaticum*
과명 도금양과桃金孃科, Myrtaceae
명칭 정향丁香, 정자丁子, 백리향百里香, 클로브clove
가용부 꽃봉오리
원산지 몰루카 제도
주산지 인도네시아, 마다가스카르, 인도, 잔지바르, 말레이시아, 스리랑카

유래 및 역사

꽃봉오리를 이용하는 매우 드문 향신료다. 못과 비슷하게 생겨, 중국에서는 못을 의미하는 한자인 丁(정)을 붙여 정향丁香 또는 정자丁字라고 부른다. 영어 이름인 clove 역시 못을 의미하는 라틴어 클라부스clavus와 프랑스어 클루clou에서 유래한 단어다.

원산지는 인도네시아의 몰루카 제도이며, 인도와 중국에서는 오래 전부터 살균이나 소독에 사용했다. 시리아의 고대 도시 테르카Terqa에서 기원전 1700년경의 것으로 추정되는 정향이 발견되었는데, 이는 정향이 로마 시대 이전에 서방에서 사용되었다는 증거다. 또한 정향은 오스트로네시아인Austronesian peoples*에 의해 처음으로 해상 무역 네트워크에서 거래되었다. 이 해상 무역로는 나중에 해상 실크로드가 되었고 스파이스 루트의 일부가 되었다. 이러한 사실을 통해 매우 오래전부터 정향의 거래가 국제적으로 이루어졌음을 알 수 있다.

유럽에 전해진 것은 4세기에서 6세기 사이로 추정된다. 이 시기에 아라비아 상인과 유럽 상인 사이에서 정향의 거래가 증가했으며, 이후에는 이슬람 상인들이 스리랑카를 거쳐 비단 등과 함께 유럽에 전파했다. 6~7세기 유럽 귀족들 사이에서 정향이 큰 인기를 끌자 이슬람 상인들은 정향의 원산지를 철저히 숨긴 채 이익을 독점했다. 하지만 15세기에 들어서면서 원산지가 밝혀지고 대항해 시대가 열렸다.

대서양과 태평양을 건너 향신료 제도(몰루카 제도)로 가는 항로를 개척하고자 했던 마젤란은 항해 도중 필리핀에서 목숨을 잃고 말았지만 나머지 일행은 항해를 계속해 결국 몰루카 제도에 상륙하는 데 성공했고, 남은 배 한 척에 정향을 가득 싣고 출항한 지 3년 만에 귀국했다. 이 정향만으로 스페인 국왕은 마젤란의 세계일주에 투자한 비용을 모두 충당하고도 남는 막대한 이익을 거두었다고 한다.

성상과 특징

정향나무는 도금양과 상록수로, 높이 8~12미터로 자라며 커다란 잎에 진홍색 꽃을 피운다. 그러나 향신료 정향은 꽃봉오리[花冠]를 건조한 것으로, 꽃이 피기 전에 따서 건조해야 하므로 꽃은 즐길 수 없다. 꽃봉오리는 4개의 꽃받침에 둘러싸인 구 모양인데, 이를 말리면

---

* 타이완에서 폴리네시아에 이르는 넓은 지역에 분포하는 종족으로, 인도네시아, 필리핀, 말레이시아 등이 이들의 직계후손에 해당한다.

정향은 못처럼 생긴 꽃봉오리를 이용하는 향신료다.

길이 1~2센티미터의 못 모양이 된다. 꽃봉오리가 벌어지기 전 핑크색일 때 수확해 건조하면 암갈색으로 변하고 향미가 강해진다.

향미 특성

정향은 향신료 중에서도 강한 방향을 가졌는데, 멀리 떨어져 있어도 향기를 느낄 수 있다는 의미로 '백리향百里香'이라는 별명이 있다. 사람에 따라서는 강한 자극취로 느끼며, 바닐라 같은 달콤한 향미도 매우 강하다.

이러한 향미의 주성분은 유게놀eugenol로, 정유의 70~85%를 차지하며, 그 외에 유게닐아세테이트eugenyl acetate(15%), 카리오필렌(5~12%), 그리고 그보다 더 적은 양으로 메틸아밀케톤methyl amylketone, 메틸살리실레이트methyl salicylate, 휴물렌(α-humulene과 β-humulene), 벤즈알데히드benzaldehyde, 차비콜chavicol 등의 방향 성분을 함유한다.

요리 적성

정향은 단맛과 매운맛의 요리에 각각 잘 맞는다. 고기의 누린내를 제거하는 교취矯臭 효과가 있어 미트소스나 햄버거 등 구워 먹는 고기 요리에 이용된다. 또한 우스터소스(또는 돈가스 소스)의 주요 향미 성분이기도 하다. 오이피클을 먹었을 때 시큼한 냄새와 함께 밀려오는 싸한 향 또한 정향에서 유래한 것이다. 인도 가람마살라의 강한 맛을 내는 데에서도 필수 요소로, 대체할 향신료가 없다. 중국을 대표하는 혼합 향신료인 오향분의 하나이기도 하다.

카레분말, 프랑스의 카트르 에피스quatre epices(287쪽 참고) 등 혼합 향신료에 사용된다는 점에서도 짐작할 수 있듯이, 정향은 개성 있는 향을 가지고 있으면서도 다른 향신료와도 조화를 이룬다. 그래서 카페라테나 밀크티를 만들 때 시나몬, 육두구, 카다멈 등 다른 향신료와 함께 사용하기도 하는데, 뜨거운 음료에 잘 어울린다. 또한 정향가루는 바닐라 향을 강화하는 상승 효과synergistic effect(349쪽 참고)를 발휘하기 때문에 쿠키, 케이크 등의 제과에 사용한다. 독일산 헤페바이젠hefeweizen*에도 정향이 들어간다. 단, 향이 강렬하므로 반드시 소량만 넣어야 한다. 서양에서는 예부터 오렌지 표면에 정향을 빽빽이 꽂아 장롱 안에 넣어 방향제로 사용했고, 고기나 과일을 오래 보관해야 할 때 못처럼 정향을 꽂아두기도 했다.

약리 효과

위를 따뜻하게 하며 통증을 멈추는 작용이 있어 급성 장점막 질환, 복통, 구토, 위통의 증상 완화를 위해 사용했다.

주된 향미 성분인 유게놀에 말초신경을 마비시키는 작용이 있는데다 항균 작용이 뛰어나 치아의 부분 마취와 치통 완화에 사용해 '치

---

* 독일식 밀맥주 중의 하나로, 상면발효 에일맥주에 속한다.

과의사의 허브'라고 불렸다. 현대에도 치약에 정향의 정유가 사용되며, 치과 치료 시에 정향에서 추출한 성분이 진통제와 신경마비제로 쓰인다. 또 유게놀은 항산화 작용이 뛰어나 노화와 동맥경화 예방에도 효과가 있다고 알려져 있다.

일상생활에서 느낄 수 있는 정향의 향과 맛은 은단銀丹*이다. 실제로 은단에는 정향이 주요 재료로 들어간다. 옛날부터 중국에서 정향을 입에 넣어 구취를 없앴다고 하며, 현재 인도에서도 정향을 씹으면 치통에 효과가 있다고 해서 많은 인도인이 상용한다. 조선시대 내관들도 구취 방지를 위해 정향을 상시 복용했다고 한다.

---

* 감초, 육계(계피), 건생강, 아선약阿仙藥, 정향, 목향, 회향 같은 한약재와 향신료를 배합하여 은박을 겉에 씌워 만든 아주 작은 알약.

올스파이스, 모든 향을 가진 하나의 향신료

학명 *Pimenta dioica* 과명 도금양과*Myrtaceae*
명칭 올스파이스allspice, 피미엔타pimienta, 자메이카 후추Jamaica pepper,
　　　백미후추百味胡椒, 삼향자三香子
가용부 열매(씨앗) 원산지 카리브해 일대, 멕시코
주산지 중앙아메리카, 멕시코

유래 및 역사

이름 때문에 여러 가지 향신료를 섞어놓은 혼합물로 혼동할 수 있지만, 하나의 식물에서 나는 단일 향신료다. 정향, 후추, 시나몬, 육두구 등 다양한 향신료의 향을 겸비한 데다 가루로 만들면 이름처럼 사용하기 편리해 그야말로 '올스파이스'다.

올스파이스는 콜럼버스가 16세기에 아메리카 대륙에서 발견해 유럽에 전한 신종 향신료 중 하나다. 콜럼버스는 처음 본 동그란 열매가 후추와 많이 닮아 후추의 일종이라고 착각했고, 콜럼버스가 보낸 올스파이스 열매를 본 스페인 사람들도 후추의 일종으로 여겨 후추 열매를 뜻하는 '피미엔타pimienta'라는 이름을 붙였다. 올스파이스를 부르는 이름 중 하나인 '자메이카 페퍼Jamaica pepper' 또한 이런 착각에서 비롯된 것이다. allspice라는 영어 이름은 1621년 영국에서 부르기 시작한 것으로, 정향, 시나몬, 육두구, 후추의 풍미가 함께 느껴져 붙인 이름이다. 피미엔타, 자메이카 페퍼 외에도 잉글리시 페퍼, 뉴스파이스 등으로 불리며, 동아시아에서는 백미후추百味胡椒, 삼향자三香子 등으로 불렀다.

1655년 영국이 자메이카를 점령한 이후 재배를 시작했으며, 유럽으로의 수출량이 19세기까지 크게 증가해 시장도 계속 커졌다. 유럽에서 아주 귀한 대접을 받으며 비싸게 거래되었다. 이 무역으로 크게 수익을 얻은 영국이 동남아시아 등 다른 열대 식민지에도 올스파이스나무를 심었지만 번번이 재배에 실패했다. 그래서 올스파이스는 지금까지도 아메리카에서만 재배되는 유일한 향신료다. 이는 자메이카 등 중남미 특정 지역에서 서식하는 새가 씨앗을 먹고 배설해야만 발아하는 특성 때문이라고 한다.

성상과 특징

올스파이스는 도금양과 상록수로, 나무의 크기와 형태는 월계수와 비슷하다. 키가 작은 관목도 있고 때로는 커피나무에 그늘을 제공하려는 목적으로 재배할 만큼 큰 키로 자라는 것도 있다. 완전히 익기 전의 푸른 열매를 수확해 표면이 반들반들한 적갈색이 될 때까지 햇볕에 말려 사용한다. 외관은 후추와 닮았으나 약간 더 밝은 갈색이고, 후추보다 좀 더 크고 둥글다.

주요 생산지는 자메이카(세계 수요의 약 3분의 2를 생산)이며, 이외에 쿠바, 아이티, 과테말라, 멕시코, 온두라스 등 카리브해를 둘러싼 중앙

다양한 향신료의 향을 겸비한 올스파이스.

아메리카 국가들의 주요 수출 품목이다.

향미 특성

올스파이스는 상큼한 향과 단맛, 그리고 쌉쌀한 쓴맛이 특징이다. 약간의 자극감은 있지만, 후추 같은 매운맛은 없다. 이와 관련한 방향의 주성분은 유게놀이며, 정유의 65~70%를 차지한다. 그 외에 방향 성분은 알파-피넨, 1,8-시네올, 베타-카리오필렌 등이다. 정향, 시나몬, 육두구를 합친 듯한 복합적이면서도 풍부한 향이 가장 큰 특징이어서, 달콤한 과자류부터 매콤한 요리까지 폭넓게 활용할 수 있다.

요리 적성

고기 요리는 물론, 파이, 케이크, 과자 같은 가벼운 디저트에도 잘 어울리는데, 그중 하나가 옥수수에 우유, 설탕, 시나몬, 올스파이스를 넣고 조린 에콰도르식 디저트인 모로초morocho다. 쓰임새가 다양해 원산지인 카리브해 일대에서 요리에 광범위하게 사용되는데, 특히 자메이카 요리에 사용하는 저크 스파이스(294쪽 참고)의 필수 향신료다.

북유럽식 청어 절임인 수르실드sursild를 만들 때 빠지지 않는 향신료이며, 영국에서는 전통 음식인 미트파이에 넣고, 전통 과자인 크리스마스 푸딩(286쪽 '푸딩 스파이스' 참고)에도 꼭 들어간다. 햄과 소시지 같은 육류 가공식품의 착향료 및 시즈닝 스파이스 등으로 많이 쓰인다. 카레나 스튜 등에도 활용하고, 마리네이드marinade[*], 피클 같은 식초 절임 등에도 사용한다.

약리 효과

원산지에서는 감기, 생리통, 소화불량, 두통, 피로, 코막힘에 대한 가정용 치료제로 사용되었다.

올스파이스의 주요 방향 성분인 유게놀은 소화 촉진, 염증 완화 및 진통 효과가 있으며, 방부와 항균 효과도 뛰어난 편이다. 때문에 소화기 계통의 강화, 그리고 관절통, 근육통, 신경통 완화에 도움이 될 수 있다. 올스파이스를 우린 피멘토 워터pimento water는 위장약이나 설사약으로 사용되고 있다. 올스파이스 잎이나 씨앗을 증류해 만든 정유는 알싸하면서도 부드러운 향으로 오일 마사지나 방향욕 등에 사용

---

[*] 식초, 소금, 향신료로 조미한 액체로, 조리하기 전에 생선, 고기, 과일, 채소 등을 재우는 용도로 사용한다.

하고, 다양한 약품의 착향제로 쓰이기도 한다. 또한, 폐경기 여성에게 나타나는 열감, 수면 장애, 우울증 등의 증상을 관리하는 데 도움이 된다고 하는데, 이는 올스파이스 추출물이 에스트로겐 수용체에 결합해 에스트로겐 수치가 상승하는 효과를 주기 때문이다.

페누그릭, 볶으면 한층 달달해지는 향

학명 *Trigonella foenum-graecum*
명칭 페누그릭fenugreek, 메티methi, 호로파葫蘆巴
원산지 중동, 남동유럽
주산지 프랑스, 독일, 그리스, 이집트, 수단, 인도, 중국, 모로코 등

과명 콩과*Leguminosae*
가용부 열매(씨), 잎

유래 및 역사

오래전부터 허브와 채소, 향신료로 쓰였다. 기원전 4000년경의 것으로 추정되는 탄화된 페누그릭의 씨앗이 이라크에서 발굴되었다. 고대 이집트에서는 방부제이자 향료로 이용되었는데, 기원전 1323년경 조성된 투탕카멘의 피라미드에서 페누그릭의 건조된 씨앗이 발견되기도 했다.

고대 그리스와 로마에서 음식으로, 또 약재로 쓰였을 뿐 아니라 소가 먹는 건초의 맛을 좋게 하기 위해 페누그릭 잎을 첨가했다고 한다. 로마의 집정관이자 장군이었던 대 카토Cato the Elder(기원전 234~149년)

가 소의 먹이로 살갈퀴, 클로버와 함께 페누그릭을 기록했다. fenugreek 이라는 영어 이름과 종명 포에눔-그레쿰*foenum-graecum*은 '그리스 건초' 를 의미하는 라틴어 *faenugraecum*(파에누그라이쿰)에서 유래해 중세 프랑스어 *fenugrec*을 거쳐 만들어졌다.

페누그릭의 씨앗은 지방이 풍부해 기름을 짜는 용도로도 이용한다. 과거 예루살렘의 유대인들이 로마군을 화전火戰으로 격퇴하기 위해 기름을 사용할 때 페누그릭 기름을 섞었다고 한다. 인도의 아유르베다 의학에서 필수 약재로 꼽히는데, 현재도 인도는 페누그릭의 주요 생산국이다.

성상과 특징

페누그릭은 콩과의 한해살이풀로, 키는 0.7~1미터이며, 여름에 나비 모양의 노란색 꽃이 피고, 꼬투리 안에 열매가 맺힌다. 길고 가는

페누그릭은 달콤한 향이 나는 향신료이면서 영양이 풍부한 식재료다.

낫 모양의 꼬투리 하나에 10~20개의 씨앗이 들어 있는데, 씨앗은 직사각형으로 황갈색을 띠고 있으며, 크기는 길이 3~5밀리미터에 너비 2~3밀리미터다.

원산지는 서아시아부터 남동유럽까지로 추정되는데, 현재는 프랑스, 스페인, 튀르키예, 모로코, 이란, 아프가니스탄, 방글라데시, 인도, 중국, 아르헨티나 등 여러 나라에서 재배된다.

향미 특성

페누그릭의 씨앗을 분쇄하면 메이플 시럽처럼 달콤한 향이 풍성하게 퍼지는 반면, 쓴맛도 난다. 정유의 주요 성분은 노말-헥사놀n-hexanol, 헵탄산heptanoic acid, 디하이드로액티니올리드dihydroactiniolide, 디하이드로벤조퓨란dihydrobenzofuran, 테트라데칸tetradecane, 알파-뮤롤렌α-murolene, 베타-엘레멘β-elemene과 펜타데칸pentadecane이다.

요리 적성

인도 라자스탄Rajasthan 지역이 주요 생산지이며(인도 생산량의 80% 이상), 인도 요리에 많이 사용된다. 단백질, 무기질, 지질 및 비타민이 풍부하게 함유되어 있어, 종교적인 이유로 고기를 먹지 않는 채식주의자들의 영양원이 된다. 인도 요리에서는 페누그릭의 생잎이나 말린 잎, 말린 씨앗 모두를 사용한다. 인도에서는 페누그릭 잎을 '메티methi'라고 부르고 말린 잎을 '카수리 메티kasoori methi'라고 부른다. 인도의 가정에서는 페누그릭 잎을 감자와 함께 끓여 만드는 알루 메티aloo methi 카레를 자주 먹는다. 페누그릭 씨앗을 콩나물이나 숙주나물처럼 발아시킨 다음 식초와 기름으로 만든 드레싱을 얹어 샐러드로 먹기도 한다.

페누그릭의 씨앗을 볶으면 쓴맛이 줄어들고 달달한 향이 강해진다. 인도에서는 씨앗을 콩처럼 그대로 먹거나, 카레 요리나 처트니에 넣거나, 난naan과 과자의 반죽에 섞기도 한다. 판치포론과 삼바르sambar(264쪽 참고)와 같은 향신료 혼합물의 재료이기도 하다.

중동의 매운맛 페이스트인 주그에도 페누그릭 잎을 넣으며, 튀르키예에서는 페누그릭 씨앗과 마늘로 페이스트를 만들어 고기 양념으로 사용한다. 이집트와 에티오피아에서는 빵 반죽에 첨가한다.

약리 효과

페누그릭은 다양한 피토케미컬 성분, 특히 스테로이드성 사포닌의 풍부한 공급원이다. 항산화, 저혈당증, 저콜레스테롤혈증 기능으로 인해 암 치료와 당뇨 개선을 위한 약물로서 잠재력이 큰 향신료다. 스테로이드 계열의 디오스게닌diosgenin(황체호르몬의 원료물질)을 함유하는데, 디오스게닌은 여성호르몬이나 경구 피임약의 부분 합성 등 전체 스테로이드 약물의 60% 이상을 제조하기 위한 출발 물질로 중요하다.

식욕 부진, 불면, 스트레스, 정력 감퇴를 해소하며, 일정량의 가루를 계속 섭취하면 다이어트 효과도 있다. 철분과 비타민B군이 풍부하게 함유되어 있고, 진정 효과가 있는 마그네슘도 포함되어 있다. 또 월경전증후군 등 여성호르몬 변화로 인한 여러 증상에 도움이 된다.

타마린드, 새콤달콤한 열대의 맛

학명 *Tamarindus indica*
명칭 타마린드tamarind, 인디언 대추야자Indian date
가용부 열매
주산지 동아프리카, 인도, 동남아시아, 멕시코 등

과명 콩과*Leguminosae*

원산지 아프리카 열대 지역

유래 및 역사

아프리카 열대 지역이 원산지이지만, 인도 등 열대 아시아에서도 오랫동안 재배되었기에 '인디언 대추야자'라는 이름으로도 불린다. tamarind라는 영어 또한 '인도 대추야자'를 의미하는 아랍어 *tamr hindi*에서 유래했다. 16세기에 신대륙 개척과 함께 멕시코와 중앙아메리카에 전해졌는데, 남아메리카에는 덜 알려졌다.

과실로는 드물게 칼슘을 함유하며, 신맛이 강해 말라바르 해적들은 포로들이 급히 삼킨 진주를 토해내게 하려고 타마린드와 바닷물을 섞어 먹였다고 한다.

땅콩이 나무에 걸려 있는 듯 보이는 타마린드는 과육을 이용하는 향신료이자 신맛을 내는 조미료다.

성상과 특징

타마린드는 콩과의 나무로, 키가 최대 25미터까지 자란다. 길이 5센티미터 정도의 잎이 교대로 나는데, 밝은 녹색에 끝이 구부러진 형태다. 빨간색과 노란색을 띤 너비 2.5센티미터 정도의 꽃을 피운다. 향신료로 사용하는 부분은 과육으로, 12~15센티미터 길이의 황토색 강낭콩과 같은 깍지에 6~12개(아시아 품종), 혹은 1~6개(아프리카와 라틴 아메리카 품종)의 열매가 들어 있다. 열매가 익을수록 덜 시고 더 달아져 맛이 좋아진다.

열매의 식감은 부드러우면서도 끈적끈적하고, 맛은 새콤달콤하다. 생으로 먹기도 하지만, 보통은 과육을 물에 끓이거나 조려서 페이스트 상태로 만들어 사용한다.

향미 특성

타마린드는 향이 강한 향신료라기보다는 은은한 단맛과 신맛이 어우러진 상큼한 맛을 내는 것이 특징이다. 요리에 신맛이나 걸쭉함을 더하는 용도로 쓰거나 시럽이나 음료로 즐기는 등 다양하게 활용할 수 있는 향신료로, 정확하게는 향신료처럼 이용하는 과채라고 할 수 있다. 잘 익은 타마린드는 달콤한 캐러멜 향에 레몬, 살구, 대추를 섞은 맛이 난다. 타마린드의 신맛은 대부분 주석산tartaric acid에서 유래한다. 반건조 껍질의 일부와 열매를 뭉친 갈색과 흰색의 끈적끈적한 덩어리 상태로 유통하는 경우가 많고, 페이스트나 추출액의 상태로 구입할 수도 있다.

요리 적성

독특하고 달콤한 맛이 나기 때문에 달콤한 요리와 고소한 요리 모두에 잘 어울린다. 주로 인도 음식과 동남아 음식에 사용되는데, 태국에서는 팟타이, 똠얌꿍, 새우 볶음, 인도에서는 카레나 스튜, 처트니 등에 사용한다. 베트남에서는 과자 재료로 쓰거나 '다메dá me'*라는 타마린드 주스를 만들어 먹는 등 나라마다 조리법도 다양하다. 특히 남인도 요리에서 빼놓을 수 없는 양념 재료로, 덩어리(블록) 형태의 제품을 뜨거운 물에 풀어서 짜낸 즙을 사용한다. 향은 그다지 강하지 않지만 새콤달콤한 맛을 더해줄 수 있다. 중동 전역에서 짭짤한 고기 스튜를 만들 때 사용하는데, 때로는 말린 과일과 함께 달콤한 신맛을 내기 위해 사용한다.

우스터소스의 원료로 쓰여 영국에서는 오래전부터 인도에서 타마

---

* 베트남어로 dá는 얼음, me는 타마린드를 뜻한다.

린드를 수입했으며, 지금도 오리지널 우스터소스에는 꼭 들어간다. 멕시코와 중남미에서는 조린 과육을 물에 불리고 설탕을 넣어 아구아 프레스카agua fresca*라는 음료를 만들고, 사탕의 재료로도 사용한다.

음식으로는 주로 과육을 사용하지만, 씨앗의 배유에서 추출한 다당류로 만든 타마린드 검gum은 과자나 아이스크림 등을 만들 때 증점제, 안정제 역할을 하는 식품첨가물로 사용한다.

약리 효과

구연산과 과당, 비타민이 풍부하고 피로 회복과 장내 환경 개선에 효과가 있어 예로부터 민간약으로 쓰였다. 생 타마린드는 당과 식이섬유가 풍부한데, 과육의 섬유질은 소화관의 노폐물을 배출시키는 작용을 한다. 대사를 촉진하는 비타민B_1과 혈액 구성 성분인 마그네슘이 풍부해 건강식으로 활용할 수 있다. 발열, 인후통에 효과가 있고, 결막염이나 류마티스에 염증 완화 작용을 한다.

---

* 신선한 물이라는 뜻. 하나 이상의 과일, 곡물, 꽃, 씨앗을 설탕물에 섞어 만든 무알코올 음료다.

바질, 아름답고 향기로운 잎

학명 *Ocimum basilicum*
과명 꿀풀과 *Lamiaceae/Labiatae*
명칭 스위트바질sweet basil, 커먼바질common basil, 바실리코basilico(이탈리아)
가용부 잎, 씨앗
원산지 인도, 열대 아시아
주산지 지중해 지역, 아프리카, 아메리카

유래 및 역사

바질이라는 이름으로 불리는 식물*Ocimum basilicum*은 다양한 지역에서 60여 종 이상 난다. 가장 널리 알려져 사용되는 품종은 '스위트바질'이며, 이외에도 타이바질Thai basil, 레몬바질, 부시바질bush basil, 퍼플바질, 시나몬바질, 아프리카청바질African blue basil, 상추바질lettuce basil, 홀리바질, 라임바질, 타이레몬바질 등이 있다. 영어 basil은 '왕의 식물'이라는 뜻의 그리스어 *basilikón phytón*($\beta\alpha\sigma\iota\lambda\epsilon\upsilon\varsigma$)에서 유래한 라틴어 *basilius*(바실리우스)를 어원으로 한다.

바질은 그리스 정교의 의례에서 중요한 역할을 해왔는데, 성수를 뿌릴 때 바질 줄기를 이용했다. 또한 9월 14일 성십자가 현양 축일(예수가 인류의 죄를 대속하며 진 십자가를 묵상하고 경배하는 날)에 바질을 먹지 않는 그리스 정교도 있다.

성상과 특징

바질은 꿀풀과에 속한 풀이다. 환경에 따라 20센티미터에서 60센티미터까지 자라며, 연한 녹색을 띠는 타원형의 잎은 길이 1.5~5센티미터, 너비 1~3센티미터다. 열대 지방에서는 두해살이풀이지만, 온대 지방에서는 한해살이풀로 재배한다. 번식은 주로 씨앗으로 한다.

앞서 밝힌 다양한 바질 품종 중에서 스위트바질은 정향이나 아니스와 비슷한 향을 가져 달콤하고 스파이시한 매력이 있다. 잎이 향기로울 뿐 아니라 색과 모양이 좋아 요리의 장식이나 토핑으로도 자주 사용된다.

스위트바질의 꽃(좌)과 잎(우).

향미 특성

바질 잎은 깊고 부드럽고 달달한 향이 인상적인데, 요리에 풍미를 더할 뿐 아니라 화장품과 세제 등의 향료로도 사용된다. 또한 그 정유는 모기 등 벌레의 기피제로 사용되었다.

품종에 따라 방향 성분에 차이가 있다. 유럽European 바질의 정유 성분에는 리날룰과 메틸차비콜이 고농도로 들어 있으며, 약 3:1의 비율로 함유되어 있다. 그 외에 1,8-시네올, 유게놀 및 미르센이 포함되어 있다. 스위트바질에서는 정향 향이 많이 나는데, 이는 유게놀에서 유래한 것이다.

요리 적성

주로 줄기와 잎을 이용한다. 서양 요리에서 바질은 토마토와 가장 잘 어울리는 식재료다. '카프레제caprese'라고 불리는 이탈리아 샐러드는 토마토와 바질, 모차렐라 치즈로 만든다. 또 다진 바질과 마늘, 레몬 등을 닭고기 속에 채워 넣고 구우면 향이 좋아진다. 마찬가지로 고기류 로스팅에 잘 어울리고, 어패류와도 궁합이 좋다. 페이스트로 만들어 소스로 활용하는 방법도 있다(바질 페스토). 다만 지나치게 가열하면 향이 약해진다. 또한 생잎을 냉장 보관하면 거무스름해지므로 주의가 필요하다. 바질로 허브차를 만들어 마실 수도 있는데, 기름진 음식을 먹은 후 마시면 입이 상쾌해진다.

바질 씨앗을 물에 불리면 투명한 젤라틴 막이 생기는데, 동남아시아와 인도, 서아시아 지역에서는 이 씨앗을 음료와 디저트로 이용한다. 예를 들어 인도의 팔루다faluda, 이란의 샤르바트-에-리한sharbat-e-rihan이 있다. 카슈미르Kashmir 지방에서는 라마단 금식 기간에 불린 바질 씨를 넣은 음료를 마신다.

약리 효과

소화 촉진 작용, 자율 신경 조정, 정신 안정 효과가 있는 것으로 알려져 있으며, 잎과 싹의 정유는 칸디다균candida을 비롯한 다양한 곰팡이와 박테리아에 대한 효과적인 억제제로 알려져 있다. 또한 바질에 풍부한 루테인lutein, 지아잔틴zeaxanthin, 베타-카로틴β-carotene, 베타-크립토잔틴β-cryptoxanthin 같은 카로티노이드carotenoid 색소 성분이 항산화제 역할을 해서 산화적 스트레스 감소, 염증 감소, 혈당 조절, 심장병 예방 효과를 나타낸다. 비타민과 미네랄이 다량 함유되어 있어서 건강상 이점도 많다. 그러나 이러한 화합물은 건조 과정에서 대부분 사라지므로 최대한의 이점을 얻으려면 가능한 한 신선한 바질을 섭취하는 것이 좋다.

타임, 작은 잎이 내는 강한 향

학명 *Thymus vulgaris*
명칭 타임thyme, 선백리향, 향설초
원산지 남유럽

과명 꿀풀과*Lamiaceae/Labiatae*
가용부 잎, 꽃
주산지 유럽, 북아프리카, 아시아

유래 및 역사

'좋은 향'을 의미하는 그리스어 *thyo*에서 영어 thyme이 유래했다. 선백리향百里香이라는 이름은 한국에 자생하는 백리향*Thymus quinquecostatus*이 바닥에 엎드려 자라는 것에 비해 곧게 서서 자라기 때문에 붙은 것이다.

고대 그리스에서는 입욕제나 신전에 피우는 향으로 쓰였으며, 고대 로마의 병사들은 타임의 기품 있고 상쾌한 향이 용기와 용맹을 북돋아준다고 믿었다. 이 믿음은 중세 유럽까지 이어져, 여성들은 기사의 무훈을 기원하는 의미로 전사에게 타임 다발을 선물했으며, 악몽에 시달리지 않기 위해 베개 밑에 타임을 깔아두었다고 한다. 타임은 신화나 문학에도 자주 등장한다. 그리스 신화에서는 트로이 전쟁의 원인이 된, 스파르타 왕의 아내 헬레네의 눈물에서 생겨난 풀로 등장하고, 셰익스피어의 희곡 〈한여름 밤의 꿈 A Midsummer Night's Dream〉에서는 타임이 우거진 강기슭에 요정의 여왕이 사는 것으로 나온다.

이처럼 다양한 에피소드가 전해지는 것은 타임이 오랜 기간 유럽인에게 사랑받아온 가장 유럽적인 허브이자 향신료임을 보여준다. 유럽인이 고대부터 타임을 귀하게 여겼던 까닭은 냉장 및 냉동 기술이 없고 동양의 향신료도 전해지지 않았던 시절에 향이 강한 타임이 여러 상황에서 보존제의 역할을 했기 때문이다.

성상과 특징

타임은 꿀풀과 백리향속 여러해살이풀의 총칭으로, 종류가 350여 종이나 된다. 지중해 연안이 원산지로, 남유럽 일대에서는 오래전부터

타임의 작고 조밀한 잎을 향신료로 사용한다.

널리 이용되었다. 그중 주요 품종은 프렌치타임French thyme, 커먼타임 common thyme, 지중해타임Mediterranean thyme, 독일타임German thyme, 레몬타임lemon thyme 등인데, 보통은 남유럽이 원산지인 커먼타임을 의미한다. 길이 7밀리미터, 폭 25밀리미터 정도의 극히 작은 잎이 가는 가지에 촘촘이 붙어 있다. 초여름에 담홍색 꽃을 조밀하게 피운다.

타임은 토양, 기후 등 환경에 대한 적응성이 강해 아열대에서 온대성 기후까지 어디서나 생육할 수 있다. 햇볕이 잘 드는 건조한 토양을 선호하고, 생육 조건이 좋으면 연 2회 수확도 가능하다.

향미 특성

톡 쏘는 자극적이면서 상쾌한 향과 쌉싸름한 맛이 특징이다. 이는 티몰thymol과 카바크롤carvacrol이라는 성분에서 기인한 것이다. 타임의 방향 성분 중 가장 많은 비중을 차지하는 것이 티몰이며, 카바크롤도 이와 유사한 성분이다. 이외에 리날룰, 알파-테르피네올α-terpineol과 시네올이 함유되어 있다. 이런 방향 성분으로 인해 타임을 방부제나 살균제로 쓰기도 한다.

요리에 이러한 풍미를 더하기 위해 활용하는데, 후추, 정향, 민트를 합친 것 같은 상쾌한 향이 난다. 향의 지속력이 강해 오래 끓이는 요리 등에서 위력을 발휘하며, 말린 상태에서도 향이 강해 드라이플라워로도 즐겨 사용한다.

요리 적성

생으로, 혹은 말린 뒤 잘게 부숴서 요리나 차에 사용한다. 특히 유럽 각지의 요리에서 매우 중요한 향신료다. 상큼한 향과 쌉쌀한 풍미는 육류의 누린내와 어패류의 비린내를 없애는 데 효과적이다. 따라서 고기 요리와 생선 요리는 물론, 클램차우더clam chowder*나 드레싱 등 각양각색의 요리에서 제 역할을 톡톡히 해낸다. 빵 반죽이나 버터에 섞어 향을 내거나, 기름이나 식초에 절여 허브 오일 또는 허브 식초를 만들 때 활용된다. 특히 프랑스 요리에서 고기나 생선으로 부용 bouillon을 만들 때 쓰는 부케가르니bouquet garnix(289쪽 참고)에 반드시 들어가는 허브다.

허브류 가운데 가장 항균력이 강해 소시지나 피클, 소스 같은 저장식품을 만들 때 사용되는 경우가 많다. 열을 가해도 향이 약해지지 않아서 오래 끓이는 요리에도 적합해 포토푀pot-au-feu**, 카술레 cassoulet*** 같은 스튜 등 고기와 채소를 푹 끓일 때도 타임을 넣는다. 유럽과 미국에서는 사냥해 잡은 고기인 지비에gibier**** 요리의 누린내를 잡을 때 사용한다.

잡내 제거 목적으로 소스, 햄, 소시지, 토마토케첩 등 가공식품에 널리 이용된다. 레몬과 타임을 곁들여 상큼한 맛이 있는 통닭 구이, 그리고 타임, 치즈, 다진 고기 등을 토핑으로 올려 굽는 레바논의 납작한 빵인 마나키시manakish, 서양배와 타임을 넣어 구운 타르트 타탱 tarte tatin(프랑스식 타르트) 등이 타임을 사용하는 대표적인 요리다. 이외에 북아프리카 및 서아시아에서 사용하는 혼합 향신료인 자타르 za'atar(280쪽 참고)의 주재료이기도 하다.

---

* 조갯살과 양파, 감자, 베이컨 등을 넣고 끓인 수프.
** 프랑스에서 즐겨 먹는 가정식으로, 닭고기, 쇠고기 등 고기와 함께 채소들을 넣고 푹 끓인 수프 또는 비프스튜.
*** 오리고기나 거위고기에 흰 강낭콩과 소시지를 넣어 끓인 프랑스의 스튜로, 랑그도크를 비롯한 옥시타니아 지방의 향토 요리.
**** 사냥한 야생동물 또는 그 고기를 가리키는 프랑스어.

약리 효과

　허브 중에서 으뜸이라 할 만큼 살균력과 항바이러스 효과가 강하다. 또 가래를 제거해 기관지염을 예방해 목이 아프거나 초기 감기 증상이 있을 때 타임으로 차를 끓여 입안을 헹구면 도움이 된다. 피로 회복과 불안, 우울 증세 개선에도 효과가 있으며, 티몰이 항산화제 역할을 해 신체의 산화적 손상을 방지한다. 여드름 치료, 혈압 강하, 기침 완화, 면역력 증진 작용을 한다. 한편 카바크롤은 세로토닌과 도파민 분비를 증가시켜서 즐거운 기분을 가지게 한다.

　타임 티는 알싸한 풍미와 함께 미약하게 느껴지는 매운맛이 특징이다. 향이 거북하다면 다른 허브나 홍차와 섞으면 마시기 편하다.

세이지, 건강을 부르는 허브

학명 *Salvia officinalis*
명칭 세이지sage, 약용 샐비어salvia
원산지 지중해 연안

과명 꿀풀과*Lamiaceae/Labiatae*
가용부 잎
주산지 지중해 연안, 북아프리카

유래 및 역사

영어 sage라는 이름은 '구하다' 또는 '병을 고치다'를 의미하는 라틴어 *salvus*(살부스), *salvere*(살베레)에서 유래했다. 이름 그대로 약효가 다양해 고대 그리스와 로마 시대부터 중세 유럽에 이르기까지 '불로장생의 허브'로 여겨졌다. 16세기 독일의 한 약초 전문가는 "세이지는 의사가 싫어하는 약초"라는 말을 남겼고, 아랍에는 "정원에 세이지를 심은 사람은 죽지 않는다."라는 속담이 있을 만큼 예로부터 약효가 뛰어난 것으로 유명했다. 네덜란드 상인들이 17세기에 중국으로 들여갔는데, 매우 귀한 대접을 받았다. 당시 네덜란드 상인들은 세이지 잎 하나

당 중국차 세 상자(세이지 1파운드에 중국차 3~4파운드)라는 대단히 비싼 가격에 거래했다고 한다.

원산지는 지중해 연안이며, 고대 그리스나 로마에서는 향신료로서보다는 약용 식물로, 또 행복의 상징으로 사랑받았다. 오래전부터 친숙한 향신료인 만큼 유럽에는 세이지에 얽힌 속담이나 주인공이 행복으로 이어지는 민담이 많이 있다. "모든 일이 순조롭게 진행되고 있을 때는 세이지가 번지고, 불행이 닥치면 세이지가 시든다", "오래 살고 싶은 자는 5월에 세이지를 먹어라", "행복한 주부의 집에서는 세이지가 건강하게 자란다" 등이다.

요리에서 세이지는 고기 누린내를 제거하는 데 쓰여서 소시지를 만들 때 넣곤 하는데, 소시지sausage라는 단어의 어원이 세이지라는 설도 있다.

성상과 특징

세이지는 꿀풀과의 여러해살이풀이다. 품종에 따라 형태가 다양하지만 구세계 종은 약 60센티미터까지 자란다. 잎 표면이 벨벳같이 가는 털로 덮여 있다. 라벤더와 비슷한 꽃을 피우는데, 흰색, 핑크색, 보라색 등의 색을 갖는다. 잎은 길이 약 65밀리미터, 너비 약 25밀리미터이고, 색은 약간 어두운 초록색을 띤 것, 은색 혹은 금색의 반점이 있는 것, 짙은 초록색을 띤 것 등으로 다양하다. 잎의 모양과 색깔이 좋아서 원예 식물로도 인기가 많다. 세이지는 종류가 다양한데, 그중 널리 알려진 것은 커먼세이지, 펄세이지, 트리컬러세이지, 골든세이지, 파인애플세이지, 블랙커런트세이지, 그릭세이지, 클라리세이지 등이다.

*Salvia officinalis*라는 학명으로 알 수 있듯이, 가을에 진홍색 꽃을 피우는 샐비어salvia의 근연종이다. 샐비어와 구별하기 위해 '약용 샐비

'불로장생의 허브'로 여겨진 세이지.

어'라고 부르기도 한다. 향신료로는 주로 잎 부분을 생으로, 또는 건조해 사용한다. 건조된 잎은 은회색으로 바뀐다. 시판되는 건조 세이지는 은회색에 푹신푹신하고 마치 곰팡이가 핀 것처럼 보이는데, 이는 품질이 좋은 세이지의 특징이다. 요리에는 주로 어린잎을 이용하며, 꽃봉오리가 나오기 직전에 부드러운 잎을 따서 향과 색이 변하지 않도록 그늘에서 말리면 향이 더 강해진다.

향미 특성

순하고 달달한 향과 함께 약간 떫은맛이나 매운맛이 느껴지지만, 전체적으로 상큼한 쌉쌀함이 있다. 요리에는 커먼세이지를 주로 사용하는데, 쑥과 비슷한 강한 향이 특징이며 떫은맛과 매운맛에 더해 쓴맛까지 있어서 호불호가 확실하게 갈린다.

세이지의 정유 성분에는 투존thujone이 50%로 가장 많고, 캠퍼, 피넨과 시네올도 함유되어 있다.

요리 적성

향이 강해 고기 누린내를 제거하는 용도로 사용되는데, 오래전부터 불치고기(사냥한 짐승의 고기) 요리에 사용해왔다. 특히 돼지고기와 궁합이 좋아서 소시지를 비롯한 육류 가공식품에 많이 쓰이고, 이탈리아의 고기 요리인 살팀보카saltimbocca*에 숙성 햄과 함께

세이지 꽃은 꿀벌이 즐겨 찾는 밀원이다.

세이지 잎이 반드시 들어간다. 지방이 많은 고기의 소화를 돕는 효능과 함께 상큼한 방향감으로 인해 양고기나 간 등 육향이 강한 고기 요리에 넣곤 한다. 구이, 스튜, 찜 요리를 만들 때 시작 단계에서 고기에 바르면 더욱 효과적이다.

미국에서는 칠면조 요리에, 그리스에서는 미트 스튜에 쓰이며, 독일에서는 장어 요리에 반드시 사용한다. 고기 요리 외에도 이탈리아에서는 포카치아focaccia**의 풍미를 돋우는 데에도 사용한다. 또 부용을 만들 때 사용하는 허브 믹스인 부케가르니의 재료 중 하나다. 가공식품에도 널리 사용되어, 우스터소스(돈가스 소스)의 주요 원료 중 하나다.

---

* 송아지고기, 닭고기, 돼지고기 등을 숙성 햄과 세이지로 돌돌 말아서 와인과 버터로 마무리한 이탈리아의 요리.

** 오븐에 굽는 납작한 빵으로, 피자 반죽의 질감과 형태가 비슷하다. 올리브유를 넣어 반죽하고 허브와 올리브 열매를 곁들여 굽는다.

한편 세이지 꽃은 작지만 꿀벌이 즐겨 찾는 밀원으로, 이로부터 '세이지 꿀'이 만들어진다. 세이지 꽃에서 채취한 꿀은 색이 연하고 향이 산뜻하며 단맛이 부드러워 전 세계적으로 인기가 높은데, 발칸 반도에 있는 세르비아와 몬테네그로의 주요 수출품 중 하나로 꼽힌다. 세이지 향이 감돌아서 과일이나 요구르트에 뿌려 먹으면 맛있게 즐길 수 있다.

약리 효과

고대 그리스와 로마에서부터 전통적인 치료용 허브로 이용한 오래된 약재다. 영국에서는 17세기에 홍차가 전해지기 전까지 세이지 티를 즐겨 마셨다. 세이지는 로즈메리와 함께 항산화 작용이 매우 강한 허브로 꼽히며, 위장 기능 강화나 피로 회복, 갱년기 증상 개선에 효과가 있다. 항균 작용도 뛰어나 세이지 티로 입을 헹구면 감기나 전염병을 예방할 수 있고, 치은염이나 구내염에도 효과가 있는 것으로 알려졌다. 또 세이지의 향은 불안감을 가라앉히는 데 효과가 있다. 이런 효능으로 인해 서양에서는 상비약으로 정원에서 키우는 가정이 많다. 다만 효력이 강하므로 정유를 사용할 때는 정량을 지켜야 한다.

최근에는 인지 기능 장애 개선 및 혈당과 콜레스테롤 저하 작용이 있는 것으로 주목받고 있다.

오레가노, 강렬하고 야성적인 향

학명 *Origanum vulgare*
명칭 오레가노oregano, 와일드 마조람wild marjoram, 꽃박하
가용부 잎
주산지 유럽

과명 꿀풀과*Lamiaceae, Labiatae*
원산지 서아시아, 유럽

유래 및 역사

유럽과 서아시아의 넓은 지역에서 자생했고, 고대 이집트와 그리스 등 지중해 연안에서 오랜 옛날부터 식재료로, 또 약재로 쓰였다.

오레가노라는 이름은 '산'이라는 뜻의 *oros*와 '기쁨'이라는 뜻의 *ganos*가 합쳐진 복합 그리스어에서 유래했다. 직역하면 '산이 주는 기쁨'으로, 지중해 지역의 언덕을 아름다운 향기와 꽃으로 감싸기 때문에 붙은 이름이다. 그리스어 *origanon*, 라틴어 *origanum*을 거친 스페인어 *orégano*를 차용해 영어 oregano로 굳어졌다.

유럽 문화에서 오레가노는 행복을 상징하는데, 그리스에서는 결혼식에서 신랑신부가 오레가노를 엮은 관을 쓰고 행복을 빌었고, 사후 세계의 평안을 기원하며 오레가노를 묘지에 심었다고 한다. 로마 시대 아피키우스의 요리책 《데 레 코퀴나리아》에는 오레가노가 들어간 소스가 고기 요리와 잘 어울린다고 기술되어 있다.

이미 고대 그리스 때부터 고기 요리에 사용했으며, 오늘날에는 그리스 요리에서 빠질 수 없는 향신료로 자리 잡았다. 미국에서는 제2차 세계대전 이후 피자가 대중화되면서 피자 위에 뿌리는 향신료로 널리 알려졌다.

성상과 특징

꿀풀과의 여러해살이풀이다. 따뜻하고 일조량이 풍부한 기후에서는 어디서나 잘 자라지만, 추운 겨울을 넘기지는 못하므로 그런 곳에서는 한해살이로 재배한다. 키는 80센티미터까지 자라며 잎의 길이는 1~4센티미터다. 길이 3~4밀리미터의 핑크색 혹은 연보라색 꽃을 피운다. 꽃보다 잎 부분의 방향성이 강하기 때문에 향신료로는 잎을 이용한다.

향신료로 이용하는 것은 방향성이 강한 잎 부분이다.

기후나 토양, 재배종인지 야생종인지에 따라 여러 종류가 있으며 향과 맛도 제각기 다르다. 오레가노와 마조람marjoram은 모두 오레가노로 통칭되는 등 종종 혼동되곤 한다. 오레가노의 학명은 *Origanum vulgare*(와일드 마조람)이고, 마조람의 학명은 *Origanum majorana*(스위트 마조람)이다. '와일드 마조람'이라고도 불리는 것에서 알 수 있듯, 같은 꿀풀과에 속한 마조람과 향과 맛, 모양이 모두 비슷하지만, 오레가노의 향이 더 강하고 야성적이며 단맛은 약간 적다.

향미 특성

오레가노는 쌉쌀하면서 청량감 있는 향이 특징으로, 고품질의 오레가노는 맛이 너무 강해 혀의 감각을 잃게 할 정도로 강렬하다. 비슷한 종(꿀풀과)인 민트나 바질과 달리 약간 매콤한 맛이 나고, 신선한 오레가노에서는 톡 쏘는 듯한 매콤한 향이 난다.

말린 잎이 생잎에 비해 방향성이 더 강해 요리에는 거의 말린 잎을 사용한다. 주요 방향 성분은 카바크롤과 티몰로, 전체 정유 성분에서 80% 이상을 차지한다. 오레가노의 독특한 향은 카바크롤에서 기인하는 것이라, 식물 자체보다는 그 향을 오레가노라고 부르는 경우도 있다.

주성분인 티몰이 마조람보다 오레가노에 더 많이 포함되어 있기 때문에 마조람보다 달콤함이 덜하다. 향이 다소 강하고 오래 지속되는 편이라 악취 제거를 위해 사용하기도 한다.

요리 적성

오레가노는 지중해 요리 및 라틴아메리카 요리에 널리 사용된다. 향이 강해 고기의 누린내와 생선의 비린내를 제거하는 데 효과가 있다. 남미에서는 미트슈트meat shutte나 로스트치킨 등의 고기 요리를 할 때 밑간 재료 중 하나로 사용한다. 고기에 직접 바르는 밑간으로도 사용하지만, 고기 요리를 완성하는 소스의 재료로도 쓰인다. 특히 아르헨티나의 고기 요리 소스인 치미추리chimichurri*에 파슬리, 마늘과 함께 넣는 필수 허브다. 또한 거의 모든 멕시코 요리에 사용하는 혼합 향신료인 칠리 파우더(칠리, 커민, 오레가노의 블렌딩)의 필수 재료다. 우스터소스, 토마토케첩의 원료이기도 하다.

지중해 지역에서는 생잎을 채소로도 먹는다. 샐러드 재료, 피자와 파스타에 얹어 먹는 토핑, 크로스티니crostini** 같은 전채 요리의 재료로도 사용된다.

이처럼 만능으로 사용할 수 있는 오레가노의 풍미를 오래 보존하기 위해 고안해낸 방법이 오레가노 오일을 만드는 것이다. 오레가노를 담가두었던 오일을 조리 마무리 단계에서 음식에 두르거나 식사 때 테이블에 올려놓는다. 말린 잎을 우려 차로 마시기도 하고, 식초에 담가 마리네이드 재료로 쓰거나 피클을 만들 때에도 넣는다.

오레가노를 밀원 식물로 하여 채밀한 '오레가노 꿀'***도 인기 있다.

---

* 19세기 아르헨티나에서 기름기가 적은 고기를 부드럽게 먹기 위해 식초를 사용한 소스를 만들기 시작한 것이 지금의 치미추리 소스가 되었다. 파슬리, 바질, 오레가노 등의 허브와 오일, 식초 등을 섞어 만든다. 향긋한 풍미와 식초의 새콤하고 톡 쏘는 맛이 스테이크와 잘 어울린다.

** 이탈리아어로 '작은 크러스트little crust'라는 뜻으로, 작은 크기의 빵을 바삭하게 구워 갖가지 토핑을 올려 만든 전채 요리다. 중세 이탈리아의 소작농들이 식사를 할 때 그릇 대신 슬라이스한 빵 위에 여러 가지 음식을 얹어 먹었던 데서 유래했다. 토핑은 취향에 따라 해산물, 고기, 채소, 치즈 등 다양하며, 간단하게 올리브오일만 뿌리거나 바질, 파슬리, 오레가노 등의 허브만 올리기도 한다.

*** 오레가노를 밀원 식물로 채밀된 벌꿀은 오레가노의 특징을 그대로 지니고 있다. 소염, 항균, 항진균, 항바이러스 효과 및 항산화 성분으로 인한 노화 방지 효과가 있어 중앙아시아에서는 여성들이 즐겨 복용한다.

약리 효과

오레가노는 천연 항생제라고 불릴 만큼 염증 억제 기능이 뛰어나고, 비타민과 미네랄도 풍부하다. 서양 의학의 아버지로 불리는 그리스의 히포크라테스는 소독용으로, 그리고 호흡기 및 위장 질환을 예방하는 데 오레가노를 사용했다. 중세 유럽인들은 류마티스, 치통, 소화불량, 기침 완화를 위해 오레가노 잎을 씹었다. 예전에는 약국에서 소화제로 판매하기도 했다.

이처럼 오레가노의 정유는 감기와 기관지염뿐 아니라 소화불량과 복통 치료, 피로 회복에도 효과가 있다. 하지만 약효가 강하므로 적정 사용량을 지켜야 한다.

오레가노 향은 마음을 편안하게 해주는 효과가 있어 스트레스 해소를 위해 오레가노의 정유를 아로마 오일로 이용한다. 고대 이집트에서는 목욕물에 넣었다고 한다. 염좌(인대 손상)나 피부 트러블에 오레가노 오일로 마사지하면 효과가 있다.

시나몬과 카시아, 단맛을 강화하는 달달한 향

학명 *Cinnamomum zeylanicum*, *C. verum*, *C. cassia*
과명 녹나무과*Lauraceae*
명칭 시나몬cinnamon, 카시아cassia, 육계肉桂, 계피桂皮
가용부 줄기 껍질
원산지 스리랑카와 남인도(시나몬), 중국 남부와 동남아시아(카시아)
주산지 스리랑카, 인도, 인도네시아, 베트남 등

유래 및 역사

시나몬 또는 카시아는 몇몇 녹나무과 상록수의 줄기 껍질을 말린 향신료를 가리키는 명칭으로, *Cinnamomum zeylanicum*과 *Cinnamomum verum* 및 제주 등 한반도 남부에서도 자라는 *Cinnamomum cassia* 등을 포함한다.

후추, 정향과 더불어 3대 향신료로 꼽히며, 오래전부터 식용, 약용 등 다양한 용도로 사용되었다. 고대부터 신과 왕에게 바치는 최고의 선물로 귀하게 여겨졌다. 고대 이집트에서 기원전 4000년경 미라를 만들 때 방부제로 사용한 기록이 있고, 고대 그리스의 서정시인 사포

Sappho(기원전 630년경~570년경)의 작품에도 언급된다. 로마의 폭군 네로Nero*는 애첩이 죽자 로마 전역의 시나몬을 모두 불태워 애도를 표했다고 한다.

영어 cinnamon은 페니키아어에서 유래한 단어로, 라틴어 *cinnamomum*을 거쳐 지금의 영어로 굳어졌다. 초기 근대 영어에서 시나몬은 *canel*과 *canella*라고 표기했는데, 이는 여러 유럽 언어에서 현재 시나몬을 부르는 단어와 비슷하다.** 이 단어들은 튜브tube를 뜻하는 라틴어 *cannella*에서 유래했다. 한편 영어 cassia의 어원은 히브리어 *qetsīʿāh*(קְצִיעָה)인데, 이는 '껍질을 벗겨내다'라는 의미다. 이처럼 카시아나 시나몬의 이름은 나무줄기의 껍질을 벗겨 둥글게 말린 모습과 관련 있다.

후추나 정향처럼 극적인 역사는 없지만, 고대에는 아라비아 상인, 이후에는 이슬람 상인과 베네치아 상인, 근대 들어서는 네덜란드 상인이 시나몬 무역을 통해 큰 부를 거머쥐었다.

향신료를 통해 인생의 지혜와 가족의 사랑을 그린 그리스/튀르키예 영화 〈터치 오브 스파이스Politiki Kouzina〉(2003년)에 주인공 소년의 아버지가 "시나몬은 맛이 간 고기에나 쓰는 거라고!"라며 화를 내는 장면이 나오는데, 이는 중세 이후로 냉장고가 발명되기 이전까지 그리스와 튀르키예에서 육류를 장기간 보관하는 데 실론 시나몬*C. verum*을 사용해왔던 역사를 배경으로 한 것이다.

.

---

* 본명은 루키우스 도미티우스 아헤노바르부스Lucius Domitius Ahenobarbus. 로마 제국의 제5대 황제로, 재위 기간은 서기 54년부터 68년까지다.
** 이탈리아어 cannella, 프랑스어 cannelle, 네덜란드어 kaneel 등이다.

시나몬(좌)과 카시아(우).

성상과 특징

다양한 종류의 녹나무과 시나모뭄속 상록수에서 나는 향신료는 동서양에서 시나몬, 카시아, 계피桂皮, 육계肉桂 등으로 다양하게 불리면서 혼용되는데, 엄밀하게 보면 이들 간에는 차이가 있다. 특히, 시나몬과 카시아는 품종이 다르기 때문에 구분해야 한다. '시나몬'이라고 하는 것은 스리랑카(실론)와 남인도가 원산지인 시나모뭄 베룸 *Cinnamomum verum*과 시나모뭄 제일라니쿰*Cinnamomum zeylanicum*을 말

표 4-3 **시나몬과 카시아의 비교**

구분	시나몬Ceylon cinnamon	카시아Cassia cinnamon = 계피
학명	Cinnamomum zeylanicum Cinnamomum verum	Cinnamomum cassia 중국 카시아C. cassia syn. C. aromatica: 중국과 베트남 인도네시아 카시아C. burmannii: 수마트라와 자바 지역 베트남 카시아C. loureiroi: 베트남 북부
특징	연한 황갈색, 담배같이 여러 겹으로 말린 형태, 작은 조각으로 깨지기 쉬움. 달콤하고 마일드한 풍미로, 정향과 바닐라 계통의 향미를 내는 유게놀 풍성	진한 붉은색, 견고한 줄기, 작은 조각으로 깨지기 어려움, 달콤하면서 맵고 강한 풍미로, 유게놀 거의 없음.
성분	쿠마린 함량이 낮음(0.004%), 신나믹알데히드 50~63%	쿠마린 함량이 높음(1%), 신나믹알데히드 95%
주산지	스리랑카, 인도	중국과 인도네시아, 베트남 등 동남아시아
주 사용 국가	유럽, 스리랑카, 멕시코	미국, 캐나다, 동아시아

출처: 오뚜기식문화원.

하는 것이고, '카시아'라고 부르는 것은 중국과 동남아시아가 원산지인 시나모뭄 카시아Cinnamomum cassia와 카시아 부르마니Cassia burmannii를 가리킨다.

한자 문화권에서 육계와 계피는 모두 카시아를 가리킨다. 육계는 계피를 생산하는 녹나무속 나무의 총칭이기도 하고, 이 가운데서도 중국 시나몬을 생산하는 카시아C. cassia종의 나무(=육계나무)를 특별히 가리키는 말이기도 하다. 한국에서는 육계나무 중에서도 카시아종이 압도적으로 많다 보니, 이후 품종이 다른 육계나무가 들어와도 구분 없이 육계라고 불렀다. 한편, 계피는 육계나무의 속껍질bark을 말한다. 조선시대에는 시나몬을 '석란육계'라고 불러 카시아와 구분했다.

시나몬과 카시아는 품종도 다르지만, 수확 방식도 다르다. 시나몬은 2년마다 가지치기를 해서 어린잎이 나타나기 시작할 무렵 여린 가지의 껍질을 벗겨 만든다. 이즈음 부드러운 향미를 내는 정유 성분이 많기도 하고 껍질을 벗기기도 쉽다. 수분이 있는 껍질을 그늘에서 말리면서 동그랗게 마는데, 여린 가지의 껍질이기 때문에 여러 겹으로 말리고 깨지기 쉽다. 반면 카시아는 6년생 나무의 껍질을 코르크층이 붙어 있는 상태에서 두들겨가며 벗긴다. 때문에 시나몬보다 두꺼워서 겹겹이 말기 힘들고, 달콤하면서 맵고 진한 향이 난다.

향미 특성

시나몬은 채집 부위, 산지, 종류에 따라 향미가 달라 그 방향성이나 단맛, 매운맛, 떫은맛 정도에서 차이가 있지만, 일반적으로 부드럽고 달짝지근한 단맛을 수반한 청량감과 독특한 방향성, 그리고 약간의 매운맛이 특징이다. 떫은맛이 없는 것이 좋은 품질의 시나몬이다. 정유의 주성분은 신나믹알데히드cinnamic aldehyde로, 시나몬 정유 성분의 55~75%를 차지한다.

시나몬의 달달함은 맛이 아니라 향이며, 이 향으로 단맛을 돋우는 것이 요리에서 시나몬의 역할이다. 디저트나 음료 등 단맛을 강조하는 요리에 자주 사용되어, 일반적으로 그 맛과 향을 세트로 인식하는 경향이 있다. 시나몬의 향을 맡고 단맛을 떠올리는 것은 바로 이런 이유 때문이다. 다만, 스리랑카산 실론 시나몬 중에는 그 자체로 정말로 설탕 같은 단맛이 느껴지는 종류도 있다. 스리랑카의 시나몬은 최고급품으로, 얇은 껍질을 여러 겹으로 감고 있는 것이 특히 높은 등급으로 유통된다.

요리 적성

시나몬과 카시아는 건조된 껍질 자체를 스틱으로 유통하거나 분쇄해 파우더로 유통한다. 단맛을 내는 요리에 이용하면 상승 효과를 발휘하기 때문에 케이크나 과자류, 디저트류, 차 등 음료와의 궁합이 좋다. 과일의 단 향기와도 잘 어울려 사과나 복숭아를 조린 콤포트comfort나 파이, 버터에 구워 럼주로 향을 입힌 바나나, 과일을 술과 함께 조리하는 경우에도 시나몬이 쓰인다. 한국에서도 수정과, 배숙 등의 재료로 계피를 사용한다. 프렌치토스트에 설탕과 함께 시나몬 파우더를 뿌려서 먹고, 카푸치노나 코코아에도 시나몬 파우더를 뿌려서 마신다.

중동과 인도에서는 고기 요리 및 카레에 흔히 이용된다. 모로코의 전통 스튜인 타진tajine*이나 이란의 할림haleem**에도 쓰인다. 중국의 대표적인 혼합 향신료인 오향분의 재료 중 하나다. 효율적으로 향을 내려면 가루는 요리를 마무리하기 직전에 넣고, 스틱은 팔팔 끓여서 사용한다.

약리 효과

시나몬은 예로부터 인도의 아유르베다 의학과 페르시아-아랍의 유나니 의학에서 약재로 사용되었다. 중의학과 한의학에서도 건위, 중풍 치료, 발한, 해열 치료제로, 감기약이나 배를 따뜻하게 하는 약재로 처

---

* 쇠고기, 양고기, 닭고기, 생선 등의 주재료와 향신료, 채소를 넣어 만든 마그레브 지역의 전통 스튜로, '타진'은 가운데가 뾰족하게 솟은 조리 용기를 가리키는 말이기도 하며, 그 용기에 조리한 음식을 가리키기도 한다.

** 고기와 곡물을 함께 끓인 스튜로, 특히 남아시아의 무슬림이 라마단과 무하람 기간에 즐겨 먹는다.

방했으며, 진통제, 강장제로도 사용했다.

　식품의 산화를 억제하는 기능이 있어 방부제로 사용했고, 염증성 질환의 예방을 위해서도 이용했다. 이는 시나몬 성분 중 하이드록시신나믹알데히드hydroxy cinnamic aldehyde, 하이드록시신나민산hydroxy cinnamic acid 등의 페놀 화합물이 과산화 라디칼을 소거해 산화성 손상을 방지하기 때문이다. 또한 신나믹알데히드는 모세혈관을 보호해 모세혈관의 감소나 손상으로 인한 기미, 주름, 피부 처짐 등을 예방하고 개선하는 효과도 있다. 항균성도 있어 대장균, 포도상구균, 곰팡이의 일종인 칸디다 알비칸균candida albicans 등을 억제한다.

　한편, 카시아에 많이 함유된 쿠마린coumarin이 간에 부담을 줄 수 있어 유럽 일부 국가에서는 카시아의 과잉 섭취를 제한하고 있다. 유럽식약처EFSA는 체중 1킬로그램당 하루 0.1밀리그램 이하의 섭취를 권장한다. 그러나 쿠마린은 혈전 방지에 탁월하며 당뇨 억제에 효과가 있는 것으로도 밝혀졌다.

월계수 잎, 육수를 낼 때 빠지면 안 되는

학명 *Laurus nobilis*
명칭 월계수 잎bay leaf, 로렐laurel
원산지 지중해 지역

과명 녹나무과*Lauraceae*
가용부 잎
주산지 튀르키예, 시리아, 남유럽, 미국 서부

유래 및 역사

월계수는 그리스 신화에서 아름다운 요정 다프네Daphne가 태양신 아폴론Apollon의 구애를 거절하고 도망치다가 변신한 나무로, 아폴론이 각별히 아끼는 나무로 알려져 있다. 그래서 고대 그리스에서는 올림픽 경기의 승자에게, 그리고 명예로운 시인과 학자 등에게 월계수 잎을 엮은 관이 주어졌다. 그로 인해 월계관은 가장 명예로운 지위의 상징이 되었으며, 이러한 관습에서 유래해 중세 이후 영국에서는 뛰어난 시인에게 '계관 시인Poet Laureate'이라는 칭호를 부여한다.

오늘날에도 그 의미가 계승되어 각종 스포츠 승자에게 월계수 관을 씌워주기도 하고 우승기, 잔, 방패 등에 월계수 잎의 디자인이 들어가는 경우가 많다. 또한 프랑스에서 학사를 칭하는 '바칼로레아 baccalauréat'는 '둥근 월계수 열매'를 의미하는데, 17세기 말에 중세 라틴어 *baccalaureatus*(바칼라우레아투스)에서 유래한 말이다.

고대인들은 월계수 잎의 시원한 방향이 재앙으로부터 몸을 보호한다고 믿었다. 그래서 로마의 티베리우스Tiberius* 황제는 천둥으로부터 자신을 보호하기 위해 월계수 잎으로 만든 관을 쓰고 침대 밑에 숨었다고 하고, 네로 황제는 흑사병이 기승을 부리는 동안 월계수 정원으로 피했다고 전해진다.

광택이 있는 단단한 잎은 고대 그리스에서부터 '명예'의 상징이었다.

성상과 특징

월계수는 지중해 연안의 유럽, 서아시아, 북아프리카 원산으로, 녹나무과의 상록수다. 향신료로 사용되는 부분은 잎으로, 길이 6~12센티미터, 너비 2~4센티미터의 타원형에 연한 올리브색을 띤다. 광택이 있는 단단한 잎은 예부터 그리스인이나 로마인이 관으로 만들어 머리에 쓴 것으로 유명하다. 향신료로는 건조한 잎이나 생잎을 그대로 사용한다. 종이 다름에도 월계수 잎으로 알려져 유통되는 것이

---

* 로마 제국의 제2대 황제인 티베리우스 율리우스 카이사르 아우구스투스Tiberius Julius Caesar Augustus. 재위 기간은 기원전 42년부터 기원전 37년까지다.

여러 종류 있는데, 캘리포니아 월계수Umbellularia california, 인도 월계수 Cinnamomum tamala, 인도네시아 월계수Syzygium polyanthum 등이다.

육두구와 같은 자극적인 향과 발사믹 식초와 같은 부드러운 향이 특징이다. 생잎에서는 쓴맛이나 떫은맛이 나지만, 말리면 향은 강해지고 맛은 약해진다.

향미 특성

유통되는 월계수 잎은 어린잎을 건조한 것으로, 시원하고 상쾌한 방향과 약간의 쓴맛이 난다. 유칼립투스 잎이나 캠퍼 냄새와도 비슷한 시원한 느낌을 동반한 방향이다. 주 방향 성분은 유칼립톨eucalyptol이라고도 불리는 1,8-시네올로, 정유의 40~50%를 차지한다. 그 외 성분으로는 알파-테르피닐아세테이트, 사비넨, 알파-피넨, 베타-엘레멘, 알파-테르피놀α-terpinol, 리날룰과 유게놀 등이다. 이러한 정유 성분의 비율은 산지 및 수확 시기와도 관련이 있어서, 이에 따라 품질이 좌우된다. 건조된 잎을 요리에 사용하면 오레가노나 타임과 유사한 향이 나는데, 오래 끓이면 쓴맛이 나므로 조리 도중에 꺼내야 한다.

요리 적성

인도, 유럽(특히 지중해 지역), 카리브해 지역 등 여러 지역의 다양한 요리에 풍미를 더하기 위해 사용된다.

월계수 잎은 단순히 향을 내는 것뿐만 아니라 고기나 생선의 잡내와 비린내를 없애는 효과가 있어 고기 요리나 생선 요리에 많이 쓰이고, 카레나 포토푀를 비롯한 스튜 요리에도 자주 쓰인다. 부케가르니의 주재료로, 수프 요리를 위한 육수를 낼 때 필수적으로 사용하며 찜 요리를 할 때도 쓰인다. 월계수 잎은 표면이 단단하므로 뒷면이 위로 오도록 쓰는 편이 정유 성분의 용출에 효과적이다. 간혹 월계수 잎을 훈연해 사용하는 경우도 있는데, 이럴 때는 정유 성분이 열에 의해 휘발될 수 있으므로 앞면이 위로 오도록 하는 것이 좋다.

블러디메리 같은 칵테일에도 사용하며, 또, 과일이나 달콤한 디저트류에 사용해 그 풍미를 즐기기도 한다. 월계수 잎을 잘게 찢어 몇 시간 재워두었던 올리브오일을 요리 마무리에 두를 수도 있다.

시판되는 월계수 잎은 잎의 형태를 유지한 홀whole 타입과 분쇄한 파우더 타입이 있는데, 파우더 타입은 쓴맛이 강하게 느껴지므로 요리에 따라 구분해서 사용해야 한다. 홀 타입을 쓸 때는 잎을 자르거나 접어서 넣으면 향이 더 잘 우러난다.

약리 효과

비타민A, 비타민B_6, 비타민C의 좋은 공급원으로, 건강한 면역체계를 갖추는 데 도움이 된다. 주성분인 시네올은 소화를 촉진하는 효과가 있으므로 식욕이 없을 때 요리에 사용하면 효과적이다. 또한 월계수 잎의 정유는 살균 효과가 있어서 항균제의 원료로도 사용한다. 월계수 잎은 한약재로도 사용되는데, 항염증, 항당뇨 효과를 가지고 있다. 또한 리날룰 성분은 스트레스 완화 작용이 있다고 한다. 쌀통에 몇 잎 넣어두면 방충 효과를 발휘한다.

스타아니스, 중국 요리 특유의 향

학명 *Illicium verum*
명칭 스타아니스star anise, 팔각八角, 대회향大茴香
원산지 중국 남서부(장시성江西省), 베트남 북부
주산지 중국 중부와 남부, 베트남, 캄보디아, 라오스, 필리핀

과명 오미자과 *Schisandraceae*
가용부 열매

유래 및 역사

독특한 모양이 눈에 띄는 향신료로, 원산지인 중국에서 유럽으로 알려진 시기는 16세기 후반이다. 원산지인 중국 남부와 중국인들이 이주한 지역에서만 쓰였는데, 16세기 후반 영국 선원들이 본국으로 가지고 돌아가면서 유럽에 전해졌고, 이때 '별 모양을 하고 있고, 향미가 부드럽고 달콤한 아니스를 닮았다.'는 이유로 스타아니스star anise라고 불리게 되었다. 때문에 당시 유럽에서 최고급 향신료였던 아니스의 대용품으로 쓰였다. 학명 *Illicium verum*의 *Illicium*은 라틴어로 '유혹'을 뜻하는 illicio에서 유래했다.

중국과 한국, 일본에서는 회향(펜넬)과 향이 비슷하고 크기가 좀 더 커서 '대회향大茴香'이라고 부르거나, 뿔이 여덟 개 있다고 해서 '팔각八角' 혹은 '팔각회향'이라고 부른다. 중국 요리 특유의 향을 내는 데 중심적인 역할을 하는 향신료다. 최근에는 이국적인 팔각 향이 유럽에서 다시 주목받으면서 프랑스 요리 등에도 많이 쓰이고 있다. 아시아에서는 향신료 외에도 향료의 원료로, 또한 한방에서 위장약이나 감기약으로 사용한다. 또 정유는 비누와 화장품, 치약 등의 향을 내는 원료로 쓰인다.

성상과 특징

스타아니스는 오미자과 상록수의 열매다. 스타아니스나무는 습지의 삼림이나 개울가에서 생육한다. 키가 8미터까지 자라며, 100년 이상 살 수 있다. 반들반들한 잎을 달고, 붉은빛이 도는 연두색 꽃을 피운다. 별 모양의 열매는 여덟 방향으로 갈라져 있고 각각의 갈래에 갈색 씨앗이 하나씩 들어 있는데, 이 열매는 미성숙할 때는 다육질이고, 햇빛에 말리면 나무처럼 딱딱해져서 중량이 4분의 1로 줄어든다. 향신료로 사용할 때는 익기 전에 수확해 햇볕에 말린다.

중국 남부의 상록수림에서 자생하며, 중국 남부 및 베트남의 랑선

스타아니스나무는 키가 8미터까지 자란다.

Lang Son 지역, 라오스 동부의 산악지대에서 재배하고 있다. 중국과 베트남을 합친 생산량은 연간 2만 5,000톤 이상으로 추정된다.

향미 특성

아니스나 펜넬을 떠올리게 하는 달콤한 향이 특징이다. 이 향에 영향을 미치는 성분은 정유의 80~90%를 차지하는 아네톨인데, 이 성분은 아니스에도 함유되어 있다. 스타아니스가 아니스보다 더 강한 향을 낸다.

요리 적성

스타아니스는 통째로 사용하거나 갈아서 적갈색 가루로 만들어 사용한다. 중국을 대표하는 혼합 향신료인 오향분과 인도의 가람마살라의 필수 재료로, 중국 요리, 인도 요리, 말레이 요리, 인도네시아 요리에 다양하게 사용된다. 또한 베트남 쌀국수인 포pho를 만드는 데 넣는 재료 중 하나다.

중국 요리로는 돼지고기 조림인 동파육東坡肉*이나 찜닭 같은 육류 및 가금류 요리에 사용된다. 향이 강해 돼지 간이나 민물고기 등의 냄새를 잡는 용도로 쓰이기도 한다. 화자오, 고추와 함께 쓰촨 요리에 빠지지 않고 사용된다. 서양 요리에서 콩소메consommé나 어패류 수프에 쓰이는 경우도 많아졌다. 한국 요리 중 족발 특유의 향을 내는 향신료가 바로 스타아니스다.

대부분의 경우 스타아니스는 주재료를 끓이거나 삶을 때 통째로 넣

---

* 스타아니스로 향을 낸 중국 항저우 지방의 향토 음식으로, 중국 북송北宋의 문인이자 뛰어난 미식가였던 동파 소식蘇軾이 고안했다고 전해진다.

어 향을 내고 먹기 전에 건져내지만, 분말로 사용해도 요리에 강한 향을 줄 수 있다. 유럽에서는 페이스트리 같은 빵, 과일 콤포트와 잼처럼 달콤한 음식과 리큐어 등의 향을 내는 데 많이 사용된다. 위스키 안에 빻은 스타아니스를 첨가하고 일주일 정도 지나면 플레이버 위스키로 풍미를 즐길 수 있고 액체의 색깔도 진해진다. 홍차에 몇 분 정도 스타아니스를 띄워 향을 내면 이국적인 풍미를 즐길 수 있다. 살구씨와 우유, 젤라틴, 설탕 등으로 만든 중국식 젤리인 행인두부杏仁豆腐 등의 디저트에도 쓰인다.

약리 효과

스타아니스의 정유는 소화기 내 혈관을 자극해 위장 기능을 촉진하고 혈액 순환을 원활하게 하는 효능이 있으며, 수족냉증이나 감기 등으로 체력이 떨어졌을 때 먹으면 효과적이다. 다만 과다 섭취는 삼가야 한다. 또한 건강 증진에 도움이 되는 플라보노이드와 폴리페놀 같은 생리활성물질이 풍부한데, 리날룰, 케르세틴quercetin, 아네톨, 시킴산shikimic acid, 갈산gallic acid, 리모넨 등이 항산화, 항염증 및 항균 특성에 기여한다. 이 중 시킴산은 강력한 항바이러스 능력을 가지고 있어서 실제로 인플루엔자 치료에 널리 사용되는 타미플루의 주요 활성 성분 중 하나다. 현재 스타아니스는 의약품 개발에 사용되는 시킴산의 주요 공급원이다. 인플루엔자 팬데믹으로 인한 전 세계 보건에 대한 위협이 계속 커짐에 따라 스타아니스의 수요가 증가하고 있다.

사프란, 가장 비싼 향신료이자 착색료

학명 *Crocus sativus*
명칭 사프란saffron, 번홍화番紅花
원산지 이란

과명 붓꽃과 *Iridaceae*
가용부 꽃(암술대)
주산지 이란, 그리스, 이탈리아, 스페인

유래 및 역사

이란이 원산지로, 사프란이라는 이름은 황금색을 의미하는 페르시아어 *za'farān*(자파란)에서 유래했으며, 라틴어 *safranum*을 거쳐 12세기 고대 프랑스어 *safran*을 차용해 영어 saffron이 되었다.

고대 그리스 시대의 크레타Creta 문명* 말기에 접어들면서 널리 알려지며 재배가 시작되었다. 아시리아의 아슈르바니팔 시대(기원전

---

* 지중해의 크레타 섬에서 번영한 청동기시대의 고대 문명으로, 기원전 2000년경부터 기원전 1400년경까지 존속했다. 그리스 문화의 효시로 여겨진다.

사프란 꽃과 씨앗.

669~631년)에 편찬된 식물학 문헌에 기록되어 있으며, 여러 질환의 치료제로 사용되었다. 고대부터 염료로 귀하게 쓰였는데, 그리스에서 사프란의 선명한 노란색은 왕족만이 사용할 수 있는 '왕실의 색royal color'이었고, 다른 여러 문화권에서도 왕실 의복에 사용되었다. 기원전 500년 이전에 동쪽으로 전해져 카슈미르에 전래되었다. 중세 때 아랍인이 스페인으로, 십자군이 영국과 프랑스로 들여갔다.

사프란은 특이하게 꽃의 암술대를 건조시킨 향신료다. 건조한 사프란 1킬로그램을 얻기 위해서는 16만 송이 이상의 꽃이 필요하다. 때문에 현재까지도 사프란은 가장 비싸고 귀한 향신료이자 착색료다. 이 때문에 중세 유럽에서는 위조품이나 불순물을 섞은 사프란이 나돌기도 했고, 그런 제품을 만들거나 팔다가 발각된 사람은 극형에 처했다고 한다.

근대에 합성 염료가 개발되면서 염료로서의 가치는 사라졌지만 여전히 요리의 향이나 색을 내는 향신료로 애용된다. 많은 문화권에서 종교 축제나 페스티벌을 위한 특별한 요리에 사용한다.

성상과 특징

사프란은 붓꽃과의 여러해살이풀로, 가을에 한 그루에 최대 4개까지 꿀처럼 달콤한 향기가 나는 연보라색 꽃을 피운다. 연보랏빛 꽃 중심부에 3개로 갈라진 붉은 오렌지색 암술머리로 이루어진 기다란 노란 암술대가 피어오르는데, 이것이 요리의 맛과 색을 내는 데 이용되는 부분이다. 15~20일간의 개화 시기 동안 사람의 손으로 일일이 꽃을 따서 조심스럽게 암술머리만을 분리해 바로 건조해야 한다. 그러니만큼 생산량이 적고 시간과 정성이 필요해 과거부터 아주 비싼 가격에 거래되었다. 바닐라보다 10배, 카다멈보다 50배 정도 더 비싸다.

전 세계에서 유통되는 사프란의 90%는 이란에서 생산되는데, 그중에서도 이란 북동부 호라산Khorasan* 지역에서 난 것이 품질이 가장 뛰어나다. 이외에 주요 생산지는 스페인의 라만차La Mancha 평원지대와 남아시아의 카슈미르다. 암술머리의 상태에 따라 등급이 정해지고 호칭이 달라지는 경우도 있는데, 이란산은 사골sargol, 스페인산은 쿠페coupe라고 부른다. 이들은 모두 색상과 풍미가 강한 고품질이다.

향미 특성

사프란은 향미보다는 착색성, 특히 노란색을 내기 위해 사용하는 향신료. 색소 성분은 크로코시드crocoside와 크로신crocine이다. 이 중 크로신은 수용성으로, 사프란을 물에 침출시켜 노랗게 발색시켜 사용할 수 있는 것이 이 성분 덕분이다. 그래서 쌀처럼 물과 함께 익히는 식재료와 잘 어울린다.

---

* 이란 북동부 지역으로, 지금의 투르크메니스탄 대부분과 아프가니스탄 북부, 타지키스탄을 포함한다. 지명은 고대 페르시아어로 '태양이 뜬 곳'이라는 뜻이다.

강한 방향 성분은 없지만 사향 향, 꽃향기, 흙냄새, 건초 향, 약품취가 있다. 강황이나 잇꽃으로 색을 낼 수 있음에도 굳이 사프란을 사용하는 것은 그 고급스러운 향을 대신할 수 없기 때문이다. 향미는 생산지에 따라 약간의 차이가 있지만, 맛은 약간 달면서 쌉쌀하다.

요리 적성

스페인 전통 요리인 파에야paella, 이탈리아의 리소토, 이란과 인도의 사프란 라이스 등 쌀 요리에 노란색을 내는 데 사용한다. 또한 강하지는 않지만 독특한 향은 해산물과도 잘 어울려, 지중해식 생선 스튜이자 남프랑스 요리인 부야베스bouillabaisse*에도 사용한다. 너무 많이 사용하면 음식에서 쓴맛과 약품취가 날 수 있으므로 주의한다.

스웨덴에서는 매년 12월 13일 성 루치아 축제 때 사프란으로 물들인 빵과 케이크를 만들어 먹는데, 이 빵을 '루세카테르lussekatter'**라 한다. 사프란이 사용된 디저트류도 다양하다. 중동 지역에서는 향신료를 곁들인 사프란 아이스크림을 즐기며, 인도의 전통 빙과인 쿨피kulfi, 이란에서 티푸드로 먹는 설탕과자인 사프란 나바트nabat가 모두 사프란을 사용한 디저트류다. 프랑스의 샤르트뢰즈chartreus*** 같은 리큐어에도 사용된다.

튀르키예를 비롯한 세계 여러 나라에서는 사프란에 뜨거운 물을 우려낸 차를 마신다. 사프란 티는 체내 독소를 배출하는 해독 효과가 있

---

* 어패류에 채소와 올리브유를 넣고 끓인 지중해식 해물 수프.
** 사프란을 넣은 노란색 반죽을 S자 모양으로 만들고 건포도로 장식해 굽는 빵.
*** 18세기 그랑 샤르트뢰즈 수도원의 수사들이 최초로 만들었다고 전해지는 리큐어. 130가지 허브와 식물, 꽃을 숙성시킨 증류주에 감미료를 넣어 만드는데, 녹색이나 노란색을 띤다.

으며 만성피로 회복과 고혈압, 콜레스테롤 개선에도 효과가 있다.

사프란의 방향은 생선, 조개 등의 풍미와 잘 어울리기 때문에 유럽, 특히 지중해 지방의 해산물 요리에 많이 사용된다. 다만 향이 금방 사라지므로 요리를 마무리할 때 사용해야 한다. 따라서 사프란을 요리에 사용할 때는 방향성을 기대하는지, 아니면 착색성을 목적으로 할 것인지를 먼저 정해야 한다.

약리 효과

사프란은 혈당을 조절하고 칼슘 흡수를 돕는 망간과 비타민C의 공급원이다. 혈액과 면역계를 강화하는 철분도 포함돼 있다. 질병에 대응하는 크로신, 크로세틴crocetin, 사프라날safranal, 피크로크로신picrocrocin, 캠퍼롤kaempferol 등의 항산화 물질이 풍부해 건강 증진 효과를 가지고 있다. 특히 사프란의 노란색 성분인 크로신은 중추신경을 활성화하고 기억력을 증진하며 우울증을 치료하는 효과가 있다. 이외에도 암세포를 없애는 화학 요법 약물에 유용한 성분으로 쓰인다. 예로부터 여성 질환에 효과적이라고 여겨 갱년기 장애나 생리 불순, 월경전증후군, 수족냉증, 생리통 등의 예방 및 개선에 사용되었다. 그러나 임신부가 이 성분을 과량 섭취할 경우 유산을 일으킬 수 있으므로 조심해야 한다.

마늘, 한국 음식의 향

학명 *Allium sativum*
명칭 마늘, 갈릭garlic, 대산大蒜
원산지 이란, 중앙아시아
과명 백합과Liliaceae
가용부 비늘줄기(인경鱗莖)
주산지 중국, 인도, 한국, 이집트

유래 및 역사

마늘은 이란 북동부에서 중앙아시아에 이르는 지역이 원산지로 여겨지나 이집트를 원산지로 추정하는 의견도 있다. 메소포타미아 지역에서 오래전부터 마늘을 재배했음을 설형문자 기록을 통해 확인할 수 있다. 이집트에서도 오래전부터 먹었는데, 파라오 쿠푸Khufu(재위 기원전 2589~2566년)의 피라미드에는 노동자들에게 나누어준 마늘의 양에 관한 기록이 남아 있으며, 투탕카멘의 피라미드에서 잘 보존된 마늘이 발굴되기도 했다.

영어 garlic은 창槍을 뜻하는 gar, 부추를 뜻하는 leek의 합성어인 고대 영어 *garlēac*에서 유래했다. 꽃이 피기 전 봉오리가 부푼 모습이 마치 투척용 창과 같아서 붙은 이름이다.

마늘을 가리키는 한자는 대산大蒜이다. 진晉나라 때 장화張華(232~300년)가 쓴《박물지》에 "중국에는 본디부터 산蒜이 있었는데 한나라의 장건이 서역에서 이와 비슷하면서 훨씬 큰 것을 가져왔으므로 이것을 대산大蒜 또는 호산胡蒜이라 한다."라는 내용이 있다. 이를 통해 기원전에 이미 중국에 마늘이 전래되었을 것으로 추정한다.

단군신화에 마늘에 대한 언급이 있으나 이때의 산蒜은 달래나 산마늘이었을 것이다. 다만,《삼국사기》잡지 편에 '마늘밭'에 대한 기록이 있어 삼국시대에는 중국에서 전래된 마늘을 재배했으리라 추정할 수 있다. 한국어 '마늘'은 6세기에 작성된 신라의 목간(함안 성산산성 출토)에 마늘을 뜻하는 한자 蒜 뒤에 ㄹ 받침에 해당하는 尸(주검 시)를 붙인 '蒜尸'라는 말음첨기末音添記*로 표기한 것이 최초다. 이후 13세기의《향약구급방》에서는 '마너을亇汝乙',《석보상절釋譜詳節》**을 비롯한 15세기 이후 중세 및 근대 한국어 문헌에서는 '마늘'로 표기되었고, 최종적으로 '마늘'이라는 어형으로 정착했다.

향신료이면서 동시에 채소이기 때문에 향신 채소로 불린다. 불교에서는 오신채 중 하나로 꼽으며, 마늘의 강장 작용이 번뇌를 일으킨다고 해서 섭취를 금지한다. 특유의 강한 향과 살균 작용 때문에 지역을 막론하고 예부터 귀신을 쫓는 능력이 있다고 믿었다. 브람 스토커Bram Stoker의 소설〈드라큘라〉(1897년)에서 마늘이 흡혈귀를 쫓는 작용을

---

* 훈민정음 창제 이전 순우리말을 한자 훈차로 적을 때 순우리말의 말음을 덧붙여 적는 표기법으로, 읽을 때 편의를 위한 표기법이다.
** 조선 세종 28년(1446)에 수양대군이 김수온 등과 함께 번역, 편찬한 불경 언해서.

> ### 네 도둑의 식초
>
> '네 도둑의 식초'는 유럽에서 흑사병이 대대적으로 발생한 14세기에 흑사병을 이기는 신비한 약물로 알려진 것이다. 전설에 따르면, 프랑스의 한 도둑 무리가 이 치명적인 질병에 걸리지 않고 흑사병 피해자들의 집에서 도둑질을 하는 데 성공했다. 결국 그들을 체포한 당국이 어떻게 흑사병을 피했는지를 조사했더니, 도둑들은 흑사병으로부터 자신을 보호하기 위해 허브와 향신료를 혼합한 특별한 식초를 사용했다고 밝혔다. 이러한 연유로 허브와 식초의 혼합물은 악명 높은 도둑들의 이름을 따서 '네 도둑의 식초'로 알려지게 되었다. 정확한 조리법은 시간이 지나면서 사라졌지만 허브 식초의 다양한 버전이 여러 세대에 걸쳐 전해졌으며, 이 식초에 사용되는 향신료 및 허브는 마늘, 로즈메리, 타임, 라벤더, 세이지로, 이들은 모두 항균 및 면역 강화 특성이 있는 것으로 알려져 있다.

하는 것으로 묘사된 데 이런 내력이 있다.

고대 이집트에서 피라미드를 건설하는 데 동원된 인부들에게 지급된 데서 알 수 있듯이, 마늘은 스태미나의 상징으로도 여겨진다. 기원전 4세기에 동방 원정에 나선 알렉산드로스 대왕Alexander the Great(기원전 356~323년)의 군대가 연전연승을 한 것이 마늘을 매일 먹었기 때문이라는 일화가 있는 것도 이런 믿음을 보여준다. 또한 흑사병이 맹위를 떨쳤던 14세기 유럽에서는 '네 도둑의 식초four thieves' vineger'라는 이름의 허브 식초가 흑사병 예방약으로 알려졌는데, 그 재료 중 하나가 마늘이었다.

성상과 특징

마늘은 백합과에 속하는 여러해살이풀이다. 구근(비늘줄기)에서 꽃

꽃줄기 끝의 전구와 꽃(상), 마늘밭(하).

줄기가 올라와 곧게 자라는데, 키는 1미터 정도다. 꽃줄기 끝에서 전구가 생기고 분홍색 및 보라색 꽃을 피운다. 잎은 평평하고 가늘고 단단하며, 너비 1.25~2.5센티미터에 끝이 뾰족하다. 구근은 강한 향을 가지며, 10~20개의 마늘쪽으로 구성된다. 마늘쪽 각각이 얇은 껍질에 싸여 있으며, 전체 마늘쪽을 여러 겹의 껍질이 감싸고 있다. 육쪽 마늘이니 팔쪽 마늘이니 하는 것은 하나의 구근 안에 든 마늘쪽의 수를 가리키는 말이다.

중국에서는 캐낸 마늘을 다시 심어서 새로 올라온 줄기를 먹기도 하는데, 이를 마늘싹이라 한다. 한국에서는 풋마늘이라고 해서 대파 정도로 길게 자란 줄기를 먹거나, 꽃줄기를 꺾어내 마늘종이라 부르며 먹는다. 마늘종은 영어로 garlic scape라고 하며, 미국에서도 먹는다.

향미 특성

특유의 강렬한 풍미와 매운맛이 특징이다. 이는 알리신allicin에 의한 것으로, 구근에서는 알린alliin 상태로 존재하다가 세포가 죽거나 마쇄 등으로 조직이 파괴되면 공존하는 효소 알리나아제alliinase에 의해 분해되어 항균성 물질인 알리신으로 변한다. 알리신은 휘발성 황화물인 설펜산sulfenic acid과 디설파이드류disulfides로 전환되며, 이들이 분해되어 저분자 황 화합물인 디알릴디설파이드diallyl disulfide를 생성해 마늘 특유의 향을 낸다. 가열하면 향이 약해지며 특유의 아린 맛도 약해진다.

요리 적성

마늘은 고기 누린내와 생선 비린내를 없애고 침샘을 자극하는 향이 있어 세계 여러 나라의 요리에 널리 쓰인다. 생마늘을 볶아 볶음 요리에 쓰거나 말린 마늘을 버터와 함께 토스트에 발라 먹기도 하고, 얇게 저민 마늘을 기름에 바삭하게 튀겨 샐러드나 스테이크에 토핑으로 올리기도 한다.

향신료로 쓸 경우, 요리를 마무리할 때보다는 조리 중에 사용하는 것이 효과적이다. 중국 요나 이탈리아 요리에서는 먼저 기름을 두르고 마늘을 볶아서 기름에 마늘 향이 배도록 하는 조리법이 주류를 이룬다. 이탈리아 요리에서 올리브오일과 마늘을 유화시킨 아이올리aioli

가 대표적인 예다.

중국과 한국에서는 마늘의 구근뿐 아니라 잎이나 줄기도 향미 채소로 이용한다. 그리스나 우크라이나에서도 생마늘을 저며 음식에 곁들여 먹기도 한다. 아랍권과 그리스에서는 후무스hummus(311쪽 참고), 차지키 등의 양념에 다진 마늘을 넣는다. 마늘 페이스트, 마늘가루, 마늘장아찌 등으로도 활용된다.

마늘은 온갖 식재료의 풍미를 두드러지게 하는 향신료다. 슬라이스하거나 다지거나 페이스트 상태로 만들면 정유 성분이 더 많이 휘발되어 강한 향을 뿜어낸다. 반면 원형 그대로 굽거나 기름에 튀기면 특유의 강한 향과 매운맛이 누그러진다. 통마늘을 찌면 폭신하고 달달한 느낌으로 먹을 수 있으며, 역시 특유의 향과 맛이 약해진다. 이는 마늘 특유의 아린 맛과 향을 내는 알리신이 열에 의해 다소 파괴되기 때문으로, 마늘의 강한 맛에 거부감을 느끼거나 위장이 약한 경우 익혀 먹는 것이 좋다. 일정 온도로 장기 숙성시키면 단맛이 올라오고 식감도 풍부해진다.

참고로, 마늘 소비가 많은 지역은 동양권에서는 중국이 1위, 한국이 2위이고, 일본에서는 매운맛 향신료로 마늘보다는 생강을 사용한다. 서양권에서는 스페인이 압도적인 1위이고, 북유럽권에서는 거의 먹지 않는다. 튀르키예와 서아시아에서도 즐겨 먹는다.

약리 효과

효능이 다양해 고대부터 민간 약재로 요긴하게 쓰였다. 이집트, 한국, 중국, 일본, 로마, 그리스 등 다양한 문화권에서 전통 의학의 재료로 사용했다. 유럽에서는 예로부터 구충제나 위장약, 영아 산통, 진정제 등 만능 약재로 쓰였다. 인도 아유르베다 의학에서는 젊어지는 효능을 가진 향신료로 제시되었다.

　독감과 감기 예방, 고혈압 환자의 혈압 개선, 총 콜레스테롤과 LDL 콜레스테롤 감소, 세포 손상 및 노화와 관련된 인지 기능 저하 예방에 도움이 되는 것으로 확인되었다. 알츠하이머병 및 치매 위험을 줄이거나 진행 속도를 늦출 수 있다.

　마늘의 향을 내는 성분인 알리신은 탄수화물 분해를 촉진하며 피로 회복이나 체력 증강에 효과가 있다. 또한 마늘을 가열할 때 나는 독특한 냄새가 식욕을 증진하기도 한다. 비타민B_6이 많은 식품으로 꼽힌다. 최근 연구에서 마늘의 항균·항산화 작용이 밝혀졌다.

머스터드, 톡 쏘는 매운맛의 매력

왼쪽부터 블랙, 브라운, 화이트 머스터드

학명 *Brassica nigra*(블랙), *Brassica juncea*(브라운), *Brassica alba*(화이트)
과명 십자화과 Brassicaceae/Cruciferae
명칭 머스터드 mustard, 겨자芥子
가용부 씨앗
원산지 중앙아시아에서 남유럽
주산지 인도·네팔·에티오피아(블랙), 북아메리카·유럽·러시아(브라운), 북아메리카·유럽(화이트)

유래 및 역사

머스터드는 십자화과 식물의 씨앗을 원료로 하는 향신료다. 화이트 머드터드는 *Brassica alba* 또는 *Sinapis alba*, 브라운 머스터드는 *Brassica juncea*, 블랙 머스터드는 *Brassica nigra*라는 학명을 가진 품종으로, 각기 다른 식물의 씨앗을 원료로 한다.

석기시대부터 이용했을 정도로 역사가 오래된 향신료로, 기원전 3000년경부터 인도에서 재배되었다. 기원전 2000년경의 고대 이집트 무덤에서 씨앗 조각이 발견되었으며, 1세기경 로마 제국의 유명한 작가였던 콜루멜라 Columella가 쓴 농업과 요리에 관한 책 《데 레 루스티카De re rustica》(42년)에 현대 머스터드와 유사한 페이스트 제조법이 나온다.

종에 따라 중앙아시아에서 남유럽까지 넓은 지역에서 자생했고, 교역로를 따라 상호 퍼지기도 했다. 현재는 인도와 네팔, 에티오피아에서는 블랙 머스터드가, 북아메리카와 유럽, 러시아에서는 브라운 머스터드와 화이트 머스터드가 많이 생산된다.

로마인들은 식탁 위에서 씨를 빻아 가루로 만들고 와인이나 물을 섞어 사용했는데, 로마의 박물학자 대 플리니우스Plinius(23~79년)는 머스터드 씨를 식초에 넣어 으깨도록 권했다. 영어 mustard의 어원은 라틴어 *mustum ardens*(무스툼 아르덴스)다. *mustum*은 고대 로마에서 발효시키지 않은 포도즙(영어 must는 와인을 만들기 위해 으깬 포도를 가리킨다)에 머스터드 씨를 반죽해 만든 페이스트를 가리키는 말이고, *ardens*는 '타오르는, 매운'을 의미한다. 머스터드 씨 그대로는 매운맛이 나지 않지만 갈거나 빻아서 물에 개면 매운맛이 나기 때문에 붙은 단어로 추정된다.

중세 유럽에서 머스터드는 서민층에서도 사용할 정도로 보편화된 향신료였다. 머스터드 중 가장 유명한 디종 머스터드는 프랑스 부르고뉴Bourgogne 지방의 디종Dijon에서 만들어진 것이다. 머스터드 씨를 식초로 반죽하는 것이 특징이었던 디종 머스터드는 1336년 필리프 6세Philip VI(재위 1328~1350년)*의 식탁에서 처음 사용된 것으로 알려졌다. 1856년 장 네종Jean Naigeon이라는 사람이 식초 대신 포도의 버주스verjuice(덜 익은 풋과일에서 짜낸 신 즙)로 머스터드 씨를 개면서 현재와 같은 디종 머스터드의 제법이 확립되었다.

---

* 프랑스 발루아 왕조의 초대 국왕이자 백년전쟁을 승리로 이끈 왕이다.

1814년 영국의 제분업체 제러마이아 콜먼Jeremiah Colman이 풍미를 해치지 않고 머스터드 씨를 분말로 만드는 기법을 만들어냈다. 이것이 현존하는 가장 오래된 식품 브랜드 중 하나인 콜먼스 머스터드Colman's Mustard, J&J Colman의 시작이었다.

성상과 특징

머스터드는 유럽과 지중해 연안, 중앙아시아 등에 널리 분포하는 다양한 십자화과 한해살이풀을 가리키는 이름이다. 그중 가장 많이 알려진 것은 화이트 머스터드를 만드는 *Brassica alba*, 브라운 머스터드의 원료이자 아시아에서 채소로 많이 쓰이는 *Brassica juncea*(한국의 갓, 일본의 다카나高菜), 블랙 머스터드를 만드는 *Brassica nigra*다.

일반적으로 추운 대기와 비교적 습한 토양 등 적절한 조건에서 발아하며 자라서는 노란 꽃을 피운다. 씨앗은 지름 1~2밀리미터에 황백색 혹은 검은색을 띤다. 또한, 머스터드 씨는 지방(46~48%)과 단백질(약 44%)의 풍부한 공급원이다. 말린 씨앗 자체는 향이 거의 없고 매운맛도 없다. 대신 으깨서 물에 개어 마찰하면 향긋한 향과 함께 쓴맛과

머스터드는 십자화과 한해살이풀의 씨앗으로 만든 매운맛 향신료다.

다양한 머스터드
① 화이트 머스터드의 씨
② 화이트 머스터드의 분말
③ 강황으로 색을 낸 옐로 머스터드
④ 바이에른 스위트 머스터드
⑤ 디종 머스터드
⑥ 블랙 머스터드 씨로 만든 거친 프렌치 머스터드

매운맛이 생긴다.

　브라운 머스터드와 블랙 머스터드는 톡 쏘는 매운맛이 있지만, 화이트 머스터드는 맛이 순하다. 씨앗의 크기는 블랙＜브라운＜화이트 순으로 화이트 머스터드가 가장 크고, 매운맛의 강도는 블랙＞브라운＞화이트 순으로 블랙 머스터드가 가장 맵다.

　주로 물, 식초 또는 기타 액체와 섞어 머스터드 페이스트로 가공되어 유통된다. 화이트 머스터드는 주로 미국식 또는 독일식 페이스트에 사용되며, 핫도그 등에 쓰는 옐로 머스터드는 화이트 머스터드에 강황을 섞어 색을 낸 것으로, 매운맛이 거의 없고 신맛도 적다. 브라운 머스터드는 프랑스식 페이스트에 사용되며, 화이트 머스터드보다는 좀 더 맵다. 홀그레인 머스터드whole grain mustard는 브라운 머스터드 씨앗을 통으로 껍질째 굵게 빻아 맛이 순하다. 영국은 화이트, 브라운 머스터드를 모두 사용한다. 일본에서는 브라운 머스터드를 회에 찍어 먹기도 한다. 블랙 머스터드는 강한 매운맛이 특징으로, 주로 북아프리카, 인도 요리 등에 사용된다.

향미 특성

톡 쏘는 매운맛과 은은한 쓴맛이 특징이다. 향미의 발현 메커니즘은 마늘과 비슷하다. 분말 형태의 머스터드에는 매운맛 성분이 포함되어 있지 않지만, 매운 성분으로 변화하는 모체 성분인 시니그린sinigrin이라는 배당체가 포함되어 있다. 머스터드가루에 물을 넣고 반죽하면 이 시니그린이 효소 미로시나아제myrosinase의 작용으로 가수분해되어 매운 성분(겨자유, 알릴이소티오시아네이트allylisothicyanate)이 생성된다.

이 효소는 머스터드 조직 속에 포함되어 있기 때문에 강하게 마찰해 조직을 파쇄해야 매운맛과 방향이 발현된다. 따라서 머스터드 분말에 약간의 물을 넣고 되직하게 풀어야 매운맛이 잘 난다. 수분이 많으면 마찰력이 약해져 조직이 잘 파쇄되지 않으므로 효소가 충분히 작용하지 않고, 결과적으로 매운맛이 약해지기 때문이다. 한편 머스터드를 가열하면 효소의 활성이 없어져 매운맛이 덜 느껴지는데, 이는 마늘의 경우와 같다.

요리 적성

머스터드는 인도, 파키스탄, 방글라데시, 지중해 지역, 중서유럽, 북아메리카 요리에서 광범위하게 사용되며, 씨앗 그대로, 거칠게 분쇄한 형태나 분말 형태, 페이스트나 소스 형태, 그리고 오일로 사용한다.

유럽에서는 화이트 머스터드 씨앗을 빻지 않고 통으로 피클 만들 때 넣거나 마리네이드를 할 때 사용한다. 인도에서는 브라운 머스터드와 블랙 머스터드를 사용하는 경우가 많은데, 빻지 않은 씨를 기름에 볶아 요리에 향을 더해준다. 머스터드의 매운맛 촉진 효소인 미로시나아제는 뜨거운 기름으로는 활성화되지 않으므로 기름에 볶은 머스터드 씨는 매운맛보다 견과류 같은 고소함이 도드라진다. 동인도의 벵골 지방에서는 머스터드 씨를 망고 등과 함께 으깨 해산물에 궁합이 좋은 소스를 만든다.

유통되는 제품은 분말과 페이스트가 있는데, 바비큐 소스나 고기 요리에 향을 입힐 때 사용하거나 샐러드드레싱으로 사용한다.

머스터드의 종류에 따라 어울리는 음식도 다양하다. 꿀과 머스터드를 섞어 만든 허니 머스터드소스는 프라이드치킨 같은 튀김류나 구운 햄에 어울린다. 비프스테이크에 홀그레인 머스터드를 발라 먹으면 고기의 느끼함은 줄고 식감은 더해진다. 옐로 머스터드는 토마토케첩과 더불어 핫도그의 필수 소스다. 서양에서는 매운맛보다 풍미를 중요시하므로 매운맛이 적은 페이스트 형태의 머스터드를 고기에 바르거나 소시지 등에 찍어 먹는 경우가 많다. 샐러드드레싱이나 마요네즈를 비롯한 소스류, 달걀 요리와도 두루 잘 어울린다.

아시아에서는 주로 찬 요리인 양장피, 겨자냉채, 냉면 등에 매운맛을 내기 위해 사용하는 경우가 많다. 시간이 지나면 매운맛이 사라지므로 먹기 직전에 넣는다.

씨앗에서 채취하는 머스터드오일은 인도나 네팔에서 식용유로 많이 사용한다. 머스터드 특유의 톡 쏘는 강한 향이 특징이며, 소량으로도 맵싸한 향이 난다. 볶음 요리를 할 때 식용유 대신 사용하면 이국적인 맛을 낼 수 있다.

약리 효과

히포크라테스를 비롯한 고대 의사들이 염증 치료 목적으로 머스터

표 4-4 **세계 머스터드소스의 종류와 특징**

종류	특징
디종 머스터드 Dijon M.	1856년 프랑스 부르고뉴 지방의 디종에서 유래한 머스터드소스로, 브라운이나 블랙 머스터드 씨와 백포도주, 와인식초 등을 넣어 만들어 탁한 노란색을 띠고 톡 쏘는 맛이 나면서 끝맛이 부드럽다. 프랑스 요리에서는 육류에 감초처럼 빠지지 않고 곁들이는 소스로, 햄버거 및 샌드위치를 위한 소스나 샐러드드레싱으로도 훌륭하다. 머스터드소스의 대표 격이기도 하다. 비슷한 것으로 연갈색을 띠는 프렌치 머스터드가 있다.
홀그레인 머스터드 Wholegrain M.	발효 없이 머스터드 씨를 성글게 빻아서 식초, 설탕, 소금 등으로 양념해 만든 소스다. 매운맛이 거의 나지 않고, 약간 톡 쏘면서 새콤한 맛이 나며 씨앗 껍질 특유의 오돌토돌한 식감이 특징이다. 탁한 노란빛이 두드러진다. 구운 육류 요리에 잘 어울린다.
브라운 머스터드 Brown M.	머스터드 씨를 거칠게 갈아 만들어 갈색을 띠는 소스다. 호스래디시를 함께 넣어 더 맵게 만드는 경우도 있는데, 미국 루이지애나 주의 크레올 머스터드가 대표적이다.
스위트 머스터드 Sweet M.	독일의 바이에른 주에서 만들어진 머스터드소스로, 굵게 빻은 머스터드 씨에 설탕, 사과소스, 꿀 등을 넣어 달게 만든다. 오스트리아와 스위스 등에서도 즐겨 먹는다. 튀김이나 소시지와의 궁합이 매우 좋아서 주로 프라이드치킨, 핫도그에 항상 함께 나온다. 다만 샐러드드레싱으로는 별로 어울리지 않아서, 다진 양파에 섞어 쓰는 정도에 그친다.
옐로 머스터드 Yellow M.	미국에서 만들어진 부드러운 머스터드소스로, 강황가루를 넣어 노란색을 낸다. 1904년 조지 J. 프렌치가 처음 만든 것으로 추정된다. 핫도그, 샌드위치, 햄버거 등에 주로 쓰인다. 아메리칸 머스터드American mustard라고도 한다.
잉글리시 머스터드 English M.	영국식 머스터드소스로, 밝은 노란색을 띠며 미국식 옐로 머스터드보다 걸쭉하다. 매운맛이 아주 강한 것이 특징으로, 1814년에 J&J 콜먼이 최초로 상품화했다.
프렌치 머스터드 French M.	영국에서 만들어진 머스터드소스로, 갈색을 띠고 부드러우며 새콤달콤한 맛이 난다.
허니 머스터드 Honey M.	디종 머스터드에 꿀과 식초 등을 섞어 만든 소스로, 달콤새콤한 맛이 특징이다.
겨자장 芥子醬	한국, 중국, 일본 등에서 먹는 겨자 소스로, 겨잣가루를 따뜻한 물에 갠 다음 따뜻한 곳에 두어 숙성시켜 만든다.

드를 사용했는데, 실제로 머스터드 씨에는 망간, 철, 마그네슘과 함께 항염증 특성을 가진 화학물질이 함유되어 있다. 수학자이자 철학자인 피타고라스Pythagoras(기원전 570~495년)가 전갈에 쏘였을 때의 치료제로 머스터드 씨를 권했다는 기록이 있다.

시니그린이 분해되어 생성된 매운맛 성분인 알릴이소티오시아네이트는 살균력이 뛰어나 항균제로 쓰이기도 한다. 또한 지방을 연소하고 소화를 촉진해 다이어트 중에 사용하면 효과적이다. 다만 소변 배출을 촉진하고 신경을 흥분시키므로 잠자리에 들기 전에는 섭취를 피하는 편이 좋다. 시니그린이 암세포 사멸을 유발해 항암 효과를 나타낸다는 연구 결과도 있다.

호스래디시, 추운 곳에서 나는 유일한 매운맛

학명 *Armoracia rusticana*
명칭 호스래디시horseradish, 서양 와사비
원산지 러시아 남부, 우크라이나

과명 십자화과Brassicaceae
가용부 뿌리줄기(근경), 어린잎
주산지 동유럽(헝가리), 미국

유래 및 역사

호스래디시는 한국에서 '서양고추냉이'라고도 불린다. 끝이 뾰족한 흰 뿌리는 고대 유럽에서부터 재배되었다. 서기 1세기경 그리스의 의사이자 약리학자인 디오스코리데스Dioscorides의 저서 《약물에 대하여 De Materia Medica》, 로마의 학자이자 정치인인 대 플리니우스의 《박물지 Naturalis Historia》 등에도 이 식물이 등장한다. 기독교성경에서도 유대인의 유월절 축제와 관련이 있다고 언급된다.

중세 유럽에서는 호스래디시의 뿌리와 잎이 음식으로보다는 약으로 사용된 것이 더 일반적이었고 나중에 향신료로 사용되기 시작했다. 영국 여관에서는 지친 나그네에게 내놓을 코디얼cordial*을 만들기 위해 호스래디시를 재배했다고 한다.

영어 horseradish는 '강하고 거칠다'라는 의미를 내포했던 horse에 무를 가리키는 radish가 결합한 단어로, 1590년대에 처음 등장했다. 그러나 호스래디시를 먼저 식용했던 독일에서 호스래디시를 의미했던 단어 meerrettich의 발음이 와전된 것이라는 의견도 있다.

성상과 특징

호스래디시는 러시아 남부와 우크라이나가 원산지인 십자화과 여러해살이풀이다. 털이 없는 밝은 녹색 잎이 최대 1미터까지 자라며, 작은 흰색 꽃을 피운다.

하얗고 끝이 뾰족한 뿌리를 먹는데, 매운맛과 향이 거의 없지만 갈거나 으깨면 매운맛과 향이 강해진다. 또한 열에 약한 성질이 있어 가열하면 매운맛이 사라진다.

향미 특성

톡 쏘는 강한 매운맛이 특징이다. 이는 알릴이소티오시아네이트라는 성분에서 비롯된 것으로, 호스래디시 뿌리를 으깨면 머스터드와 마찬가지로 미로시나아제가 방출돼 알릴이소티오시아네이트의 전구체인 글루코시놀레이트 시니그린glucosinolates sinigrin과 글루코나스투르틴gluconasturtiin에 작용해 생성된다. 레몬 즙이나 식초를 첨가하면

---

* 향이 있으며 단맛이 나는 알코올 음료로, 사기를 북돋는 자양강장의 효능도 있다. 프랑스에서는 집에서 만든 일부 음료(향 에센스 워터, 다양한 과일 리큐어 등)에만 이 단어를 사용하는 반면, 영미권 국가에서는 특별한 향을 첨가한 증류주를 지칭하는 리큐어 또는 브랜디의 동의어로 사용된다.

호스래디시는 추운 기후에서 생산되는 거의 유일한 매운맛 향신료다.

이 반응이 약간 지연될 수 있다. 알릴이소티오시아네이트는 피부, 눈, 점막에 강한 자극을 준다.

요리 적성

강판에 막 갈아낸 호스래디시에 레몬 즙을 짜 넣어 근채류 샐러드의 드레싱을 만드는 등 주로 소스로 만들어 여러 요리에 사용한다. 독일에서는 삶은 쇠고기에 곁들이는데, 생크림과 식초, 사워크림 등과 호스래디시 간 것을 섞어 소스로 만든다. 헨리 존 하인즈Henry John Heinz는 어머니의 레시피로 호스래디시 소스를 만들어 병에 담아 판매했는데, 이것은 미국에서 처음으로 판매된 조미료 중 하나다. 잼이나 머스터드와 섞어 햄과 함께 먹거나 버터와 섞어 채소에 곁들이기도 한다.

약리 효과

소화 촉진, 식욕 증진, 고혈압 예방, 발한 작용이 있다. 호스래디시에 함유되어 있는 시니그린은 염증 발생을 감소시키고, 죽상경화증의 증상 완화에 도움이 된다. 또한 이소티오시아네이트는 항균 특성이 있어 식중독, 피부 및 손톱 곰팡이와 같은 질병을 제어한다. 비타민C 등 항산화제가 풍부해 신체의 세포 손상을 방지하고, 체내 면역력을 강화하며 기관지염 치료 및 호흡기 건강에 도움이 된다. 또한 황 화합물은 부비동(코 주위의 얼굴 뼈 속에 있는 빈 공간) 통로를 청소하고 점액을 제거해 축농증 치료에 효과가 있다.

와사비, 일본을 대표하는 매운맛

학명 *Eutrema japonicum*(이명 *Wasabia japonica*)　　**과명** 십자화과 *Brassicaceae*
명칭 와사비わさび, 고추냉이, 일본 호스래디시 Japanese horseradish
가용부 뿌리줄기(근경), 잎, 줄기, 꽃
원산지 일본(한국 남부, 사할린, 러시아 일부 포함)　　**주산지** 일본

유래 및 역사

일본의 고유한 향신료다. 일본인들이 언제부터 와사비를 이용했는지 알려주는 자료는 없다. 다만, 일본어 わさび(와사비)와 관련해 가장 오래된 문헌 자료로 아스카무라明日香村에서 출토된 6세기 말경 아스카 시대의 목간에 적힌 委佐俾(위좌비)가 있고, 또한 헤이안 시대의 의학서인 《본초화명本草和名》(918년)에 和佐比(화좌비)로 와사비를 표기한 기록이 있다.

일본인은 오래전에는 와사비를 약으로 먹었던 것으로 보인다. 와사비가 기록된 문헌이 대부분 본초서(약재로 쓸 수 있는 식물의 약효를 기록한 책)인 까닭이다. 와사비는 귀한 물품으로 취급된 것으로 보이는데, 헤이안 시대에 세금으로 납부할 수 있는 품목에 와사비가 포함되어 있다.

와사비를 음식으로 먹은 것은 가마쿠라 시대(1185~1333년)다. 이 시기 선종 불교의 사찰에서 승려들이 먹었던 쇼진精進 요리에는 육류를 사용할 수 없었기에 와사비로써 채소의 맛을 돋운 것으로 추정된다. 지금처럼 회나 초밥, 소바(메밀국수)에 와사비를 곁들인 것은 에도 시대(1603~1868년) 들어서다.

성상과 특징

일본 원산의 십자화과 여러해살이풀이다. 길고 가는 줄기에서 7.5~15센티미터 크기의 커다랗고 둥그런 이파리가 생성된다. 겨울부터 초봄까지 긴 꽃대가 나와 작은 흰색 꽃이 무리지어 핀다.

잎과 꽃도 식용하지만 향신료로 이용하는 부분은 뿌리줄기로, 지름 3센티미터까지 자란다. 생뿌리를 갈아 으깨면 독특한 매운맛과 풍

와사비는 고추냉이일까?

우리나라에서는 와사비와 고추냉이를 같은 말로 쓴다. 와사비의 순화어로 '고추냉이'를 제시한 것이다. 한편, 와사비는 학명 *Eutrema japonicum*인 식물이고 고추냉이는 학명 *Cardamine pseudowasabi*인 한반도의 자생식물이라는 의견도 있다. 또한 일각에서는 '고추냉이'는 실체가 분명치 않은 식물이라고 문제를 제기하기도 한다. 어찌되었든 〈국가표준식물목록〉(2020년)에서는 '고추냉이'의 학명으로 *Eutrema japonicum*와 *Cardamine pseudowasabi*가 모두 정식명칭과 이명으로 나오며, 추천 한글명은 '고추냉이', 추천 영문명은 Wild wasabi로 나온다.

미가 생기는데, 코가 뻥 뚫릴 듯 강한 매운맛이 나지만 휘발성이 강해 그 맛이 오래 지속되지는 않는다. 갓 간 와사비가 향과 맛이 가장 좋고 휘발성이 강하므로 사용하기 직전에 필요한 만큼만 갈아서 쓰는 것이 좋다.

깨끗하고 차가운 물이 흐르는 곳에서 자라는데, 청정한 공기와 흐르는 물이 필요하므로 재배 조건이 까다롭다. 이외에도 섭씨 8~20도 사이의 기온과 여름의 높은 습도가 필수적이다. 이 때문에 와사비 가격은 높은 수준을 유지하며, 일본 바깥에서는 생와사비를 찾아보기 어렵다.

와사비는 깨끗하고 차가운 물이 흐르는 청정 지역에서만 자란다.

가정에서는 와사비 분말이나 튜브 형태에 담긴 페이스트를 이용하는 경우가 많은데, 대부분 와사비가 아닌 '서양 와사비'라고 부르는 호스래디시를 재료로 하여 만든 것이다. 와사비 생산량이 적고 가격이 비싸서 호스래디시, 머스터드, 전분 혼합물에 시금치 분말 같은 재료를 넣어 녹색을 띠게 만든다. 와사비는 천연의 녹색을 띠는 반면 호스래디시는 흰색에 가까운 미색을 띠기 때문에 색과 향미를 보완하기 위해서다. 이 때문에 일본에서는 호스래디시도 많이 재배한다. 호스래디시는 원산지와 기후가 비슷한 홋카이도, 나가노, 후쿠시마, 시즈오카 등에서 대량 재배된다. 또한, 녹색의 와사비 뿌리를 직접 갈아서 만든 생와사비도 있는데, 이는 매운맛이 다소 약하고 향이 강한 것이 특징이다.

향미 특성

눈물이 날 만큼 코끝이 찡해지는 톡 쏘는 날카로운 매운맛과 시원한 향이 특징이다.

와사비는 식물 전체에 특유의 방향 성분과 매운맛을 가지고 있어 잎을 생으로 먹어도 매운맛을 느낄 수 있지만, 특히 뿌리줄기에 많이 함유되어 있다. 마늘이나 머스터드와 마찬가지로 그대로는 매운맛을 느낄 수 없지만, 갈아서 조직이 파괴되면 비로소 특유의 방향과 매운맛이 발현된다. 와사비에 함유된 시니그린 배당체가 공기 중의 산소와 접촉하면 티오글루코시다아제thioglucosidase라는 효소의 작용에 의해 매운맛 성분인 알릴이소티오시아네이트가 생성된다.

와사비의 매운맛은 머스터드와는 비슷하지만 고추에 함유된 캡사이신과는 전혀 다르게 작용한다. 그 이유는 고추의 캡사이신은 혀의 신경말단에서 통각으로 느껴지는 데 반해, 머스터드나 와사비의 알릴이소티오시아네이트는 혀를 자극하기보다 향 성분으로 코로 올라와서 코끝의 찡함을 일으키기 때문이다. 우리 몸의 말단 신경은 TRP 채널(온도 감수성 수용체)을 통해 기계적·화학적 자극 및 온도와 연관된 자극에 반응하는데, 이 채널을 자극하는 성분이 고추와 와사비(및 머스터드)가 다르다. 와사비와 머스터드의 알릴이소티오시아네이트가 자극하는 채널은 TRPA1으로, 이 채널은 17도 이하의 온도에서 활성화된다. 따라서 사람의 입에서는 톡 쏘는 느낌만 난다. 이에 반해 고추의 캡사이신은 TRPV1을 자극하는데, 이 채널은 45~50도의 온도에서 활성화되므로 입안이 타는 듯한 매운맛을 느끼게 된다.

요리 적성

와사비의 매운맛 성분은 열에 약해서 가열하는 음식에는 거의 쓰이지 않고, 회를 찍어 먹는 간장 소스 등에 사용한다. 강판에 갈기만 해도 정유가 휘발해 독특한 풍미를 느낄 수 있다. 먹기 직전에 갈아서 회, 초밥, 소바 등에 곁들인다.

차가운 요리에 주로 사용하지만, 마블링이 많은 쇠고기 소테sauté*나 스테이크를 먹을 때 곁들이면 풍미에 악센트를 더할 수 있다. 로스트비프나 샐러드드레싱에 추가하는 등 서양 요리에 활용하는 사례가 늘고 있다.

잎과 꽃을 데치거나 튀겨 와사비 특유의 풍미를 즐길 수 있고, 잎과 줄기를 간장에 절이거나 조려 밥반찬이나 술안주로 즐길 수 있다. 일본에서 와사비 생산량이 가장 많은 시즈오카현 시미즈 지방과 와카야마현 아리다가와 지방에서는 초밥을 와사비 잎으로 감싼 와사비스시를 향토 음식으로 즐긴다. 마요네즈를 섞어 만든 와사비 소스는 흰살 생선 요리나 샌드위치와도 잘 어울린다.

약리 효과

와사비의 매운맛과 향의 주성분인 알릴이소티오시아네이트는 항균·살균의 효과가 있어서 대장균, 살모넬라균, O-157균, 비브리오균,

---

* 육류·어류를 버터나 식용유를 녹인 프라이팬이나 철판에 굽는 방법 또는 그 요리. 서양 요리의 기본 조리법이다. 비프스테이크·포크소테·치킨소테 등이 대표적이다.

포도상구균 등 식중독 원인균의 증식을 억제한다. 또한, 슈퍼옥사이드 디스뮤타아제SOD, superoxide dismutase를 함유해 항산화 효과(노화 방지)가 있는 것으로 알려져 있다. 와사비에 함유된 베타아밀라아제는 식욕 증진 및 소화에 도움을 줄 뿐 아니라 충치 유발 박테리아가 치아에 붙는 것을 막아 충치를 예방하고 구강 세균을 억제한다고도 한다.

와사비에는 100그램당 각 부위별로 잎 100밀리그램, 줄기 53밀리그램, 뿌리 19밀리그램의 비타민C가 들어 있는데, 사과(1.4mg/100g)보다 훨씬 많고, 레몬(53mg/100g)과 견주어도 크게 차이가 없다. 그러나 과잉 섭취하면 속쓰림, 복통 등의 위장 장애를 일으킬 수 있다.

레몬그라스, 열대 아시아의 레몬 향

학명 *Cymbopogon citratus* **과명** 볏과 *Poaceae*
명칭 레몬그라스lemon grass, 레몬풀, 따크라이takhrai(태국),
향아초·저몽초香芽草·柠檬草(중국)
가용부 줄기, 잎 **원산지** 인도 남부, 말레이시아, 열대 아시아
주산지 열대 아시아

유래 및 역사

밑동에 살짝 붉은 기가 돌아서 인도에서는 '빨간 줄기'를 의미하는 '추마나 풀루choomana pullu'라는 이름으로 불린다. 속명 킴보포곤 *Cymbopogon*은 배를 뜻하는 그리스어 *kymbe*(κύμβη)와 수염을 뜻하는 *pogon*(πώγων)에서 유래했는데, 배 모양의 잎이 변형된 꽃턱잎에서 털이 난 작은 이삭 모양으로 핀 꽃이 돌출하는 데서 붙은 이름이다.

인도의 아유르베다 의학에서 약초로 취급해 수천 년 전부터 사용했는데, 레몬그라스의 정유에는 열을 내리고 감염증을 예방하며 종양의 진행을 억제하는 효능이 있다고 여긴다. 정유는 아로마테라피를 위한 오일이나 향수의 원료로 사용되며, 벌레가 싫어하는 향이어서 해충 퇴치용 스프레이의 원료로 쓰이기도 한다.

성상과 특징

레몬그라스는 억새처럼 키가 큰 볏과의 여러해살이풀이다. 잎 모양은 벼와 닮았고, 뿌리에 가까운 부분은 부풀어 있어서 밑동이 굵으며, 끝은 가늘고 뾰족하다.

인도를 비롯한 열대 아시아가 원산지이며, 열대 아시아 지역에서 널리 재배했다. 제1차 세계대전 이후 아프리카의 마다가스카르와 라틴 아메리카의 열대 기후 지역에 도입돼 재배되었는데, 이 때문에 '서인도 레몬그라스'라는 별명으로 불린다. 레몬그라스 근연종 중 '인도 레몬그라스'는 학명이 *Cymbopogon flexuosus*로, 인도 남단의 마드라스 Madras 지역, 스리랑카, 태국 등에서 재배되는데, 이것을 '동인도 레몬

레몬그라스는 평범한 풀처럼 보이지만 상큼한 레몬 향을 가지고 있다.

그라스' 또는 '코친Cochin 레몬그라스'라고 구분하기도 한다.

향미 특성

레몬그라스는 이름에서 연상되듯이, 잎과 줄기 부분에 레몬을 닮은 달콤한 방향 성분을 가지고 있다. 이 때문에 레몬 같은 경쾌하고 상큼한 향이 강하게 느껴지고, 또한 미미한 풀 향도 난다. 이 방향의 주성분은 레몬과 같은 시트랄로, 정유의 65~88%를 차지한다. 그 외에 미르센, 시트로넬랄citronellal, 시트로넬롤citronellol, 리날룰과 게라니올이 있다.

서인도 레몬그라스와 동인도 레몬그라스를 비교하면, 전반적으로 동인도 레몬그라스 쪽이 시트랄 성분을 더 함유하고 있기 때문에 레몬 같은 방향감이 강하다. 줄기 윗부분을 잘라 말려서 드라이 향신료(허브)로 유통되는 레몬그라스는 향이 그다지 강하지 않으며, 생 레몬그라스의 상큼한 향도 느껴지지 않는다.

근연종인 시트로넬라 그라스citronella grass, *Cymbopogon nardus*는 식용으로는 사용하지 않으며, 그 정유를 고대 인도에서는 종려나무 잎 문서를 보존하는 데 사용했다. 종려나무 잎에 유분을 더해 유연해지게 만드는 것 외에 습기나 벌레를 막는 효과도 있었다고 한다.

요리 적성

잎이나 줄기를 생으로 쓰거나 말려서, 또는 말린 다음 가루를 내 향신료로 사용한다.

레몬그라스는 태국, 베트남, 말레이시아, 인도네시아 요리와 더불어 카리브해 지역 요리에도 꼭 필요한, 고유의 풍미를 더해주는 향신료다. 특히 세계 3대 수프로 꼽히는 똠얌꿍을 비롯해 태국 요리에서 흔히 사용되는 허브라는 이미지가 강하다. 하지만 동남아시아나 호주, 브라질, 멕시코, 아프리카의 요리에도 사용된다.

동남아시아에서는 잎보다는 줄기 밑둥을 많이 사용하는데, 고추나 고수 등과 궁합이 좋아서 고기 요리나 해물 요리에 함께 넣으면 동남아시아 요리 본연의 향미를 즐길 수 있다. 생줄기를 기름에 튀겨 먹거나 둥글게 썰어 볶음 요리나 샐러드에 넣기도 한다.

줄기와 잎을 채 썰어 고기 육수를 끓일 때 넣어 풍미를 내거나 곱게 다져서 페이스트로 만들어 스튜에 넣는 등 다양하게 활용할 수 있는데, 코코넛밀크 베이스의 카레나 스튜와 궁합이 좋다. 서양 요리에서도 해산물이나 닭고기를 사용한 수프 요리, 로스트비프에 풍미를 더하는 데 사용된다. 과일과의 궁합도 좋아 잼이나 콤포트 같은 당 절임을 할 때 넣기도 한다.

레몬그라스 티는 향이 강하지 않고 맛이 산뜻해서 마시기 편하다. 심신이 피로할 때나 집중력을 높이고 싶을 때, 또 기운을 회복하고 싶을 때 레몬그라스 티를 마시면 좋다. 특히 속이 더부룩하거나 명치가 아플 때 위를 편안하게 해줘 소화를 촉진시킨다. 레모네이드나 셔벗sherbet에 곁들이기도 한다.

약리 효과

인도와 싱가포르, 아프리카에서는 레몬그라스를 감기와 독감 증상 및 두통 완화, 소화 촉진, 해열, 곤충에 물린 상처의 치료와 관절염 통증 완화 등 다양한 용도의 민간요법으로 사용해왔다.

레몬그라스의 정유는 항균·항진균 작용 및 살균 효과가 뛰어나고, 기침, 감기, 코 막힘에 좋다. 또한 근육통을 줄여주며 모공 축소와 여드름 개선에 효과가 있다고 한다. 레몬그라스의 향은 부교감신경을 자극해 마음을 편안하게 하고 기력을 회복시켜준다. 이 때문에 레몬그라스를 차, 마사지 오일, 아로마테라피에 이용한다. 레몬그라스는 대사를 돕는 비타민B군의 효과적인 공급원이며, 비타민A와 비타민C도 함유하고 있어 시력과 면역력 회복에 효과적이다. 대부분의 사람에게 안전하지만 임신부는 섭취하지 않는 것이 좋다.

고추, 세계를 정복한 매운맛

학명 *Capsicum annuum*　　　　　　　**과명** 가짓과 *Solanaceae*
명칭 고초苦椒, 랄초辣椒, 번초蕃椒, 칠리페퍼chili pepper, 레드페퍼red pepper
가용부 열매　　　　　　　　　　　　　**원산지** 남아메리카
주산지 중국, 멕시코, 인도네시아 등

유래 및 역사

고추류(캡시쿰Capsicum) 식물은 지금의 페루와 볼리비아 지역에서 자생했으며, 기원전 7500년경부터 해당 지역에서 먹거리로 쓰였다고 알려졌다. 아메리카 대륙에서 가장 오래전부터 재배된 작물 중 하나로, 기원전 5200년에서 기원전 3400년 사이에 볼리비아 고지대, 멕시코 중부 및 아마존을 포함한 아메리카 대륙의 각기 다른 위치에서 독립적으로 재배된 것으로 추적되었다.

기원전 1500년 이전에 멕시코 북부까지 전파되어, 기원전 500년경 마야인들은 다양한 종류의 고추를 재배했고 거의 모든 식사에 고추를 넣어 먹었다고 한다. 고추 산지 중 하나인 페루에서는 2,000년 이상 된 유적에서 다양한 형태의 고추 조각이 발굴되었고, 또 고추를 수놓은 1세기 무렵의 의복도 발견되었다.

콜럼버스는 아메리카 대륙에서 토마토와 고구마, 옥수수 등 많은 작물과 함께 고추를 스페인으로 가져갔고 그 뒤 포르투갈인들도 브라질에서 고추를 발견해 유럽으로 가져갔다. 이후 남유럽을 중심으로 후추 대용의 매운 향신료로 활용되었다. 고추의 영어 이름이 chili pepper 혹은 red pepper인 까닭은 첫째, 이를 가지고 유럽으로 돌아간 콜럼버스가 아메리카 대륙을 인도라고 착각해 고추가 인도에서 재배되는 후추의 일종이라고 생각했기 때문이고, 둘째, 유럽에 이미 알려져 있던 후추처럼 매운맛을 가지고 있었기 때문이다.

고추는 15세기 이후 유럽을 통해 세계 각지로 퍼져 나갔다. 16세기 말에는 포르투갈 상인들에 의해 인도에 소개되었고, 오스만 제국을 경유해 발칸 반도와 동유럽에도 전파되었다. 16세기에 포르투갈인에 의해 일본으로 전해진 고추가 규슈를 통해 16세기 말 조선으로 전해진 것으로 추정된다. 현재 고추는 본고장인 라틴아메리카 말고도 아시아, 아프리카의 많은 지역에서 사용되는 보편적인 식재료다.

또한 세계로 전파되는 과정에서 다양한 변종이 생겨났고, 이것들을 총칭해 캡시쿰 페퍼Capsicum pepper라고 부른다. 열매 모양이 둥근 품종과 짤막한 품종, 익으면 노란색이나 보라색으로 변하는 품종 등 긴 역사만큼 종류도 많아서 3,000여 종이 존재한다고 알려져 있다.

성상과 특징

고추는 원래 가짓과의 여러해살이풀이지만, 한국처럼 겨울철이 추운 지역에서는 월동하지 못해 한해살이풀로 재배한다. 캡시쿰 아눔

정복자에 의해 유럽으로 흘러들어 전 세계에 퍼진 고추.

*Capsicum annuum*은 고추chili pepper 뿐 아니라 파프리카, 할라페뇨, 카옌고추 등을 포함한다. 고추는 품종에 따라 20~60센티미터로 자라며, 식용하는 부분은 열매다. 품종에 따라 열매는 녹색, 주황색, 빨간색, 보라색 등 다양한 색을 가지며, 모양은 둥글고 골이 진 것부터 부드럽고 길쭉한 것까지 있다.

한국에서는 푸른색의 풋고추를 채소로서 생으로 먹거나 전을 부치거나 하며 요리에도 사용하지만, 주로 완전히 익은 빨간 열매를 말려서 양념으로 사용한다. 혀에 불이 날 듯 강렬한 매운맛이 가장 큰 특징이다. 품종에 따라 매운맛의 정도는 순한 종류부터 입에 불이 붙은 듯 자극이 강한 종류까지 가지각색이며, 볶으면 매운맛에 고소한 향까지 더해진다. 고추는 땀 분비를 촉진하므로 더운 지역일수록 매운맛이 강한 품종이 인기가 높다.

동아시아에서는 고추의 붉은색과 매운맛을 태양이나 불의 상징으로 여기며 잡귀를 쫓아준다고 생각해 부적이나 액막이로 쓰는 경우가 많았다. 풍수적으로도 빨간색은 '잡귀를 쫓는 부적'을 의미해, 고추 장식을 현관에 매달아두면 잡귀를 쫓아내고 행운을 불러들인다고 믿었다.

품종

고추류 식물은 다른 어떤 향신료보다 재배 지역과 환경에 따라 다양한 품종이 개발되어 전 세계적으로 대략 3,000여 종이 재배되고 있으며, 한국에서도 매년 신품종이 개발되고 있다. 주요 고추의 재배 품종과 이에 해당하는 고추의 종류는 〈표 4-5〉와 같다.

표 4-5 주요 고추의 재배 품종 및 종류

품종	종류	추정 기원	비고
캡시쿰 아눔 *Capsicum annuum*[1]	피망bell pepper, 새의 눈bird's eye, 헝가리언 왁스Hungarian wax, 카옌Cayenne, 할라페뇨Jalapeño, 타이 고추Thai pepper, 청양고추, 세라노serrano, 칠테핀chiltepin 및 모든 형태의 뉴멕시코 칠리	멕시코 및 중앙아메리카	중남미를 중심으로 세계적으로 광범위하게 재배되고 있음. 상업적으로 이용 가능한 고추. 열대 지방에서 자라는 매운 고추(한국 청양고추 포함).
캡시쿰 프루테센스 *Capsicum frutescens*	말라케타malaqueta, 타바스코tabasco, 피리피리piri piri, 말라위안 캄부지Malawian Kambuzi 등	콜롬비아 및 안데스 지역	아마존 지역을 중심으로 카리브해 지역에도 광범위하게 있음. 타바스코 고추와 주로 인도에서 자라는 고추들.
캡시쿰 치넨스 *Capsicum chinense*	나가naga, 하바네로Habanero, 다틸datil, 스카치 보닛Scotch bonnet, 엑스pepper X 등	콜롬비아 및 안데스 지역	아마존 지역을 중심으로 카리브해 지역에서도 광범위하게 재배. 아주 매운 고추 품종.
캡시쿰 푸베센스 *Capsicum pubescens*	로코토 고추Rocoto pepper	볼리비아 고지대	주로 안데스 고지대에서 재배. 추위에 강하고, 더위에 약함.
캡시쿰 바카툼 *Capsicum baccatum*[2]	아지 고추aji amarillo 피칸테piquante pepper	중앙 안데스 산악지대	안데스 산악지대에서 널리 재배. 주로 중남미 품종이지만 피카테는 남아프리카에서 재배.

1. 대부분 상업적으로 이용 가능한 고추는 캡시쿰 아눔에서 유래하며, 으깬 고추 플레이크는 일반적으로 카옌 품종을 단독으로 또는 다른 품종과 혼합한 것임.
2. 주로 소수의 라틴아메리카 국가(페루, 볼리비아, 콜롬비아 및 브라질)에 국한.

향미 특성

고추는 방향 성분의 함량이 적어 향은 거의 없지만, 약간 달고 신맛이 풍성하게 느껴진다. 또 건조한 고추는 비휘발성 성분을 10~15% 함유하는데, 볶는 등 가열했을 때 미묘한 방향을 즐길 수 있다. 보관성과 더불어 이런 특성 때문에 생고추보다 건조 고추를 가루로 만들어 사용하는 경우가 많다.

고추의 매운맛은 다른 매운맛 향신료와 비교해도 가장 자극적인데, 이는 캡사이신capsaicin이라는 성분에 의한 것이다. 품종에 따라 캡사이신의 함유량이 다르고, 따라서 매운 정도도 다양하다. 캡사이신은 외피 속 지방에 녹아 리포캡사이신lipo-capsaicin 형태로 존재하며, 씨가 붙어 있는 흰 부분(태좌胎座)에 가장 많아서 이 부분이 가장 맵고, 씨에는 함유되어 있지 않아 씨만 먹었을 때는 전혀 매운맛을 느낄 수 없다.

품종에 따라 다양한 모양, 크기, 색을 가진 고추들.

한편, 인간이 매운맛을 느끼는 메커니즘은 다른 맛 성분과 다르다. 일반적으로 음식을 먹었을 때 사람은 혀의 맛봉오리로 맛을 느끼지만, 매운맛은 물리적인 통각으로 느끼게 된다(365쪽 참고). 이때 미세한 고추 입자가 많을수록 맛봉오리에 주는 자극이 커지므로 매운맛(통증)이 증대된다. 매운맛은 온도에 따라서도 다르게 느껴지는데, 차가운 요리보다 뜨거운 요리에서 더 맵게 느껴진다.

요리 적성

요리에 매운맛을 더해주는 고추는 한국의 김치, 중국의 훠궈火鍋, 멕시코의 칠리 콘 카르네나 타코taco* 등 전 세계의 다양한 요리에 널리 쓰인다. 또한 단품 향신료(한국의 고춧가루 등)로도 쓰이고, 또는 멕시코의 칠리 파우더나 일본의 시치미토가라시('시치미'로 줄여 부름. 275쪽 참고)처럼 혼합 향신료의 재료로도 활약한다. 다른 조미료와의 궁합

표 4-6 세계의 핫소스 종류 및 사용하는 고추 품종

핫소스 종류	국가	고추 품종	스코빌 지수
살사	멕시코	하바네로 또는 할라페뇨	150,000~350,000
피리피리	포르투갈	피리피리	50,000~175,000
삼발	인도네시아 등	차베 라윗cabe rawit	50,000~100,000
타바스코	미국	타바스코	30,000~60,000
무하마라	시리아	알레포Aleppo	10,000~25,000
스리라차	태국, 미국	할라페뇨	3,500~8,000

출처: 오뚜기 식문화원.

---

* 토르티야에 고기, 해산물, 채소, 치즈 등의 다양한 재료를 싸서 먹는 멕시코의 전통 음식으로, 일종의 샌드위치다.

도 좋아 간장에 넣으면 매운맛이 더해진 색다른 조미료로 사용할 수 있고, 육류의 잡내를 없애는 데 활용할 수도 있다. 소금의 대용품으로 사용되기도 한다. 고추, 토마토, 마늘 등을 조려 만든 칠리소스의 주재료이며, 인도의 카레 요리도 매운맛은 고추로 조정한다.

강력한 매운맛의 고추 품종을 이용한 다양한 매운 소스(핫소스hot sauce)가 발전해 요리에 폭넓게 활용되며 세계의 음식문화를 형성하고 있다. 무더운 지방일수록 더 매운 소스가 발달했으며, 세계적으로 보면 주로 아시아와 라틴아메리카에 집중되어 있다. 이들 매운 소스는 저마다 매운맛 강도(스코빌 지수Scoville heat unit, 372쪽 참고)와 특징을 가진 다양한 고추를 사용하고 있다(표 4-6 참고).

약리 효과

비타민A와 비타민C가 풍부하고 땀 분비 촉진, 식욕 증진, 그리고 소화 촉진 효과가 있다. 매운맛을 내는 성분인 캡사이신은 체내에서 중추신경을 자극해 아드레날린 분비를 촉진하고 신진대사를 원활하게 해 체지방 분해에 효과가 있다. 또 매운맛으로 인해 요리에 소금을 적게 넣어도 맛있게 느껴지기 때문에 염분 섭취를 줄여 고혈압을 예방하는 간접 효과도 있다. 이외에도 캡사이신은 통증 완화 치료의 핵심 성분으로, 관절이나 근육의 가벼운 통증 완화에 도움이 되는 일반의약품에 사용된다.

여러 건강상의 이점이 있지만, 민감한 사람에게는 메스꺼움과 구토 등 부작용이 발생할 수 있다. 또한 소화관 내벽을 자극해 위산 역류, 속 쓰림, 배탈과 설사를 유발할 수도 있으므로 주의해야 한다.

할라페뇨, 기름기를 씻어주는 핫소스의 맛

학명 *Capsicum annuum* 'Jalapeño'
명칭 **할라페뇨**jalapeño, **그린칠리**green chili
가용부 열매
주산지 멕시코, 페루, 스페인, 인도, 미국

과명 가짓과*Solanaceae*

원산지 멕시코

유래 및 역사

일반적으로 덜 익은 열매를 수확해 이용하므로 그린칠리green chili라고도 부른다. 할라페뇨jalapeño는 원산지인 멕시코 남동부의 베라크루스Veracruz의 주도인 할라파Xalapa라는 지명에서 유래한 스페인어다. 멕시코 고추 생산량의 약 30%가 이 지역에서 나온다. 현지에서는 '잘 익은 붉은 고추'를 뜻하는 와치낭고huachinango나 '뚱뚱한 고추'를 뜻하는 콰레스메뇨cuaresmeño라는 원주민 언어로도 부른다.

할라페뇨는 멕시코와 인접한 미국 남부에 널리 보급되어, 텍사스 주 러레이도Laredo에서는 '대통령의 날Presidents' Day'* 주간이면 매년 할라페뇨 축제가 열린다. 축제 기간 동안 할라페뇨 요리 경연 대회를 비롯해 눈 가리고 할라페뇨 던지기나 할라페뇨 많이 먹기 대회 등 다양한 행사가 열려 수만 명의 관광객이 방문한다고 한다.

성상과 특징

키는 70~90센티미터로 자라고, 하나의 식물체에서 25~35개의 열매가 맺힌다. 열매의 길이는 5~9센티미터에, 뭉툭하고 통통하다. 익지 않은 상태에서 주로 이용하지만, 익으면 빨갛게 변하고 매운맛도 증가한다.

멕시코를 대표하는 고추이자 멕시코 요리에 빠지지 않는 매운 향신료로, 일반 고추보다 살이 두껍고 독특한 향미가 있어 생으로도 먹을 수 있다. 더위에 강해 한여름에도 잘 자라므로 비교적 키우기 쉽고 장기간 수확할 수 있다. 할라페뇨계 품종은 한국 기후에도 잘 적응해 한국의 피클용 고추는 대부분 이 품종이다.

향미 특성

매운맛이 순하고 산뜻한 편이며, 다른 고추류보다 풀 내음 비슷한 풍미가 강하다. 매운 정도는 스코빌 지수 2,500~10,000으로, 같은 멕시코산 고추인 하바네로(스코빌 지수 평균 100,000~350,000)보다는 약하고 한국의 청양고추(스코빌 지수 평균 10,000)와 비슷하다. 다만 할라페뇨의 매운맛은 서서히 올라오고 독특한 향미가 있어 요리의 맛을 한층 끌어올려주기 때문에 다양한 요리에 잘 어울린다. 할라페뇨로

---

* (앞쪽) 조지 워싱턴과 에이브러햄 링컨의 생일을 기념해 2월 세 번째 월요일로 정한 미국 국경일.

덜 익은 상태로 주로 이용해 그린칠리로 불리는 할라페뇨. 다 익으면 빨개진다.

만든 그린페퍼 소스green pepper sauce는 빨간 고추로 만든 일반적인 핫소스보다 자극이 약하고 단맛이 있어 부담 없이 사용할 수 있다.

요리 적성

멕시코 요리의 주요 향신료 중 하나로 사용되는데, 미국 남부는 멕시코와 인접해 있고 멕시코 이민이 많기에 멕시코 음식이 대중화되어 있다. 고추 또한 멕시코산 고추를 쓰기 때문에 할라페뇨는 미국 요리에 가장 많이 사용하는 고추 품종이다. 과피가 두껍고 씹는 맛이 있기 때문에 향신료보다는 생식하거나 피클 등 절임용 채소로 사용한다. 개운하고 매콤한 맛에 식감이 좋아 느끼한 음식을 먹을 때 궁합이 좋다. 타코 같은 멕시코 음식뿐 아니라 피자, 파스타, 햄버거 등 기름진 음식에 토핑이나 피클로 곁들이는 이유가 이 때문이다. 할라페뇨를 양파나 당근과 함께 절인 '할라페뇨 엔 에스카베체jalapeño en escabeche'가 대표적인 피클이다.

멕시코 요리와 텍스멕스 요리Tex-Mex cuisine(텍사스 주에서 발달한 멕시코풍 미국 요리)의 대표 채소이자 필수 향신료다. 잘 익은 할라페뇨

할라페뇨 엔 에스카베체.

를 불에 구운 후 말려 스모크 향과 매운맛을 돋운 치포틀레chipotle는 멕시코의 대표적인 훈제 보존 식품이고, 아도보 소스adobo sauce(고추와 여러 향신료를 섞어 만든 소스)에 절인 치포틀레 아도보도 있다. 미국에서는 할라페뇨 속에 체더 치즈 등을 채워 넣고 옷을 입혀 튀긴 '할라페뇨 파퍼jalapeno popper'가 술안주로 인기가 높다. 할라페뇨를 넣고 만든 소스인 살사 로하salsa roja*와 미국화한 태국의 인기 핫소스인 스리라차sriracha 소스에도 이용된다. 최근에는 과자나 청량음료의 향미료로도 많이 쓰인다.

약리 효과
'고추' 항목과 동일

---

* '빨간 소스'라는 뜻. 토마토, 양파, 고수, 할라페뇨 등으로 만드는 매운 소스로, 타코나 토르티야 등에 꼭 곁들인다.

파프리카, 맵지 않은 붉은색

학명 *Capsicum annuum* var. *angulosum*
명칭 파프리카paprika, 피망bell pepper, sweet pepper
가용부 열매
주산지 헝가리 등 동유럽 국가, 스페인, 미국

과명 가짓과Solanaceae
원산지 열대 아메리카, 멕시코

유래 및 역사

파프리카는 고추chili pepper/red pepper와 같은 캡시쿰 아눔*Capsicum annuum*이지만, 품종 개량으로 탄생한 맵지 않은 고추다.

원래 콜럼버스가 스페인으로 가져간 것은 아주 매운 고추였다. 그러나 이 고추가 이후 세계 각국으로 확산되어 재배되면서 해당 지역의 기후와 풍토에 따라 크기, 색상, 형태, 향미나 매운 정도가 다른 개량종이 속속 생겨났다. 그중 하나가 파프리카로, 16세기에 헝가리에서 개량한, 열매가 크고 맵지 않은 고추 품종이다. 당시 헝가리를 공략하던 오스만투르크의 이름을 붙여 '튀르키예 페퍼'라고 불렀지만, 나중에 이것을 헝가리어로 '후추'라는 뜻의 파프리카paprika라고 부르게 되었다. 그 이후 맵지 않은 고추류는 널리 '파프리카'라고 불린다.

그런 역사를 반영해, 현재도 파프리카의 주요 생산국은 헝가리를 비롯한 동유럽 국가들과 스페인, 미국이다. 특히 헝가리는 지금도 파프리카 산지로 가장 유명하다. 파프리카는 굴라시를 비롯해 헝가리 요리의 필수 향신료로 꼽힌다.

성상과 특징

키는 2미터 이상 자라며, 잎은 7~12센티미터다. 열매는 짧은 타원형으로, 일반적인 고추와 달리 꼭대기가 납작하고 크며 세로로 골이 져 있다.

파프리카는 빨간색을 비롯해 주황색, 노란색, 녹색 등 다양한 색을 가졌다. 빨간색과 노란색은 단맛이 강하고 주황색은 영양가가 높다. 미국에서는 벨 페퍼bell pepper, 영국에서는 색깔에 따라 레드 페퍼red pepper나 옐로 페퍼yellow pepper라고 부르는 등 명칭이 나라마다 다르지만, 빨간 파프리카 열매로 만드는 향신료는 어느 나라에서나 '파프리카'라고 부른다.

파프리카 열매는 다양한 색을 가졌지만, 향신료로 사용하는 것은 붉은색 열매다.

향신료로서는 파우더 상태로 유통되는데, 세계 시장에서는 크게 스위트 타입과 핫 타입으로 나뉜다. 스위트 타입은 완숙한 과피만을 말려 가루로 만든 것이고, 핫 타입은 태좌나 씨앗 등도 섞어서 분쇄한 것이다. 일반적으로는 스위트 타입이 이용되며, 생산국에서는 핫 타입을 고춧가루 대신 범용하고 있다.

가루로 만든 파프리카.

향미 특성

파프리카에는 정유 성분이 거의 포함되어 있지 않기 때문에 방향성이 약하다. 약간 당밀 같은 달콤한 향을 느낄 수 있는 정도이며, 달콤새콤한 맛과 매운맛, 쓴맛 그리고 독특한 풍미가 있다.

파프리카의 붉은색은 카로티노이드에서 비롯되는 것으로, 베타-카로틴, 크립토잔틴, 루테인, 지아잔틴, 캡산틴capsanthin, 캡소루빈capsorubin 등이 포함되어 있다.

요리 적성

씨를 제거한 빨간색 열매를 건조한 후 가루 낸 것을 향신료로 사용한다. 고추에 비해 맛과 풍미가 부드럽고 순해 많은 양을 넣어도 음식 맛을 해치지 않는다. 가열해도 붉은색이 사라지지 않으므로 요리에 색을 내는 착색제로도 이용한다.

드레싱이나 수프 등에 파프리카가루를 넣으면 먹음직스러운 빨간색을 띠게 된다. 또한 치즈, 감자, 어패류 요리나 전채 요리에 파프리카가루를 뿌리면 악센트가 된다. 파프리카의 향과 불그스름한 주황색은 스페인, 멕시코, 발칸 반도 국가들의 다양한 요리, 특히 헝가리 요리에서 중요한 역할을 한다. 파프리카 색소는 기름에 잘 녹아서 기름을 쓰는 요리에 넣으면 색이 선명하게 나온다. 열에도 비교적 안정적이어서 제빵류나 찜 요리 등에 사용해도 색이 예쁘게 밴다.

파프리카 속에 다진 고기, 쌀, 채소로 속을 채워 굽는 스터프드 벨 페퍼stuffed bell pepper는 파프리카를 채소로 이용한 요리이고, 감자와 소시지를 파프리카 소스에 푹 끓인 헝가리 가정식인 파프리카쉬 크룸플리paprikás krumpli, 파프리카를 이용한 헝가리 전통 비프스튜인 굴라시, 파프리카가루로 색을 낸 헝가리 살라미salami, 삶은 문어에 올리브 오일, 파프리카가루, 소금을 뿌린 스페인 전통 요리인 풀포 아 페이라pulpo a feira 등은 파프리카를 조미료로 쓴 요리다.

약리 효과

비타민A, 캡사이신, 카로티노이드 등의 항산화제가 많이 함유되어 있어 염증 예방, 콜레스테롤 저하, 눈 건강 개선, 혈당 수치 개선 등에 유효한 역할을 한다.

비타민E, 베타카로틴, 루테인, 지아잔틴 등 눈 건강 증진에 관여하는 영양소를 함유하는데, 특히 루테인과 지아잔틴은 백내장 및 연령에 따른 황반변성의 위험을 감소시킨다. 항염증 화합물인 캡사이신은 통증 치료 효과가 있고, 카로티노이드는 LDL 콜레스테롤 수치를 낮추고 HDL 콜레스테롤을 증가시켜 심장 건강을 개선한다. 이외에도 카로티노이드와 캡사이신은 산화 스트레스를 제어해 암 예방에 효과적이다. 캡사이신은 혈당과 인슐린 수치를 낮추는 데 도움이 되며, 풍부한 철분과 비타민E, 비타민C는 빈혈을 예방하고, 피부 노화 억제 및 미백 효과로 피부 미용에도 좋다.

파프리카와 피망

'피망'은 일본인들이 고추 전체를 두루 가리키는 프랑스어 piment에서 따온 말로, 그것을 그대로 받아들여 한국에서도 피망이라고 부른다. 한국에서 피망은 약간 매운맛이 나는 초록색의 것으로, 그리고 파프리카는 약간 단맛이 나는 다양한 색(빨간색, 노란색 등)의 것으로 구분해 부르는데, 사실 둘은 같은 것이다. 실제로 한국원예학회에서 발간한 《원예학 용어 및 작물명집》(2007년)에는 모두 '단고추'로 분류되어 있다.

피망과 파프리카가 같은 것임에도 한국에서 둘을 구분하는 이유는, 일본을 통해 피망이 먼저 들어오고, 이후 네덜란드에서 다양한 색깔에 아삭한 식감, 약간 단맛을 가진 개량종이 들어오면서 '파프리카'라는 명칭까지 같이 가져왔기 때문이다. 현재 한국에서 유통되는 파프리카와 피망은 〈표 4-7〉과 같이 약간의 차이가 있다.

표 4-7 **파프리카와 피망**

구분	파프리카 (paprika, 헝가리어·네덜란드어)	피망 (piment[프랑스어], pimento[포르투갈어])
학명	Capsicum annuum	Capsicum annuum
분류	향신료	과일/채소
종류 및 색상	다양한 색상(약 16종)	녹색, 빨간색(2종)
모양	껍질이 두껍고 부드러운 곡선 형태. 평평하고 둥근 모양(사각형). 표면에 주름이 적고 매끈함.	껍질이 얇고 길쭉한 형태. 밑부분이 뾰족하고 긴 모양(사다리꼴). 표면에 주름이 많고 울퉁불퉁함.
식감	수분이 많고 당도가 높고 아삭함. 과육이 두꺼움. 샐러드로 먹기 적합.	수분이 적고 당도는 거의 없고 약간 매운맛이 남. 과육이 얇고, 질긴 편임. 가열 조리용으로 적합.
100g당 비타민C 함량	154mg(적색 기준)	60mg(적색 기준)
스코빌 지수	100~500SHU	100~500SHU
역사와 용어	1569년 첫 재배, 1831년 용어 최초로 기록.	스페인어·포르투갈어에서 명칭 유래.

초피와 화자오, 닮은 듯 다른 동아시아의 매운맛

학명 *Zanthoxylum piperitum*(초피)/*Zanthoxylum bungeanum*(화자오)
과명 운향과 Rutaceae
명칭 초피(산초), 산쇼/시추안페퍼 Sichuan pepper, 화자오 花椒
가용부 열매, 열매껍질, 잎
원산지 중국, 한국, 일본
주산지 중국, 네팔, 히말라야, 일본, 한국

유래 및 역사

초피는 한반도 남부와 중국, 일본에 자생하며, 후추와 고추가 전래되기 훨씬 전부터 매운맛을 담당했던 향신료다.

조선시대 고조리서나 고의서에서는 천초 川椒, 촉초 蜀椒, 진초 秦椒 등으로 기록되어 있으며, '고쵸'라고도 불렸으나 이후 고추가 도입되면서 그 이름을 빼앗겼다. 그런데 천초, 촉초, 진초 등으로 표기한 것은 중국의 이름을 그대로 쓴 것이고, 중국에서 천초, 촉초, 진초 등으로 표기한 것은 화자오 花椒, 즉 마라탕과 마파두부 등에서 화한 매운맛을 담당하는 향신료다. 초피나무와 화자오나무는 모두 초피나무속

Zanthoxylum 식물로, 중국의 비슷한 식물과 향신료의 이름을 받아들여 부른 것이다.

한반도와 중국, 일본 열도에 자생하는 초피나무속 식물은 여러 종류인데, 한자 문화권에서는 과거 모두 초椒로 표기했다. 종류가 달라도 비슷한 속성을 가지고 있다. 중국에서는 열매가 많이 맺히는 특성으로 인해 자손번영의 상징으로 여겼고, 오래전부터 매운맛 향신료뿐 아니라 약재로 사용했다. 《삼국지연의》에도 등장하는 명의 화타華佗(145~208년)*가 천초를 육계, 도라지, 방풍, 백합 등과 함께 배합해 정월 초에 마시는 약술 도소산屠蘇散**을 만들었다 하며, 고려시대의 고의서인 《향약구급방》도 약재로서 천초를 언급했다.

성상과 특징

초피와 화자오는 모두 운향과 초피나무속의 낙엽활엽 관목으로, 높이는 대략 2~5미터로 자란다. 나무껍질은 회갈색이고 줄기에 가시가 있는데, 가시가 떨어진 자리에 사마귀 모양의 돌기가 난다. 잎은 길이 1.5~5센티미터에 가늘고 길며 끝이 뾰족하다. 봄의 어린잎은 연두색, 여름에는 짙은 녹색, 가을에는 단풍이 들어 노란색으로 변한다. 작은 황록색 꽃이 많이 핀다. 열매는 지름 5밀리미터 정도로, 처음에는 녹색이지만 가을에 적갈색으로 익고, 열매가 터지면 속에서 검은 광택이 나는 구형의 씨앗이 나온다.

초피와 화자오 모두 나무 전체에서 독특한 향이 나고, 특히 열매의

---

* 중국 후한 말의 명의로, 화타華佗/華陀는 '선생'이라는 뜻의 존칭이 이름으로 알려진 것이다.
** 산초·방풍·백출·귤피·육계껍질 등을 섞어 술에 넣어 연초年初에 행운과 장수를 기원하며 마시는 약술. 당나라 때 중국에서 일본으로 전해져 지금도 일본에서는 신년에 약술을 마시는 풍습이 있다.

초피 열매(좌)와 화자오 열매(우)

껍질은 입안이 얼얼해질 만큼 맵다. 열매, 어린잎, 꽃 등 모든 부분을 향신료나 약재로 쓰는데, 가루를 내 향신료로 사용하는 것은 열매껍질이다.

품종과 명칭

초피椒皮는 지역에 따라 제피(경상도, 제주도), 지피·젠피(전라도), 조피(이북), 천초, 남초, 촉초로도 불린다. 화자오花椒는 열매가 빨갛게 익으면 나무에 빨간 꽃이 핀 것 같다고 하여 붙은 이름이며, 촉초蜀椒 혹은 영어 Sichuan pepper는 중국 '쓰촨성四川省에서 나는 초'라는 의미로, 그곳의 음식에 널리 사용되기 때문에 붙여진 이름이다.

품종에 따라 또 국가에 따라 저마다 다른 이름으로 불린다. 한국에서는 초피를 '산초'라고 부르기도 하지만, 둘은 다른 식물이다. 초피는 한반도 남부를 비롯해 일본, 중국에 자생하는 초피나무*Zanthoxylum piperitum*의 열매이고, 산초는 한반도 중부를 비롯해 중국, 일본에서 자생하는 산초나무*Zanthoxylum schinifolium*의 열매다. 초피를 산쇼山椒/さんし

ょう라 부르는 일본의 영향으로 한국에서도 두 나무 열매를 모두 산초라 부르는 혼동이 생겼다.

중국에는 화자오Zanthoxylum bungeanum 말고도 녹색의 향신료인 마자오麻椒, Zanthoxylum armatum가 있다. 마자오 역시 쓰촨과 구이저우貴州의 특산물이자 쓰촨 음식의 매운맛을 담당하는 향신료로, 화자오보다 맛이 강하다. 화자오와 마자오는 시추안페퍼 외에도 중국고추Chinese pepper, 산후추mountain pepper, 말라후추mala pepper라고도 불리며, 인도 아삼Assam 지역에서는 메젠가mejenga, 부탄에서는 팅게ཏིང་ག, 네팔에서는 티무르तिमुर라고 불린다.

모두 매운맛과 외형으로 인해 후추 계열로 오해할 수도 있지만, 후춧과의 후추Piper nigrum 그리고 가짓과의 고추Capsicum annuum와는 전혀 연관이 없는 별개의 식물이다.

아시아에서만 볼 수 있는 식물로, 학명은 비교적 최근인 1824년에 붙여졌다. 속명 잔톡실룸Zanthoxylum은 '노란 나무'라는 뜻이며, 그리스어의 zanthos(노란색)와 xylon(재료)의 합성어다. 열매의 속껍질이 노랗기 때문에 명명된 것이다. 또한 종소명 피페리툼piperitum은 라틴어로 '후추와 같다'는 뜻으로, 열매가 매운맛을 갖기 때문에 명명된 것이다.

초피, 산초, 화자오의 구체적인 차이는 〈표 4-8〉과 같다.

향미 특성

입안이 저릴 만큼 강렬한 매운맛과 코가 뻥 뚫리는 듯 상쾌한 감귤 향이 특징인데, 이는 하이드록시-알파-산쇼올hydroxy-α-sanshool 때문으로, 이로 인해 입안이 얼얼하고 혀가 마비되는 듯한 감각을 유발한다. 이외에 산쇼아마이드sanshoamide, 시트로넬랄, 디펜텐dipentene, 시트랄 등을 함유한다. 방향과 매운맛 성분은 과피 부분에 있고, 과육과

표 4-8 초피, 산초, 화자오

초피 Zanthoxylum piperitum	열매껍질. 2~3분과로 이루어지고 각 분과는 납작한 구형으로 두 쪽으로 갈라진다. 각 조각의 지름은 약 0.5센티미터. 열매껍질의 바깥 면은 어두운 황적색에서 어두운 적색을 띠고, 안쪽 면은 연한 황백색이다. 특유한 냄새가 있고 맛은 맵고 혀를 마비시킨다.	
산초 Zanthoxylum schinifolium	열매껍질. 2~3개가 상부에서 이생離生하는 구형으로, 지름 0.3~0.4센티미터. 바깥 면은 회녹색 혹은 어두운 녹색이고 안쪽 면은 흰색에 가깝고 매끈하다. 특유한 냄새가 있고 맛은 약간 달고 맵다.	
화자오 Zanthoxylum bungeanum	열매껍질. 대부분 단생單生하며 지름 0.4~0.5센티미터다. 바깥 면은 적자색에서 적갈색을 띠며, 안쪽 면은 연한 황색이다. 특유한 냄새가 강하게 나고 맛은 맵고 혀를 마비시키며 오래 지속된다.	

출처: 김창민 외, 《한약재 감별도감》, 아카데미서적, 2016, pp. 336~338을 다듬음.

씨앗에는 없다. 산지와 품종에 따라 풍미가 다른데, 대체로 화자오는 매운맛이 아주 강하고, 초피는 그보다는 온화한 편이다.

식품역사가 해럴드 맥기Harold McGee는 산쇼올의 효과에 대해 "산쇼올은 탄산음료나 9볼트 정도의 가벼운 전류와 같은 윙윙거리고 얼얼한 느낌을 준다. 여러 종류의 신경말단에 동시에 작용하고, 보통은 민감하지 않은 신경의 접촉과 추위에 민감성을 유발하여 일종의 신경학적 혼란을 일으킬 수 있다."고 설명했다.

요리 적성

초피와 화자오 모두 열매껍질은 물론 어린잎, 어린 가지의 껍질도 이용한다. 덜 익은 어린 열매는 장아찌나 조림으로 만들고, 어린잎이나 새싹은 요리를 장식하는 데 사용된다. 또 황록색 꽃은 고명으로도 사용한다. 중국의 쓰촨 요리는 물론 한국, 일본, 히말라야 인근의 네팔, 카슈미르, 인도 북동부, 티베트, 부탄 등 여러 국가의 요리에서 중요한 역할을 한다.

한국에서는 고추가 전래되기 전에 김치 등의 매운맛을 내는 데 사용했던 향신료다. 남부 지방에서는 초피를 다양한 음식에 양념으로 넣어 먹는데, 익은 열매를 건조시켜 가루로 만들어 추어탕이나 개장국 등 비린내와 기름기가 많은 음식에 사용한다. 초피 순을 나물로 먹기도 하고, 잎은 장아찌로 절이거나 부침개 재료로 넣으며, 튀각과 부각으로 튀겨 먹기도 한다. 때때로 초피 잎을 멸치-소금 혼합물에 넣어 초피액젓을 만들기도 한다. 한편 늦여름에 수확한 산초의 푸른 열매는 장아찌나 차로 이용하는데, 산초장아찌는 사찰의 대표적인 저장식품이다. 가을에는 완숙한 열매를 수확해 씨앗에서 기름을 짜내 산초기름으로 사용한다.

일본에서는 초피 잎을 국이나 튀김, 생선회에 장식으로 사용한다. 특히 어린잎은 향이 좋아서 맑은 국이나 지라시즈시ちらし寿司*에 넣어 풍미를 돋우는 데 사용한다. 미성숙한 녹색 열매는 쓰쿠다니佃煮**나 된장 절임味噌漬을 한다. 일본에서 산쇼라고 부르는 초핏가루는 카레나 일본의 혼합 향신료인 시치미토가라시의 주재료로 쓰인다. 기름기가 많은 음식이나 생선 요리에 사용하는데, 장어 구이에는 필수 향신료로 꼽힌다.

중국에서는 화자오나 마자오를 고추와 조합해 '마라麻辣'(얼얼한 매운

---

* 에도 시대 일반 스시(니기리즈시)에서 파생되었으며 메이지 시대 이후에 보급된 요리로, 식초와 소금으로 간을 맞춘 밥 위에 생선, 달걀부침, 채소 등을 흩뿌린 음식.
** 작은 물고기, 조개, 해조류 등을 간장과 설탕에 조린 음식.

맛) 맛을 낸다. 마라 소스는 화자오와 고추의 조합으로, 청두成都식 마라 전골인 훠궈火鍋나 마파두부, 탄탄면担担麵 등 쓰촨 요리의 핵심 재료다. 또한 중국의 대표적인 혼합 향신료인 오향분을 구성하는 향신료 중 하나다. 열매껍질을 절인 기름인 화자오유花椒油는 소스 또는 마라 맛을 내는 모든 요리에 사용하고, 소금과 화자오를 섞어서 볶은 화자오옌花椒鹽은 고기 요리에 곁들이는 조미료다.

히말라야의 티베트와 네팔, 부탄 요리에서도 중요한 향신료 중 하나로, 순대와 비슷하게 동물의 피를 이용한 소시지를 만드는 데 이용하고, 모모momo*라고 부르는 찐만두의 양념으로도 사용한다.

가루 상태에서는 품질이 급격히 나빠지므로 공기에 닿지 않도록 밀폐 용기에 넣어 냉동 보관해야 장기간 신선도를 유지할 수 있다.

약리 효과

나무껍질과 열매껍질은 생약으로 이용되었다. 특히 산쇼올은 위액 분비를 촉진해 소화 기능을 개선하고 항균·살균 작용도 있다. 또한 신진대사를 활발하게 하고 땀 분비를 촉진해 입욕제로 쓰면 신경통이나 수족냉증 등을 완화해준다. 중국 전통 의학에서는 화자오를 복통, 치통, 습진 같은 다양한 질병의 치료제로 사용했으며, 현재도 중화인민공화국 약전에 등재되어 있다. 중국과 일본에서는 생약탕이나 환 등에 사용한다. 한편, 산초기름은 기관지염이나 중풍을 치료하는 약으로 사용했다. 그러나 화자오와 초피, 산초의 의학적 효능이 과학적으로 입증된 사례는 없다.

---

* 채소, 코티지 치즈cottage cheese 또는 다진 야크yak 고기, 쇠고기 또는 돼지고기로 속을 채우고 화자오, 마늘, 생강, 양파로 맛을 낸 만두.

08 | 지역 음식문화의 상징, 혼합 향신료

단독으로 사용되는 향신료 외에도 전 세계 각 문화권에서 독특하게 블렌딩해 전통적으로 그 지역 음식 특유의 풍미를 자아내는 혼합 향신료들이 있다. 생고추 등을 갈아 페이스트로 만들거나 홀whole 향신료와 분말 향신료를 혼합하거나, 또는 분말 향신료들끼리 혼합하는 등 향신료의 특성에 따라 만드는 방법이 다양해서 단독 향신료에 기대할 수 없는 미묘한 풍미를 즐길 수 있다. 또한 미리 준비해두고 간편하게 사용할 수 있는 편리성, 양과 조합을 다양하게 변형할 수 있는 활용성 등의 장점도 있다. 여기서는 각 문화권을 대표하는 혼합 향신료의 종류와 특성을 알아보자.

인도 아대륙

가람마살라 garam masala

향신료의 본고장인 인도의 향신료 문화를 대표하는 것이 마살라 masala로, 말하자면 '인도 요리의 만능 향신료'다. '마살라'는 특정 향신료 혹은 정해진 향신료의 혼합물을 가리키는 것이 아니고, 보통 3~10종의 향신료를 블렌딩해서 만든다. 파우더 형태의 시판품도 있지만 각 가정에 대대로 전해지는 독자적인 레시피로 블렌딩된다. 이 중

가람마살라의 재료가 되는 향신료와 시판 가람마살라.

가람마살라는 '매운 향신료 혼합물'이라는 뜻의 힌두어로, 가람garam은 매운 것을, 마살라masala는 향신료의 혼합물을 나타낸다. 즉, 가람마살라는 '매운맛이 강한 향신료와 그 외 방향성 향신료를 블렌딩한 것의 총칭'이라 할 수 있다.

인도의 가정에서는 음식을 조리할 때마다 그 식재료와 조리법에 맞는 향신료를 준비해 각각 로스팅, 박피剝皮, 수침水浸 등 다양한 전처리를 한 후 돌절구로 부수거나 빻아서 요리에 사용한다. 따라서 마살라의 형태도 가루, 페이스트 등으로 다양하다. 페이스트 형태는 웨트wet 마살라, 또는 마살라 페이스트 같은 이름으로 불린다. 사용하는 향신료는 특별히 정해져 있지 않지만, 고기용, 생선용, 채소용 등 요리의 주재료에 따라, 또 취향에 따라 블렌딩한다. 일반적으로 고기·생선용으로는 육두구, 마늘, 페누그릭, 정향을, 채소용으로는 고수, 커민, 캐러웨이, 펜넬을 주로 사용하며, 매운맛을 내는 향신료인 고추, 생강, 후추 등을 함께 블렌딩한다.

가람마살라는 조리의 초기 단계에서 음식의 맛을 내기 위해 사용하기도 하고, 완성된 음식을 서빙하기 직전에 향신료의 부드러운 향을 더하기 위해 뿌리기도 한다. 음식을 조리할 때마다 매번 마살라를 준비하는 것이 힘들기 때문에, 블렌딩 스파이스로 제품화된 가람마살라를 사용하기도 한다. 그러나 인도에서는 여전히 대부분의 가정에서 직접 만들어놓고 사용한다.

삼바르 파우더 sambar powder

삼바르 마살라sambar masala 또는 타밀어로 삼바르 포디sambar podi라고 한다. 고수, 커민, 페누그릭, 고추, 육두구, 강황 같은 향신료에 우라드 달urad dal(검은 콩), 차나 달chana dal(병아리콩) 등을 섞어 만든다. 삼

삼바르와 도사 빵 그리고 처트니(좌), 삼바르 파우더(우).

바르는 브라만Brahman* 요리의 전형인 렌틸콩을 베이스로 한 채소 스튜를 가리킨다. 삼바르 파우더는 이 음식에 쓰이는 혼합 향신료로, 삼바르 외에도 조림 요리나 매운 스튜 등 남인도 요리에 광범위하게 사용된다. 마살라와 마찬가지로 다양한 향신료를 블렌딩하지만, 달dal**을 함께 사용하는 것이 특징이다. 이로 인해 달(주로 렌틸콩)을 볶을 때 생성되는 고소한 맛과 함께 완성된 소스는 부드럽고 벨벳처럼 걸쭉한 식감을 나타낸다.

판치포론panch phoron

인도 북동부의 벵골 지역과 방글라데시에서 기원한 혼합 향신료다. 판치panch는 '다섯'이라는 뜻으로, 이름 그대로 다섯 가지 향신료를 섞어서 만들기 때문에 '벵골의 다섯 향신료Bengali five spices'라고도 한다.

---

* 카스트 제도에서 가장 상위층인 승려 및 학자 계급.
** 렌틸콩을 비롯한 여러 콩. 혹은 콩을 재료로 한 요리를 가리킨다.

커민 씨, 펜넬 씨, 페누그릭 씨, 겨자씨, 니겔라* 씨가 주재료지만 아니스를 추가하기도 한다. 대부분의 혼합 향신료는 향신료들을 빻은 파우더 형태인 데 비해, 판치포론은 향신료를 홀whole 상태 그대로 사용하는 것이 특징이다.

기름에 볶아 향을 내는 템퍼링용으로 주로 사용하는데, 향신료 혼합물은 주재료를 넣기 전에 식물성 오일이나 기ghee**로 볶아 달 요리나 채소 요리에 섞어서 제공한다. 생선 요리에도 자주 쓰인다.

차트 마살라 chaat/chat masala

망고 과육을 말린 후 분쇄한 가루에 여러 가지 향신료와 소금을 혼합한 것이다. 향신료는 정해진 것이 없이 그때그때 재료와 배합이 달라지는데, 커민, 아위***, 후추 등이 자주 사용된다. 민트를 섞어 만들기 때문에 특히 상쾌한 민트 향과 짠맛이 특징인 인도의 샐러드드레싱용 혼합 향신료다. 주로 오이나 당근 같은 채소 스틱이나 샐러드에 뿌려 먹는다. 종교적인 이유로 채식주의자가 많은 인도에서는 활용도가 아주 높은 혼합 향신료다. 특히 라임이나 레몬과 함께 채소에 뿌리면 깊은 맛이 살아나 이국적인 느낌이 물씬 풍기는 인도풍 샐러드가 완성된다. 삶은 달걀이나 신맛이 나는 과일, 튀김 등에 뿌려 허브솔트처럼 즐길 수도 있다.

---

* 블랙 캐러웨이, 블랙 커민, 칼론지kalonji라고도 불린다. 학명은 *Nigella sativa*로, 미나리아재비과*Ranunculaceae*에 속하는 한해살이풀이다.
** 인도 요리에서 많이 쓰이는 정제 버터로, 물소 젖으로 만든다. 네팔 등지에서는 야크의 젖으로 만들기도 한다.
*** 학명이 *Ferula assa-foetida*인 미나리과 식물로, 뿌리줄기에서 채취한 수지를 향신료로 사용한다.

판치포론.

차트 마살라.

차이 마살라의 재료(좌)와 차이(우).

차이 마살라 chai masala

차이 마살라는 몸을 따뜻하게 해주는 부드럽고 달콤한 혼합 향신료로, 인도에서 사랑받는 달콤한 밀크티인 '차이chai'를 만들 때 필요해서 '차이 원료'라고 불린다. 시판 제품도 있지만 취향에 맞게 배합해 만들어두면 깊고 알싸한 인도 본연의 차이 맛을 간편하게 즐길 수 있다. 차이 특유의 단맛은 시나몬에서, 매운맛은 생강에서 나는데, 둘다 몸을 따뜻하게 해주는 효과가 있다. 차이 마살라에는 카다멈이 반드시 들어가므로 달콤한 데다 뒷맛까지 깔끔하다.

역수입된 인도의 정체성, 카레(커리) 파우더

'인도에는 카레가 없다.'는 말이 있다. 사실 '카레'가 무엇인가에 관해서는 의견이 분분하다. 어떤 사람들은 '커리curry'(이 표기를 일본에서 カレー로 표기한 것을 한국에서도 받아들이고 있다)가 16~17세기에 향신료를 찾아 인도 남서부 해안에 진출한 네덜란드와 포르투갈 사람들이 인도의 향신료를 이용해 만든 국물 요리인 '까르히karhi'에서 유래했으며, 남인도 타밀어에서 '국물'이나 '소스'를 뜻하는 단어에서 변형된 용어라고 한다. 그러나 실제로 남인도 타밀나두 사람들은 이런 이야기에 고개를 젓는다고 한다. 계급에 따라 고기를 가리키기도 하고, 채소를 가리키기도 하는 타밀어 단어 '카리 கறி'(현대에는 알파벳으로 kari로 표기)에는 '국물'이나 '소스'라는 의미는 없었다는 것이다. 그러다 식민 통치기에 영국인들이 카리를 넣고 끓인 국물 음식을 커리로 부르기 시작했으며, 이 개념이 역수입되어 인도에서도 국물 있게 끓인 음식을 카리kari로 부르게 되었다고 한다.

어찌되었든, 카레가 여러 식재료와 향신료를 넣고 끓이는 다양한 음식을 가리키게 된 것은 분명하며, 다양한 향신료를 혼합한 마살라, 그중에서도 매운 혼합 향신료인 가람마살라가 오늘날 우리가 카레라고 부르는 혼합 향신료의 원형인 것도 분명하다.

우리가 흔히 카레라고 부르는 혼합 향신료는 인도를 식민 지배했던 영국에서 간편하게 인도 요리를 만들 수 있도록 가람마살라를 바탕으로 개발한 것이며, 카레분말이 전 세계적으로 알려지고 사용된 것은 18세기 말에 영국의 크로스 앤 블랙웰C&B, Cross & Blackwell이 대중의 입맛에 맞게 각종 향신료를 조합해 상품화한 이후다.

따라서 가람마살라를 인도 타입의 카레분말로 부를 수도 있다. 인도에서는 (시판용 가람마살라도 있지만) 여전히 각 가정에서 그때그때 향신료들을 블렌딩해 사용하고 있다. 이에 따라 인도의 카레 요리는 전체적으로 거칠고 강한 방향감을 갖는 것이 특징이다. 이에 비해 주로 시판 제품으로 만드는 세계 여러 나라의 카레 요리는 부드러운 향미를 가지며 방향감 또한 인도 카레보다 약하다. 이는 배합되는 향신료 종류의 차이는 물론, 향신료의 로스팅 처리와 블렌딩 후 에이징(숙성) 처리 여부에서 발생한다.

카레분말에 블렌딩되는 향신료는 방향성 향신료로는 육두구, 메이스, 고수, 페누그릭, 커민, 카다멈, 시나몬, 정향, 펜넬, 캐러웨이, 셀러리 씨 등을 많이 쓰고, 월계수 잎, 마늘, 양파, 올스파이스, 레몬그라스, 커리리프, 양귀비 열매, 참깨, 아조완 등을 배합하기도 한다. 매운맛을 내는 향신료로는 고추, 후추(화이트, 블랙), 생강, 겨자, 갈랑갈 등을 사용하는데, 매운 정도의 조정은 고추로 한다. 시판 제품에는 상큼한 맛을 더하기 위해 후추와 생강이 꼭 들어간다.

착색성 향신료로는 강황, 사프란, 파프리카 등을 사용하는데, 강황은 카레분말 중량의 20~30%를 차지하기도 한다. 카레분말은 카레 요리는 물론, 볶음 요리 등에 인도풍 풍미를 더하고 싶을 때도 요긴하게 쓰인다.

동남아시아

카레 페이스트curry paste _ 태국

태국의 카레 요리는 점성이 없는 수프 형태를 띠며 코코넛밀크를 첨가함으로써 달콤한 풍미가 나는 것이 특징이다. 이 태국의 카레 요리를 카레 페이스트로 만드는데, 고추를 중심으로 여러 가지 향신료를 배합한 것이다. 크게 나눠 그린 카레, 레드 카레, 옐로 카레가 있다. 그린 카레는 청고추를 넣어 만든 페이스트를 볶은 다음 닭고기나 가지 등의 재료에 코코넛밀크를 넣고 푹 끓여 남플라nam pla(생선을 발효시킨 소스) 등으로 맛을 내며, 세 가지 카레 중 가장 매콤하다. 홍고추를 넣은 레드 카레는 순하고 깊이 있는 매운맛이 나며, 강황을 넣은 옐로 카레는 우리가 아는 카레와 비슷한 풍미가 난다.

왼쪽부터 레드, 그린, 옐로 카레 페이스트(좌)와 시판 제품(우).

남프릭 소스.

남프릭 소스 nam phrik sauce _ 태국

태국에서 사용하는 남프릭 소스는 고추, 샬롯shallot*, 라임 즙, 마늘, 까삐kapi** 같은 개성이 강한 재료를 크록khrok이라는 전통 돌절구에 빻아서 페이스트 상태로 만든 혼합 향신료다. 중독성이 강한 매운맛이 특징인 만능 디핑소스다. 그대로 밥에 얹어 먹거나, 생채소를 찍어 먹거나, 국이나 찜 요리의 맛을 내는 데 사용한다. 지역이나 집집마다 들어가는 재료와 만드는 법이 달라서 종류도 다양하지만, 크게 나누면 밥에 얹어서 그대로 먹는 종류와 국에 넣어 조미료로 쓰는 종류가 있다.

삼발 소스 sambal sauce _ 인도네시아, 말레이시아, 스리랑카

삼발은 고추에 다양한 부재료를 맷돌에 빻아 만든 매콤한 페이스트로, 인도네시아, 말레이시아, 스리랑카 등 동남아시아 지역에서 즐겨 먹는다. 삼발sambal은 말레이어로 '고추 소스'를 의미하는데, 한국에 고추장이 있듯이 말레이 반도에는 삼발 소스가 있다. 다양한 고추에 새우 페이스트, 마늘, 생강, 샬롯, 파, 코코넛밀크, 설탕, 라임 즙 등을 섞어서 만든다. 재료와 조합에 따라 만드는 법을 달리할 수 있고, 지역이나 국가마다 다양한 레시피로 만들어 먹는다. 삼발의 매콤한 맛이

---

* 백합과 여러해살이풀의 비늘줄기로, 양파보다 작고 분홍색이 돈다.
** 말린 새우를 발효시켜 만든 태국식 어장魚醬으로, 어두운 보라색이나 회갈색을 띠며 걸쭉한 페이스트 형태다.

음식의 느끼함을 깔끔하게 정돈해 주고 독특한 감칠맛이 입맛을 돋워 준다.

삼발 소스의 핵심은 인도네시아어로 차베 라윗cabe rawit, 영어로 bird's eye chili(새눈고추)라고 부르는 작고 매운 고추다. 한국 고추와 달리 달큰한 맛은 없고 매운맛이 강하면서 톡 쏘듯 알싸하고 깔끔한 것이 특징

삼발은 동남아시아를 대표하는 칠리소스다.

이다. 생고추나 말린 고추를 마늘, 양파 등과 함께 돌절구에 찧은 다음 기름에 볶아 페이스트 형태로 만든다. 들어가는 재료에 따라 종류가 다양하며, 주로 볶음 요리에 달콤한 간장 소스인 케찹 마니스kecap manis와 함께 양념으로 넣거나 꼬치나 생선튀김 요리에 오이 같은 생채소와 함께 디핑소스로 곁들인다.

삼발은 인도네시아인의 식탁에서 빠지지 않는 중요한 양념이다. 가정마다 고유의 삼발 제조 비법을 가지고 있어 '엄마의 맛'으로 통한다. 나시고렝nasi goreng(인도네시아식 볶음밥)이나 미고렝mie goreng(인도네시아식 볶음면)에 빠지지 않는 중요한 양념으로, 무엇을 배합하느냐에 따라 칠리 삼발chili sambal, 삼발 케찹sambal kecap, 삼발 블라찬sambal blachan 등 종류가 200여 가지에 이를 정도로 매우 다양하다.

칠리 삼발은 주재료가 고추이며, 신선한 붉은 고추, 마른 고추, 갈랑갈, 샬롯, 마늘, 양파, 레몬그라스, 식용유, 마른 새우 외에, 설탕과 소금은 선택적으로 추가해 만든다. 삼발 케찹은 고추와 달콤한 간장인 케찹 마니스로 만든 인도네시아 전통 칠리소스로, 달콤하고 매콤한 맛이 나며 일반적으로 바비큐 요리에 사용한다. 그리고 삼발 블라찬은

고추와 블라찬blachan/belacan이라고 하는 새우 분말 또는 페이스트를 사용해 만든 말레이시아의 매운 소스다. 매우면서 톡 쏘는 맛이 나는데, 밥에 곁들여 먹는다.

똠얌 페이스트tom yum paste _ 태국

태국 국물 요리의 베이스가 되는 페이스트 상태의 혼합 향신료로, 주요 구성 향신료는 레몬그라스, 갈랑갈, 고수 잎, 민트, 라임 잎, 새눈 고추 등이다. 태국 요리 특유의 향과 맵고 새콤한 맛을 낸다. '똠ต้ม'은 태국어로 '삶다, 끓이다'라는 뜻으로, 뜨겁게 끓인 국이나 탕을 가리키며, '얌ยำ'은 '섞다, 비비다'라는 뜻이다. 새우를 넣은 수프인 똠얌꿍 외에도 다양한 재료를 넣고 만들어 먹을 수 있는데, 현지에서는 생선 대가리가 들어가는 똠얌 후어쁠라หัวปลา도 즐겨 먹는다. 그 외에도 닭고기 등 다양한 재료를 사용해 원하는 대로 변주가 가능하며, 그에 따라 이름이 '똠얌○○(재료 이름)'으로 바뀐다. 한국 요리의 '○○국' 또는 '○○찌개'와 같은 식이다.

똠얌 페이스트의 재료가 되는 향신료들(좌)과 시판 제품(우).

동아시아

오향분 五香粉 _ 중국

팔각(스타아니스) 향이 강렬한 중국의 대표적인 혼합 향신료다. 블렌딩하는 향신료는 지역에 따라 다르지만, 방향성 향신료로 계피(중국산 카시아), 정향, 펜넬, 진피, 팔각을 쓰고, 매운맛 향신료로 화자오를 배합한다. 카다멈이나 말린 생강, 감초 등을 추가하기도 하며, 꼭 다섯 가지 재료로만 만들지는 않는다. 오향의 기본적인 블렌딩은 '사향일신 四香一辛', 즉 방향성 향신료 네 가지와 매운 향신료 하나의 조합이다.

일상 요리를 중국식으로 변형하고 싶을 때 오향분을 첨가하면 효과적이다. 오향분은 조림·튀김·볶음 요리 등의 향 내기에 적합하며, 고기나 생선의 잡내 제거 효과도 기대할 수 있다. 돼지고기 조림이나 생선 조림 등에 오향분을 더하는 것만으로도 중국풍 음식이 된다. 고기를 재우는 양념이나 찜 요리,

다섯 가지 향신료로 만드는 오향분.

절임 등에 많이 사용되고, 소금과 섞어 튀김 등에 곁들이기도 한다. 원기 회복과 소화 촉진 작용이 뛰어나서 중국에서는 약선요리藥膳料理에 사용한다.

시치미토가라시七味唐辛子 _ 일본

일본어로 '일곱 가지 맛 고추'라는 뜻의 시치미토가라시七味唐辛子는 보통 '시치미'로 줄여서 부르며, 일본의 에도 시대에 탄생한 혼합 향신료다. 시치미는 17세기 초반 에도의 야겐보리藥研堀(현재의 도쿄 료고쿠바시)에서 약재를 팔던 도쿠에몬德右衛門이라는 사람이 약선요리를 위해 고안한 것이라고 한다. 그래서 시치미를 '야겐보리やげん堀'라고도 부른다. 당시 에도에서 즐겨 먹던 소바와 어울리는 조미료로 인기를 끌면서 일본 전역으로 퍼져 나갔다. 지금은 일본의 다양한 요리에 폭넓게 사용되며 일본 음식에 없어서는 안 될 향신료로 자리 잡았다.

주재료인 고추를 포함해 일곱 가지 향신료를 섞어 만드는데, 만드는 사람이나 지역에 따라 들어가는 재료가 다르다. 시치미의 블렌딩은 '이신오향二辛五香'을 기본으로 한다. 일반적으로는 고춧가루를 베이스로 하여 산쇼(초피), 생강, 유채 씨rapeseed, 양귀비 씨, 감귤류 껍질, 참깨, 검은깨, 파래김 등을 배합한다. 시중에 판매되는 시치미는 크게

이신오향을 기본으로 하는 시치미.

간토関東 타입과 간사이関西 타입으로 나눌 수 있다. 간토 타입은 고추의 매운맛과 파래의 향을 선호하지만, 간사이 타입은 고추보다는 초피의 매운맛과 방향을 선호하는 경향이 있다. 따라서 간토 타입은 전체적으로 붉은 기가 강한 데 비해, 간사이 타입은 고추를 줄이고 흰깨를 사용해 색이 옅다. 시치미의 재료 중에서 파래와 초피의 향이 쉽게 변하기 때문에 보존에 주의가 필요하다. 채소 절임인 쓰케모노漬物, 소바·라멘·우동 등 면 요리, 닭 꼬치구이焼き鳥, 생선·고기 요리 등에 매운맛과 방향을 준다. 한편 어린이용 시치미는 고추 대신 파프리카를 넣고 초피를 뺀다.

유즈코쇼柚子胡椒 _ 일본

일본 규슈 지역에서 다양한 요리에 널리 사용하는 페이스트 형태의 혼합 향신료로, 상큼함과 매콤함이 어우러진 향미가 특징이다. 유즈코쇼의 코쇼(후추)는 후추가 아니라 청고추다. 규슈 지역에서 고추를 쿄쇼胡椒라고 부른 데서 유래했다.

청고추와 청유자 껍질로 만든 유즈코쇼는 선명한 초록빛을 띤다. 매운맛이 강하면서도 유자의 상큼한 풍미가 살아 있어 국물 요리나

고추의 매콤함과 유자의 상큼한 향이 어우러진 유즈코쇼.

미소된장국, 생선회, 소바 등에 잘 어울린다. 기름기가 많은 고기 볶음이나 구이 요리, 파스타 등에도 산뜻한 매운맛과 풍미를 더해준다.

양념장藥念醬 _ 한국

한국 음식의 만능 양념인 양념장.

참깨 또는 깨소금, 고춧가루, 후춧가루, 다진 마늘, 잘게 썬 쪽파에 간장, 참기름, 식초, 설탕 또는 꿀을 섞어, 풍미가 깊고 깔끔하면서도 약간 매운맛이 나는 양념이다. 경우에 따라서는 다진 생강을 추가한다. 이를 '갖은양념'으로 부르기도 한다.

장아찌 등의 절임(장)이나 각종 생채 및 숙채 무침, 생선 등의 조림, 채소 볶음, 불고기 등 구이를 하기 전에 재우는 용도, 갈비찜이나 닭찜 같은 조림 국물의 양념, 그리고 찍어 먹거나 뿌리는 소스 등으로 광범위하게 이용되어 한국 요리 특유의 맛을 내는 혼합 향신료라고 할 수 있다. 이를 기본양념으로 해서 특정 식재료의 개성을 살리기 위해 향신료를 가감하거나 또 다른 발효 양념(고추장, 된장 등)을 추가한 비빔 양념장, 찌개 양념장 등 파생 양념들이 상품화되어 시판되고 있다.

아프리카·중동

하리사 harissa _ 마그레브

찐 고추를 올리브유와 함께 찧어 페이스트 상태로 만든 매콤한 혼합 향신료다. 튀니지를 중심으로 마그레브 지역*에서 주로 사용한다. 알제리와 모로코에서는 쿠스쿠스와 타진 요리, 케밥에 사용한다. 고추와 올리브유 외의 재료와 배합 비율은 나라나 지역마다 각기 다르지만, 마늘, 커민, 캐러웨이, 고수 씨, 소금을 주로 사용한다. 강렬한 매운맛이 특징이지만 그와 동시에 풍성한 향과 감칠맛도 있다. 한국 요리에도 잘 어울리는 양념으로 사용할 수 있다. 돼지고기와 닭고기의 밑간

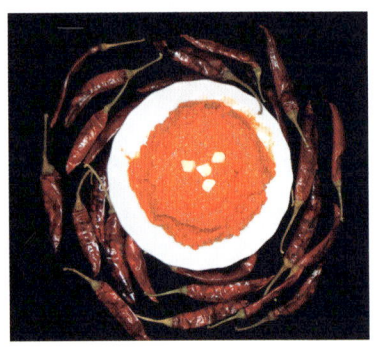

강렬한 매운맛에 감칠맛이 가미된 하리사.

---

* 아프리카 대륙의 북서부 지역, 즉 모로코, 알제리, 튀니지를 아우르는 지역을 말한다. 아랍어로 '해가 지는 지역' 또는 '서쪽'이라는 뜻의 알마그리브 Al-Maghrib라는 단어에서 유래했다.

marinade으로 사용할 수도 있고, 된장이나 간장과도 잘 어울린다. 통조림이나 튜브형으로 판매되는 제품이 있지만, 집에서도 쉽게 만들 수 있다. 냉장고에 보관하면 1~2개월은 두고 먹을 수 있다.

라스 엘 하누트 ras el hanout _ 마그레브

향신료를 최소 10개 이상 섞어서 만드는 모로코를 비롯한 북아프리카의 전통적인 혼합 향신료다. 라스 엘 하누트는 '가게에서 최고 head of the shop'라는 의미의 아랍어인데, 가게 주인이 손님의 입맛을 만족시키기 위해 공들여 만든 간판 상품이라는 데서 붙여진 이름이다. 사용하는 재료와 배합 비율은 지역에 따라 다르며, 50가지 이상의 향신료를 배합하는 종류도 있다. 카다멈, 커민, 시나몬, 육두구, 고추, 고수 씨, 정향, 후추, 생강, 강황, 소금 및 말린 꽃송이를 포함한 20가지 이상의 다양한 향신료를 섞어 만드는데, 과일처럼 싱그러운 향이 특징이다. 타진 요리에 꼭 들어가는 재료이며 쿠스쿠스나 스페인의 쌀 요리인 파에야에도 활용한다.

타빌 tabil _ 마그레브

튀니지를 대표하는 혼합 향신료로, 고수 씨, 캐러웨이, 마늘, 고추

20가지 이상의 향신료를 배합한 라스 엘 하누트.

튀니지를 대표하는 혼합 향신료 타빌.

를 빻아서 사용한다. 이외에 커민, 민트, 말린 장미꽃봉오리, 월계수 잎, 정향, 강황 등을 추가할 수 있다. 고기 및 생선 스튜, 채소 요리 등에 하리사와 함께 사용하는 경우도 있다. 튀니지 음식에서 숯불구이, 스튜, 수프, 쿠스쿠스 등의 맛을 내는 데 사용된다. 튀니지를 대표하는 혼합 향신료이지만, 북아프리카 전역에서 사용된다.

두카dukkah _ 북아프리카, 중동

견과류를 섞은 혼합 향신료로, 수 세기 전에 이집트와 중동 지역에서 탄생했다. 현재는 중동뿐 아니라 뉴질랜드와 캐나다, 호주에서도 사랑받고 있다. 헤이즐넛, 아몬드, 흰 참깨 같은 견과류를 고수 씨, 커민 등의 향신료와 함께 굵게 빻아 만드는데, 주로 빵에 올리브유를 적셔 두카를 찍어 먹는다. 향기롭고 상쾌한 풍미가 입안 가득 퍼져 중독성이 강하다. 전통적으로 빵을 찍어 먹거나 발라 먹는 용도로 사용되지만 고기나 생선에 발라서 굽거나 파스타, 샐러드에 뿌려 먹어도 잘 어울린다. 견과류가 들어 있기 때문에 산화 방지를 위해 빠른 기간 내에 사용해야 한다.

자타르za'atar _ 북아프리카, 중동

북아프리카와 중동에 전해 내려오는 전통적인 혼합 향신료다. 참깨, 타임, 오레가노, 수막sumac*, 소금으로 만드는 단순한 혼합 향신료이지만, 각 가정에서 으깬 아몬드 등 다양한 재료를 추가해 변형한다. 튀르키예와 요르단, 시리아, 레바논에서 가정식 양념으로 널리 사용된다.

---

* 옻나무과 옻나무속에 속하는 나무 Rhus coriaria의 열매로 가공한 향신료. 열매를 소금에 절이고 말린 후 으깨어 사용한다.

견과류의 고소함이 돋보이는 두카.   빵에 풍미를 더하는 자타르.

적당히 새콤해서 올리브오일과 섞어 디핑소스처럼 찍어 먹거나 고기나 채소, 빵에 뿌려 먹는 경우가 많다. 마나이시mana'eesh라고 부르는 아랍 피자를 만들 때 부드럽고 쫀득쫀득한 반죽 위에 자타르를 솔솔 뿌려서 굽는다. 이스라엘의 길거리 음식인 예루살렘 베이글(끓는 물에 반죽을 데치지 않고 굽는 베이글)을 사면 항상 자타르가 따라오는데, 올리브유와 섞어 먹어도 맛있고 그냥 찍어 먹어도 허브 향이 일품이다. 이외에 후무스, 라브네labneh*, 치즈, 고기, 생선에 잘 어울린다.

바하라트baharat _ 북아프리카, 중동

바하라트는 아랍어로 향신료를 가리키는 말로, 일곱 가지 향신료의 혼합물이다. 예멘, 튀르키예, 이집트 등 북아프리카와 중동 여러 곳에서 찾아볼 수 있으며, 캅사kabsa** 등 중동과 북아프리카 요리에 꼭 들어간다. 보통 후추, 정향, 카다멈, 커민, 계피(카시아), 고수, 육두구를 기본으로 하지만, 지역에 따라 올스파이스, 강황, 사프란, 생

---

* 요구르트를 가공해 만든 크림치즈의 일종으로, 중동 지역 요리다.
** 아랍 국가들에서 먹는 쌀밥 요리.

북아프리카와 중동의 혼합 향신료, 바하라트.   베르베르로 양념한 와트와 인제라.

강, 파프리카 등을 배합하기도 한다. 고기, 생선, 채소 중 어디에 사용할지에 따라 향신료 구성이 달라진다. 양고기와 쇠고기 요리, 소스, 구운 채소와 잘 어울린다.

쾨프테köfte*, 필라프 또는 구운 채소(특히 가지)의 맛을 내는 용도로 사용하며, 레바논 전통 요리인 메제mezze**, 마리네이드, 수프, 스튜를 만들 때 자유롭게 사용한다. 이라크의 가정 요리에서도 매우 중요한 역할을 한다.

베르베르berbere_ 에티오피아, 동아프리카

에티오피아 요리에서 없어서는 안 될 필수 향신료다. 인도의 마살라처럼 만드는 사람이나 용도에 따라 재료와 배합 비율이 다양하지만, 고추가 필수로 들어가므로 매콤한 맛이 특징이다. 고추 외에는 마늘,

---

* 다진 고기에 각종 양념과 채소를 넣고 완자로 만들어 굽거나 튀긴 튀르키예식 떡갈비.
** 지중해 및 중동 지역에서 즐기는 일품요리이자 전채로, 작은 접시에 다양한 한입거리를 담아 제공된다.

생강, 고수 씨, 페누그릭 씨, 카다멈, 시나몬을 기본으로 배합하며, 용도에 맞는 향신료나 현지에서만 자라는 희귀한 향신료를 추가하기도 한다. 주로 매운맛이 나는 찜이나 볶음 요리를 할 때 가열하는 도중에 넣는다. 특히 에티오피아와 에리트레아Eritrea에서 많이 먹는 매콤한 고기 요리인 와트wat*에 빠지지 않고 꼭 들어간다. 베르베르를 넣고 푹 끓인 와트는 퀘이 와트qey wat라고 부른다.

미트미타mitmita _ 동아프리카

고춧가루를 베이스로 한 에티오피아의 혼합 향신료로, 피리피리고추, 후추, 카다멈, 정향, 소금을 섞어서 빻는다. 때로는 시나몬, 커민, 생강을 함께 사용한다. 마리네이드, 스튜 등에 만능 소스로도 쓰인다. 매운맛이 강해 요리에 소량 사용하면 매콤한 맛을 즐길 수 있다. 스테이크, 바비큐 등 고기 요리, 샥슈카 같은 달걀 요리, 구운 채소, 콩 요리 등 채소 요리, 새우 튀김 등 튀김 요리에 이용하고, 블러디메리 같은 칵테일이나 초콜릿케이크 등의 디저트에 매운맛을 더하고 싶을 때 소량 첨가하기도 한다. 또한, 양념으로 다른 요리에 뿌리거나 인제라injera 조각에 얹어 살짝 찍어 먹을 수도 있다. 미트미타는 에티오피아 요리에 사용되는 베르베르보다 매운맛이 더 강한 고추로 만들기 때문에 더 맵다.

야지yaji _ 서아프리카

서아프리카 나이지리아의 땅콩 기반 향신료 혼합물이다. 일반적으

---

* 채소와 고기 등을 맵게 끓인 요리로, 테프teff라는 곡물 가루로 반죽한 얇은 팬케이크인 인제라에 싸서 먹는다.

피리피리고추와 다양한 향신료를 혼합한 미트미타.　　서아프리카를 대표하는 혼합 향신료, 야지.

로 볶은 땅콩, 소금, 후추, 파프리카, 고추, 기타 향신료(마늘, 생강, 파, 향신료 추출물 등)를 섞어 만든다. 고기 꼬치구이 요리인 수야suya를 만들 때 사용해서 '수야 야지' 또는 '수야 양념'으로도 알려져 있다. 고기 요리와 채소 요리의 양념에 두루 쓰이며, 길거리 음식인 케밥을 비롯한 다양한 요리에 사용된다.

유럽

피클링 스파이스 pickling spice _ 영국, 아일랜드

피클링은 식촛물이나 소금물에 채소나 과일을 절여 오랫동안 보존하는 방식이다. 이때 허브나 향신료를 함께 사용하면 항균 및 향미 효과를 더 얻을 수 있어서 전 세계적으로 애용되는 식품 보존법이다. 자연스럽게 시작된 피클링의 역사는 식초, 소금, 향신료 사용의 역사만

피클을 만들 때 향신료를 추가하면 항균·향미 효과를 얻을 수 있다.

큼 오래되었다.

피클을 만들 때 사용하는 혼합 향신료가 특별히 정해져 있지는 않지만, 단맛과 매운맛이 나는 향신료들을 섞어서 사용한다. 향신료는 파우더가 아닌 홀 형태 그대로, 또는 굵게 부수어 사용한다. 설탕, 식초, 소금을 섞은 물에 블렌딩한 향신료를 넣고 주재료를 그대로 담그면 되는데, 시간이 지남에 따라 향신료의 향미가 주재료에 밴다. 또한 식초와 소금의 삼투압 작용과 유산균 증식에 의한 보존성에 향신료가 갖는 방부 효과가 더해져 장기 보존이 가능하다.

향신료의 성분을 효율적으로 우려내기 위해서는 식촛물에 피클링 스파이스를 넣고 끓인 다음 주재료를 더하는 것이 효과적이다. 피클링 스파이스에 고추나 후추, 생강 등의 매운맛 향신료를 알맞게 추가하면 식염 사용량도 줄일 수 있다. 피클링 스파이스로 주로 이용되는 방향성 향신료는 올스파이스, 카다멈, 정향, 메이스, 고수 씨, 육두구, 월계수 잎, 딜, 페누그릭, 커민, 캐러웨이, 펜넬 등이고, 매운맛 향신료는 고추, 생강, 후추, 겨자씨 등이다. 매운맛을 강조하고 싶을 때는 새눈고추를 넣는데, 작고 귀여운 생김새와 달리 매운맛이 강렬한 데다 타바스코고추처럼 신맛과 함께 특유의 달콤한 향이 있어서 피클에 안성맞춤이다.

푸딩 스파이스 pudding spice _ 영국

푸딩 스파이스는 전형적인 달콤한 혼합 향신료다. 일반적으로 올스파이스, 시나몬, 정향, 육두구 및 생강을 사용하지만, 카다멈 및 고수 씨를 약간 추가하기도 한다. 주로 영국의 전통 크리스마스 케이크인 크리스마스 푸딩 반죽에 넣는다. 크리스마스 푸딩은 이름과는 달리 실제로는 케이크다. 진하고 향기로운 맛과 끈적끈적한 식감이 특징인데, 푸

크리스마스 푸딩(우)을 만드는 데 사용하는 달콤한 푸딩 스파이스(좌).

딩 스파이스가 향기를, 수엣suet*이 끈적한 식감을 갖게 한다.

크리스마스 푸딩의 역사는 아주 오래되었는데, 중세시대 크리스마스에 만들어 먹던 진한 수프, 또는 고기와 과일에 우유나 물을 붓고 끓인 포리지porridge에서 유래했다고 전해진다. 16세기에 영국의 크리스마스를 대표하는 케이크가 되었고, 지금은 크리스마스에 빼놓을 수 없는 디저트로 자리 잡았다. 집집마다 고유의 레시피가 전해져서 재료와 맛은 저마다 다르다. 푸딩 스파이스, 건과일, 생빵가루, 밀가루, 달걀, 설탕, 견과류, 럼주, 수엣 등을 반죽해 오랜 시간 찌거나 삶은 후 한 달에서 몇 개월간 숙성시켜 완성한다. 푸딩 스파이스는 크리스마스 푸딩 외에도 과일 케이크, 진저브레드 등 다양한 케이크와 과자에 사용된다.

카트르 에피스 quatre epice _ 프랑스

'네 가지quatre 향신료epice'라는 의미로, 프랑스 전통 요리에 안성맞춤인 향기로운 혼합 향신료다. 향이 강한 시나몬, 육두구, 정향에 매운 맛이 강한 후추나 생강 중 하나를 섞어서 만드는데, 향미 특징이 올스

---

* 소나 양의 콩팥 주위의 지방.

네 가지 향신료라는 뜻의 카트르 에피스.

파이스와 흡사해 올스파이스나 정향, 시나몬, 육두구 등에 적합한 요리라면 동일하게 사용할 수 있다. 지금은 대중적인 향신료로 자리 잡았지만 유럽에서 생산되지 않는 향신료들이어서 예전에는 일류 요리사라는 자존심과 고급 요리의 상징이었다.

전통적인 프랑스식 스튜 등 요리에 많이 사용한다. 냄새를 제거하는 효과가 있어서 파테pâté[*]나 테린terrine[**] 등 고기나 내장을 갈아 익혀 만드는 요리에 효과가 탁월하고, 햄, 소시지 등을 만들 때 반죽에 추가하면 효과적이다. 샤큐테리charcuterie[***]와 아라비아 요리에 즐겨 사용하는 양념이기도 하며, 비율은 음식이나 요리에 맞게 다양하게 조정한다.

---

[*] 간이나 자투리 고기, 생선 살 등을 갈아서 밀가루 반죽을 입혀 오븐에 구워낸 프랑스 요리다.

[**] 파테와 똑같은 내용물을 흙(프랑스어로 terre)으로 빚은 그릇에 담아 조리했던 것이 테린이라는 이름의 유래이며, 파테나 테린은 거의 동의어로 사용된다.

[***] 고기와 고기 부속물(내장 등)을 염장·훈연·건조 등 여러 과정을 통해 만든 육가공품을 총칭하는 프랑스어로, chair(살코기)와 cuit(가공된)가 합쳐진 말이다. 메인 메뉴를 먹기 전 제공되는 전채나 간단한 와인 안주 등 가볍게 먹는 음식이다.

부케가르니 bouquet garni _ 프랑스

프랑스어로 부케bouquet는 다발이나 묶음, 가르니garni는 '(채소를) 곁들인, 장식된'이라는 뜻이다. 수프, 스튜, 소스 등을 만들기 위해 육수를 낼 때 사용하는 허브 묶음이다. 부케가르니에 사용하는 향신료나 허브는 요리 재료나 종류에 따라 달라지지만 월계수 잎, 타임, 파슬리, 셀러리가 기본 배합이다. 생허브를 그대로 사용하기도 하고 건조시킨 것을 면보에 싸거나 봉지에 넣어 사용하기도 한다. 월계수 잎과 타임은 생것보다 건조한 것이 방향성이 강하며, 교취와 탈취 효과가 있다. 파슬리와 셀러리는 생것을 사용한다. 월계수 잎을 잘게 찢어 타임 등의 허브를 블렌딩한 '봉지 부케가르니'도 시판되고 있다.

부케가르니는 물에 끓여 충분히 향을 낸 후에는 제거해야 한다. 신선한 허브는 요리에 풍미를 더하지만, 너무 오래 끓이거나 우려내면 씁쓸한 맛이 생길 수 있고, 요리의 색과 모양에 좋지 않은 영향을 준다. 부케가르니에는 방향성 향신료로 월계수 잎, 타임, 파슬리, 셀러리, 마조람, 펜넬, 고수, 세이보리savory*, 바질, 오레가노, 정향 등을 사

육수를 낼 때 필수적인 부케가르니.

---

* 지중해 지역이 원산지인 꿀풀과 허브로, 콩맛 같은 감칠맛을 내고, 타임, 마조람, 오레가노 향이 난다. 지중해, 이탈리아, 프랑스 요리에서 많이 사용되며, 미국인들은 추수감사절용 소시지 속재료로 사용한다.

용하고, 착색성 향신료로는 사프란을 이용한다.

에르브 드 프로방스 herbes de Provence _ 프랑스

'프로방스 지방의 허브'라는 의미로, 실제로 프로방스 지방에서 많이 나는 허브를 향신료와 섞어 만든 혼합 향신료다. 향이 상쾌하고 품위가 있어서 요리에 조금만 넣어도 남프랑스의 향기가 물씬 풍긴다. 프로방스가 위치한 지중해 연안 지역은 여러 가지 허브의 원산지이기 때문에 옛날부터 정원에서 키우는 허브를 뜯어다 바로 요리에 사용했는데, 에르브 드 프로방스는 1970년대부터 널리 쓰이게 되었다.

로즈메리, 타임, 세이지, 세이보리, 바질, 월계수 잎, 오레가노 등을 섞어서 만드는데, 개인의 취향에 따라, 가정의 전통에 따라 향신료의 배합이 다르다. 고기나 생선과 궁합이 잘 맞아서 부야베스 등의 스튜나 수프와 같이 푹 끓이는 요리, 육류와 생선을 구울 때 향을 입히기 위해 사용한다.

프로방스에서 많이 나는 허브들을 혼합한 에르브 드 프로방스.

아메리카

바비큐 스파이스 럽 barbecue spice rub _ 미국

통칭 '럽rub'이라고 부르며, 미국에서 바비큐 요리를 할 때 주재료인 고기, 소스와 더불어 핵심적인 역할을 하는 바비큐용 건식 혼합 향신료다. '문지르다'를 의미하는 영어 이름 그대로, 굽기 전에 생고기에 문질러 발라서 밑간을 하거나 냄새를 제거하는 용도로 쓰인다. 미국에서는 오래전부터 집에서 바비큐를 즐겼는데, 과거에는 값이 싸고 질긴 고기를 사용하는 경우도 많았다. 럽은 이 질긴 고기를 맛있게 조리하기 위해 고안된 혼합 향신료다. 바비큐용 육류는 물론 어패류와도 잘 어울리므로, 식재료에 맞춰 방향성 향신료와 허브의 배합을 조정할

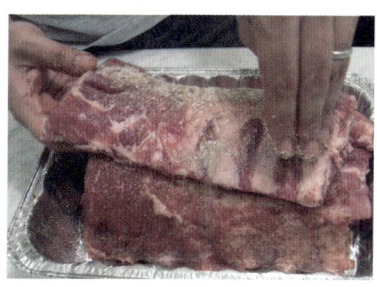 

바비큐용 고기에 직접 문질러 밑간하는 용도로 쓰는 바비큐 스파이스 럽.

수 있다. 주로 육두구가루, 커민가루, 후춧가루, 마늘가루, 양파가루, 셀러리 씨, 카엔고추, 훈제 파프리카, 황설탕, 천일염을 섞어 사용한다.

케이준 스파이스 Cajun spice _ 미국

케이준 스파이스는 고추와 마늘을 중심으로 파슬리, 월계수 잎, 타임 같은 여러 향신료를 섞어 만든 산뜻하고 매콤한 혼합 향신료로, 케이준 시즈닝이라고도 한다. 루이지애나 전통 요리의 핵심 양념인데, '케이준 Cajun'은 1755년 영국이 캐나다를 점령한 후 미국 남부 루이지애나 등으로 이주한 프랑스 정착민들을 가리킨다. 즉 케이준 요리는 루이지애나의 자연환경에서 나는 식재료로 만든 프랑스 요리, 즉 루이지애나화된 프랑스 요리라 할 수 있다. 같은 지역의 크레올 Creole 요리*와 비슷한데, 크레올 요리는 카리브해 요리 문화와 흑인 요리 문화의 영향이 좀 더 강하다는 차이가 있다. 프랑스의 부야베스에서 유래한 스튜인 검보 gumbo나 쌀 요리인 잠발라야 jambalaya 등에는 케이준 스파이스가 반드시 들어간다. 시판 제품은 가루를 배합해 만드는 경우가 많은데, 생양파와 생마늘을 사용하면 맛이 더욱 산뜻해진다. 생선 구이나 닭고기 구이 등에도 사용한다.

미국 남부의 전통 케이준 요리의 핵심은 케이준 스파이스다.

---

* 프랑스, 스페인, 아프리카, 카리브해 지역의 전통 문화가 혼합된 독특한 요리로, 17세기 식민지 시대에 탄생했다. 매콤하고 다양한 향신료를 사용하며, 케이준 요리와 함께 루이지애나 주, 특히 뉴올리언스의 음식문화를 상징한다.

칠리 파우더 chili powder _ 멕시코

칠리 파우더는 멕시코 요리나 미국 남부 요리에 많이 사용되는 혼합 향신료다. 칠리 파우더가 멕시코산 고추의 분말로 만드는 단품이라고 오해하곤 하는데, 매운 고춧가루에 오레가노와 커민 등을 섞은 블렌딩 향신료다. 1890년대 미국 텍사스 주의 멕시코 식료품 공급업자가 발명했다. 멕시코 요리에 필요한 향신료를 일일이 조합해서 만드는 수고를 덜고, 멕시코의 맛을 간편하게 재현하기 위해서라고 한다. 원래는 멕시코의 각 가정에서 고추와 오레가노의 조합을 기본으로 하되 저마다의 향신료 배합으로 사용하던 혼합 향신료로, 인도의 마살라와 마찬가지로 특별히 정해진 배합은 없다.

라틴아메리카에서는 각 지역 또는 각 가정에 따라 다양한 칠리 파우더가 만들어지고 있다. 본고장 멕시코에서는 주원료가 되는 고추에도 다양한 종류가 있는데, 칠리 안초 chili ancho* 라는 이름으로 알려진

칠리 파우더는 고춧가루뿐 아니라 다양한 향신료를 섞은 혼합 향신료다.

---

* 멕시코의 푸에블라 주에서 생산되는 순한 고추로, ancho는 '넓다'라는 뜻의 스페인어다. 멕시코 전통 소스인 몰레에 사용하는 고추로, 스코빌 지수는 1,000~1,500이다. 열매가 크고 빛깔이 검붉으며, 주로 밀려서 사용한다.

대형 품종과 캘리포니아 칠리를 많이 사용한다. 고추를 먼저 돌절구에 넣고 빻다가 원하는 향신료를 추가해 저마다 개성 있게 만든다.

시판되는 칠리 파우더는 미국 타입과 멕시코 타입이 있는데, 모두 상쾌한 자극과 달콤한 방향감이 특징이며, 그다지 맵지 않기 때문에 많이 사용해도 무리가 없다. 매운맛 조정은 고추의 배합비로 결정되며, 일반적으로 멕시코 타입이 미국 타입보다 더 맵다. 칠리 파우더에 블렌딩되는 향신료는 로스팅한 것을 사용하는데, 이로 인해 부드러운 방향감을 내는 것이 특징이다. 또한 블렌딩 후 몇 개월간 숙성시키면 보다 온화한 방향감을 얻을 수 있다. 좀 더 붉은색을 내고 싶을 때는 파프리카를 많이 배합하고, 아이들을 위해 맵지 않게 할 경우 고추의 배합비를 크게 줄인다.

칠리 파우더는 멕시코 요리에 필수적이며, 멕시코 대표 요리인 칠리 콘 카르네와 타코, 쌀 요리인 소파 데 아로스sopa de arroz, 칠리소스 조림 등에 사용할 수 있다. 미국식으로 변형된 멕시코 요리인 텍스멕스 요리에도 필수적으로 사용된다. 스페인 요리에도 자주 쓰이며, 최근에는 이탈리아나 미국의 고기 요리에도 사용되고 있다. 새우와 굴 칵테일소스, 달걀 요리, 비프스튜, 햄버거스테이크 등에도 잘 어울리고, 식초, 기름과 섞어 멕시칸 샐러드의 드레싱으로도 이용할 수 있다.

칠리 파우더에는 방향성 향신료로 오레가노, 커민, 마늘, 올스파이스, 딜, 양파, 정향을, 매운맛 향신료로 고추를, 착색성 향신료로 파프리카를 사용한다.

저크 스파이스 jerk spice _ 자메이카

자메이카 요리의 대표적인 혼합 향신료로, 올스파이스와 스카치 보닛Scotch bonnet 고추를 비롯해 후추, 육두구, 타임, 정향, 시나몬 등 여

저크 스파이스의 핵심 재료인 스카치 보닛 고추.

러 향신료를 섞어서 만든다. 스카치 보닛은 자메이카에서 재배되는 고추 품종으로, 매운맛에 더해 과일처럼 달콤한 풍미가 있어서 자메이카 요리에 흔히 쓰인다. 저크란 현지어로 '말린 고기'를 의미하는 차르키 charqui*에서 유래했다. 오래전부터 돼지고기나 닭고기를 천천히 굽거나 훈제할 때 럽이나 마리네이드로 사용했으며, 최근에는 쇠고기나 어패류 등 해산물과 채소에도 사용된다. 이를 활용한 대표적인 예가 저크 스파이스에 재워 구운 닭고기 요리인 '저크 치킨'으로, 자메이카의 길거리 음식에서 흔히 볼 수 있다.

---

* 소금에 절여 말린 육포로, 안데스 지역에서 유래한 전통 육류 가공품이며, 16~18세기의 대항해 시대에 선원들의 휴대식으로 활용되었다.

PART
5

향신료의 음식학

향신료는 그 지역 음식의 색깔

세계의 향신료 요리

식재료와 향신료의 어울림

09 향신료는 그 지역 음식의 색깔

음식은 각 지역의 자연과 민족의 정체성을 드러내는 가장 원초적인 문화다. 세계 각국의 개성 있는 요리를 즐길 때 그 요리의 특성을 드러내는 요소는 주재료나 조리법뿐 아니라 요리에 사용된 향신료이기도 하다. 이처럼 향신료는 그저 식재료의 하나에 그치는 것이 아니라 한 지역의 요리 정체성의 핵심이다. 향신료는 한 문화의 맛을 다른 문화의 맛과 구별해 음식을 문화적 표현의 필수 요소가 되게 한다. 따라서 전통적인 향신료 사용법과 혼합 향신료, 그리고 조리 기술의 보존은 공동체가 자신의 문화 정체성을 보호하고 세계와 공유하는 방법이기도 하다.

중국, 인도, 태국, 멕시코 등 각 국가의 전통 음식은 대표적인 에스닉 푸드ethnic food, 즉 '민족음식'으로 꼽힌다. 이는 그 지역 특유의 향신료를 사용한 음식으로, 개성이 풍부하고 길게는 수천년의 역사를 자랑하는 다양한 요리 전통을 담고 있다. 다시 말해, 그 나라에서 가장 대중적인 향신료, 즉 그 나라에서 쉽게 얻을 수 있어 다양한 요리에 흔히 쓰이는 향신료가 그 나라의 '맛'을 상징한다는 것이다. 예를 들면, 한국 요리에는 파, 마늘, 생강, 고추, 참깨 등이 '갖은양념'이라는 이름으로 온갖 음식에 사용된다. 또 프랑스 요리에는 셀러리, 타라곤tarragon*, 마늘, 월계수 잎, 타임, 로즈메리, 양파, 펜넬, 파슬리를 많이 사용하고, 이탈리아 요리라면 양파, 마늘, 타임, 세이지, 바질, 오레가노, 마조람, 로즈메리, 아니스, 펜넬, 셀러리, 파슬리를 쓰며, 독일 요리에는 딜, 셀러리, 올스파이스, 민트, 마조람, 겨자, 육두구, 캐러웨이, 월계수 잎, 고수, 파프리카 등이 사용된다.

흔히 각 지역 특색 요리에 '○○풍 요리'라는 표현을 쓰는데, 이 '○○풍'에서 결정적인 역할을 하는 것이 바로 향신료. 뉴올리언스 주의 프랑스풍 요리인 케이준 요리나 크레올 요리는 프랑스식 조리법에 미국에서 나는 차이브chive**, 할라페뇨, 양귀비 씨poppyseed 같은 향신료와 허브를 사용한다. 또 '시노아풍China chic 프랑스 요리'는 기존 프랑스 요리에 중국식 향미를 입혀 새롭게 만들어낸 것인데, 고수, 화자오, 생강, 스타아니스 등이 사용되어 '중국풍'을 표현한다.

따라서 ○○풍 요리를 만들고 싶을 때는 그 음식문화권만의 독특한 향신료를 잘 이용해야 한다. 이때 가장 쉬운 방법이 각 국가나 지역을 대표하는 향신료, 혹은 혼합 향신료를 사용하는 것이다. 인도풍 요리라면 커민이나 각종 마살라로, 중국풍 요리라면 화자오나 스타아니스, 혹은 오향분으로, 멕시코풍 요리라면 고수와 차이브, 칠리 파우더로 풍미를 낼 수 있다.

---

* 학명은 *Artemisia dracunculus*인 국화과의 여러해살이풀이다. 잎과 뿌리를 이용하는 허브형 향신료로, 달콤한 향과 쌉쌀한 맛이 나며 프랑스 요리에서 많이 사용된다.
** 학명은 *Allium schoenoprasum*인 수선화과의 여러해살이풀이다. 부추와 비슷하게 생겼으며 양파와 비슷한 향이 난다.

10 | 세계의 향신료 요리

　　　　　　　일반적으로 한 지역의 식문화는 기후와 지형 등 지리적 여건으로 인한 식재료의 수급과 가용성, 무역의 접근성, 종교, 전통, 역사, 그리고 정복이나 식민 지배 같은 외부의 충격 등 매우 다양한 요소의 영향을 받는다. 향신료 역시 각 지역의 자연환경에서 영향을 크게 받지만, 장기간에 걸쳐 상업과 무역, 정복과 이식을 통해 원산지를 벗어난 지역에서도 해당 지역의 음식문화를 이끌어왔다.

　그럼에도, 한 문화권에서 주로 사용하는 향신료의 종류는 자연환경에 의한 재배 조건과 수급 용이성에 따라 결정되었으며, 이렇게 채택된 향신료가 저마다의 민족 정체성을 나타내는 식문화를 발달시켰다. 따라서 세계 여러 지역의 요리에서 향신료 사용의 특정한 패턴을 읽어낼 수 있다. 아시아 요리에는 세계 어느 곳보다도 다양한 향신료가 다량으로 사용되며, 유럽에서는 후추나 육두구 같은 향신료를 사용하지만 그보다는 다양한 허브를 폭넓게 사용한다. 중동과 북아프리카도 인도 아대륙과 함께 2,000년 이상의 향신료 역사를 배경으로 다양한 향신료를 요리에 광범위하게 사용한다.

　여기에서는 지역별 향신료 문화와 대표적인 향신료 요리를 알아보자.

유럽

현대와 같은 냉장 기술이 없었던 시대에 고기를 보존하는 방법은 말리거나 염장하는 것이 일반적이었다. 신선한 육류를 안정적으로 구할 수 없었던 시대에 더 맛있게 먹고 더 오래 보존하기 위한 수단으로 향신료를 사용했고, 이것이 지금까지 음식문화로 굳어져 유럽 여러 국가에 전해졌다. 따라서 유럽에서는 육류와 잘 어울리는 후추, 육두구, 올스파이스, 머스터드, 로즈메리, 세이지 등의 향신료와 허브를 조리에 많이 사용한다.

■ 남서유럽

남서유럽은 지중해와 대서양에 접해 있어 해산물이 풍부하고 온화한 기후 덕분에 허브가 다양하다. 게다가 역사적으로 유럽에서 가장 먼저 향신료를 접해 다양한 음식문화를 꽃피웠다.

고대 로마 시대부터 음식문화가 발전한 이탈리아의 경우, 향신료가 요리에 '본격적으로' 융합된 것은 상인들이 인도와 동남아시아의 희귀 식물과 식재료를 들여온 15세기 이후다. 북부 이탈리아의 전통 조림 요리인 오소부코는 토마토가 전래되기 이전에는 안초비로 담근 어장魚醬과 이탈리아 전통 양념인 그레몰라타gremolata*로 조미했다고 한다. 지리적으로 아랍 및 페르시아 문화권과 교류가 많았던 그리스와 이탈리아는 물론, 북아프리카에서 침략한 이슬람 왕조의 지배를 오랫동안 받았던 스페인은 다양한 허브와 향신료를 요리에 사용한 역사를 배경으로 풍성한 음식문화를 자랑한다.

---

* 파슬리, 마늘, 레몬 껍질을 다져서 올리브오일에 볶은 녹색 소스.

오소부코 ossobuco

송아지 뒷다리 정강이뼈에 화이트와인을 부어 푹 고아낸 이탈리아 고기찜 요리로, 주로 겨울철에 먹는 음식이다. 셀러리, 로즈메리 등의 허브와 마늘, 후추 등을 사용한다. 식탁에 내기 전 그레몰라타를 곁들인다.

파에야 paella

이슬람의 영향을 받은 스페인의 쌀 요리로, 사프란으로 색을 낸 발렌시아 지역의 향토 음식이다.

파스텔 드 바칼라우 pastel de bacalhau

포르투갈 음식으로, 대구(바칼라우) 살, 감자, 달걀, 양파, 파슬리, 후추를 넣어 만든 일종의 어묵 튀김(크로켓)이다.

부야베스 bouillabaisse

프랑스 마르세유 지역의 전통 해물 스튜로, 고추, 마늘, 양파, 월계수 잎, 바질, 펜넬, 사프란 등 다양한 향신료를 넣어 만든다.

수블라키 souvllaki

그리스의 꼬치구이 요리로, 고기를 굽기 전에 마늘, 오레가노, 후추 등의 향신료 및 허브에 재워두었다가 직화로 굽는다.

물 마리니에르 moules marinières
프랑스와 벨기에의 홍합찜으로, 셀러리, 파슬리 같은 허브를 사용한다.

치킨 티카 마살라 chicken tikka masala
인도의 영향을 받은 영국 국민 요리의 하나로, 구운 닭고기를 마늘, 생강, 가람마살라, 카레분말 등을 넣어 만든 소스에 끓여 만든다.

셰퍼드 파이 shepherd's pie
고전적인 영국 요리로, 다진 고기 위에 으깬 감자를 얹어 오븐에 구워 만드는데, 고기 누린내 제거를 위해 셀러리, 타임, 로즈메리, 후추 등을 사용한다.

사워크라우트 sauerkraut
독일의 양배추 절임으로, 양배추를 절일 때 통후추, 캐러웨이 등을 넣어 풍미를 돋운다.

자연환경이 비슷한 데다 400여 년간 오스만 제국의 지배를 받았기에, 그리스 요리는 튀르키예 요리와 비슷한 점이 많다. 다양한 해산물과 양파와 마늘 같은 향신 채소, 가지, 토마토, 감자, 양배추 같은 채소를 이용하는 것이 특징이다. 튀르키예에 비해 향신료를 많이 쓰는 편은 아니지만 고추를 잘 먹는 편이며, 고춧가루를 사용하는 요리도 많다.

프랑스 남부 또한 지중해를 면하고 있어 싱싱한 해산물이 풍부하고, 생선과 궁합이 잘 맞는 사프란, 타임, 펜넬 등의 향신료와 허브를 많이 사용한다. 흰살 생선과 게, 새우, 조개 등의 어패류를 토마토와 함께 끓여 사프란으로 색과 향을 더한 스튜인 부야베스가 프랑스 남부를 대표하는 요리다. 해산물의 맛을 응축시킨 부야베스의 황적색은 사프란 없이는 만들어질 수 없다. 마리니에르marinières 소스를 이용한 홍합찜인 물 마리니에르는 프랑스와 벨기에에서 즐기는 요리로, 샬롯, 마늘, 셀러리, 파슬리 등의 허브가 사용된다.

한때 '해가 지지 않는 나라'로 불렸던 영국의 가장 중요한 식민지가 인도였다. 따라서 향신료를 풍성하게 사용하는 인도의 음식문화가 일상에 깊숙이 들어와 있다. 인도의 탄두리 치킨을 영국식으로 변형한 치킨 티카 마살라는 다양한 향신료가 다량 사용되는, 영국인이 가장 좋아하는 음식이기도 하다. 영국의 전통적인 헌팅 요리인 셰퍼드 파이(코티지 파이cottage pie라고도 한다)는 남은 고기를 감자와 함께 조리한 미트파이인데, 고기 냄새 제거에 셀러리와 타임, 로즈메리, 후추와 같은 향신료를 많이 사용한다.

독일에서는 각종 소시지를 만들 때 향신료를 많이 사용하지만, 독일식 김치라 할 수 있는 사워크라우트를 만들 때에도 향미를 내기 위해 통후추, 캐러웨이 등 향신료를 사용한다.

▪ 북동유럽

한랭한 기후로 인해 다양한 향신료와 허브를 접하지 않았던 지역이라 맵거나 자극적이지 않은, 온화한 양념의 요리가 많다. 그러나 전쟁이나 종교 등의 영향으로 서아시아 및 중앙아시아 문화를 접하면서, 혹은 중서유럽과의 교류를 통해 허브와 향신료가 전래되면서 다양한 향신료와 허브가 전통 음식에 사용되었다.

러시아와 동유럽의 크리스마스 케이크인 '프랴니크пряник'에는 여러 향신료가 사용된다. 기원전 4세기경에 만들어진 것으로 추정되는 이 과자는 9세기경부터 러시아에서 큰 인기를 끌었다. 원래는 호밀가루와 벌꿀, 베리류의 즙을 넣어 만들었는데, 당시에는 꿀빵이라는 뜻의 '메도빅медовик'으로 불렸다. 그러나 중동 및 인도와의 무역이 이루어졌던 12~13세기에 향신료가 재료로 추가되면서 17세기에는 향신료를 뜻하는 러시아어 '프랴나스티пряность'에서 파생된 프랴니크로 이름까지 바뀌었다고 한다. 달콤하면서도 복잡한 맛을 내는 과자로, 여기에 사용되는 대표적인 향신료는 후추나 커민, 정향, 고수 씨, 카다멈, 시나몬, 레몬, 민트, 바닐라, 생강, 아니스, 육두구 등이다. 크리스마스를 비롯한 명절의 상징이면서, 생일이나 전통 결혼식에서 흔히 볼 수 있는 과자다.

러시아 및 북동유럽은 추운 기후로 인해 진한 맛을 내는 수프나 스튜 요리가 발달했다. 대표적인 것으로 우크라이나의 보르시borshch, 러시아의 스트로가노프stroganoff*와 솔랸카, 헝가리의 굴라시, 절인 양배추와 신선한 양배추 그리고 고기를 넣고 끓인 폴란드의 비고스 등이

---

* 러시아의 대표적인 가정 요리로, 길쭉하게 썬 쇠고기를 양파, 버섯과 함께 볶고 러시아식 시워크림인 스메타나와 겨자를 넣어 만든 소스와 함께 내는 요리.

솔랸카 solyanka
러시아와 우크라이나, 발트 3국(에스토니아, 라트비아, 리투아니아) 등에서 흔히 볼 수 있는 시큼하고 매운 수프로, 육수에 고기, 토마토, 오이피클, 향신료 등을 넣고 끓인다. 고기를 삶을 때 월계수 잎, 후추, 올스파이스, 셀러리를 넣고, 완성된 수프에는 딜 잎을 올린다.

굴라시 gulyás
향신료에 재운 쇠고기를 감자·당근·양파 같은 각종 채소와 함께 볶은 뒤, 토마토와 와인을 넣고 푹 끓여 만든 헝가리의 전통 스튜로, 후추, 월계수 잎, 캐러웨이와 파프리카가루가 들어간다.

비고스 bigos
여러 가지 고기에 채 썬 양배추와 사워크라우트(절인 양배추) 등을 넣어 끓인 폴란드의 전통 스튜로, 월계수 잎, 파프리카가루, 소금과 후추가 들어간다.

피시키수피 fiskesuppe
대구 등 흰살 생선, 새우, 당근, 감자, 양파 등에 생크림과 셀러리, 리크, 딜 등 허브를 넣고 끓인 스칸디나비아식 크림수프다.

치킨 키이우 chicken Kiev

우크라이나 요리로, 딜을 비롯한 허브를 섞은 버터 반죽을 닭고기나 송아지고기로 감싸 달걀과 빵가루를 묻혀 튀겨낸 커틀릿이다.

샤슬릭 shashlyk

러시아, 우크라이나, 중앙아시아, 캅카스 등에서 먹는 타타르식 꼬치구이로, 향신료로 만든 양념에 재웠던 고기를 구워 만든다.

쵸트카케 kjottkaker

다진 고기를 각종 향신료로 양념해 튀긴 노르웨이식 미트볼이다.

있다. 이런 수프 요리에는 육수를 낼 때 사용하는 허브와 고기에 사용하는 향신료가 공통적으로 들어간다.

러시아의 대표적인 향신료와 허브는 후추, 월계수 잎, 고수, 딜, 파슬리, 마늘, 호스래디시, 민트 등이며, 이 중 통후추와 월계수 잎은 러시아의 거의 모든 요리에 들어간다. 그러나 러시아 음식은 재료의 맛을 살려 담백한 편으로, 향신료를 다양하게 사용하거나 그 양을 많이 넣지는 않는다. 또한 육류와 빵이 주식인 헝가리를 비롯한 동유럽에서는 파프리카로 맛을 내는 음식이 많으며, 실제로 식당에서는 테이블 위에 파프리카가루, 후추, 소금을 함께 내놓는 경우가 많다.

북해와 발트해를 접하고 있는 스칸디나비아 3국(노르웨이, 스웨덴, 덴마크)에서는 해산물 요리가 발달했는데, 예를 들어 피시키수피라는 해산물 수프는 당근과 토마토, 양파 등 다양한 채소를 사용하지만 후추 외의 향신료는 거의 사용하지 않는다.

이 지역에서는 다양한 육류 요리도 발달했는데, 우크라이나의 치킨 키이우, 러시아의 꼬치요리 샤슬릭, 노르웨이식 미트볼인 쾨트카케 등에는 고기 양념을 위한 다양한 향신료가 사용된다.

유럽의 향신료 과자

유럽에서는 의외로 향신료를 과자 및 케이크에 많이 사용한다. 러시아의 프랴니크 외에도 프랑스의 팡 데피스pain d'épices, 영국의 진저브레드ginger bread, 네덜란드의 베스하위트 메트 마위시스beschuit met muisjes, 스웨덴의 루세카테르lussekatter가 있다.

프랑스의 팡 데피스는 말 그대로 '향신료가 든 빵'이라는 뜻으로, 밀가루 또는 호밀가루에 시나몬이나 육두구, 아니스, 정향 등의 향신료와 꿀을 섞어 구운 빵이다. 영국의 진저브레드는 생강, 정향, 육두구, 시나몬 등으로 향미를 내고 꿀, 설탕, 당밀 등으로 단맛을 더한 빵이나 과자를 가리키는데, 부드러운 케이크 형태도 있고 쿠키처럼 단단하고 바삭한 형태도 있다.

네덜란드의 출산 축하 과자인 베스하위트 메트 마위시스는 '쥐가 있는 러스크'라는 뜻인데, 러스크는 빵이나 카스텔라 따위를 얇게 썰어서 버터나 설탕을 발라 오븐에 구워낸 과자다. 여자아이는 분홍색, 남자아이는 하늘색 설탕으로 코팅한 아니스 씨를 토핑으로 올린다. 스웨덴에서는 매년 12월 13일 성 루치아 축제 때 사프란으로 물들인 빵을 구워 먹는데, 이 빵을 루세카테르라고 한다.

이처럼 과자류에 향신료를 사용하는 까닭은 과자의 단맛을 향신료의 향이 상승시키는 작용(350쪽 참고)과 함께, 크리스마스 같은 명절에 당시로서는 귀한 식재료였던 향신료로 축하의 의미를 전했던 것으로 보인다.

① 프랴니크
② 팡 데피스
③ 진저 브레드
④ 베스하위트 메트 마위시스
⑤ 루세카테르

서아시아와 아프리카

 서아시아와 북아프리카는 지중해를 둘러싸고 있는 지리적 여건과 이슬람이라는 종교적 공통분모로 인해 비슷한 음식문화를 가지고 있다. 또한 오래전부터 동서 향신료 교역의 중심지로서, 인도 아대륙 못지않은 향신료 문화의 중심지다.

 이들 지역의 음식은 인도 및 동남아시아와의 수천년 교역으로 확보한 향신료를 활용한 결과물이며, 지역의 전통 요리에는 향신료가 필수적으로 들어간다. 서아시아의 경우 커민, 고수, 강황을 고소한 음식에 사용하는 한편, 시나몬, 육두구, 정향과 같은 향신료는 달콤한 음식에 사용한다. 북아프리카 요리에도 비슷하게 커민, 고수, 강황 등의 향신료를 많이 사용한다.

▪ 서아시아

 유럽과 아시아 사이에서 관문 역할을 하는 튀르키예의 음식문화는 서아시아 전체 및 북아프리카를 대표한다고 볼 수 있다. 과거 오스만 제국의 중심지로서 중앙아시아, 서아시아, 지중해 지역, 발칸 반도의 요리가 모두 융합된 튀르키예 요리는 다양한 재료를 조합하며 향신료도 많이 사용하는 것이 특징이다. 튀르키예는 오래전부터 실크로드의 종착지로서 향신료 무역이 발달했기 때문에 다양하고 풍부한 향신료를 적극적으로 사용한다.

 대표적으로 양고기나 닭고기를 사용한 시시 케밥shish kebap*과 되네

---

* 케밥은 다양한 조리 방법을 망라한 이름으로, 시시 케밥은 일종의 꼬치구이이고, 되네르 케밥은 세로 회전구이 케밥이다.

되네르 케밥 döner kebap
다양한 향신료에 재운 고기를 세로 회전 구이로 익혀가며 썰어 먹는 튀르키예 대표 요리.

후무스 hummus
병아리콩을 삶아서 올리브유, 후추, 커민, 고수 씨, 참깨소스(타히니), 마늘, 고추, 레몬 즙, 소금 등을 섞어 갈아 만든 페이스트로, 마그레브를 비롯한 북아프리카와 서아시아까지 넓은 지역의 향토 음식이다. 그리스와 튀르키예에서도 즐기는 음식이다.

타불레 tabbouleh
세몰리나에 파슬리와 민트, 양파, 토마토, 파프리카 등을 섞고 올리브유와 소금, 레몬 즙으로 양념한 요리. 레바논 등 중동 지역에서 인기 있는 전통 샐러드다.

캅사 kabsa
고기, 건과류, 향신료와 함께 짓는 아랍 사역의 쌀밥 요리로, 향신료는 후추, 정향, 카다멈, 사프란, 시나몬, 말린 라임, 월계수 잎, 육두구 등을 쓴다.

르 케밥, 쾨프테뿐 아니라 후무스에도 커민이나 정향, 파프리카 등 여러 종류의 향신료를 블렌딩해 사용한다.

이외에도 레바논의 타불레, 사우디아라비아의 캅사, 예멘의 살타 saltah* 등은 향신료를 사용하는 대표적인 요리다.

■ 아프리카

같은 아프리카라 해도 아랍과 유럽의 영향을 받은 북아프리카와 사하라 사막 이남 아프리카 사이에는 문화적·종교적 차이가 크다. 현대의 아프리카 문화는 원주민의 전통 문화에 더해 식민지 시기에 유럽 국가들, 아랍 및 인도 음식문화의 영향을 받아 독특함과 다양성이 풍부하다. 아프리카를 식민 지배했던 유럽인이 아시아에서 이식한 향신 식물들이 자리를 잡아 향신료 생산량도 많다. 지역에 따라 식재료와 양념의 특징이 다르지만 시나몬, 커민, 고수, 육두구, 고추 등의 향신료가 많이 사용된다. 풍부한 자연자원에서 생산된 식재료들이 향신료와 어울려 맛에 깊이를 더해 아프리카만의 음식문화를 만들고 있다.

북아프리카의 튀니지, 모로코, 알제리, 이집트 등은 서아시아 요리와 거의 비슷한 식재료와 조리법을 사용하며 전통적으로 향신료를 풍부하게 사용한다. 마그레브 지역에서 광범위하게 즐기는 타진 요리나 쿠스쿠스 등이 다양한 향신료를 넣는 음식의 예다.

16세기부터 향신료 무역의 중계지였으며 포르투갈의 지배를 받은 적이 있는 모잠비크의 요리인 피리피리치킨은 닭고기를 향신료에 절인 후 굽고, 코코넛밀크 소스를 뿌려 먹는 요리다. 여기에 사용되는 피

---

* 돌뚝배기에 고기 스튜(마라크)와 매운 양념인 사하크(고추, 토마토, 마늘, 허브), 쌀, 감자, 채소, 달걀 등을 넣어 끓이다가 페누그릭를 얹어 내는 예멘의 국민 음식.

쿠스쿠스couscous

듀럼밀로 만든 좁쌀형 파스타에 향신료로 맛을 내고 매운 하리사 소스를 곁들여 먹는 북아프리카의 주식이다.

마흐시mahshi

파슬리, 고수 잎, 딜, 커민, 후추 등으로 버무린 고기와 쌀을 포도 잎이나 양배추로 싸거나 파프리카에 채워 넣고 찌는 이집트 요리로, 돌마dolma의 일종이다.

코샤리koshary

마카로니, 쌀, 렌틸콩 등의 주재료에 채소, 견과류와 후추, 커민가루 등 향신료를 넣어 만든 이집드 국민 음식이다.

피리피리치킨 piri-piri chicken

피리피리고추를 베이스로 한 양념에 재운 닭고기를 바비큐한 포르투갈식 요리다.

마페 maafe/mafé

채소와 고기, 향신료로 맛을 낸 서아프리카의 땅콩 스튜로, 쌀밥과 함께 먹는다.

수야 suya

'야지'라는 혼합 향신료로 양념한 나이지리아의 고기 꼬치구이 요리다.

와트 wat

육류나 채소, 렌틸콩을 베르베르라는 매운 향신료 혼합물로 끓여 만드는 동아프리카의 전통 스튜. 국물 없이 걸쭉한 것이 특징이다.

리피리고추와 마늘, 레몬 등은 모두 다른 대륙에서 들여온 것이다.

이처럼, 사하라 사막 이남의 아프리카 또한 향신료를 이용한 음식을 많이 먹는다. 대표적으로 서아프리카 세네갈의 마페, 나이지리아의 수야, 동아프리카 에티오피아의 스튜 요리인 와트, 고기 카레를 속으로 넣은 케냐식 만두인 만다지mandazi, 남아프리카공화국식 소시지인 부르보스boerewors 등이 있다.

아시아·오세아니아

향신료 왕국 인도를 비롯해 베트남, 스리랑카, 인도네시아 등 향신료 생산 대국이 모여 있는 대륙이다. 재배되는 향신료의 종류도 다양하고, 양도 많아 향신료를 사용하는 음식이 발달했으며, 이들이 지역의 요리 전통에서 중요한 역할을 한다. 아시아는 그 광대함만큼이나 자연환경과 역사·문화가 극명하게 달라, 지역에 따라 꽤나 다른 음식 문화를 보인다.

아시아 지역을 주요 산지로 하는 향신료와 허브는 후추, 정향, 육두구, 강황, 아니스, 시나몬, 카다멈, 스타아니스, 생강, 참깨, 자소엽紫蘇葉(차조기), 화자오와 초피 등이다.

인도에서는 강황, 커민, 고수, 카다멈 등의 향신료를 주로 사용하고, 동남아시아의 태국 요리에는 레몬그라스, 생강, 갈랑갈 같은 향신료가 사용되는 반면, 말레이시아 요리에는 인도와 비슷하게 강황, 고수, 커민 등이 사용된다.

▪ 남아시아

광대한 인도 아대륙에는 지역마다 그리고 민족, 종교, 계층에 따라 다양한 종류의 요리가 있기 때문에 그것을 인도 요리로 함께 묶을 수는 없다. 하지만 어느 지역의 음식이든 여러 종류의 향신료를 조합한다는 공통점을 가지고 있다. 그것을 상징하는 것이 마살라로, 인도의 각 가정에서 저마다의 향신료와 허브를 조합해 사용하는 혼합 향신료의 총칭이다.

인도 요리는 크게 북인도 요리, 남인도 요리, 벵골 요리의 세 가지로 구분할 수 있다. 북인도 요리는 이란 및 아프가니스탄과 국경을 접하고 있는 파키스탄과 펀자브Punjab 지방에서 발달한 것으로, 차파티chapati와 난 등 밀가루로 만든 빵을 주식으로 하며, 커민이나 고수 씨, 카다멈, 시나몬 등을 혼합한 가람마살라를 거의 모든 요리에 사용하는 것이 특징이다. 탄두르(원통형 화덕)로 조리하는 치킨 티카chicken tikka나 탄두리 치킨 등이 대표적인 펀자브 요리다.

남인도 요리의 특징은 쌀을 주식으로 하며 코코넛밀크를 많이 사용하는 것이다. 채식주의자가 많은 지역이기도 하며, 채소와 콩으로 조리한 반찬을 밥과 함께 손으로 비벼 먹는 음식문화가 지금도 남아 있다. 향신료는 커리리프를 즐겨 사용하며 건조한 붉은 고추나 생 청고추를 사용하지만, 양념은 비교적 순하다. 비리야니biryani*가 대표적인 남인도 요리다.

방글라데시를 포함한 벵골 지역에서는 쌀과 겨자유에 튀긴 생선을 자주 먹는데, 여기에 혼합 향신료인 판치포론을 많이 사용한다. 민물고기를 주재료로 쓰는 머체르 졸macher jhol 같은 카레 요리도 발달했다.

---

* 생쌀을 향신료에 재운 고기, 생선 또는 달걀, 채소와 함께 찌거나 고기 등의 재료를 미리 볶아 반쯤 익힌 쌀과 함께 찐 요리다.

사손 카 사그 sarson ka saag
북인도 요리로, 주재료인 겨자 잎에 마늘, 생강, 고추 등 향신료를 섞어 만든 그린 카레다.

하이데라바디 비리야니 Hyderabadi biryani
남인도의 대표 도시인 하이데라바드의 비리야니. 바스마티 쌀에 고기, 다히(발효유), 계피, 정향, 카다멈, 월계수 잎, 육두구, 캐러웨이, 스타아니스 등을 섞어 지은 밥으로, 연회나 축제 음식으로 먹는다.

머체르 졸 macher jhol
청어과 생선인 일리시 ilish를 주재료로 하는 카레로, 강황, 마늘, 양파, 생강 외에 여러 가지 향신료를 자유롭게 사용한다. 인도, 네팔, 방글라데시에서 즐기는 요리다.

달밧 dal bhat
쌀밥에 카레를 곁들여 먹는 네팔식 백반이다. 렌틸콩이나 콩을 양파, 마늘, 생강, 고추, 토마토, 타마린드와 함께 조리한 카레가 주 반찬으로, 고수, 가람마살라, 커민, 강황과 같은 허브와 향신료가 꼭 들어간다.

■ **동남아시아**

동남아시아는 제철에 잡힌 작은 물고기나 새우에 소금을 섞어 발효시켜 젓갈fish sauce을 만들어 먹는 '어장 문화권魚醬文化圈'이다. 필리핀, 태국, 베트남 등지에서는 젓갈의 국물을 모든 요리의 조미료로 사용하며, 인도차이나 반도 서쪽에서 인도네시아에 걸치는 지역에서는 새우 젓갈을 건조시켜 반고체 상태로 만들어 이용한다. 대표적으로 태국의 남플라나 베트남의 느억맘nước mắm이 있다. 이 어장은 음식에 감칠맛을 더하는 역할을 하며, 향신료와는 구별되는 조미료다.

그러나 동남아시아 역시 향신료나 허브의 주요 산지로, 이들을 이용한 독자적인 음식문화가 있다. 태국의 똠얌꿍은 어패 육수의 맛에 고추의 매운맛과 라임의 신맛이 합쳐진 아주 복잡한 맛을 내는 수프로, 여기에 레몬그라스와 카피르라임 잎kaffir lime leaf 등의 상큼한 향이 더해진다. 그 밖에도 여러 국가에 그 땅의 역사와 문화가 반영된 향신료를 사용한 특산 요리가 다양하고 풍부하다.

■ **동아시아**

고대 중국에서는 고기나 물고기에 누룩과 소금을 섞어 부패를 막으며 발효시켜 육장肉醬과 어장魚醬을 만들어 먹었다. 그에 비해 한국과 일본은 대두를 발효시켜 다양한 양념을 기본으로 삼는 '두장 문화豆醬文化'를 발전시켰다.

중국은 지역마다 다양한 요리와 조리법이 발달했다. 각 성省마다 저마다의 자연환경을 바탕으로 개성 있는 음식문화를 발전시켰다. 그중 쓰촨에서는 고추와 화자오 같은 매운 향신료를 적극 사용하는 요리가 발달했는데, 마파두부, 탄탄면, 산라탕酸辣湯이 대표적인 음식이다.

한국 요리에서 주로 사용하는 향신료는 고추, 파, 마늘, 생강, 후추

똠얌꿍 tom yam kung
태국의 매콤하고 신맛이 나는 새우 수프로, 레몬그라스, 카피르라임 잎, 갈랑갈, 고추, 샬롯, 고수 잎 등 허브와 향신료 외에 토마토, 버섯, 피시소스 등이 들어간다.

나시고렝 nasi goreng
인도네시아식 볶음밥으로, 달콤한 간장인 케찹마니스, 샬롯, 마늘, 타마린드, 고추 등으로 양념하며, 동남아시아 전역에서 즐기는 음식이다.

시니강 sinigang
필리핀의 신맛과 짭짤한 맛이 나는 수프 또는 스튜로, 고기나 해산물에 타마린드, 토마토, 시금치, 양파, 마늘, 고추 등을 넣어 만든다.

반세오 bánh xeo
베트남의 전통 음식으로, 강황가루를 섞은 묽은 쌀가루 반죽을 크레페처럼 얇게 부쳐 채소와 해산물을 싸서 먹는다.

마파두부 麻婆豆腐

두부와 다진 고기에 화자오와 고추, 두반장으로 맛을 낸 매운 소스를 넣고 만드는 쓰촨의 대표적인 요리로, 얼얼한 매운맛이 특징이다.

산라탕 酸辣湯

닭고기, 두부, 버섯, 죽순, 대파, 토마토 등에 소금, 간장, 생강즙으로 조미하고 화자오, 고추, 후추를 넣으며, 녹말로 걸쭉하게 한 후 달걀을 풀어 넣는 수프다.

삼계탕

닭고기에 찹쌀, 인삼, 대추, 생강, 마늘, 황귀, 후추 등을 넣고 푹 고는 한국의 보양식이다.

김치

소금에 절인 배추에 무 채, 고춧가루, 다진 마늘, 파, 젓갈 등을 넣고 버무린 속을 배춧잎 사이에 넣고 익히는 한국의 대표적인 발효음식이다.

초밥 寿司

배합초로 간을 한 쌀밥 위에 어패류 살을 올리고, 와사비 간장을 찍어 먹는 일본 대표 음식이다.

장어덮밥 鰻丼

장어 구이를 양념해서 밥에 얹어 먹는 일본 요리로, 초피(산쇼)로 맛에 악센트를 준다.

등으로, 김치나 나물, 찌개 요리 등에 사용한다. 조선 후기에 전래된 고추가 한국을 대표하는 향신료가 되었는데, 고추장과 김치는 고추 없이는 존재할 수 없는 음식이다. 뭐니 뭐니 해도 가장 많이 사용하는 향신료는 마늘로, 한국 음식은 마늘로 시작해서 마늘로 끝난다고 할 정도다. 대표적인 요리로는 비빔밥, 김치, 삼계탕 등이 있다. 후추와 생강, 계피 등은 약재로도 많이 사용했으며, 그로부터 수정과 같은 음료와 차가 발달했다.

일본은 불교의 영향으로 1,000년 이상 육식을 하지 못했는데, 이로 인해 바다의 산물을 주로 이용하는 음식문화를 갖게 되었다. 따라서 일본 요리에서는 해산물에 어울리는 와사비나 생강, 초피(산쇼) 등의 향신료를 주로 사용하는데, 비린내나 느끼함을 억제하면서 산뜻한 맛과 풍미를 높여준다. 대표적인 요리로 회와 초밥, 장어덮밥 등이 있다.

■ 오세아니아

오세아니아는 드넓은 호주 대륙에서 태평양에 이어진 작은 섬나라까지 범위가 매우 넓은 지역이다. 또한, 다양한 곳에서 모여든 이민자들이 다민족 문화를 창조해 향신료 또한 다양하게 활용하고 있다.

유럽에서 온 이주자가 주류를 이루는 오스트레일리아와 뉴질랜드

오지 미트파이 Aussie meat pie
다지거나 작게 썬 양념 고기소를 넣고 만든 주먹 크기의 파이다.

에는 영국식 요리가 많아 기본적인 육류 조리에 활용되는 향신료를 쓴다. 대표적으로 오지 미트파이와 바비큐를 가리키는 바비barbie가 있다. 그러나 향신료를 많이 사용하는 요리는 상대적으로 적다.

아메리카

15세기 말 콜럼버스가 발을 딛기 이전부터 아메리카 대륙의 원주민들은 고추를 이용했고, 지금도 여전히 여러 전통 요리에 고추를 사용하고 있어 '고추 문화권'이라고 할 수 있다.

아메리카가 원산지인 고추와 올스파이스, 베르가못bergamot* 외에도 아메리카 대륙에서 많이 생산되는 향신료 및 허브는 후추, 주니퍼베리juniper berry, 민트, 처빌chervil**, 마늘, 머스터드, 고수 등이 있다.

▪ 북아메리카

이민 문화에서 탄생한 루이지애나 주의 케이준 요리와 크레올 요리에서 향신료가 풍부하게 사용된다. 대표적인 케이준 요리로 잠발라야와 검보를 들 수 있다. 미국 북동부의 클램 차우더 같은 해산물 수프에도 향신료가 사용된다.

---

* 학명은 *Monarda didyma*. 꿀풀과의 여러해살이풀로, 북아메리카가 원산지다. 매콤한 향과 맛으로 식용, 약용, 향신료로 사용한다. 아메리카에서는 잎의 침출액을 차oswego tea로 마셨다. 과일 베르가못 오렌지와는 다른 식물이다.

** 학명은 *Anthriscus cerefolium*. 미나리과의 한해살이풀이다. 유럽과 서아시아가 원산지인 요리용 허브로 '미식가의 파슬리'라 불린다. 샐러드, 고기 및 생선 요리 등에 사용하며, 특히 프랑스 요리에 많이 이용된다.

잠바라야 jambalaya

피망, 셀러리, 토마토, 양파, 마늘, 소시지 등에 새우나 고기를 넣고 짓는 일종의 냄비밥으로, 아메리카 원주민, 스페인, 프랑스 문화가 섞여 있다.

검보 gumbo

육류 또는 조개류에 오크라, 필레 파우더(매운맛이 나는 사사프라스 잎의 분말), 셀러리, 피망, 양파 등을 넣고 끓인 풍미가 강하고 걸쭉한 스튜다.

클램 차우더 clam chowder

대합이나 가리비 등 조개에 양파, 셀러리, 월계수 잎을 넣고 푹 끓인 크림수프다.

칠리 콘 카르네 chili con carne

간 쇠고기에 강낭콩, 마늘, 양파, 고추, 커민, 토마토 등을 넣고 끓인 매운 스튜다.

무케카 moqueca

다진 마늘과 양파, 피망과 토마토를 넣고 볶다가 흰살 생선과 새우 살 등 해산물에 코코넛밀크와 물을 부어 끓이는 브라질의 해산물 스튜로, 고수, 바질, 파슬리, 피리피리고추 등을 넣기도 한다.

세비체 ceviche

생선 살이나 오징어, 새우 등의 해산물을 얇게 지며 레몬 즙이나 라임 즙, 허브에 재웠다가 차갑게 먹는 해산물 샐러드로, 페루의 대표 음식이다.

■ 라틴아메리카

고추와 여러 향신료를 섞어 만든 전통 소스인 몰레mole를 다양한 요리에 활용한다. 남아메리카 원산의 카옌고추나 칠리 안초를 기본으로 견과류와 다양한 향신료를 절구에 찧어서 만드는데, 멕시코의 대표 요리인 타코와 칠리 콘 카르네에는 몰레 소스를 빼놓을 수 없다. 아보카도 디핑소스인 과카몰레 또한 몰레 소스의 일종이다. 이외에 브라질의 무케카, 페루의 세비체 등도 향신료를 사용한 대표적인 요리다.

음식문화 융합의 핵심, 향신료

향신료는 전 근대에는 교역을 통해 지역과 지역을 연결했고, 대항해 시대를 여는 역할을 담당했다. 현재 향신료는 사람과 문화를 연결하면서 퓨전 요리의 창조를 이끌고 있다. 디아스포라에 의해 각 지역의 전통 요리들이 서로 섞이면서 음식문화의 융합이 일어나고, 이로써 독특하고 새로운 요리들이 탄생하게 된 것이다.

17~18세기 미국의 이민 문화에서 탄생한 루이지애나 주의 케이준 요리와 크레올 요리, 그리고 식민지 인도에서 영감을 받은 식민 지배국 영국의 카레, 라틴아메리카와 북아메리카의 음식문화가 융합된 몰레 소스 등이 대표적인 예라고 할 수 있다. 이렇듯 이질적인 음식문화가 받아들여지고 섞여 새로운 요리가 탄생하는 데 결정적인 역할을 한 것이 바로 향신료의 매력적인 풍미다.

매운맛의 상징인 고추를 통해서 21세기에도 비슷한 현상이 일어나고 있다. 과거에는 특정 지역에서 그 지역의 고추를 이용한 전통적인 핫소스 문화가 발달했지만, 최근에는 이국적인 향신료와 고추 베이스의 핫소스를 혼용하면서 지구화된 핫소스 문화가 유행하게 된 것이다. 이처럼 여러 퓨전 요리가 지금도 새롭게 탄생할 수 있는 배경에는 제각각 개성을 뽐내면서도 어디에 쓰여도 조화를 이루는 '향신료'가 있다.

11 식재료와 향신료의 어울림

음식의 완성은 주요 식재료와 그에 어울리는 향신료의 조합으로 이루어진다. 지금까지 살펴본 각 문화권의 음식문화는 이를 잘 활용한 결과물인 것이다. 여기서는 요리의 주재료 및 조리법에 어울리는 향신료 사용법을 정리했다. 이를 잘 활용하면 향신료의 선택과 활용에서 효과를 극대화할 수 있다.

▪ 고기 요리

쇠고기 스테이크 등 식재료 본연의 맛을 살리고 싶은 요리에는 향이 강한 향신료를 사용하지 않고, 요리에 악센트를 주는 정도로 향신료를 사용한다. 예를 들면 후추, 고추, 마늘, 겨자, 생강, 호스래디시, 파슬리 등이다. 조림 등 다양한 식재료를 사용하는 요리에서는 여러 종류의 향신료를 섞어 사용해 복잡한 맛을 즐긴다. 돼지고기에는 타임, 세이지, 파프리카, 육두구, 마늘, 생강, 스타아니스, 강황 등 누린내를 잡는 효과가 있는 향신료를 사용하고, 닭고기는 맛이 담백하기 때문에 바질, 오레가노, 로즈메리, 타라곤, 타임, 월계수 잎, 생강 등 부드러운 향의 허브와 향신료를 주로 이용한다. 양고기에는 독특한 육향이 있기 때문에 그 냄새를 억제하는 향신료로 카다멈, 커민, 마늘, 시나몬, 강황, 세이지, 민트, 타임 등을 많이 쓴다.

▪ 생선·조개 요리

흰살 생선, 새우, 오징어 등 담백한 맛의 재료에는 부드러운 향의 딜, 파슬리, 월계수 잎 등의 허브와 향미의 포인트가 되는 후추, 고추, 마늘, 생강, 샬롯 등이 잘 어울린다. 특유의 냄새가 있는 참치, 방어 등의 붉은살 생선에는 후추, 생강, 겨자, 고수, 펜넬 등 비교적 강한 향의 향신료를 사용해 냄새를 억제한다. 등푸른 생선에는 비린내를 억제하는 효과가 있는 후추, 생강, 마늘, 타임, 고수, 월계수 잎, 펜넬 등이 적합하다. 진흙 냄새가 나는 은어, 송어 등 민물생선에는 후추, 생강, 타임, 월계수 잎, 펜넬 등 냄새를 억제하고 감칠맛을 끌어내는 향신료를 사용한다.

▪ 달걀 요리

오믈렛, 스크램블드에그 등 달걀을 사용한 요리에는 후추를 빼놓을 수 없다. 마늘, 타임, 세이지, 바질, 파슬리, 양파를 더하거나 마무리로 파프리카나 카엔고추의 분말을 흔들어 뿌리면 색다른 맛을 즐길 수 있다.

▪ 채소 요리

샐러드나 채소 절임에는 상큼함을 더해주는 생허브나 후추, 겨자, 참깨, 카레분말이 많이 쓰인다. 조림 요리에는 채소의 단맛을 돋보이게 하는 캐러웨이, 월계수 잎, 타임, 오레가노 등이 어울리고, 볶음 요리에는 향을 내는 데 적합한 생강, 고수, 마늘 등이 잘 어울린다. 모두 채소의 맛을 살리는 사용법이다.

■ 콩 요리

'콩 허브'라 불리는 세이보리를 비롯해 세이지, 타라곤, 바질 등이 조림, 수프, 샐러드에 자주 사용된다. 인도 아대륙에서는 콩을 주요 식재료로 한 카레 요리를 많이 하는데, 아조완ajowan/ajwain*, 강황, 커민, 고추, 고수 등을 활용한다.

■ 쌀·면 요리

볶음밥이나 리소토, 파에야 등의 색과 향을 내는 데 사프란, 강황, 파프리카가 주로 쓰인다. 마늘, 생강은 볶음밥에, 생허브는 밥에 듬뿍 얹어 샐러드 식으로 먹기도 한다. 파스타, 뇨키gnocchi**에는 마늘, 육두구 외에 바질, 오레가노 등 허브 향신료가 잘 어울린다.

■ 빵·과자·음료

빵이나 구운 과자류에 단맛과 고소함을 더하고 싶을 때는 시나몬, 아니스, 펜넬, 참깨, 양귀비 씨 등을, 약간 스파이시하게 마무리하고 싶을 때는 캐러웨이, 커민, 생강, 정향 등을, 그리고 상큼한 맛을 내고 싶을 때는 로즈메리, 오레가노, 타임, 레몬그라스 등을 반죽에 섞어 굽는다. 빙과나 음료 등 시원한 디저트에는 바닐라, 시나몬, 정향, 스타아니스, 민트, 로즈메리 등 단맛과 상큼한 향이 나는 향신료를 사용

---

* 미나리과의 한해살이풀로, 씨를 닮은 열매와 잎을 식용한다. 볶거나 튀겨 요리의 토핑으로 주로 사용한다. 쓴맛과 매운맛이 나며, 아니스, 오레가노와 유사한 향이 있다.
** 감자와 치즈, 밀가루를 반죽해 귀 모양으로 빚어 삶아 먹는 파스타의 일종이다.

한다.

　레몬그라스, 민트 등은 허브차로 이용하며, 생강, 시나몬, 카다멈, 정향 등은 커피, 홍차, 와인에 넣어 향을 더한다. 좋아하는 향신료를 식초나 오일에 재워 향신료 식초, 향신료 오일을 만들어놓고 폭넓게 이용할 수도 있다.

표 5-1 향신료와 조미료의 궁합

조미료 \ 향신료	오레가노	마늘	카다멈	커민	청고추	정향	고수씨	고수잎	사프란	시나몬	생강	스피어민트	세이지	강황	딜	파프리카	바질	펜넬	후추	페퍼민트	머스터드	고추	레몬그라스	로즈메리
간장		O		O	O	O				O				O					O			O	O	
된장	O	O		O			O			O	O			O			O		O			O	O	O
쌀식초		O		O	O					O					O							O		
과실초		O	O		O					O		O					O	O				O		
와인 식초	O	O				O							O				O	O						
발사믹 식초	O								O								O	O						O
해염	O	O		O	O	O	O			O	O	O	O	O	O	O	O	O	O	O		O	O	O
암염	O																							O
설탕	O		O			O			O															O
벌꿀		O																					O	O
잼	O		O			O					O				O									
맛술		O		O							O		O						O		O	O		
술			O		O	O		O	O								O		O			O	O	O
누룩		O		O	O						O								O			O		
가다랑어포 육수		O								O				O					O			O		
다시마 육수		O		O						O				O					O			O		
멸치 육수		O		O	O					O				O					O			O		
표고버섯 육수		O		O	O					O	O			O					O			O		
부용	O	O																						
마요네즈	O	O		O		O	O									O	O		O		O	O		
토마토케첩		O		O							O					O			O		O			
우스터소스		O	O		O			O	O								O							O
굴소스											O								O			O		O
XO소스		O		O	O							O		O					O			O		

출처: 미즈노 진스케, 고정아 옮김, 《향신료의 모든 것》, 비앤씨월드, 2019, pp. 151~155.

표 5-2 향신료와 향신료의 궁합

향신료 \ 향신료	오레가노	마늘	카다멈	커민	청고추	정향	고수씨	고수잎	사프란	시나몬	생강	스피어민트	세이지	강황	딜	파프리카	바질	펜넬	후추	페퍼민트	머스터드	고추	레몬그라스	로즈메리
아조완		O		O	O																	O		
아니스		O		O	O				O													O		
올스파이스		O		O	O	O				O												O		
오레가노		O		O					O						O	O			O			O		O
카시아		O	O	O	O	O			O								O					O		
카피르라임		O		O							O		O									O		
갈랑갈		O		O				O			O											O	O	
커리리프		O		O	O								O											
마늘	O			O	O		O	O		O	O	O	O	O	O		O		O			O		O
카다멈				O		O			O	O	O				O			O		O				
커민	O	O	O		O		O			O		O	O	O				O	O	O		O		
청고추	O	O		O		O	O			O												O	O	
정향			O	O	O					O		O		O					O	O		O		
캐러웨이		O	O		O								O		O							O		
고수씨		O	O	O	O	O				O	O			O	O		O		O			O		
고수잎		O		O																		O	O	
사프란			O												O									
산초		O		O													O					O		
시나몬			O	O		O	O		O								O						O	
생강		O	O	O	O	O	O	O	O			O		O	O			O	O			O		
스피어민트						O			O								O	O						O
스타아니스		O	O	O		O			O		O								O	O		O		
수막	O	O			O						O									O		O		
참깨		O		O		O	O			O			O						O			O		
세이지	O	O																						O
셀러리		O			O								O									O		
세이보리		O			O								O									O		
타임	O	O		O	O						O		O		O	O	O	O	O			O		O

향신료\향신료	오레가노	마늘	카다멈	커민	청고추	정향	고수씨	고수잎	사프란	시나몬	생강	스피어민트	세이지	강황	딜	파프리카	바질	펜넬	후추	페퍼민트	머스터드	고추	레몬그라스	로즈메리
강황		O		O	O		O	O					/		O	O			O			O	O	O
타마린드		O			O	O		O														O	O	
타라곤		O		O																		O	O	
차이브		O		O	O											O	O							O
처빌		O		O														O						
딜		O		O	O					O			/								O	O		
육두구		O	O	O				O											O					
니겔라		O		O									O											
파슬리	O	O			O						O	O			O	O	O	O	O	O	O	O	O	
파프리카	O	O	O	O										/										
바질	O	O					O		O					/					O		O			
블랙카다멈		O		O	O			O	O				O						O		O			
페누그릭		O		O	O						O								O		O	O		
펜넬				O	O	O	O					O			/				O					
후추		O	O	O					O			O			/						O			
페퍼민트						O		O								O	O		/				O	
양귀비 씨		O		O											O			O		O				
마조람		O		O						O	O				O			O		O				
머스터드		O		O						O	O				/									
메이스		O	O	O	O														O					
레몬밤		O		O													O							
고추	O	O		O	O		O		O												O	/	O	
레몬그라스				O			O		O												O			
라벤더		O																				O		O
러비지		O		O							O								O				O	O
로즈메리	O	O											O	O	O									/
월계수 잎	O	O		O	O						O													O

출처: 미즈노 진스케, 고정아 옮김, 《향신료의 모든 것》, 비앤씨월드, 2019, pp. 151~155.

표 5-3 **향신료와 식재료의 궁합**

식재료 \ 향신료	오레가노	마늘	카다멈	커민	청고추	정향	고수씨	고수잎	사프란	시나몬	생강	스피어민트	세이지	강황	딜	파프리카	바질	펜넬	후추	페퍼민트	머스터드	고추	레몬그라스	로즈메리
닭고기	O	O	O	O	O	O	O	O	O	O	O	O	O	O	O	O	O		O	O	O	O	O	O
오리고기	O	O	O	O	O	O		O		O	O	O	O	O		O			O	O			O	O
어린양고기	O	O	O	O		O		O		O	O	O	O						O	O			O	O
돼지고기	O	O	O	O		O				O			O		O				O	O			O	O
쇠고기	O	O	O	O	O	O		O		O	O	O							O	O			O	O
사슴고기	O	O	O	O	O			O		O	O	O							O	O			O	O
햄		O			O		O												O					
어패류	O	O		O		O		O	O				O		O		O		O					
갑각류		O		O			O		O				O						O	O				
가지	O	O		O				O		O			O	O			O		O	O				O
양배추	O	O		O						O			O	O			O							O
당근	O	O		O		O			O			O	O				O							
콜리플라워	O	O		O						O			O										O	
애호박	O	O						O			O		O			O		O				O		
양송이	O	O		O			O						O				O							O
양파	O	O	O	O	O	O							O			O			O		O			
감자		O		O				O	O				O											O
호박	O	O	O		O			O	O				O				O	O						
옥수수	O	O		O							O			O			O			O				
시금치	O	O		O				O					O	O		O								
토마토	O	O		O	O		O						O	O	O		O		O		O		O	O
고구마		O	O		O									O					O		O			
아티초크	O	O				O			O								O							
비트		O		O		O	O			O								O	O					
적양배추		O		O		O	O												O	O				
오이		O				O					O							O		O				
아스파라거스		O		O					O					O				O						
리크(파)		O		O				O		O									O			O		

식재료 \ 향신료	오레가노	마늘	카다멈	커민	청고추	정향	고수씨	고수잎	사프란	시나몬	생강	스피어민트	세이지	강황	딜	파프리카	바질	펜넬	후추	페퍼민트	머스터드	고추	레몬그라스	로즈메리
근채류		○		○			○				○		○	○	○				○	○		○		
사과			○		○	○		○	○															
오렌지			○			○				○	○							○		○	○			○
서양배			○							○	○							○						
레몬		○		○	○		○	○		○			○	○					○	○			○	○
라임		○					○	○		○														
감귤류						○					○												○	
자두						○				○								○						
살구									○	○	○							○						○
바나나								○	○															
아보카도		○					○	○						○										○
코코넛		○				○				○			○					○			○	○	○	
멜론										○			○					○						
파인애플										○			○					○						
초콜릿					○					○	○									○				
치즈	○			○		○							○				○		○					○
달걀	○	○		○				○					○			○			○					○
콩류	○	○	○	○		○				○				○		○	○	○	○		○	○		
멸치	○	○											○						○	○				
아몬드		○			○				○											○				
커피			○		○				○															
요구르트		○	○	○	○	○	○				○		○		○				○	○		○		
식초		○		○											○					○				
올리브	○											○					○	○	○			○		
파스타	○	○		○					○				○				○	○			○			
빵		○	○		○					○														
밥		○	○	○				○	○	○				○	○					○	○			

출처: 미즈노 진스케, 고정아 옮김, 《향신료의 모든 것》, 비앤씨월드, 2019, pp. 151~155.

PART

6

향신료의 과학

- 향신료의 조리과학1
- 향신료의 조리과학2
- 매운맛을 내는 향신료의 과학
- 향신료 가공의 과학

12 | 향신료의 조리과학1

향신료의 블렌딩

향신료를 사용하는 요리의 레시피를 보면 대부분 두 종류 이상의 향신료를 함께 쓰는 것을 알 수 있다. 예를 들면, 서양 요리에서 쇠고기, 돼지고기, 닭고기 등으로 부용을 만들 때 국물의 잡내를 잡기 위해 향신료를 사용한다. 이때 일반적으로 월계수 잎, 타임, 셀러리, 파슬리 등을 조합한다. 중국 요리에서 닭 육수를 우릴 때에는 파와 생강 등을 함께 사용한다. 또 우스터소스, 토마토케첩 등 일상에서 자주 사용하는 조미료에도 다양한 향신료가 사용된다. 즉, 실제 요리를 할 때는 여러 가지 향신료를 섞어서 사용하는 경우가 많다. 어떤 효과를 기대하며 향신료를 블렌딩blending하는 걸까?

아무리 향이 좋은 향신료라 해도, 사용량이 많으면 그 냄새가 역하게 느껴지게 마련이다. 향신료를 싫어하는 사람은 그 이유로 '약 냄새가 나기 때문'이라고 설명하는데, 나이가 어릴수록 이런 불호가 강하다. 이런 '약 냄새'는 향신료를 많이 사용할 경우 더 강하게 느껴진다. 그렇다고 해서 너무 적은 양을 사용하면 향신료를 조리에 활용하는 의미가 없는 데다, 어느 정도의 양이 최적인지는 개인의 취향에 따라 다르다. 이런 문제를 피하기 위해 여러 종류의 향신료를 혼합해 사용하며, 적어도 세 가지 이상을 혼합하는 것이 일반적이다.

한 종류의 향신료만으로도 역한 냄새가 나는 경우가 있는데, 서너 가지 향신료를 사용하면 그 냄새가 더 역해지지 않을까? 실제는 그 반대다. 각각 특유의 향미를 가지고 있는 향신료를 단독으로 사용할 경우, 강약은 조절할 수 있지만 향미를 바꿀 수는 없다. 그런데 여러 종류의 향신료를 함께 사용하면 각각의 향미가 혼합되어 향미감이 보다 복잡해지고, 그 결과 단독으로 사용했을 때와 같은 역한 냄새는 사라지면서 좀 더 보편적으로 선호되는 향이 된다. 이런 현상을 '향신료의 블렌딩 효과the blending effect of spices'라고 한다.

그렇다면, 어떤 향신료를 섞어서 사용하는 것이 효과적일까? 향신료 블렌딩의 기본은 '비슷한 냄새를 가진 향신료끼리 혼합'하는 것이다. 햄버거 패티에 육두구를 사용할 때 비슷한 방향감을 가진 정향, 시나몬, 올스파이스 등을 함께 넣는 것이 그 예다. 김치, 깍두기 등 한국의 전통 침채류에 대표 향신료인 파, 마늘을 같이 사용하는 것이나 토마토를 베이스로 하는 채소 주스에 셀러리, 파슬리 등을 함께 사용하는 경우도 비슷한 냄새를 가진 향신료 블렌딩의 예다.

이렇게 향신료를 블렌딩하면 향신료 전체의 사용량이 많아진다. 그 예가 카레분말이다. 카레 요리에는 향신료가 꽤 많은 양 사용된다. 그럼에도 많은 사람이 카레 요리를 좋아하는 이유는 카레분말에 여러 종류의 향신료가 블렌딩되었기 때문이다. 이들을 하나하나 보면 상당히 강렬한 향미를 가진 향신료이지만, 서로 조화를 이루어 카레 고유의 향미로 완성된다.

세계의 여러 요리를 살펴보면 각 국가마다 많이 쓰는 향신료들을

향신료는 단독으로 사용하기보다 블렌딩하여 사용하는 것이 효과적이다.

블렌딩한 특징적인 혼합 향신료가 있음을 알 수 있다. 중국 음식에 오향분이, 일본 음식에 시치미가, 멕시코 음식에 칠리 파우더가, 프랑스 음식에 카트르 에피스 혹은 부케가르니가, 이탈리아와 그리스 등 지중해 지역의 음식에서는 허브 시즈닝이 많이 쓰인다. 이들 혼합 향신료는 각국 요리의 개성을 드러내는 역할을 하기 때문에 ○○풍 요리를 만들고 싶을 때 간편하게 이용할 수 있다.

이처럼 다양한 향신료를 블렌딩하면 복잡하면서도 균형 잡힌 풍미 프로파일이 만들어진다. 특정한 단일 향신료의 맛에 지배되지 않고 저마다 서로의 맛을 보완해 조화를 이룸으로써 요리 전체의 맛이 풍요로워진다. 향신료들이 빚어내는 시너지 효과로 더 풍미 있는 요리가 되는 것이다. 또한 단품 향신료보다 다양한 요리에 두루 사용할 수 있어서 활용 범위가 넓어진다.

표 6-1 향이 비슷한 향신료의 정유 성분

향신료명	주요 정유 성분
올스파이스	**유게놀**(65~70%), 티몰, 페난트렌phenanthrene
시나몬	신나믹알데히드(65~75%), **유게놀**
정향	**유게놀**과 이소유게놀isoeugenol(70~90%), 카리오필렌(5~12%)
육두구·메이스	**유게놀**, 리모넨, 피넨, 캄펜
아니스	**아네톨**(90%), 메틸차비콜
스타아니스	**아네톨**(90~95%)
펜넬	**아네톨**(60~80%), 캄펜, 페난트렌
마늘	**알릴프로필디설파이드**allylpropyldisulfide, **알릴설파이드**
양파	**알릴설파이드**(그 외 당류)
세이지	캠퍼(30%), 시네올(15%), **캄펜**
타임	티몰(40%), 리날룰(5%), 카바크롤, **캄펜**

※ 굵은 글씨는 공통 성분을 나타냄.
출처: 武政三男, 《スパイスのサイエンス: スパイスを科学で使いこなす!》, 文園社, 2001, p. 55; 小林彰夫 編集, 〈香りと匂い〉, 《vesta》46号, 味の素食の文化センター, 2002, p. 8.

그렇다면, 향신료는 어떤 원칙으로 혼합해야 할까? 향신료의 방향芳香은 호불호의 기호성이 강하므로, 되도록이면 특정 향신료의 향이 도드라지지 않도록 하는 것이 향신료를 잘 다루는 요령이다. 허브 계열의 향신료와 시드seeds 계열의 향신료 모두, 비슷한 방향감을 가진 향신료끼리 블렌딩하면 거의 실패하지 않는다.

주요 향신료에 포함된 대표 정유 성분의 구성에 따라 유사 향신료 그룹으로 묶을 수도 있다(표 6-1 참고). 즉, 유게놀이 주성분인 향신료인 올스파이스, 시나몬, 정향, 육두구·메이스가 한 그룹, 아네톨을 주성분으로 하는 향신료인 아니스, 스타아니스, 펜넬이 한 그룹, 알릴설파이드류allylsulfides를 주성분으로 하는 향신료인 마늘, 양파가 한 그룹, 그리고 캄펜을 주성분으로 하는 향신료인 세이지와 타임이 한 그룹으로 묶여, 그룹마다 유사한 향 특성을 나타낸다. 따라서 이들끼리는 서로를 대체 향신료로 사용할 수도 있고, 블렌딩해서 함께 사용할 수도 있다.

향신료의 숙성

향신료를 몇 가지 섞으면 직후에는 개별 향신료의 향미감이 강하게 감돌지만, 점차 전체적으로 순하게 변해간다. 이처럼 시간이 지남에 따라 향신료의 향미가 조화롭게 어우러지는 현상을 '향신료의 숙성 효과the aging effect of spices'라고 한다.

숙성熟成/aging은 향수 분야에서도 중요한 기술이다. 향수는 원료인 정유 자체를 혼합해 하나의 예술적인 방향을 만들어내는데, 각각의 향이 제각각이거나 시간이 지남에 따라 향이 바뀌면 안 되기 때문에, 숙성 처리를 통해 향을 안정화하는 것이다. 장이나 술 같은 발효식품에서도 오래전부터 숙성 과정을 필수로 거쳤는데, 된장이나 간장은 숙성 기간이 길수록 맛이 깊어진다. 와인이나 위스키의 경우도 나무통에 담아 일정한 온도가 유지되는 공간에서 숙성시키는데, 일반적으로는 이 기간이 길면 길수록 품질이 좋은 것으로 평가받는다.

블렌딩한 향신료도 부드러운 향미감을 위해 숙성 과정을 필수로 거친다. 그 대표적인 예가 카레분말과 칠리 파우더다. 숙성의 효과는 향신료에 포함되어 있는 정유의 화학적 변화로 인해 발생한다.

블렌딩한 향신료를 밀폐 용기에 넣어 수개월간 그대로 방치하는 것만으로도 숙성의 효과를 볼 수 있는데, 이때 숙성하는 곳의 환경이

블렌딩한 향신료는 숙성을 통해 부드러운 향미감을 갖게 된다.

중요하다. 향신료를 보관하는 환경이 갑작스럽게 변하면 정유의 방향 성분이 사라지거나 열화劣化된다. 특히 상대적으로 끓는점이 낮은 방향 성분은 변하기 쉽기 때문에, 열화의 원인이 되는 빛(자외선)과 고온을 피하고 어둡고 서늘한 곳에서 서서히 숙성시켜야 한다.

가정에서 간단하게 향신료의 블렌딩 효과를 내는 방법이 있다. 시판되는 혼합 향신료에 더 강한 맛을 내고 싶은 향신료를 추가하는 것이다. 예를 들어, 시판되는 카레분말이나 칠리 파우더에 강황가루나 고춧가루 등 필요한 향신료를 추가해 서늘하고 어두운 곳에서 2주 정도 보관하면 된다. 이는 가정에서 다양한 향신료를 일일이 구비해 블렌딩하는 번거로움을 피하면서도 자신이 좋아하는 풍미를 강화하는 방법이다. 이렇게 시판되는 혼합 향신료에 새로운 향신료를 섞은 후 2주 정도 숙성시키면 보다 부드러운 향미를 즐길 수 있다.

향신료의 숙성 효과를 대체하는 간단한 방법도 있다. 블렌딩한 향신료를 살짝 볶는 것이다. 혼합 향신료의 본고장이라 할 수 있는 인도에서는 음식을 만들 때 마살라를 마른 프라이팬에 살짝 볶거나 기ghee 버터에 튀기듯 볶는다. 가람마살라로 카레 요리를 할 때에도 마찬가지다. 이처럼 열을 살짝 가함으로써 향신료 제각각의 향미를 조화롭게 만드는 것은 숙성의 촉진을 목적으로 한 조리법이다. 이때 너무 높은 온도에서 향신료를 볶으면 향신료의 정유 성분이 휘발되어 방향이 사라진다. 이러한 실패를 방지하려면 프라이팬을 일단 가열한 후 불을

향신료의 숙성이 만드는 화학적 변화

일반적으로 향 화학에서 향이 주는 인상을 노트note라고 하며, 그 특성에 따라 세 가지로 구분한다. 첫인상을 주는 탑노트top note, 향기의 중심이 되는 미들노트middle note, 잔향으로 오래 지속되는 베이스노트base note인데, 이는 각 향기 성분들의 휘발 정도를 나타낸다. 탑노트는 보통 가벼운 분자로 구성되어 가벼운 만큼 가장 빨리 휘발하므로 제일 먼저 느껴진다. 반면 베이스노트는 무거운 분자들로 구성되어 휘발되는 속도가 느리다. 따라서 묵직하게 오래 지속되고 한참 향을 맡아야 느껴진다. 그리고 미들노트는 그 중간 정도의 특성을 나타낸다.

생 향신료나 이들을 블렌딩한 생 혼합 향신료에서는 각 향신료들이 나타내는 탑노트가 저마다 날카롭게 느껴진다. 그러나 향신료를 숙성시키거나 로스팅을 하면 탑노트는 어느 정도 휘발되어 향이 부드러워지고 미들노트, 베이스노트는 서로 어우러져 은은하면서 깊은 풍미를 갖게 된다. 이것이 바로 향신료를 블렌딩하고 숙성시키는 이유다.

끄고 남은 열로 살짝 볶으면 좋다.

향신료의 방향감이 조화롭게 어우러지게 만드는 숙성의 원리는 요리에서도 응용이 가능하다. 조림 요리나 드레싱 등에 아주 적은 양의 술을 첨가하면 숙성된 술의 진한 향기가 요리 맛에 은은하게 어우러진다. 향신료를 사용한 요리에도 와인이나 맛술 등을 추가하면 향신료의 향미뿐만 아니라 요리 전체의 풍미가 부드러워지는데, 이 또한 빠르게 얻을 수 있는 숙성 효과라고 할 수 있다.

향신료의 로스팅

앞에서 밝힌 것처럼 향신료를 가열해 볶는 것을 로스팅roasting이라 한다. 로스팅을 시작하면 처음에는 향신료 본래의 향이 두드러지게 강해지지만, 어느 정도 시간이 지나면 부드러운 향이 올라온다. 로스팅이 향신료의 숙성 효과를 속성으로 대체할 수 있는 것은 이 때문이다. 하지만 로스팅을 할 경우에는 인위적인 가열 처리로 인해, 숙성 과정에서 일어나지 않는 아미노-카르보닐 반응인 '마이야르 반응Maillard reaction'*이 일어난다.

향신료를 로스팅할 때는 그 시간과 온도를 잘 조절해야 한다. 볶음의 초기 과정에서 향신료 본연의 향은 감소하는 대신 어느 시점에서 고소한 향이 증가한다. 그러나 적절한 시간을 지나서도 가열을 계속하면 향신료가 탄화되고, 이때부터는 향신료 본연의 향이 아니라 탄 냄

---

* 1912년 프랑스의 화학자 루이 카미유 마이야르Louis Camille Maillard가 처음 발견한 화학 반응으로, 아미노기를 가진 화합물(주로 단백질)과 환원당 사이에서 일어나는 갈색화 반응이다. 이 반응은 음식의 맛과 향을 풍부하게 하며, 특히 고기, 빵, 커피 등을 굽거나 볶는 조리 과정에서 중요한 역할을 한다.

향신료를 로스팅하면 고소한 향이 증가한다.

새가 나기 시작한다. 고소한 향이 발생하는 시점을 '향의 전환점'이라 하고, 이 시기를 '마이야르 반응기'라 하는데, 그 이후에도 계속 가열하면 탄화 과정으로 이어지는 것이다. 마치 밥솥에 밥을 지을 때 적정한 시점에 구수한 누룽지가 만들어지지만 더 두면 탄내 나는 누룽지를 얻게 되는 것과 마찬가지다.

로스팅으로 얻는 고소한 풍미는 마이야르 반응에 의해 생성되는 피라진 화합물에 의한 것이며, 주로 커민 씨, 고수 씨, 참깨 씨 등 시드형 향신료들에서 효과적이다.

향신료와 훈연

식품에 연기를 쬐어 특유의 풍미를 부여하는 동시에 보존성을 높이는 가공법인 훈연燻煙/smoking에서 향신료를 이용할 수 있다. 이러한 조리법을 잘 이용한 대표적인 식품이 햄이나 소시지, 베이컨, 가쓰오부시 등이다.

훈연은 좋은 향을 가진 벚나무나 너도밤나무, 떡갈나무 등의 칩을 태워 낸 연기를 식재료에 입힘으로써 살균 효과와 풍미를 얻는 방법이다. 이렇게 훈연을 할 때 향신료를 추가하면 식재료에 간단하게 향신료의 풍미를 입힐 수 있다.

훈연법에 향신료를 이용하는 방법으로 몇 가지를 들 수 있다. 첫째, 향신료를 훈연하는 식재료 옆에 놓고, 훈연이 끝난 후에는 그 향신료를 먹지 않고 버리는 방법이다. 이때 향신료를 최대한 식재료 가까이 두고, 향신료의 방향을 식재료에 입히면서 동시에 식재료의 잡내를 제거한다. 훈연을 통해 향신료에 열이 가해지면서 향신료의 방향이 일시적으로 강해져서 식재료의 잡내가 제거되는 원리로, 훈연 시간이 너무 길어지면 향신료의 방향이 사라지므로 향신료의 종류와 사용법에 변화를 주어야 한다. 둘째, 식재료를 소금과 향신료 등을 섞은 피클액 속에 먼저 담가두었다가 건져내 훈연하는 방법이다. 즉 마리네이드한 다음에 훈연하는 것이다. 이와 비슷하게, 식재료에 향신료를 직접 발라서 훈연하는 방법도 있다. 이때는 처음부터 식재료에 향신료(파우더)를 발라두거나 불을 피우는 나무에 향신료를 넣거나 혹은 양쪽 단계에서 모두 향신료를 쓰는 등의 방법을 선택할 수도 있다. 훈연에 사용한 향신료는 직접 먹는 것이 아니라 완성된 음식에 간접적으로 향이 스며들도록 하는 것이므로 향신료의 맛을 느낄 수는 없다.

이처럼 훈연 과정에 향신료를 활용하는 예는 쇠고기, 돼지고기, 닭고기, 양고기 등의 바비큐 요리나 생선, 조개 등 해산물의 구이 요리에서 흔히 볼 수 있다. 이 경우 향신료는 날것보다 건조한 것의 방향성이 강해 효과적이다. 원재료의 특성에 따라 조금씩 다르지만, 바질, 월계수 잎, 마조람, 세이지, 타임, 세이보리, 로즈메리, 오레가노, 시나몬, 육두구, 정향, 커민 등이 훈연에 적합하다. 특정 향신료를 선택하기 어려울 때는 혼합 향신료를 사용하는 것도 좋다.

13 | 향신료의 조리과학2

향신료의 마스킹 작용

고대부터 후추 등의 향신료가 그토록 귀한 대접을 받은 이유는 상한 육류의 악취를 향신료의 향이 가려주기 때문이었다. 이런 작용을 마스킹masking이라고 한다. 마스킹이란 말 그대로 잡내를 가려 역겨운 냄새를 느끼지 않도록 하는 작용이다. '교취矯臭·탈취脫臭 작용'이라고 할 수 있다.

일반적으로 알려진 탈취 메커니즘에 따라 분류하면, 화학적 탈취법, 물리적 탈취법, 감각적 탈취법의 세 가지가 있다. 화학적 탈취법은 중화, 산화, 환원 등의 화학적 반응에 의해 악취 물질을 비휘발성 물질이나 냄새가 없는 물질로 바꾸는 방법으로, 대표적인 예로 생선 비린내 제거를 들 수 있다. 생선의 비린내를 제거하기 위해 레몬 즙이나 라임 즙 또는 식초에 담그거나 절이는데, 이는 비린내의 원인 물질 중 하나인 알칼리성의 트리메틸아민trimethylamine이 구연산, 초산 등의 산酸에 의해 중화되어 비휘발성 염으로 변화하는 화학 반응을 이용한 것이다. 물리적 탈취법은 악취 물질을 다공성 활성탄이나 젤라이트 등에 흡착·흡수시키는 방법으로, 냉장고 탈취제로 활성탄을 사용하는 것이 그 예다.

마지막으로, 감각적 탈취법은 두 가지 유형으로 나누어볼 수 있다. 하나는 강한 방향으로 인간의 후각을 마비시켜 악취를 느끼지 못하게 하는 '마스킹법'이다. 잡내를 느끼는 인체의 센서부(코 점막)를 향신료로써 일시적으로 마비시켜 결과적으로 잡내를 느끼지 못하도록 하는 것이다. 이런 작용을 하는 대표적인 향신료로 와사비나 겨자 등 이소티오시아네이트 화합물을 가진 매운맛 향신료를 들 수 있다. 또 다른 하나는 각각의 냄새를 가진 두 성분을 혼합할 경우 무취가 되

향신료의 탈취 및 마스킹 효과

향신료는 식재료의 잡내뿐 아니라 입냄새 등의 악취를 억제하는 효과도 있다. 특히 타임, 로즈메리, 세이지, 민트 등 꿀풀과의 허브 계열 향신료는 마스킹 효과가 뛰어나고, 또한 악취를 화학적으로 없애는 소취 작용도 있다. 실제로 심한 입냄새나 썩은 양파 냄새 성분인 메틸메캅탄methyl mercaptan에 타임, 로즈메리, 세이지, 클로로필 등의 효과를 실험한 결과, 이들 모두 강한 화학적 소취력을 가지고 있음을 확인할 수 있었다. 로즈메리와 세이지는 카르노솔carnosol, 카르노스산carnosic acid, 로즈마놀rosmanol이, 타임은 바이페닐biphenyl 성분이 탈취 성분으로 작용하기 때문이다.

또한 향신료의 추출물에 포함된 폴리페놀 화합물이 탈취 효과를 나타낸다. 폴리페놀은 항산화 및 항균 특성을 가지고 있어 불쾌한 냄새를 유발하는 화합물을 생성하는 미생물의 성장을 억제하기 때문이다. 인도에서 식후 입냄새를 제거하기 위해 씹는 펜넬(인도식 껌)이나 아니스, 카다멈 등의 활용을 그 예로 들 수 있다. 따라서, 이러한 향신료의 탈취 및 마스킹 효과는 구강 청결제, 치약, 화장실용 방향제 등의 개발에 이용된다.

는 현상을 이용하는 '상계법'이다. 그러니까 화학적 탈취법이나 물리적 탈취법과 달리, 실제로 냄새를 감소 또는 소멸시키는 것이 아니라 감각적으로 냄새를 느끼지 않도록 하는 것이다. 이 마스킹법을 활용한 예로는 화장실용 방향제, 탈취용 포푸리potpourri 등이 있다. 음식에 첨가된 향신료가 하는 탈취 역할도 마스킹 방법 중 감각적 탈취법에 속한다.

향신료 풍미의 상승 효과와 억제 효과

소금을 진하게 탄 짠물을 맛본 후 보통의 물을 마시면 달콤하게 느껴지고, 오징어를 먹은 다음에 귤을 먹으면 쓴맛이 느껴진다. 이런 현상을 '미각의 착각'이라고 하는데, 상승 효과synergistic effect와 억제 효과inhibitory effect가 있다. 맛의 상승 효과는 같은 계열의 맛이 두 종류 이상 서로 혼합 작용해 각각의 맛보다 더 강해지는 현상이다. 다시마와 가쓰오부시를 함께 사용해 육수를 내면 다시마의 글루탐산glutamic acid과 가쓰오부시의 이노신산inosinic acid이 상승 효과를 내 감칠맛이 증폭되는 것이 대표적인 예다. 반대로, 서로 다른 맛이 혼합되면 주성분의 맛이 현저하게 약해지는 현상을 억제 효과라고 한다.

이와 비슷한 현상이 향신료를 사용할 때에도 일어난다. 향신료에서의 상승 효과는 생강과 시나몬의 사용에서 확인할 수 있다. 진저에일ginger ale이라는 이름에서 알 수 있듯이, 생강은 탄산음료 제조에 많이 쓰인다. 생강에서 나는 흙냄새와 함께 신선한 감귤류의 향 그리고 산뜻한 매운맛이 탄산음료의 청량감을 높여주기 때문이다. 한편 시나몬은 케이크나 설탕과자, 음료 등 달콤한 요리에 널리 사용된다. 이는 달콤한 방향을 가진 시나몬을 설탕과 함께 사용하면 단맛을 강화하는 효과를 발휘하기 때문이다. 이러한 현상은 각 향신료의 방향 특성이 청량감을 높이거나 감미감을 높여주는 것이기 때문에 '향신료의 상승 효과'라고 할 수 있다. 반대로, '향신료의 억제 효과' 또한 확인할 수 있는데, 짭짤한 맛이 나는 수프에 소량의 후추를 더하면 짠맛이 둥글게 느껴지는 것을 그 예로 들 수 있다.

이상은 향신료와 식재료의 조합에서 볼 수 있는 상승 효과와 억제 효과의 예인데, 향신료와 향신료를 혼합할 때에도 이와 같은 현상을 볼 수 있다. 과일 케이크를 만들 때 흔히 넣는 바닐라 에센스는 바닐라 정유에 알코올을 첨가해 물에서 잘 녹도록 만든 것이다. 그런데 이를 사용해 케이크를 구울 경우 섭씨 150도 이상으로 가열되어 바닐라 향이 약해진다. 이때 정향이나 육두구의 분말을 약간 첨가해 굽는 경우가 있다. 정향이나 육두구의 향도 고온에서는 꽤 약해지지만, 그 약해진 방향이 바닐라 냄새와 많이 비슷하므로, 결과적으로 바닐라 향이 전체적으로 강하게 느껴지게 만드는 것이다.

이처럼 향신료의 사용 비법을 알면 향신료 본연의 효과를 보다 높일 뿐 아니라 건강에도 도움을 줄 수 있는데, 향신료를 통해 당과 염분의 섭취량을 줄일 수 있기 때문이다. 향신료를 통해 당과 염분 섭취를 감소시키는 메커니즘은 다음과 같다.

▪ 단맛을 높이는 향신료의 효과

단맛을 내는 설탕은 쓴맛, 짠맛, 신맛을 약하게 느끼게 하는 재미있는 조미료다. 예를 들어 쓴맛 나는 음식에 설탕을 첨가하면 쓴맛을 약하게 느끼고, 짠 음식에 설탕을 넣으면 짠맛이 가려지며, 신맛 나는 음식에 설탕을 가하면 신맛이 약해진다. 실제로 쓴 약이나 쓴 커피에 설탕을 첨가하면 쓴맛이 많이 약해져서 먹기 쉬워지며, 신맛이 강한 레몬주스에 설탕을 더해 마시는 것을 일상에서 자주 경험한다. 또한 위스키나 진처럼 알코올 도수가 높은 술에 설탕을 약간 첨가하면 자극감이 훨씬 약해져 마시기 쉬워진다.

이와 같은 설탕의 작용은 입에 넣었을 때 음식의 온도에 따라서도 다르게 나타난다. 일반적으로 신맛은 음식의 온도가 어떠해도 다르게 느껴지지 않지만, 단맛은 체온과 비슷한 온도일 때 가장 달콤하게 느껴진다. 설탕을 많이 넣은 커피가 식어서 미지근한 상태가 되었을 때 달콤한 맛이 두드러지는 것이 그 예다. 반대로 뜨겁거나 차가운 요리에서는 단맛이 부드럽게 느껴진다. 아이스커피의 경우 뜨거운 커피보다 단맛을 내기 위해 설탕을 더 많이 쓰는데, 낮은 온도에서는 단맛의 감도가 낮아지기 때문이다.

따라서 온도가 낮은 요리를 낼 때 단맛을 느끼게 하려면 아무래도 설탕을 많이 넣게 된다. 이럴 때 전문 요리사들은 미각뿐만 아니라 후각의 효과를 활용해 단맛을 느끼도록 하기 위해 향신료를 사용한다. 차가운 음료나 아이스크림 등에 바닐라 빈vanilla bean*이나 바닐라 에센스를 넣는 것이 그 예다. 아이스크림은 차가워야 하지만, 그렇다고 해서 단맛을 높일 목적으로 설탕을 너무 많이 첨가할 수는 없다. 이때 달콤한 방향으로 단맛을 강하게 느끼도록 작용하는 바닐라를 사용한다.

앞서 언급한 시나몬 또한 달콤함을 강화하는 방향을 가지고 있기

---

* 멕시코 원산의 외떡잎식물 난초목 난초과의 덩굴식물 열매로, 초콜릿, 아이스크림, 케이크, 쿠키, 커피 등을 조리할 때 향신료로 쓰인다. 15세기에 토토나카족이 멕시코 중앙고원에서 아스텍인들에게 정복당하면서 바닐라 빈이 아스텍 문명에 전해지게 되었다. 16세기 초 스페인의 정복자 에르난 코르테스Hernán Cortés에 의해 카카오 열매와 함께 스페인으로 전해졌다.

때문에 과자와 음료 등에 사용하며, 설탕 사용량을 줄이는 데 도움이 되는 향신료다. 한국의 전통 음식인 단팥죽, 약식, 수정과는 단맛이 나는 식재료로 만든다. 은은한 계피의 맛과 향은 이들의 단맛을 더욱 조화롭게 높여준다. 이외에도 감기 기운이 있거나 피곤할 때 먹는 한국의 전통 음료로 배에 통후추를 박고 생강, 꿀 또는 설탕을 넣어 끓여 만드는 배숙梨熟이나 와인에 과일, 정향, 스타아니스, 시나몬을 함께 끓여 만드는 뱅쇼가 단맛을 높이는 향신료를 활용한 좋은 예다.

■ 짠맛을 줄이는 향신료의 효과

짠맛을 내는 나트륨(소금)은 현대인의 식생활에서 고혈압 및 심장질환 등 혈관계 건강에 위험을 초래하는 요인으로 지목되고 있다. 이러한 소금 섭취량을 줄일 수 있는 대체제로 향신료가 주목받고 있는데, 향신료를 첨가하면 실제로 음식에서 인지된 짠맛을 향상시켜 전체 소금 섭취량을 줄일 수 있다.

실제로 짠맛을 부분적으로 대체할 수 있는 허브와 향신료들이 있다. 마늘은 강한 맛, 수용성, 건강 효과로 인해 소금의 좋은 대안으로 간주된다. 민트, 로즈메리, 오레가노, 바질, 타임 같은 꿀풀과의 허브 계열 향신료는 플라보노이드, 테르펜 및 페놀산 함량이 높아서 소금의 역할을 대신할 수 있다. 또한 고추, 후추, 생강, 와사비 같은 매운 향신료는 짠맛에 대한 민감도를 높여 짠 음식에 대한 갈망을 줄여주기 때문에 효과가 있다. 특히 대표적인 매운맛 향신료인 고추의 캡사이신은 미각 인식에 관여하는 다양한 뇌 영역을 활성화하여 짠맛 민감도를 높일 수 있는 성분이다. 실제로 후각 기능을 상실한 사람의 경우에도 캡사이신이 음식의 맛과 소금 맛을 강하게 느끼게 해 식사의 즐거움을 향상시킬 수 있었다는 연구 결과가 있다.

매운맛 향신료가 소금 섭취량을 줄일 수 있는 것은 '자극감' 때문이다. 매운맛은 단맛, 짠맛, 신맛, 쓴맛, 감칠맛과 달리 혀로 느끼는 화학적인 맛이 아니라 통각으로 느끼는 물리적인 맛이다. 소금을 혀로 핥으면 짠맛을 느끼지만, 피부의 상처에 발라서는 그다지 자극을 받지는 않는다. 그러나 고추를 피부의 상처에 대면 맹렬한 자극을 받는다. 이것은 고추의 캡사이신 때문인데, 매콤한 향신료 중에서도 가장 자극감이 강한 성분이다. 후추의 매운맛 성분인 피페린과 생강의 매운맛 성분인 진저론은 비교적 부드러운 자극감을 가지고 있다. 이처럼 매운맛을 가진 향신료는 그 강도에 차이는 있지만, 모두 자극을 준다. 이 자극은 소금의 자극감보다 몇 배나 강하다. 즉, 매운맛 향신료의 성분 자체가 소금을 대체하는 것이 아니라 향신료의 자극감으로 인해 소금 없이도 음식을 충분히 맛있게 먹을 수 있게 만든다는 것이다.

나트륨의 섭취량을 줄이기 위한 또 하나의 효과적인 접근법은 허브와 향신료의 혼합물을 사용해 맛을 개선하는 것이다. 향신료 자체로 짠맛을 낼 수는 없지만, 짠맛 대체 기능을 하는 여러 향신료가 있으므로 이들을 잘 섞으면 소금과 비슷한 자극감을 낼 수 있다. 해초 샐러드를 조리할 때 소금을 넣지 않고 생강즙이나 방향성이 약한 백후추를 첨가하는 것, 오이피클을 담글 때 식초·식염·설탕만을 섞은 피클액 대신 생강, 고추, 후추, 월계수 잎, 카다멈, 시나몬 등의 향신료를 적당히 첨가한 피클액을 사용하는 것 등으로 식염 사용량을 4분의 1에서 2분의 1까지 줄일 수 있다.

이외에도 겨자, 고수 잎, 펜넬 잎, 로즈메리, 레몬그라스, 양파, 파슬리 및 기타 향신료가 유사한 기능을 한다. 이처럼 향신료와 허브를 이용해 나트륨 섭취량을 줄이는 것은 노인은 물론 많은 현대인의 건강

표 6-2 **향신료의 풍미 상승 효과와 억제 효과**

조합	풍미 변화	조리 예	효과
설탕 + 바닐라	단맛을 강하게	아이스크림	상승 효과
설탕 + 시나몬	단맛을 강하게	케이크	상승 효과
소금 + 생강	짠맛을 강하게	샐러드드레싱	상승 효과
바닐라 + 정향	바닐라 향을 강하게	과일 케이크	상승 효과
설탕 + 후추	단맛을 약하게	아이스크림	억제 효과
소금 + 후추	짠맛을 약하게	수프	억제 효과

유지에 도움이 된다.

거꾸로, 소금이나 설탕으로 인해 향신료의 향이 더 강하게 느껴지는 경우도 있다. 인도의 카레 요리가 매우 짭짤하게 느껴지고, 차이 chai가 매우 달게 느껴지는 것은 바로 이런 향신료 효과 때문이다. 따라서 향신료를 사용할 때는 저염 효과와 저당 효과를 적절히 고려해야 한다.

향신료의 향미 발현에 영향을 주는 요인과 사용 요령

향신료를 사용할 때 그 조리 환경에 따라 향미감이 달라질 수 있다. 즉 향신료를 어떤 형태로 사용하는지, 어떤 조리법으로 사용하는지, 그리고 향신료를 사용하는 타이밍이 언제인지는 물론, 주재료와 부재료의 조합이 어떠한지 등에 따라 달라질 수 있다. 구체적으로는 다음과 같다.

표 6-3 향신료의 향미감에 영향을 주는 요소

사용 형태	• 조리에 사용한 향신료를 먹는지, 안 먹는지에 따라 향미감이 달라진다. 　① 향신료를 먹는다　② 향신료를 먹지 않는다 • 사용하는 향신료가 생인지, 건조시킨 것인지, 추출한 것인지에 따라 향미가 달라진다. 　① 생 향신료　② 건조 향신료　③ 가공 향신료(추출 타입) • 어떤 형태로 향신료를 사용하는지에 따라 향미가 달라진다. 　① 홀(원형)　② 분말　③ 액상
조리 조건	• 향신료를 투입한 후 조리 조건에 따라 향미가 달라진다. 　① 그대로　② 담그기　③ 삶기　④ 찌기　⑤ 볶기　⑥ 튀기기　⑦ 굽기 • 향신료를 투입하는 타이밍에 따라 향미가 달라진다. 　① 손질 시　② 조리 중　③ 마무리 시 • 향신료를 음식에 어떻게 첨가하는지에 따라 향미가 달라진다. 　① 식재료 가까이에 두기　② 식재료에 뿌리기　③ 식재료에 섞어 넣기
식재료와의 조합	• 향신료는 식재료와의 적합성에 따라 향미가 달라진다. 　① 육류　② 어패류　③ 알류　④ 유乳류　⑤ 채소·곡류 • 향신료는 함께 사용하는 조미료와의 조합에 따라 향미가 달라진다. 　① 감미료　② 산미료　③ 염미료　④ 장醬　⑤ 유지류 • 향신료가 가해지는 액체의 계열에 따라 향미가 달라진다. 　① 물　② 기름　③ 술(알코올)

■ 향신료의 사용 형태

같은 향신료라도 생fresh, 홀whole, 파우더powder로 그 사용 형태가 구분된다. 형태에 따라 맛과 향의 강도가 저마다 다르기 때문에 각각의 역할이 있으며, 요리에 따라 구분해서 사용해야 한다. 시중에 판매되는 향신료는 아무런 가공을 하지 않은 생 형태, 씨앗이나 잎을 그대로 말린 홀 형태, 그것을 곱게 분쇄한 파우더 형태, 여러 향신료 파우더를 혼합한 형태(카레분말 등)가 있다. 대부분의 향신료는 휘발성 방향 성분을 가지므로 시간이 지나면 향과 풍미를 상실한다. 따라서 가급적 신선한 상태로 홀 상태를 유지하다가 사용할 때 분쇄하는 것이

표 6-4 **향신료의 형태 및 특징**

형태	향신료 종류	특징 및 사용 요령	보관 요령
생 fresh	바질, 로즈메리, 타임, 마조람 등	채취한 그대로의 생것으로, 고명이나 장식, 샐러드 재료로 사용한다. 깨끗이 씻은 후 잘게 다지거나 오일에 담가 사용한다.	필요한 양만큼 구입해 바로 사용하는 것이 좋다.
홀/건조 whole	후추, 월계수 잎, 아니스, 캐러웨이 등	향신료를 원형 그대로 말린 것으로, 향이 지속되므로 주로 스타터 스파이스로서 템퍼링에 사용한다. 템퍼링을 할 때는 기본적으로 크고 단단한 것부터 시작해 작고 부드러운 향신료 순으로 넣는다. 통후추는 조리할 때 바로 갈아서 사용하는 것이 좋다. 육수에 사용할 때는 향신료를 거즈에 담아 끓인 후 향이 우러나면 건져낸다.	건조시킨 후 그대로 사용하거나 조리 직전에 갈아서 사용한다.
파우더 powder	후추, 초피, 육두구, 커민, 오레가노 등	홀 스파이스를 곱게 가루로 만든 것으로, 향이 강하지만 지속성이 떨어지기 때문에 음식을 완성한 다음, 또는 거의 다 익어갈 무렵에 뿌리는 경우가 많다. 굵게 빻은 것은 향이 강하므로 밑간할 때나 요리 도중에 사용하는 것이 좋고, 곱게 빻은 것은 향의 발현은 좋지만 휘발되기 쉬우므로 요리를 마무리할 때나 먹기 직전에 쓰는 것이 좋다.	대부분 5~6개월 내에 향과 색상이 손실되므로 밀폐 용기에 담아 건조한 곳에 보관한다.

좋다.

 홀 형태의 향신료는 조림이나 육수를 우리는 등 장시간 가열하는 요리에 적합하다. 식재료나 완성된 음식에 뿌려서 사용하는 파우더 타입의 향신료는 식재료 손질부터 조리 과정, 완성된 요리의 토핑 등에 적당량을 편리하게 사용할 수 있다.

 ■ **향신료의 사용 방법과 용도**

 향신료는 어떤 목적을 위해 사용하느냐에 따라 다양한 활용 방법이 있다. 각각의 사용 방법에 관해 상세히 살펴보자.

마리네이드marinade **또는 딥**dip: 고기, 생선, 채소 등 다양한 식재료를 조리하기 전에 특정한 액체나 소스에 일정 기간 담가두는 방법으로, 조직 깊숙이 스며들게 해서 식재료의 맛과 질감을 풍부하게 하며, 특히 고기의 경우에는 연육의 효과가 있다. 주로 바비큐, 스테이크, 구이 등의 요리 또는 피클, 샐러드 등에도 자주 사용된다. 향신료나 허브를 식초, 와인, 소금, 설탕, 오일 등에 섞어서 사용한다.

럽rub: 건식 마리네이드로, 요리 준비 과정에서 가루 형태의 향신료를 고기나 생선 등의 식재료 표면에 문질러 코팅함으로써 맛과 향이 스며들게 한 후 건열 조리(그릴링, 로스팅 등)한다. 스테이크나 바비큐를 굽기 전에 후춧가루나 허브솔트 등으로 문지르는 경우가 그 예다.

직접 가열 조리용cooked: 주재료를 조리하는 과정에서 향신료를 부재료의 일부로 온전히 함께 사용하면서 풍미를 완벽하게 내는 경우다. 예를 들면 삼계탕을 만들 때 생강이나 통마늘을 함께 넣고 끓이는 경우나 가람마살라 같은 혼합 향신료를 넣고 끓이는 다양한 카레 요리, 파프리카가루 등 다양한 향신료를 넣고 끓이는 헝가리의 대표 스튜인 굴라시 등이 그 예다.

템퍼링tempering: 향신료의 향을 기름에 옮기는 작업으로, 인도 요리나 이탈리아 요리에서 많이 사용한다. 주로 홀 형태의 향신료를 뜨거운 기름에 넣고 가볍게 익혀 요리에 섞거나 또는 별도로 사용해 맛과 향을 내는 방법이다. 향신료를 식용유나 기ghee에 튀기거나(종종 마늘 및/또는 생강과 함께) 팬에서 드라이 토스트하는 경우를 들 수 있다. 두 경우 모두 주재료의 조리를 시작할 때 향신료를 넣는다.

후첨added late**과 서빙**to serve: 대부분의 향신료는 가열하지 않을 때 최고의 맛과 품질을 나타낸다. 그 예로는 수프를 먹기 전에 후추를 친다거나 곰탕 등 각종 국물 음식에 잘게 썬 파를 올리는 경우, 또는 뜸앞

꿍이나 쌀국수 위에 고수 잎을 얹는 경우를 들 수 있다. 향신료를 조리 과정 마지막에 사용하면 풍미의 미묘함이 그대로 유지되므로, 시드형 향신료는 바로 갈아서, 허브형 향신료는 생으로 사용한다.

침출infusion: 향신료를 직접 섭취하지 않으면서 그 맛과 향을 음식에 스며들게 하는 방법이다. 액체(술, 기름, 식초 등)에 홀 형태의 향신료를 넣어두는 방법으로, 피클, 식초, 시럽syrup, 진gin, 아쿠아비트aquavit* 등에는 모두 향신료의 침출이 활용된다.

■ 향신료 투입 타이밍

삶기, 굽기, 볶기, 담그기 등 음식의 조리 방법에 따라 적절한 향신료를 고르고, 또 그 향신료의 특징을 살릴 수 있는 타이밍에 맞춰 투입해야 한다. 향신료를 사용하는 타이밍은 '준비 단계에서, 시작과 함께, 조리 중에, 마무리 단계에, 먹기 직전 식탁에서'로 구분된다. 향신료의 향은 주로 열 침투 속도에 비례해 추출된다. 그러나 어떤 향신료는 향이 나기까지 시간이 오래 걸리고, 어떤 향신료는 순식간에 향이 나기 시작한다.

요리의 기본은 익는 데 오래 걸리는 재료를 먼저 넣고 빨리 익는 재료는 나중에 넣는 것이다. 향신료의 형태로 구분하면, 홀 형태의 향신료는 장시간 가열하면 계속해서 향을 내고, 분말 향신료는 요리에 첨가한 순간부터 향을 풍기기 시작해 요리가 완성될 때까지 향이 지속된다. 생 향신료는 완성된 요리에 토핑으로 올리는 경우도 있으며, 투입한 순간에는 짙은 향을 느낄 수 있지만 가열 시간이 길어지면 향이

---

* 스칸디나비아 반도 일대에서 생산되는 증류주로, 전통적으로 약 40%의 알코올을 함유한다.

그림 6-1 향신료의 투입 타이밍

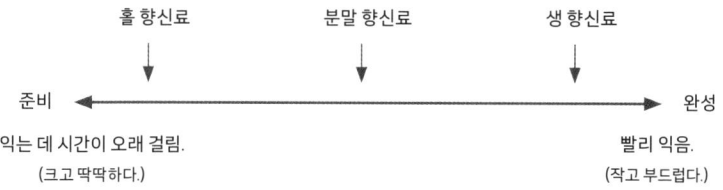

사라진다.

　향신료를 투입할 타이밍에 영향을 끼치는 또 하나의 요소는 향신료 사용의 목적이다. 식재료의 나쁜 냄새(누린내나 비린내)를 없애거나 요리에 색을 입히는 것을 목적으로 할 때는 재료 손질 단계에서 향신료를 투입한다. 예를 들어, 마늘은 조리 준비나 조리 도중에 사용하면 고기 잡내를 효과적으로 잡을 수 있다. 삼계탕을 끓일 때 생닭 뱃속에 통마늘을 넣는 것, 스테이크나 삼겹살을 구울 때 달군 철판 위에 슬라이스한 마늘을 함께 굽는 것이 그 예다.

　식재료에 향신료의 향과 색을 입힐 때는 해당 향신료의 특성에 따라 침출 방법을 선택해야 한다. 예를 들어, 지용성 성분이 함유된 향신료(커민, 정향, 커리리프 등)는 기름에 볶아 정유 성분을 용출시켜 향과 풍미를 재료와 소스로 옮겨야 한다. 그러나 어떤 향신료는 기름이 아니라 물이 필요한데, 대표적인 향신료가 사프란이다. 파에야나 부야베스의 색을 내는 데 필수적인 사프란의 색소 성분은 수용성이기 때문에, 기름에 볶아서 용출하거나 요리에 사프란을 직접 투입하지 않고 미리 색소 성분을 물에 녹인 후 그 물을 사용한다.

　이처럼 지용성인 것과 수용성인 것, 또는 가열이 필요한 것, 요리와 함께 입에 넣고 씹임의 조화를 즐기는 것 등 향신료의 특성에 따라 목

표 6-5 향신료 투입 타이밍에 따른 향미의 변화

구분	조리 준비	조리 시작	조리 중	조리 마무리	먹기 직전
특징	조리 시작 전 식재료에 향이 배도록 또는 방부, 방취 목적. 일반적으로 '마리네이드'라고 함(예: 고기에 향신료를 직접 묻힘).	조리 시작과 함께 향신료를 사용. 마늘·고추 등 향신료를 기름에 배도록 함(예: 알리오올리오 스파게티).	조리 도중에 향신료를 첨가. 분말 향신료를 첨가하면 금방 요리 전체에 강한 향이 스며듦(예: 수프나 국을 끓일 때 생 향신료를 넣음).	요리 완성 바로 직전에 향신료를 첨가. 불을 끈 후 섞어주는 경우가 많으며, 압도적으로 생 향신료를 많이 사용함.	그릇에 담아낸 후 향신료를 첨가(예: 후추를 치거나 허브를 곁들이는 경우).
후추	방향성이 약함.		방향성이 약간 약함.		방향성이 강함.
정향	방향성이 약간 약함.			방향성이 강함.	
마늘·양파	방향성이 약해지거나 없어짐 (달게 변함).			방향성이 강함 (자극적임).	

출처: 武政三男, 《スパイスのサイエンス(PART2)》, 文園社, 2002, p.24를 수정·보완.

적에 맞춰 적절한 타이밍에 투입한다(표 6-5 참고).

조리 과정에 따른 향신료 사용 타이밍을 정리하면 다음과 같다.

밑간으로: 식재료에 미리 밑간을 하는 방법으로, 향신료를 직접 바르거나 향이 배어나오도록 절여놓거나 기본 삶기 등에 사용한다. 향신료로 밑간을 하면 고기 누린내나 생선 비린내를 제거하고 맛이 잘 스며든다.

조리 중: 냄비나 프라이팬, 오븐 등에서 식재료를 가열하고 있을 때 향신료를 추가한다. 음식의 맛은 주로 이때 만들어지므로, 조리 중이라고 해도 조리의 시작, 도중 또는 끝나기 직전 등으로 향신료를 사용하는 타이밍을 조정한다.

마무리로: 완성된 요리에 뿌려서 풍미를 높이는 방법이다. 샐러드나

수프, 그라탕, 스튜 등의 시각적 효과를 위해 파프리카가루나 다진 파슬리를 뿌리는 것, 또는 식탁에서 먹기 직전에 후추를 치는 것 등이다.

향신료의 취급과 보존

향신료는 저마다 맛과 향의 강도가 다르고 보존성도 다르다. 따라서 음식 본연의 맛을 살리면서 풍미를 좋게 하기 위해서는 취급과 보존에도 주의와 요령이 필요하다.

취급: 끓고 있어 김이 나는 냄비 위에서 용기를 바로 흔들어 향신료를 넣는 것은 금물이다. 미리 작은 그릇에 향신료를 덜어놓고 음식에 추가한다. 용기 안에 수분이 들어가 향신료가 굳어지거나 풍미가 변하는 것을 막기 위해서뿐만 아니라 향신료를 무심코 너무 많이 넣어서 음식을 망치는 것을 방지하기 위해서다. 사용한 후에는 반드시 뚜껑을 닫고 보관한다.

보존: 향신료는 대체로 건조시킨 상태로 유통된다. 이런 향신료를 보관할 때에는 직사광선과 열, 습기를 피해야 한다. 풍미 손상을 막기 위해 밀폐 용기에 넣어 건조하고 서늘한 어두운 곳에서 보관해야 한다. 향신료 제품의 유통 기한은 짧은 경우는 약 2년, 긴 경우는 5년 정도이지만, 개봉 후에는 6개월 이내에 사용해야 한다. 생허브의 경우에는 지퍼백 등에 넣어 냉장고의 채소실에 보관하면 일주일 정도는 사용할 수 있다. 썰어서 냉동해도 된다. 신선한 생강, 갈랑갈, 고추 등은 냉장고에서 몇 주 동안 버틸 수 있다.

14 매운맛을 내는 향신료의 과학

매운맛의 매력과 과학

매운 음식을 즐기는 문화는 일반적으로 동남아시아, 라틴아메리카, 아프리카의 열대 지방과 아열대 지방에서 발달했다. 계절 변화가 뚜렷한 중위도 지역에서는 더위가 기승을 부리는 여름철에 매운 음식을 더 많이 먹으며, 현대에 들어와서는 스트레스 해소를 위해 자극적인 매운 음식을 찾는 사람이 늘어났다.

이런 매운 음식의 핵심은 고추, 후추, 겨자, 와사비 같은 매운맛 향신료로, 그중에서도 한국인은 고추를 특히 좋아한다. 여름철 무더위에 입맛을 잃으면 고추장 한 숟가락 듬뿍 넣고 슥슥 비벼 먹는 비빔밥이나 매운 카레라이스 한 그릇으로 식욕을 다시 찾은 경험, 일상의 스트레스나 허한 마음을 매운 음식으로 다스렸던 경험이 누구나 한 번쯤 있을 것이다. 도대체 매운맛은 왜 이런 효과를 가지는 것일까?

이는 향신료에 포함된 매운맛 성분의 생리학적 기능에 의한 것이다. 즉, 매운 음식을 먹으면 매운맛 성분이 혀의 통각을 자극해 소화기관의 작용을 돕고, 이와 함께 땀을 흘리게 함으로써 체온을 낮추는 작용을 한다. 더불어 뇌하수체에서 엔도르핀endorphin이 분비되도록 해 기분이 좋아지게 한다.

이 중 소화기관과 관련한 작용을 조금 더 구체적으로 설명하자. 향신료의 매운맛 성분이 위장점막을 자극해 가스트린gastrin 분비를 촉진하는데, 이 가스트린이 위산 분비를 증가시킨다. 동시에, 매운맛의 자극으로 인해 교감신경계가 활성화되어 맥박과 체온이 상승하고, 이 과정에서 위액 분비와 위장관 운동이 활발해진다. 매운 음식이 단순히 식욕을 자극할 뿐만 아니라 먹은 음식의 영양소가 체내에 잘 흡수되도록 하는 것이다.

체온이 떨어지는 메커니즘은 다음과 같다. 매운 음식을 먹으면 점점 피부 표면 온도가 올라가기 때문에 처음에는 덥게 느껴지면서 땀을 흘리게 된다. 그러나 잠시 후에는 땀이 기화하면서 체열을 빼앗아가 피부 표면 온도가 점차 내려가므로 결과적으로 땀을 흘리기 전보다 더 체온이 낮아지게 된다. 즉, 매운 음식을 먹으면 체온이 일시적으로 높아져 땀을 더 흘리지만, 곧바로 점차 체온이 낮아지면서 시원함과 상쾌함을 느끼게 되는 것이다.

매운 음식은 소화기관을 자극함으로써 신체적 건강을 도모하고, 땀을 많이 흘린 후의 상쾌함은 시원한 기분과 카타르시스까지 제공한다. 결국 여름 더위에 입맛을 잃지 않고 건강한 식생활을 할 수 있도록 매운 향신료가 도우미 역할을 하는 것이다. 동남아시아, 라틴아메리카, 아프리카의 열대 지방과 아열대 지방에서 매운 음식문화가 발달한 이유는 그러한 기후 조건에 향신료의 재배가 적합해 상용하게 되었기 때문이다. 그리고 또 한편으로 이들 지역에 사는 사람들이 자연스럽게 이러한 매운 향신료의 효용을 경험적으로 터득하고 식생활에 활용했기 때문일 것이다.

여기에서는 대표적인 매운맛 향신료인 고추와 후추, 와사비와 겨자를 통해 중독을 일으키는 매운맛의 과학을 탐구해보자.

매운맛의 기호성과 중독성

혀의 맛봉오리로 느끼는 기본 맛의 인지 과정과는 달리, 매운맛은 미각이 아닌 온도와 통증을 느끼는 통각痛覺을 자극해 뜨거운 물체에 데었을 때와 같은 경로로 활성화된다. 즉 고추의 매운맛 성분인 캡사이신 분자는 혀에서 온도나 통증을 느끼는 감각수용체 TRPV1에 달라붙는데, 이 자극에 의해 TRPV1이 활성화되어 전기신호가 신경계를 통해 대뇌로 전달된다. 대뇌는 이 신호를 섭씨 45도 이상의 뜨거움과 통증으로 인지하게 되는데, 이 때문에 대뇌는 통증 억제 성분인 베타-엔도르핀을 분비한다.

매운 음식을 먹을 때 대뇌가 분비하는 베타-엔도르핀은 강한 진통 작용 외에 행복감, 도취감을 고취하고 의존성을 갖게 하는 등 마약과 같은 작용도 하므로, 고추 섭취를 반복하면 통증은 서서히 감소하고 쾌감을 지속적으로 느끼게 된다. 이처럼 캡사이신과 같은 매운맛 성분이 있는 향신료가 들어간 음식은 먹으면 먹을수록 더욱 맛있게 느끼게 되면서 중독되곤 한다. 따라서 보다 강한 쾌감을 찾아 약간 매운맛, 중간 매운맛에서 아주 매운맛으로 매운맛의 선호 수위를 높이는 일이 벌어진다.

매운맛은 통증 자극이므로 본능적으로 기피하게 된다. 이 때문에 어린아이들은 매운 음식을 잘 못 먹으며 싫어하는데, 이 기피 성향은 음식 경험이 없는 유아기 때는 거의 개인차 없이 동일하게 나타난다. 그러나 점차 성장하면서 노출되는 음식문화 환경과 음식 경험의 차이로 매운맛에 대한 내성이 생기고 기호성도 변하면서 문화권에 따라, 나이에 따라 매운맛에 대한 개인의 선호도가 크게 달라진다.

매운맛과 감각

■ 케메스테시스

앞서 밝혔다시피, 매운맛은 미각이 아니라 통각, 즉 뜨거움과 통증으로 느껴진다. 매운맛을 이렇게 느끼는 메커니즘을 케메스테시스 chemesthesis라는 용어로 설명할 수 있다. 피부와 점막에서 느끼는 화학적 민감성을 뜻하는 말로, 음식 속의 화학물질이 통각과 촉각에 관련된 감각수용체를 활성화할 때 생기므로, 미각이나 후각과는 구별된다. 캡사이신의 매운맛, 구강 청결제 및 국소 진통 크림에 함유된 멘톨의 시원한 느낌, 탄산음료의 찌릿하고 따끔한 느낌, 양파를 썰 때 눈물이 나는 것, 고품질 엑스트라 버진 올리브오일의 올레오칸탈oleocanthal* 이 유발하는 인후부의 톡 쏘는 느낌 등이 그 예다. 이러한 감각을 매운맛, 떫은맛 또는 톡 쏘는 맛 등으로 표현한다.

우리 몸에는 온도 감각이나 통각을 전달하는 신경의 끝단부에 감각수용체가 여러 종류 있다. 이들은 각기 특정한 온도가 되었을 때 활성화되어 그 정보를 뇌로 보내는 온도 감수성 수용체들이다. 이러한 감각수용체를 TRP transient receptor potential 채널 패밀리라 총칭한다. 앞서 밝혔듯이 캡사이신과 결합하는 수용체는 TRPV1인데, 이는 온열

---

* 천연 페놀 화합물의 하나로, 엑스트라 버진 올리브오일을 섭취할 때 이 물질로 인해 목에서 작열감이 일어나 기침이 날 수 있다. 올레오칸탈은 암세포를 사멸하는 항암 효과 및 항염·항산화 효과를 가져 의학계의 주목을 받고 있다.

과 통각에 반응하는 수용체로, TRP 채널에 캡사이신이 결합하면 뜨거운 통각으로 인지하라는 정보를 뇌로 보낸다. 고추를 입에 넣으면 '맵다'라고 표현하지만 그 본체는 열로 느끼는 통각이고, 그래서 매운맛을 영어로 핫hot이라고 하는 것이다. 그런데 이 자극은 TRPV1이 활성화되는 45도 이상의 온도에서 통각으로 느끼게 된다. 반면 알릴이소티오시아네이트(겨자·와사비)의 매운맛 수용체는 TRPA1로, 17도 이하의 온도에서 활성화된다. 고추가 들어 있는 음식은 뜨거울 때 더 맵게 느끼고, 겨자·와사비가 들어 있는 음식은 차갑게 먹어야 제대로 매운맛을 즐길 수 있는 이유다(그림 6-2, 표 6-6 참고).

▪ 매운맛 종류에 따른 인지 메커니즘 차이

맛taste은 혀의 맛봉오리에 있는 미각세포로 느끼는 감각이고, 풍미flavor는 혀에서의 미각 반응과 코로 공기를 들이마시는 과정에서의 후각 반응이 동반되는 감각이다. 즉 풍미는 미각과 후각의 연합 작용으로 느끼게 되는 복합감각으로, 풍미의 크기와 세기로써 맛이 극대화된다고 볼 수 있다.

미각은 맛봉오리의 미각세포가 자극을 받아 그 정보가 신경을 통해 뇌로 전달돼 처리되면서 생기는 감각인 반면, 후각의 인지 메커니즘은 보다 복잡한 단계로 이루어진다. 첫째, 공기가 콧구멍(외비공)을 통해 비강 안으로 들어가 후각세포를 자극하는 직접적인 후각 반응이다. 둘째, 음식을 씹을 때와 삼킬 때 입속으로 연결된 콧구멍(내비공)을 지나 후방으로부터 역류하듯 비강으로 들어가는 공기 흐름 및 코와 폐 사이의 공기 흐름에 의해 발생하는 후각 반응이다. 셋째, 코 내부에 위치한 수천 가닥의 후각모에서 인지된 정보가 뇌로 전달되어 처리되면서 생기는 감각이다. 즉 우리는 음식을 먹기 전부터 그 냄새를 코로

그림 6-2 향신료 및 맛 성분별 체내 TRP 채널 범위

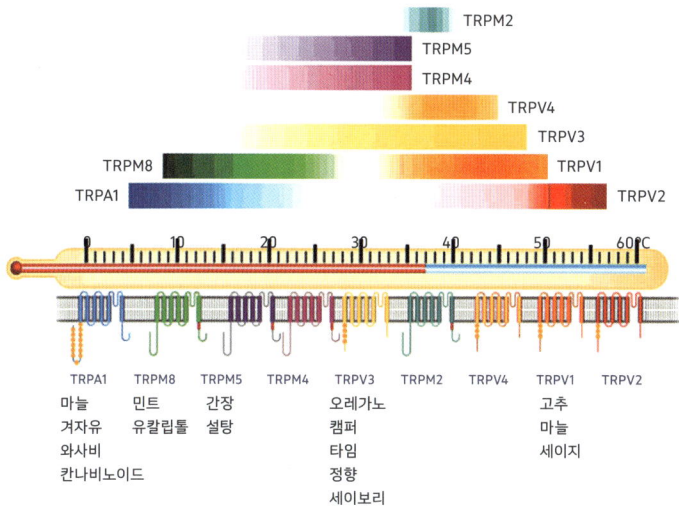

출처: https://rxisk.org/ion-channels.

표 6-6 TRP 채널의 활성화 온도 역치와 주요 활성화 자극 물질

수용체	활성화 온도 역치	주요 활성화 자극 원인	관련 향신료 및 물질
TRPA1	17°C 이하	알리신, 알릴이소티오시아네이트, 진저롤, 신나믹알데히드, 칸나비노이드	마늘, 겨자, 와사비, 생강, 시나몬, 대마초
TRPM8	25~28°C 이하	멘톨, 유칼립톨	민트, 월계수 잎, 로즈메리, 유칼립투스
TRPM4, 5	미지근함.	칼슘	간장, 설탕
TRPV3	32~39°C	캠퍼, 카바크롤, 티몰, 유게놀	오레가노, 타임, 정향, 올스파이스, 세이보리
TRPM2	36°C 이상	ADP 리보스 ADP ribose	?
TRPV4	27~35°C	지질, 기계 자극, 저침투압 자극	?
TRPV1	45°C 이상	캡사이신, 산acids, 캠퍼	고추, 마늘, 세이지
TRPV2	52°C 이상	기계 자극	?

※ ?는 unknown을 나타냄.
출처: 山本 隆, 《楽しく学べる 味覚生理学 —味覚と食行動のサイエンス—》, 建帛社, 2023, p. 93을 참고하여 수정.

그림 6-3 **매운맛 특성에 따른 인지(통각, 후각) 메커니즘**

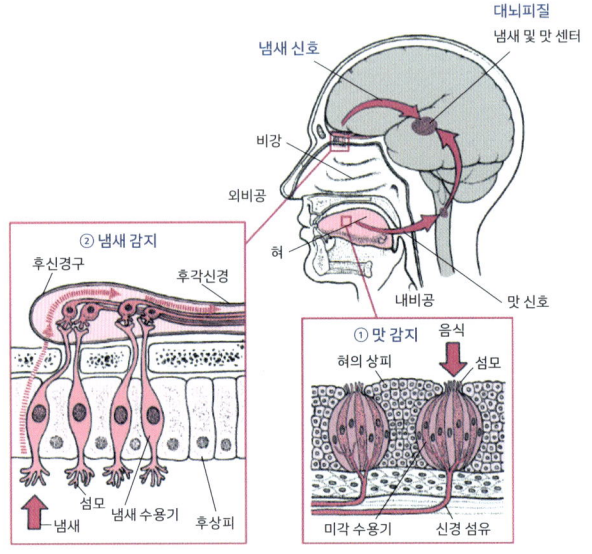

비휘발성인 고추의 매운맛은 혀를 통한 통각 메커니즘(① 맛 감지)으로, 휘발성인 겨자 및 와사비의 매운맛은 후각 메커니즘(② 냄새 감지)으로 인지한다.

맡고, 음식을 먹으며 입속에 들어온 음식의 냄새 분자를 입과 연결된 비강에서 느끼며, 이렇게 후각세포가 인식한 냄새 정보를 처리한 뇌가 그 음식에 대해 '고소하다' 혹은 '비리다' 같은 판단을 내린다.

  그런데 매운맛은 그 종류에 따라 미각과 비슷하게 혀에서 느끼는 성분도 있고 후각 메커니즘으로 발현되는 성분도 있다. 이는 매운맛의 휘발성 정도에 따라서 달라진다. 비휘발성인 고추의 매운맛 성분(캡사이신)은 통각이지만 그 발현은 혀 신경말단의 정보 전달에 의한 것이고, 휘발성인 와사비와 겨자의 매운맛 성분(알릴이소티오시아네이트)은 후각 메커니즘으로 발현된다. 고추의 매운맛이 혀에서 통각으로 오래 지속되고, 와사비나 겨자의 매운맛이 먹자마자 코를 찌르듯이 자극적으로 느껴졌다가 금세 사라지는 것은 바로 이러한 메커니즘 차이에서 비롯된 현상이다.

■ **다양한 매운맛 향신료와 가열의 궁합**

매운맛을 내는 향신료에는 고추, 후추, 초피, 생강, 마늘, 양파, 겨자, 와사비 등이 있는데, 각각의 매운맛 성분은 다르다. 매운 향신료를 입에 넣었을 때 느끼는 매운맛은, 입안에서 뜨겁게 느껴지는 것(핫 타입)과 코의 점막이 훅 하고 자극되는 것(샤프 타입)의 두 가지로 나눌 수 있다. '핫hot 타입'에 속하는 향신료로는 고추, 후추, 초피, 생강 등이 있으며, '샤프sharp 타입'에 속하는 향신료로는 겨자, 와사비, 양파, 마늘 등이 있다.

그림 6-4 **매운맛 향신료와 가열의 궁합**

HOT
(열에 강함)

고추
(캡사이신)

후추
(피페린/차비신)

초피
(산쇼올)

생강
(쇼가올/진저론)

마늘
(디알릴디설파이드)

겨자
(알릴이소티오시아네이트)

호스래디시
(알릴이소티오시아네이트)

와사비
(알릴이소티오시아네이트)

SHARP
(열에 약함)

이 두 타입을 비교하면, 매운맛의 느낌뿐 아니라 매운맛의 발현성과 지속성 등이 크게 다르다. 겨자와 와사비로 대표되는 샤프 타입의 향신료는 입에 넣는 순간 코가 찡해지면서 비교적 빠르게 매운맛을 느끼지만, 차나 물을 마시면 바로 매운맛이 사라진다. 이에 비해 고추로 대표되는 핫 타입은 매운맛은 서서히 느껴지지만 따끔따끔하고 매콤한 느낌이 오래 지속되는 것이 특징이다.

방향성을 비교하면, 샤프 타입 향신료는 방향 성분 자체가 매운맛을 갖는다. 그러나 핫 타입의 향신료는 각각 고유의 매운맛을 갖고 있지만 방향성은 약한 편이다.

이처럼 여러 향신료의 매운맛이 각기 다르

기 때문에, 이들이 지닌 특성을 알고 이에 맞춰 사용해야 한다. 그중 가장 신경 써야 할 것이 향신료를 요리에 사용할 때 가열에 의한 매운맛의 변화다(그림 6-4 참고). 겨자와 와사비 같은 샤프 타입 향신료는 가열하면 매운맛이 약해진다. 이 향신료들의 매운맛 성분은 함유한 효소의 작용으로 생성되는데, 가열할 경우 이 효소가 활성을 잃기 때문이다. 따라서 회에 와사비, 냉면이나 냉채에 겨자를 넣는 것은 문제가 없지만, 가열하는 찜 요리 등에는 적합하지 않다. 한편 고추 같은 핫 타입 향신료의 매운맛 성분은 열에 비교적 강하다. 따라서 끓여 먹는 찌개나 카레 요리, 볶아 먹는 고추장, 또는 이를 이용한 요리는 충분히 가열하더라도 매운맛이 약해지지 않는다.

매운 향신료의 매운맛과 방향 특성

매운맛을 내는 향신료는 여러 종류가 있으며, 각기 주요 매운맛 성분은 물론, 관능적 특성과 발현성, 지속성, 내열성, 교취·탈취 효과 및 착색성 등 그 성질도 모두 조금씩 다르다(표 6-7 참고). 매운 향신료를 요리에 사용하는 주된 목적은 매운맛을 내거나 육류나 어류의 잡내를 없애거나 특유의 향이 요리에 스며들게 하는 것이다. 때문에 매운 향신료를 요리에 사용할 때는 이런 사용 목적과 향신료의 특성을 염두에 두고 적합한 것을 선택해야 한다.

이를 위한 기본적인 체크 포인트는 다음과 같다.

첫째, 향신료를 첨가한 후 가열 여부다. 겨자나 와사비의 매운 성분은 열에 약해서 가열에 의해 매운맛과 풍미가 모두 사라진다. 반대로 생강의 매운 성분은 열에 비교적 안정적이며, 가장 안정적인 것은 고추의 캡사이신이다. 생선을 사용하는 요리에서 회에는 겨자나 와사비를, 조림이나 찌개에는 생강이나 고추 양념을 사용하는 이유가 바로 이런 가열과의 궁합 때문이다.

둘째, 고기 잡내 제거 효과의 기대 유무다. 매운 향신료는 대부분 고기나 생선의 잡내를 없애는 효과를 가지고 있다. 단, 잡내를 없애는 메커니즘은 향신료에 따라 좀 다르다. 향신료가 가진 방향성으로 고기 잡내를 덮는 효과를 발휘하는 것은 초피, 후추, 생강 등으로, 장어구이에 초피나 생강, 스테이크에 후추의 조합은 그 적합성을 나타내는 대표적인 예다. 또한, 효소의 작용으로 매운맛 성분이 생성되는 양파, 마늘, 겨자, 와사비, 호스래디시 등도 잡내 제거 효과가 있다. 이들 향신료의 매운맛 성분은 황 화합물인데, 이것이 육류 및 어류의 단백질과 반응해 비린내 성분 자체를 화학적으로 분해하는 것이다. 이와 더불어 겨자, 와사비 등의 매운맛 성분은 휘발성이 강하므로, 이것이 코 점막을 자극해 식재료의 비린내를 느끼지 않게 하는 효과가 있다.

셋째, 식재료와의 적합성 여부다. 일본에서는 '라면에는 후추, 우동에

표 6-7 매운 향신료의 향미 특성

효과 및 강도의 크기: ◎ > ○ > △ > ×

향신료	매운맛				방향성	교취·탈취 효과	착색성
	감각	발현성	지속성	내열성			
고추	핫	후	◎	◎	×	×	◎
후추	핫	중후	○~◎	◎	○	○	△
초피	핫	후	△	○	◎	○	×
생강	핫	중후	△~○	△~○	○	○	×
양파·마늘	샤프	전	×	×	◎	◎	×
겨자·와사비·호스래디시	샤프	전	×	×	◎	◎	×

출처: 武政三男, 《スパイスのサイエンス(PART2)》, 文園社, 2002, p.23.

는 고추'가 상식이라고 한다. 여기에는 나름의 이치가 있다. 고추의 매운맛은 강렬하지만 거의 방향성을 갖지 않으며, 잡내 제거 효과도 없다. 라면이나 고기 육수를 이용한 수프류는 아무래도 육류의 이취가 약간 느껴질 수 있다. 따라서 여기에 후추를 사용하면, 후추의 방향에 의해 잡내가 사라지고 더 나아가 후추의 매운맛이 살아난다. 그러나 우동이나 한국의 콩나물국 같은 맑은 국에 후추를 사용하면 강한 방향성에 의해 깔끔한 풍미가 손상될 수 있다. 이럴 때는 방향이 없는 고추가 칼칼한 매운맛만 살리고 다른 풍미를 해치지 않기 때문에 좋다.

이렇게 매운 향신료를 사용할 때는 매운맛의 특징뿐만 아니라 방향의 특성도 고려해야 한다.

■ 고추

향신료 중에서 가장 매운 것이 고추다. 고추의 원산지는 라틴아메리카이지만 세계로 전파되어 각지의 환경에 맞춰 여러 변종이 생겨났고, 이들을 총칭해 '캡시쿰 페퍼capsicum pepper'라고 부른다.

고추는 정유 성분의 함량이 적어 방향성이 거의 없고, 깔끔한 매운맛이 난다. 그런데 고추를 건조시키면 비휘발성 정유가 10~15% 생성된다. 따라서 고추를 포함하는 혼합 향신료를 만들 때는 로스팅한 고추를 넣어 미묘한 방향을 즐기기도 한다. 고추의 매운맛은 향신료 중에서도 가장 자극적인데, 이 매운맛을 내는 것이 바로 캡사이신이다. 고추 품종별로 캡사이신의 함량이 다르며, 그에 따라 매운 정도가 다르다. 고추의 매운맛 정도를 계량화해서 표시하는 것으로 '스코빌 지수Scoville Heat Units, SHU'가 있다. 이는 고추에 포함된 캡사이신 함량을 수치화한 것으로, 1912년 미국의 화학자 윌버 스코빌Wilbur Scoville이 최초로 개발했다. 고추의 스코빌 지수는 품종에 따라 다르다(표 6-8, 그림 6-5 참고).

표 6-8 고추 품종별 매운맛 강도 비교

스코빌 지수	고추 품종
0	Bell pepper, Peperone crusco
0~500	Pimento, Banana pepper, Friggitello
500~1,000	Cubanelle, Beaver Dam pepper
1,000~2,500	Poblano pepper
2,500~10,000	Jalapeño pepper, Guajillo chili
10,000~25,000	Serrano pepper, Aleppo pepper, Cheongyang chili pepper
25,000~50,000	Tabasco pepper, Cayenne pepper
50,000~100,000	Bird's eye chili(Thai chili pepper), Malagueta pepper
100,000~350,000	Habanero chili, Scotch bonnet pepper, Madame Jeanette
350,000~750,000	Red savina habanero
750,000~1,500,000	Trinidad Moruga Scorpion, Naga Viper pepper, Infinity chili, Ghost pepper
1,500,000~2,500,000	Carolina Reaper
2,693,000	Pepper X

출처: https://en.wikipedia.org/wiki/Scoville_scale.

그림 6-5 고추 품종별 스코빌 지수의 주기율표

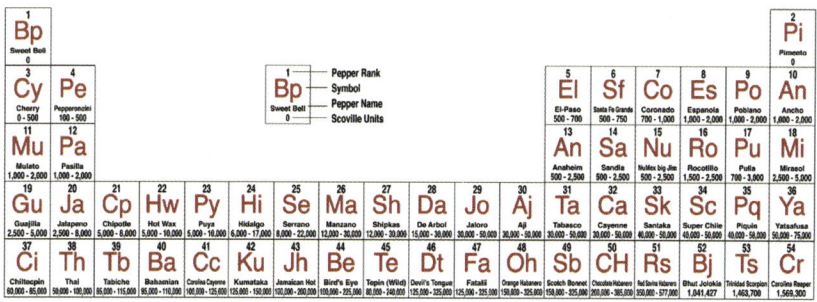

※ 가장 매운 고추로 알려진 pepper X가 나오기 전의 주기율표임.
출처: thescienceofheat.com.

캡사이신은 얼마나 매울까?

주요 향신료의 매운맛 성분만을 추출해 동일한 중량 기준으로 비교하면, 캡사이신(고추)의 매운맛 강도는 쇼가올(생강)의 100배, 피페린(후추)의 107배, 진저롤(생강)의 267배 정도다. 후추와 생강 모두 매운맛을 내는 향신료이지만 고추의 독보적인 매운맛을 따라갈 수는 없다.

표 6-9 **매운맛 성분의 스코빌 지수**

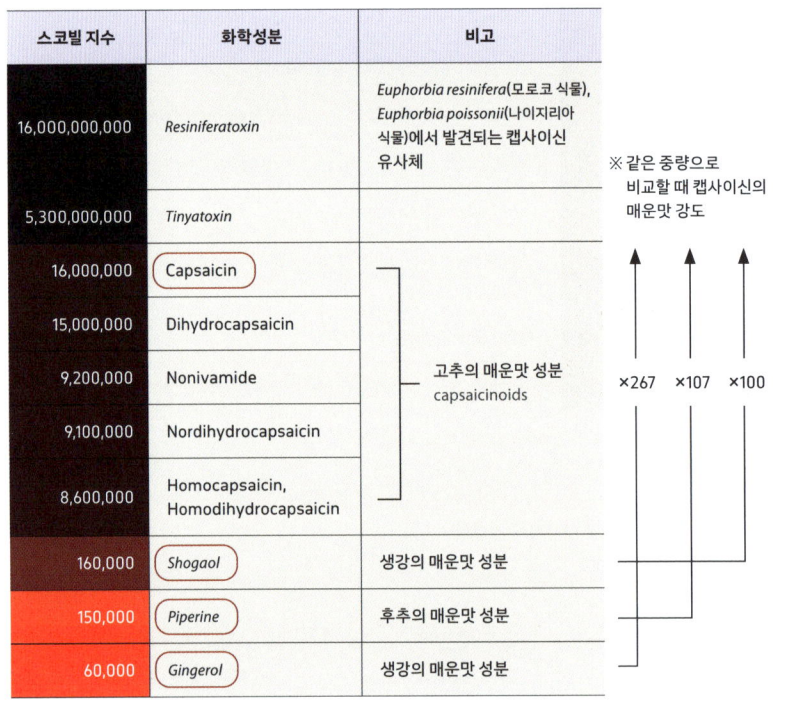

※ 초피의 매운맛 성분인 산쇼올은 후추의 피페린과 거의 비슷한 수준임.
※ 휘발성이 강한 매운맛 성분[마늘과 양파 allicin, 겨자와 와사비 sinigrin]은 SHU 측정 불가.

출처: https://en.wikipedia.org/wiki/Scoville_scale을 참고하여 다듬음.

그림 6-6 고추 부위별 캡사이신 함유율

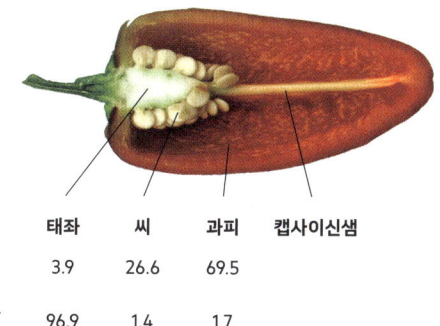

	태좌	씨	과피
건조 중량 비율	3.9	26.6	69.5
캡사이시노이드 함량 비율(%)	96.9	1.4	1.7

출처: Lim, JG., et al., "Design and Fabrication of a Real-Time Measurement System for the Capsaicinoid Content of Korean Red Pepper Powder by VNIR", *Sensors* 2015, 15(11): 27420-27435 (https://doi.org/10.3390/s151127420).

    고추의 매운맛 정도는 품종뿐 아니라 부위에 따라서도 달라진다. 이는 매운맛을 내는 캡사이신이 부위별로 다르게 분포하기 때문이다. 고추에서 캡사이신이 가장 많이 들어 있는 부분은 '태좌'다. 태좌는 씨가 붙어 있는 가운데 흰 부분으로, 고추에 함유된 캡사이신의 약 97%가 여기에 있다. 고추의 뾰족한 끝보다 꼭지가 달린 머리 부분이 더 맵다고 느끼는 이유도 태좌 때문이다. 우리가 주로 먹는 고추 과피의 캡사이신 함유율은 1.7%이며, 주로 꼭지 쪽에 모여 있는 고추씨의 캡사이신 함유율은 1.4%다(그림 6-6 참고).

    고춧가루 입자의 크기나 고추가 들어 있는 음식의 온도에 따라서도 매운맛을 느끼는 강도가 달라진다. 매운맛은 통각으로 느껴지는 것이라 고추의 입자가 미세하고 많을수록 혀에 주는 자극이 커지게 되므로 매운맛(아픔)이 증대되는 것이다. 따라서 매운 음식을 조리할 때에는 고추의 종류나 양은 물론 입자의 크기도 고려하는 것이 좋다. 또한 고추의 매운맛은 뜨거운 느낌을 주는 통각으로, 차가운 요리에서보다 뜨거운 요리에서 더 맵게 느껴진다.

고추는 매운 요리에 사용되며, 매운맛을 살리는 조미료의 주원료이기도 하다. 예를 들면 라유나 두반장, 타바스코 소스는 동서양에서 친숙한 아주 강한 매운맛을 내는 고추 기반의 조미료이며, 가람마살라, 카레분말, 칠리 파우더, 시치미 등도 고추를 사용해 매운맛을 내는 대표적인 혼합 향신료다. 고추의 매운맛 성분은 열에 강하기 때문에, 통상적인 조리 범위에서는 끓이기, 굽기, 조리기 등 가열 요리에 사용해도 매운맛의 손실이 없다.

■ 후추

후추는 전 세계에서 가장 친숙한 '향신료의 왕'으로 군림해왔다. 육류의 손질에서 국·탕·찌개, 나물, 인스턴트라면의 마무리까지, 동서양을 막론하고 어느 가정의 주방과 식탁에서도 빼놓을 수 없는 조미료이기 때문이다.

서양에서 페퍼pepper라고 하면 후춧가루를 말하고, 후추를 특정할 때는 블랙 페퍼black pepper 또는 홀 페퍼whole pepper라고 한다. 나아가, 요리에 따라 흑후추와 백후추를 구분해서 사용하기도 하는데, 흑후추는 후추 열매의 외피까지 함께 말린 것, 백후추는 외피를 벗긴 열매를 말린 것이다.

학명이 '피페르 니그룸Piper nigrum'인 후추나무 열매가 익으면서 매운맛을 내는 화학물질인 피페린이 증가하고, 향 물질들 또한 정점에 이르면서 붉게 변한다. 완전히 익은 열매의 껍질은 붉은색이지만, 수확한 뒤 갈변 효소의 작용으로 짙은 갈색 또는 검은색으로 변한다. 우리가 향신료로 사용하는 후추는 열매의 향이 가장 좋으면서 덜 익어 초

그림 6-7 **후추의 가공**

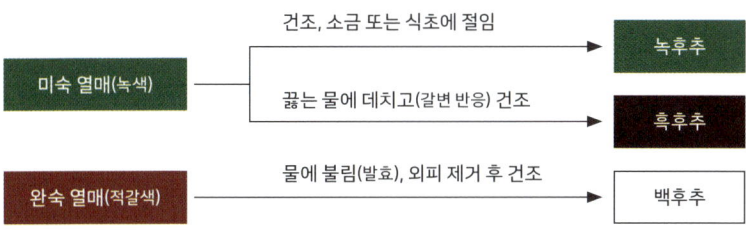

자료: 오뚜기 식문화원.

록빛을 띠고 있을 때 수확한 다음, 뜨거운 물에 잠깐 동안 데쳐서 열매를 깨끗하게 만드는 동시에 열매의 세포를 터트려 갈변 효소의 작용을 가속화한다. 이후 천일건조나 기계건조를 하는데, 건조 과정에서 열매가 쪼그라들어 주름진 형태가 되고, 암갈색이나 흑갈색을 띠게 된다.

반면, 백후추는 열매가 적갈색을 띨 정도로 완숙했을 때 수확해 일주일 정도 물에 담가 충분히 발효시킨다. 발효가 진행되면 외피가 부드러워지므로, 이때 외피를 벗겨내고 건조한다. 그러면 유백색 열매를 얻게 되는데, 이것이 백후추다.

건조한 흑후추는 생열매 무게의 약 3분의 1로 줄어들고, 껍질을 벗겨내고 건조한 백후추는 약 4분의 1로 줄어든다. 백후추의 가격이 흑후추보다 비싼 것도 가공에 손이 많이 가는 데다 생산량(무게)이 상대적으로 적기 때문이다.

흑후추와 백후추는 매운맛도 다르다. 흑후추는 강렬하고, 백후추는 부드럽다. 후추의 방향 성분인 피넨, 사비넨, 리모넨, 카리오필렌, 리날룰 등은 열매의 외피에 많이 포함되어 있다. 따라서 외피째 건조한 흑후추가 백후추보다 강한 향을 내는 것이다. 또한 후추의 매운맛 성분은 피페린과 차비신인데, 이 성분들은 완숙과보다는 미숙과에 조금 더 많이 함유되어 있어 흑후추의 매운맛이 더 강하다.

이 매운맛과 방향감의 상승 효과에 의해 흑후추는 백후추보다 몇 배 더 강하게 느껴진다. 강한 매운맛과 방향이 필요한 경우에는 흑후추를 사용하고, 부드러운 매운맛과 깨끗한 요리의 하얀 색감을 살리고 싶다면 백후추를 사용하는 것이 좋다. 또한 후추 분말의 크기가 작을수록, 즉 곱게 분쇄할수록 풍미 분자들이 용출되는 표면적이 커져서 요리에 빠르게 배어든다. 따라서 음식을 먹기 직전에 통후추를 그대로 그라인더에 갈아 음식에 뿌리면 가장 신선하고 좋은 풍미를 느낄 수 있다. 반면 풍미를 내는 데 시간이 걸려도 좋은 육수와 소스, 피클, 잼 등에는 통후추를 사용한다. 음식에 골고루 후추 향이 배게 하고 싶을 때는 곱게 간 흑후추를, 후추의 씹는 맛과 강한 향을 느끼고 싶다면 굵게 간 흑후추를 사용한다.

■ 생강

생강은 중국을 거쳐 전래된 향신료다. 동양의 향신료 중 가장 먼저 유럽에 전해진 향신료라고 하며, 환경 적응력이 좋아 일찍부터 원산지를 벗어나 세계 각국에서 재배되었다. 향신료로는 뿌리처럼 보이는 땅속줄기를 이용한다.

생강은 달콤하고 시원한 방향과 상큼한 매운맛이 특징이다. 생강 매운맛의 주요 성분은 비휘발성인 쇼가올과 진저론이다. 주요 방향 성분은 진지베렌, 리날룰, 시트랄, 시네올 등으로, 생강을 날것 그대로 사용하면 꽤 강한 향이 나지만, 건조하면 방향성이 약해진다.

상큼한 매운맛과 방향성을 모두 가지고 있고, 생으로도, 건조시켜서도 사용할 수 있어 활용 범위가 넓은 향신료다. 자주 사용하는 용도는 육류나 생선의 잡내 제거이지만, 날것 생강에는 효소가 포함되어 있어 고기의 조직을 부드럽게 하는 연육 작용도 한다. 육류와 생선의 잡내 제거를 위해서는 건조한 것보다 생것이 효과적이다.

생강은 매운맛이 나는 향신료이지만, 유럽에서는 오히려 단맛이 나는 빵, 비스킷, 케이크, 초콜릿 등에 많이 사용한다. 이는 생강의 부드러운 매운맛이 설탕의 단맛을 강화하기 때문이다. 동양에서 오래전부터 즐겨온 생강차, 생강주, 편강, 서양의 생강젤리, 생강맥주 등도 이런 효과를 활용한 것이다.

■ 매운맛이 살아나고 사라지는 향신료의 비밀

마늘, 양파, 겨자, 와사비처럼 샤프한 매운맛을 내는 향신료들의 공통점은 온전한 상태 그대로에서는 약한 향을 느끼거나 향을 거의 느낄 수 없지만, 조직이 파괴되면 효소가 작용해 매운 성분이 생성된다는 점이다.

예를 들어, 마늘에는 알린이라는 무취 결정성의 성분이 포함되어 있는데, 이 성분 자체는 전혀 냄새가 나지 않지만, 마늘을 썰거나 으깨어 조직을 파괴하면 조직 내에 들어 있는 효소 알리나아제의 작용으로 알리신이라는 성분으로 변한다. 이 알리신이 마늘 특유의 냄새를 내는 핵심 성분이다. 그런데 마늘을 삶거나 볶으면 이러한 변화가 일어나지 않는다. 알리나아제가 열에 파괴되어 알리신을 생성할 수 없게 되기 때문이다. 심지어 이미 생성된 알리신도 가열에 의해 분해된다. 그 결과, 마늘 냄새가 약해지거나 거의 잡내를 못 느끼게 된다.

흥미로운 것은, 알리신이 분해되면 설탕보다 몇 배나 달콤한 감미물질을 생성한다는 것이다. 생마늘을 다져놓으면 맵지만, 익히면 달콤하게 느껴지는 것이 바로 이 때문이다. 이는 마늘뿐만 아니라 같은 백합과 그룹의 향신료, 예를 들어 양파, 파, 백합 뿌리 등 알리신을 생성하는 효소를 가지고 있는 식물체에서 흔히 볼 수 있는 현상이다.

겨자(머스터드)는 씨앗 자체를 입에 넣으면 매운맛도 향도 느낄 수 없다. 때문에 향신료로 사용할 때는 씨앗을 빻아 분말로 만들어 물로 반죽해 쓰거나 이미 반죽해놓은 시판품을 사서 요리에 넣는다. 분말 형태의 겨자에는 매운맛 성분이 함유되어 있지 않지만, 시니그린이라는 성분을 함유하고 있다. 겨잣가루에 물을 넣어 반죽하면, 이 시니그린이 효소 미로시나아제에 의해 매운맛 성분인 알릴이소티오시아네이트로 바뀐다.

겨자의 씨앗을 강하게 마찰해 조직을 잘게 부술수록 겨자 조직 속 미로시나아제 효소가 잘 활성화된다. 그리고 겨잣가루에 적은 양의 물을 넣고 단단하게 개어야 겨자의 매운맛과 방향이 살아난다. 반대로 겨잣가루를 갤 때 수분이 많으면 마찰력이 약해 조직이 충분히 깨지지 않으며, 결과적으로 매운맛이 약해진다. 가열하면 효소의 활성을 상실해 매운맛을 느낄 수 없게 되는 것도 마늘과 같다. 때문에 겨잣가루를 개어 뜨거운 소시지나 어묵에 찍어 먹는 것은 괜찮지만, 음식에 넣어 끓이면 매운맛을 즐길 수 없다.

와사비도 특유의 방향 성분과 매운맛 성분을 가지고 있는데, 뿌리 줄기에 특히 많이 들어 있다. 마늘이나 겨자와 마찬가지로 갈아서 조직을 파괴해야 특유의 방향과 매콤한 맛이 발현된다. 와사비 역시 시니그린 성분이 배당체 형태로 존재하며, 효소의 작용으로 매운맛 성분인 알릴이소티오시아네이트를 생성한다.

생와사비는 매우 고가이기 때문에 가정에서는 시판 와사비 분말을 구입해 물에 개어 사용하는데, 이때 매운맛 성분을 최적으로 발현시키려면 찬물보다 미지근한 물을 사용하는 것이 좋다. 효소가 더 잘 활성화되기 때문이다. 또한 물 대신 무즙을 사용하면 신선한 느낌도 더 하면서 더욱 매운 와사비 소스를 만들 수 있는데, 이는 향신료 와사비와 채소인 무가 모두 십자화과 Brassicaceae*라서 맛의 시너지 효과를 내기 때문이다.

그림 6-8 마늘과 겨자·와사비의 매운맛 생성과 소실

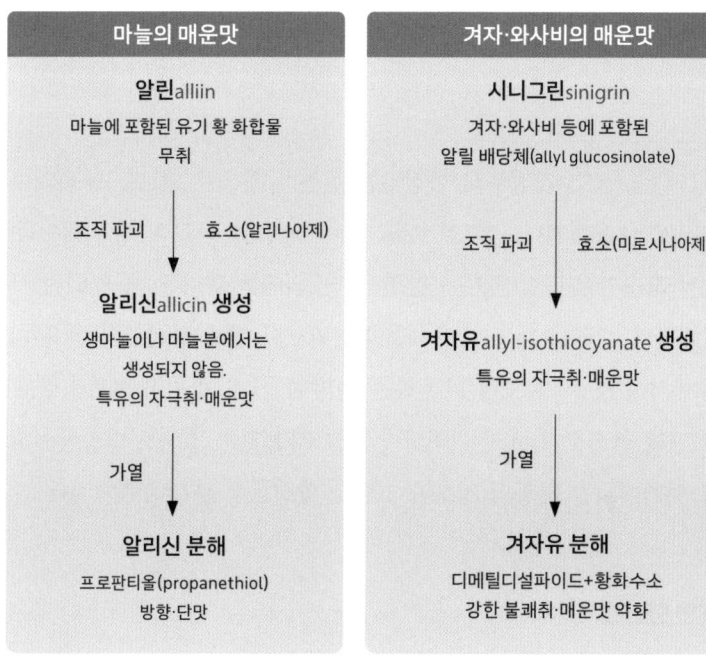

출처: 오뚜기 식문화원.

---

* 향신료로는 겨자, 와사비, 호스래디시가 있고, 채소로는 무, 배추, 양배추, 케일, 유채, 브로콜리, 콜리플라워, 청경채 등이 있다. 이들의 매운맛과 방향성은 모두 유사한데, 모두 배당체 글루코시놀레이트 glucosinolate를 가지고 있고, 이들이 효소 미로시나아제에 의해 분해되면 매운맛 활성기인 이소티오시아네이트를 발현해 비슷한 느낌의 매운맛을 내게 된다.

15 향신료 가공의 과학

오래전부터 향신료는 신선한 것을 그대로 사용하거나 건조시켜 사용하거나 건조한 것을 빻아 분말로 만들어 사용해왔다. 비교적 최근까지도 향신료는 '건조-분말' 외에는 별다른 가공 없이 사용되어왔다. 그러나 최근 과학기술의 발전으로 인해 향신료의 향을 더 강하게 추출하고 더 오래 보존하는 다양한 가공 방법이 개발되었고, 이로 인해 향신료가 요리 이외의 용도로 사용되는 경우도 다양해지고 있다. 여기에서는 가공의 정도와 기술로 향신료를 분류해보자.

천연 향신료

천연 향신료는 식물의 뿌리(뿌리줄기, 비늘줄기 포함)와 껍질, 열매(씨앗 포함), 꽃봉오리 등을 생으로 혹은 건조, 분쇄, 혼합(블렌딩) 같은 간단한 가공을 거쳐 유통하는 것이다. 허브형 향신료는 신선한 상태로 유통하는 경우도 있지만, 대부분 건조시켜 유통한다. 후추나 시나몬처럼 원형 그대로 건조시켜 사용하는 경우도 있지만, 열매나 뿌리, 껍질 형태의 향신료는 다양한 입자 크기로 분쇄한 분말로 가공·유통한다.

굵은 후춧가루와 고춧가루처럼 입자가 굵은 가루도 있지만, 대부분의 향신료 건조 제품은 입자가 미세한 분말형에 속한다. 그리고 천연 분말 향신료는 품종, 산지, 기후, 재배 조건, 수확 시기 등의 여러 변수에 따라 향미 특성이 달라진다.

향신료를 천일건조 또는 일반적인 인공건조로 가공하면 뿌리와 줄기에 부착해 있던 토양 박테리아, 대장균, 곰팡이, 곤충 등이 잔존해 있을 가능성이 크다. 이로 인한 식품의 변질과 식중독 사고를 방지하기 위해 향신료의 살균 방법으로 훈증제 처리를 하거나 방사선조사 살균, 가열 살균, 자외선 처리, 마이크로웨이브 처리 등을 적용한다. 최근에는 살균 효과를 더 높이고, 약재 성분의 잔류, 또한 살균 처리 과정에서 고유의 향이 소실되는 문제를 해결하기 위해 고전압 펄스 전기장high voltage pulsed electric field, PEF, 초고압high pressure processing, HPP, 광펄스intense pulse light, IPL, 저온 플라즈마cold plasma 등 여러 비가열 살균 방법을 비롯한 다양한 최신 기술이 검토되고 있다.

추출 향신료

생으로 또는 단순 가공한 천연 향신료가 아닌, 향신료의 방향 성분만을 추출한 것이 '추출 향신료'다. 추출하는 방법에 따라 천연 향신료를 수증기 증류해 향미 성분을 농축된 형태로 얻는 천연 정유essential oil, 물로 추출한 물 추출 향신료aquaresin 그리고 향미 성분만을 알코올·아세톤 등의 유기 용매로 추출하고 용매를 제거한 용매 추출 향신료oleoresin가 있다. 이들 추출 향신료는 맛과 향이 강할 뿐만 아니라 원료인 향신료의 향미와 유사하며, 여러 가지 향신료를 혼합해서 추출할 수도 있어 다양한 맛과 향을 낼 수 있다. 추출 향신료는 제조 방법에

그림 6-9 향신료의 가공 및 사용 형태

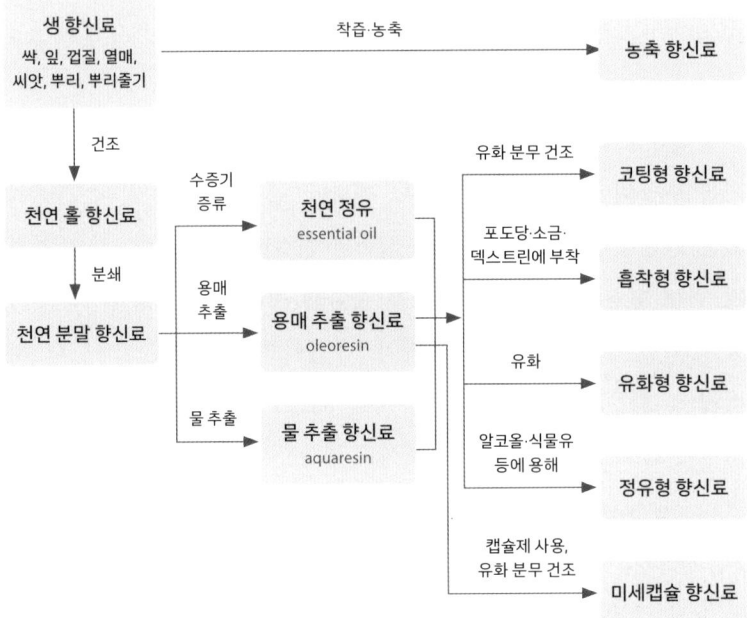

출처: 武政三男, 《スパイスのサイエンス(PART2)》, 文園社, 2002, p. 35;
김우정·최희숙, 《천연향신료》, 효일, 2001, p. 21.

따라 코팅형, 흡착형, 유화형, 정유형 등 다양한 형태로 만들 수 있어서 용도에 따라 형태를 선택할 수 있다.

이러한 추출 향신료는 가공식품과 음료의 풍미를 더하는 데 주로 활용된다. 후추, 고추, 셀러리의 올레오레진, 색을 내기 위한 용도로 사용하는 강황이나 파프리카 추출물, 생강맥주 및 청량음료 등의 제조에 사용되는 생강의 천연 정유 등이 있다. 이외에 향신료 추출물은 향수, 화장품이나 방향제, 치약, 비누 등 세제에도 이용된다.

미세캡슐 향신료

용매 추출 향신료인 올레오레진은 천연의 분쇄 향신료에 비해 다양하게 활용할 수 있다는 장점이 있지만 빛, 열, 산소에 민감한 것이 단점이다. 장기간 보관하는 동안 일부 화학적인 변화가 일어나 고유의 향 성분이 다른 성분으로 전환되거나 분해되므로 제대로 보관하지 않으면 저장 수명이 짧아진다. 이런 휘발성 물질(방향 성분)의 손실을 미연에 방지하는 방법 중 하나가 미세캡슐화microencapsulation다. 향신료 성분을 보호 껍질로 둘러싸서 안정성을 높이고 유통 기한을 개선하며 사용 중 향이나 맛 방출을 제어하는 것이다. 즉, 변성 전분이나 아라비아검Arabic gum을 캡슐제encapsulant로 사용해 향미 물질을 유화시켜 분무 건조하는 방식으로, 아주 작은 물방울(일반적으로 5~400μm) 크기에 휘발성 방향 물질을 가두어 캡슐화하는 것이다.

이러한 미세캡슐화는 고온처리, 냉각, 냉동 등 여러 식품가공 과정에서 휘발성 향기 성분 등 물질의 안정성을 높이기 위해 사용한다. 미세캡슐 향신료에는 마늘 올레오레진의 미세캡슐, 캡시쿰 올레오레진의 미세캡슐, 후추 올레오레진의 미세캡슐, 허브 추출물의 미세캡슐 등이 있다. 앞서 언급했다시피, 이들은 소금의 대용품으로도 사용할 수 있다.

PART 7

향신료의 건강학

고대 의학에서의 향신료

현대 의학에서의 향신료

16 고대 의학에서의 향신료

 인류는 무수한 시행착오를 겪으면서 먹거리로서는 물론, 질병을 예방하고 치료하는 유익한 수단으로 향신료를 이용하게 되었다. 세계의 고대 문명은 모두 향신료(약초)를 기반으로 의학을 탄생시켰으며, 이는 여러 고고학적 유물과 문헌적 기록으로 입증되었다. 또한 고대에 세워진 의학 체계의 많은 부분은 여전히 현대에서도 통용되고 있다. 고대 인도의 아유르베다 의학과 고대 페르시아·아랍의 유나니 의학, 그리고 서양 의학의 기초가 된 그리스의 히포크라테스 의학, 고대 중국 의학, 고대 이집트 의학, 메소아메리카 아스텍 문명의 나우아 의학 등에서 저마다 향신료를 이용한 사실이 언급된 문서나 의학서가 발견되었다(표 7-1 참고). 특히 동양에서 예로부터 전해 내려오는 약식동원藥食同源의 개념은 향신료나 허브의 작용에 관한 중국 전통 의학, 한의학 그리고 약선에서 강조되는 부분이기도 하다.

 과거의 경험적 의학 지식 가운데 현대 의학 연구를 통해 과학적으로 입증되는 것들도 있다. 또한 인류 역사에서 어느 때보다 풍요로운 식생활을 영위하는 오늘날 대두되는 다양한 질병의 예방과 치료에서 향신료의 역할이 새롭게 부각되고 있다.

표 7-1 고대 의학과 향신료

• 인도 아유르베다Ayurveda 의학	기원전 3000년 무렵 시작. 차라카(1세기)와 수슈르타 2세(2세기)의 의학 저술에 향신료와 허브 언급
• 페르시아-아랍(이슬람) 유나니Unani 의학	기원전 3000년경 수메르인들의 의학 문헌 점토판에 정향 등 다양한 향기 나는 식물들 언급
• 이집트 의학	《에베르스 파피루스》(기원전 1550년경)에 약 800가지의 다양한 약초 치료법 언급
• 그리스: 히포크라테스 의학 (서양 의학의 기초)	'의학의 아버지' 히포크라테스는 사프란, 시나몬, 백합, 고수, 민트, 마조람 등 향신료와 허브를 언급 (현재도 당시 치료법의 50%를 이용). '식물학의 아버지' 테오프라스토스는 600가지 이상의 향신료와 허브 지식을 요약한 두 권의 책 저술
• 메소아메리카(아스텍) 나우아Nahua 의학	《바디아누스 원고Badianus Manuscript》(1552년) - 식물학 및 의학서
• 중국 의학	기원전 1500년경 약초학. 《황제내경皇帝內經》(전한 시기 추정)과 《상한론傷寒論》(후한 시기 추정)에 다양한 약재 언급
• 한국 한의학	고조선시대 이래 원시 주술 행위의 전통 아래 민간요법 축적, 삼국시대 이후 중국과의 교류를 통해 발전. 고려 의학의 자주적 발전은 《향약구급방》(1236년)에서 확인, 조선 전기의 의학 발전은 《향약집성방》과 《의방유취醫方類聚》로 대표, 한의학 백과전서인 허준의 《동의보감》은 중국과 일본에서도 유명.

※《향약구급방》에서는 마늘, 파, 생강 등 여러 향신료가 약재로 포함.

17 현대 의학에서의 향신료

일상 식생활에서는 계량되지 않은, 비교적 많은 양의 식품을 조합하여 먹는다. 따라서 정제되고 농축된 형태로 소비되는 저분자량 화합물인 의약품에 비해 향신료의 의학적 효능을 입증하기는 어렵다. 그럼에도 19세기 이후 과학적인 방법으로 향신료 및 허브에 포함된 생리활성물질을 조사한 결과, 향신료 및 허브의 생리·약리학적 기능을 가진 성분들은 대부분 그 자체에서 유래하는 천연의 화학물질인 피토케미컬phytochemicals이라는 사실이 밝혀졌다. 피토케미컬은 식물에서 자연적으로 만들어지는 모든 화학물질을 통틀어 말하는데(phyto는 그리스어로 '식물'을 의미한다), 과일과 채소 등 식물의 색소나 향 같은 관능 특성과 관련 있다. 향신료의 향미 성분인 정유 성분, 그리고 카로티노이드carotenoid 및 플라보노이드flavonoid* 같은 색소 성분도 피토케미컬이다. 그렇다면, 이들은 어떤 건강 효과를 내는지 알아보자.

향신료의 신체적·생리적 건강 효과

향신료는 그 피토케미컬의 특성에 따라 다양한 질병의 예방과 치료에 효과를 나타낸다. 특히 현대인에게 위협이 되는 심혈관 질환 및 암에도 효과가 있는 것으로 밝혀져 주목받고 있다.

■ 향신료의 심혈관 질환 예방 효과

향신료 중에는 지방 합성 효소를 억제하고, 혈소판 응고를 감소시키고, 지질의 과산화를 예방하고, 나쁜 콜레스테롤인 LDL 수치를 낮추고, 담즙 분비를 향상시키고, 또한 관상동맥의 혈행을 개선해 심장 질환을 예방하고 관리하는 데 매우 중요한 역할을 하는 성분을 가진 것들이 있다. 대표적인 향신료가 강황, 생강, 마늘, 양파, 시나몬, 페누그릭, 고추로, 이들 향신료의 주요 생리활성물질 및 효과는 〈표 7-2〉와 같다.

■ 향신료의 암 예방 효과

향신료에 포함된 특정 생리활성 성분은 여러 종류의 암에도 잠재적인 항암 효과가 있는 것으로 확인되고 있다(표 7-3 참고). 예를 들어 강황의 커큐민, 후추의 피페린, 생강의 쇼가올과 진저롤, 마늘의 알리신, 사프란의 크로신과 크로세틴, 고추의 캡사이신, 로즈메리의 로즈마린산rosmarinic acid과 카르노스산carnosic acid, 정향의 유게놀, 겨자 및 와사비의 이소티오시아네이트, 양파의 케르세틴과 아피게닌, 시나몬의

---

* (앞쪽) 식물 유래 폴리페놀 계열의 화합물을 말한다. 노란색이라는 뜻을 가진 라틴어 '플라부스flavus'에서 유래했고, 식물과 진균류의 2차 대사 산물이다. 구조에 따라 안토시아니딘anthocyanidin, 안토산틴anthoxanthin, 플라바논flavanone, 플라바논올flavanonol, 플라반flavan 등 다섯 가지로 분류한다. 과일, 채소, 곡물, 나무껍질, 뿌리, 줄기, 꽃, 와인, 차 등의 다양한 식물에 존재하며, 인체의 세포-신호전달 조절에 다양하게 관여한다. 항산화, 항혈전, 항염증, 항당뇨, 항암, 신경보호 등의 효과가 있다고 알려져 있어서 인체에 매우 유익한 물질이다.

표 7-2 심혈관 질환 관리에 잠재적인* 유익한 효과를 갖는 향신료의 주요 생리활성물질

향신료	주요 생리활성물질	잠재적 유익 효과	심혈관 질환 억제의 잠재적 메커니즘
강황	커큐민	항산화, 항염	중성지방 감소 혈액과 간의 콜레스테롤 감소 혈소판 응집 감소
생강	진저롤, 쇼가올	항산화	혈소판 응집 감소
	제룸본zerumbone	항염	LDL 콜레스테롤 감소 LDL 죽상경화증(콜레스테롤 침착에 의한 혈관 축소) 감소 대식세포의 산화 반응 감소
마늘	알리신	항산화	지질 합성 관여 효소 억제 혈소판 응집 감소 산화된 적혈구의 지질 과산화 방지 안지오텐신angiotensin※ 전환 효소 억제
양파	케르세틴, 아피게닌	항산화	혈소판 응집 감소, 콜레스테롤 감소, 혈중 섬유소 용해 활성 향상
시나몬	프로시아니딘	항산화	관상동맥 혈류량 증가
	신나믹알데히드	항균	피투이트린pituitrin을 유발하여 혈류 감소 말초혈관 저항 감소. 심장 수축력 증가
페누그릭	라폰티신rhaponticin 이소비텍신isovitexin	항산화, 항염	림프 청소, 혈압 저하 저혈당 효과
고추	캡사이신	항산화, 항염	중성지방 및 혈액과 간의 콜레스테롤 감소

※ 혈액에 존재하는 폴리펩타이드로서, 펩타이드 분해 효소에 의해 강력한 혈관 수축 물질인 안지오텐신II로 전환한다.
자료: Yashin, A., et al., "Antioxidant Activity of Spices and Their Impact on Human Health: A Review", *Antioxidants*, 2017, 6(3): 70-77; Srinivasan, K., "Dietary spices as beneficial modulators of lipid profile in condition of metabolic disorders and disease", *Food Funct*, 2013, 4(4): 503-521; Vasanthi, H. R., et al., "Indian spices for healthy heart—An overview", *Curr Cardiol Rev*, 2010, 6(4): 274-279.

---

* '잠재적인potential'이라는 단어는 생리학과 의학 부문에서는 '가능성이 있는'이라는 의미로 사용된다.

표 7-3 향신료의 암 예방 및 치료 효과

향신료(생리활성물질)	폐암	간암	유방암	위암	직장암	자궁암	전립선암
강황(커큐민)	○	○	○	○	○	○	○
생강 (6-쇼가올, 6-진저롤)	○		○		○		
마늘 (알리신, 티오아크레모논)	○		○	○	○		○
사프란 (크로신, 크로세틴)	○	○	○	○	○		○
붉은 고추(캡사이신)	○		○	○			○
로즈메리 (카르노스산, 로즈마린산)			○		○		○
정향(유게놀, 정향 추출물)		○			○	○	
후추(피페린)			○		○		○
고수 (에틸아세테이트 추출물)			○				
와사비(6-MITC※)			○				
겨자 (알릴이소티오시아네이트)					○		
카다멈(미확인)				○			
양파(메틸-세레노시스테인, 쿼세틴, 아피제닌)				○	○		
시나몬(신나믹알데히드)					○		
오레가노 (카바크롤, 루테올린)					○		

※ 6-(메틸설피닐)헥실이소티오시아네이트[6-(methylsulfinyl)hexylisothiocyanate]의 약자로, 와사비 같은 십자화과 채소에 함유된 이소티오시아네이트의 일종이다. 다른 이소티오시아네이트와 마찬가지로 세포 손상 시 미로시나아제myrosinase에 의해 관련 글루코시놀레이트를 가수분해할 때 생성되며, 다양한 건강 기능 특성이 있는 것으로 알려졌다.

자료: Zheng, Jie, et al., "Spices for Prevention and Treatment of Cancers", *Nutrients*, 2016, 8(8): 495-530; Bhattacharjee, S. & Sengupta, A., "Spices In Cancer Prevention: An Overview", *Internet Journal of Nutrition and Wellness*, 2008, 7(1) (https://ispub.com/IJNW/7/1/5854).

신나믹알데히드, 오레가노의 카바크롤과 루테올린luteolin 등이 그렇다. 이외에도 다양한 플라보노이드, 카로티노이드, 테르페노이드terpenoid, 피토스테롤phytosterol, 리그난lignan 등의 피토케미칼 성분들이 암 예방 효과를 나타내는 것으로 밝혀지고 있다.

이들 향신료에 포함된 생리활성 성분들은 암세포의 발생을 예방하고, 증식 및 성장을 지연시키고 억제하며, 전이를 억제하기도 한다. 또한 유전적 차이에 따라 개인마다 다른 약물 반응 및 대사 조절 등의 작용에 관여해 항암 효과를 나타내기도 한다.

그동안 동물 실험 또는 임상 실험 등으로 확인된 연구 결과에 따르면, 간·위·대장·직장 등 소화기, 폐 등 호흡기, 자궁·전립선 등 생식기 등 신체의 다양한 부위에서 그 잠재적인 효과가 있는 것으로 밝혀졌다.

■ 향신료의 혈전 생성 방지 효과

마늘, 양파, 파를 비롯한 백합과에 속하는 향신료는 한국인과 특히 친숙하다. 바로 이 백합과 향신료에 포함된 성분들이 주목받고 있는데, 혈전 생성 방지 작용을 해 현대인의 생활습관병을 예방하는 데 유효한 것으로 알려졌기 때문이다.

마늘에 포함된 황 화합물인 알린은 마늘을 다지거나 썰어서 조직이 상하면 알리나아제라는 효소와 작용해 방향 성분인 알리신으로 변하고 알리신은 디알릴디설파이드로 전환되는데, 이 성분은 식욕 증진과 함께 장내 세균 제거, 혈액순환 촉진 등의 효과를 낸다. 또한 마늘을 끓이거나 굽거나 튀기는 등 가열하면 알리신을 비롯한 마늘 속에 있는 여러 성분이 변화해 또 다른 성분들을 생성하는데, 대표적인 성분이 아호엔ajoene*이다. 아호엔 등 알리신에서 생성된 성분들은 특히 혈소판 응집을 방해해 혈전 생성을 방지하는 효과가 있음이

그림 7-1 백합과 향신료의 혈관계 건강 효과

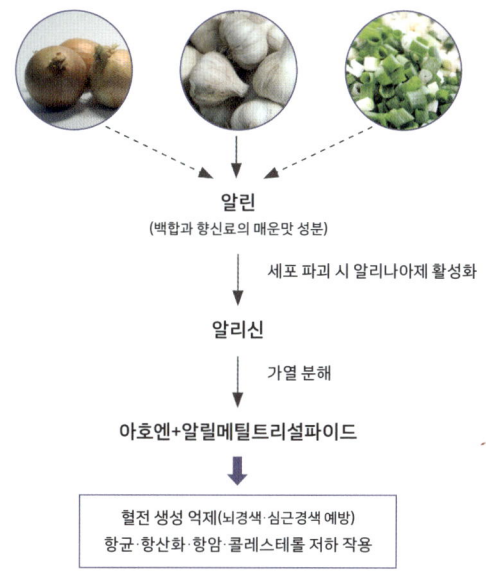

출처: 오뚜기 식문화원.

밝혀졌다.

일반적으로 콜레스테롤이나 포화지방산이 많은 식품을 먹으면 혈관이 협착되거나 응혈이 일어나 혈전 상태가 되며, 결국 뇌경색이나 심근경색을 일으키게 된다. 마늘이나 양파 등에서 생긴 아호엔류가 이를 방지하는 효과가 있는 것으로 주목받는 것이다. 또한 백합과 식물 속에 함유된 알릴메틸트리설파이드AMTS도 혈소판 응집을 저지하는 기능을 한다. 따라서, 고기를 먹으면서 마늘, 양파, 파 등 백합과의 향신

---

* (앞쪽) 이 성분의 발견자가 스페인계 연구자였기 때문에 아호엔이라고 발음하며, 아호$_{ajo}$는 스페인어로 마늘을 가리킨다.

지중해식 식사에 포함된 향신료의 주요 건강 효과

'지중해식 식사'란 이탈리아, 그리스, 스페인 등 지중해 연안 국가의 일부 지역에서 즐겨 먹는 전통 음식과 식단을 가리키는데, 불포화지방산 비율이 높은 올리브오일, 다양한 색깔의 과일과 채소, 견과류와 해산물, 허브와 향신료를 풍부하게 섭취하는 식사를 말한다. 즉, 가공식품과 육류, 탄수화물의 섭취를 줄이면서도 단백질을 섭취하고, 섬유질을 풍부하게 섭취하되 소금 대신 허브나 향신료를 활용하는 것으로, 다이어트뿐 아니라 심혈관 질환 예방에도 도움이 된다고 알려져 있다. 특히 지중해식 식사에 포함되는 허브와 향신료는 요리의 풍미를 살려주면서 폴리페놀 등 다양한 항산화 물질을 다량 함유하고 있어 노화 방지 및 각종 성인병과 암 예방에도 도움을 주는 것으로 알려져 있다.

지중해식 식단은 건강하고 지속가능한 식생활로 인정받으며, 2013년 유네스코 인류무형문화유산으로 지정되었다.

그림 7-2 **지중해식 식사 중에 포함된 향신료들의 건강 기능**

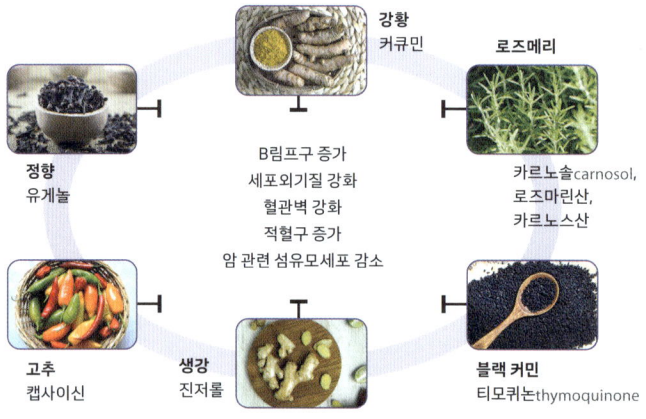

자료: Talib, Wamidt H., et al., "Anticancer Effect of Spices Used in Mediterranean Diet: Preventive and Therapeutic Potentials(REVIEW)", *Frontiers in Nutrition*, 2022, Vol 9(doi: 10.3389/fnut.2022.905658).

료를 함께 먹는 한국인의 식생활은 혈전 생성을 막는 건강한 식사 형태라고 볼 수 있다.

이외에도 강황이나 생강 등 생강과에 속하는 향신료와 시나몬, 로즈메리도 혈전 생성을 억제해 혈관계 건강에 도움을 준다.

■ 매운맛 향신료의 체중 감소 효과

매운 음식을 먹으면 식욕이 좋아져 살이 찔 것 같지만, 오히려 체중 감소 효과가 있음이 실험을 통해 확인되었다. 고추, 겨자 등의 매운맛 성분이 에너지 대사율을 높이기 때문으로, 매운 성분으로 인한 다이어트 효과는 다음과 같은 메커니즘으로 설명할 수 있다.

음식으로 섭취된 매운맛 성분은 즉시 혈액 속에 녹아들어 부신副腎을 활성화시켜 아드레날린이라는 교감신경 호르몬 분비를 촉진한다. 간은 이에 반응해 글리코겐glycogen을 분해해 다량의 포도당을 혈액으로 방출하는데, 우리 몸은 이 당을 먼저 에너지원으로 이용한다. 그리고 나서는 당을 대신해 지방을 적극적으로 에너지원으로 연소한다. 이처럼 매운맛 성분은 부신의 호르몬 분비를 촉진해 혈당 증가와 지방 대사가 활발하게 일어나도록 해서, 결과적으로 지방 축적이 어려워지게 만든다(그림 7-3 참고).

대표적인 매운 성분을 선정해 아드레날린 분비에 어떤 영향을 끼치는지 쥐를 이용해 실험한 결과에서, 고추(캡사이신), 후추(피페린), 생강(진저롤), 겨자(알릴이소티오시아네이트), 마늘(디알릴디설파이드) 등 매운맛 성분 모두 아드레날린 분비 촉진 효과가 있는 것으로 나타났다. 이 중 캡사이신의 효과가 월등히 뛰어나며, 피페린, 진저롤도 상당히 효과적이었음이 확인되었다.

아드레날린은 에너지 대사를 촉진할 뿐 아니라 심박수를 높이는

그림 7-3 매운맛 향신료의 체중 감소 효과

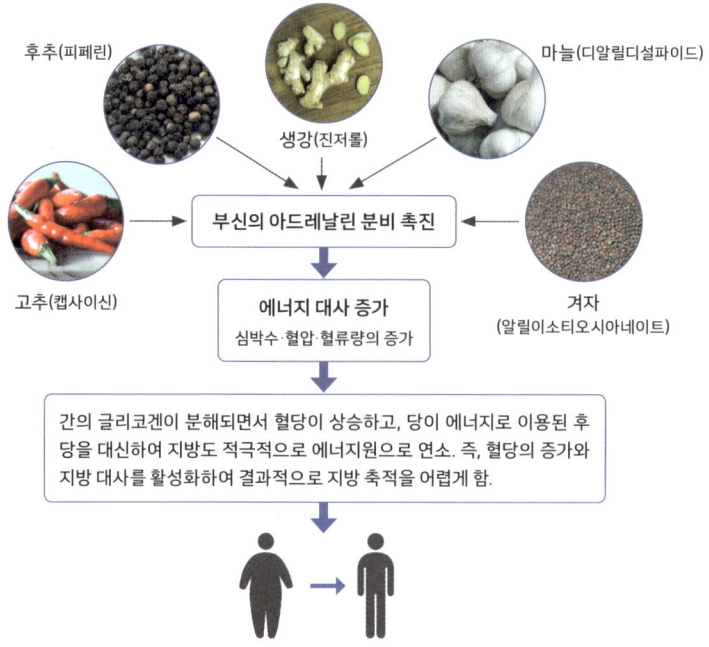

출처: 오뚜기 식문화원.

기능이 있기 때문에 혈류량을 증가시키는 등 뇌나 전신의 활성화에도 관계가 깊은 호르몬이다. 그것이 운동 능력을 향상시키는 것으로도 이어지기 때문에 비만 방지에 활용할 수 있다. 매운 향신료의 아드레날린 분비 촉진 효과는 또한 기력의 향상, 회복, 활력으로 연결되어 간접적 테라피 효과도 가져다준다. 이처럼 매운맛 성분은 혀에 주는 자극원으로서뿐만 아니라, 위벽이나 혈액 속에 흡수된 후 체내 기능에서도 중요한 역할을 한다.

향신료의 정신적·정서적 건강 효과

■ 향신료의 힐링 효과

향신료는 스트레스 해소 및 심신의 편안함을 목적으로 하는 자연지향의 힐링 수단으로, 오래전부터 활용되었다.

고대 이집트인들은 허브와 향신료에서 채취한 향을 종교의식이나 의학적인 치료를 위해 사용했다. 신성한 장소에서는 마른 허브를 불에 태워 향을 냈고, 식물에서 추출한 정유로 향유를 만들어 치유를 위해 몸을 마사지했으며, 진통제나 진정제로도 만들어 사용했다. 고대 중국과 인도 문명에서도 비슷한 시기에 향유를 사용한 기록이 나온다.

그리스·로마 시대에 이르러서 향신료는 의학적인 용도로 더욱 주목을 받았다. 서양 의학의 선구자이자 고대 그리스의 의사였던 히포크라테스는 "건강을 유지하기 위해서는 매일 아로마 목욕을 하고, 향유로 마사지를 해야 한다."고 말했다. 향유에 대한 기록은 기독교성경에서도 찾을 수 있는데, 동방박사가 예수 탄생을 경배하며 바친 보물로 황금과 유향乳香, 그리고 몰약沒藥이 나온다. 이 유향과 몰약이 모두 향신료로, 유향은 감람과橄欖科, Burseraceae 유향나무의 수액을 굳힌 수지이며, 몰약은 '미르myrrh'라고도 불리는 감람과 몰약나무에서 채취한 담황색 수지다. 모두 향기가 좋아 예로부터 향료로 사용되었다.

현대에 이르러, 허브와 향신료에서 추출한 정유를 이용해 몸과 마음을 건강하게 해주는 요법은 자가 면역 강화 및 증상 관리를 주목적으로 하는 '메디컬 아로마테라피'로 발전했다. 의학적으로 직접적인 효능을 내는 것은 아니지만, 심신의 안정을 통한 간접적인 치유 효과는 충분히 발휘한다.

이와 유사한 개념으로 최근 주목받고 있는 건강법 중 하나가 삼림

욕이다. 잎이 무성한 초여름의 삼림 속에서 싱그러운 식물의 향기를 맡고, 여러 식물이 분비하는 피톤치드phytoncide를 접하면서 스트레스 해소, 심폐 기능 강화, 살균 작용 같은 건강 효과를 얻고, 정화된 공기 속에서 쾌적한 기분을 느낀다. 이때 삼림 속에서 접하는 휘발성 물질은 참나무, 소나무 같은 침엽수는 물론 향신료에도 많이 함유되어 있는 알파-피넨, 베타-피넨 등의 테르펜계 화합물이다. 이 물질의 효과가 단순한 긴장 완화에 그치지 않고 스트레스를 해소하고 면역력을 높여주는 기능도 있다는 보고가 있다. 즉, 이들 물질이 직접 림프구를 증가시키는 것은 아니지만, 향기에 의해 뇌가 자극을 받아 결과적으로 림프구의 생성이 촉진된다는 것이다.

이처럼 식물의 향은 단순히 기분이 좋아지게 하는 것뿐 아니라 간접적이나마 실제로 건강 증진 효과가 있는 것으로 알려져, 최근 아로마테라피에 관한 연구가 활발하게 진행되고 있다. 주요 향신료의 테라피 효과는 〈표 7-4〉와 같다.

표 7-4 **주요 향신료 정유의 테라피 효과**

주요 향신료	기대 테라피 효과
라벤더, 마조람, 캐모마일	통증 완화
로즈메리, 주니퍼베리	염증 완화(항류마티스)
타라곤, 캐모마일	근육계 경련 억제
라벤더, 마조람, 캐모마일, 로즈제라늄	신경계 흥분 안정
바질, 마조람	항우울
고수, 세이보리, 시나몬, 로즈메리	기분 고양

출처: 武政三男, 〈スパイスのサイエンス PART2〉, 文園社, 2002, p. 149.

▪ 향신료의 감정 조절(진정 또는 흥분) 효과

일반적으로 꽃향기나 허브 향은 테라피 효과를 가지는 것으로 알려져 있으며, 그중에서도 라벤더, 장미, 베르가못오렌지Citrus bergamia, 페퍼민트, 캐모마일 등의 향은 예로부터 향수나 차로 선호되었다. 라벤더는 '편안한 느낌', 베르가못오렌지는 '밝은 기분', 페퍼민트는 '깔끔한 기분 전환', 캐모마일은 '심신의 여유로운 휴식'이라는 효과를 준다는 상징적인 이미지가 있다. 이러한 효과 때문에 세계 여러 나라에서는 오래전부터 허브차(스파이스 티)를 마셔왔는데, 이 역시 넓은 범위의 '향신료 테라피'라고 할 수 있다.

레몬, 제라늄, 캐모마일 등은 신경 안정 효과가 높은 반면 정향, 바질, 페퍼민트 등은 흥분 작용을 일으킨다. 향신료의 가장 기본적인 작용은 향을 내서 식욕을 돋우는 부향 작용인데, 그 정유의 방향 성분은 대부분 흥분 작용을 가져온다. 일반적으로 '흥분 작용, 뇌 자극' 하면 매운맛 향신료를 먼저 떠올린다. 영어권에서 매운맛을 영어로 표현할 때 핫hot 또는 스파이시spicy라는 단어를 사용하는데, 시나몬, 육두구, 정향, 카다멈 등의 향을 '스파이시한 방향'이라고 표현하는 이유가 바로 이들 향신료가 흥분 작용을 일으키기 때문이다. 매운맛이 나지 않는 향신료의 방향 성분에도 이러한 작용이 숨어 있다.

▪ 향신료의 각성 및 집중력 향상 효과

향신료의 향이 흥분 작용을 일으킨다는 것은 피로나 졸음을 방지하는 각성 효과가 있다는 의미이기도 하다. 이러한 효과가 필요한 경우는 장시간 운전할 때나 장시간 앉아서 공부나 업무를 할 때인데, 이와 관련해 자동차 제조사에서 자동차의 안전성 및 쾌적성을 높이기 위한 '향기를 이용한 졸음 방지책'에 대한 연구를 수행한 바 있다. 재스민, 레몬, 라벤더, 페퍼민트 등의 향을 비교한 실험에서, 페퍼민트의 방향은 졸음운전 방지에 효과가 크고, 레몬 향은 단독으로는 효과가 없지만 민트에 함유된 멘톨을 추가하면 페퍼민트와 같은 정도의 각성 효과를 발휘했으며 오래 지속되는 것으로 나타났다.

졸음을 쫓기 위해 껌을 씹는 경우도 많은데, 실제로 껌을 씹을 때 강한 힘으로 아래턱이나 교근咬筋*을 사용해 대뇌 전체에 자극을 주는 효과가 크다는 점에서 졸음을 쫓는 즉효성은 물론 지속성도 있었다고 한다. 그런데 껌을 개발할 때는 단지 껌을 씹는 동작뿐 아니라 방향 성분이 결합될 때의 졸음 방지 효과를 연구하기도 했는데, 멘톨이 함유된 껌이 단연 으뜸으로, 커피껌에 비해서는 2배, 클로로필(엽록소)껌에 비해서는 4배의 효과가 있었던 것으로 확인되었다. 졸음운전 방지를 위해서는 대뇌에 대한 자극을 높이는 것이 중요한데, 높은 흥분 작용을 가진 멘톨을 조합하면 더 효과적인 졸음 방지 대책이 될 수 있음을 시사한다.

■ 향신료의 기억력 향상 효과

향신료의 방향이 인간의 뇌나 심리에 끼치는 영향에 관해서 많은 연구가 이루어진 가운데, 향과 기억력의 관계에 관해서도 최근 많은 연구가 진행되었다. 여기에서 특히 주목받는 향신료가 로즈메리와 사프란이다. 고대 그리스에서부터 "로즈메리는 두뇌를 명석하게 하고 기억력을 높인다."라고 전해지는데, 이런 이유로 그리스 학생들은 시험을 보기 전에 로즈메리 화환을 머리에 썼다는 이야기도 전해진다.

로즈메리 향이 기억력 향상에 효과적인 이유는 주요 방향 성분인

---

* 씹기를 담당하는 저작근 중 하나로, 포유류에서만 발견되는, 턱의 측면에 있는 근육이다.

시네올 때문으로, 시네올의 향을 맡으면 뇌의 혈류량이 증가한다는 연구 결과가 있다. 향의 자극으로 뇌의 혈류량이 증가하고 뇌세포가 활발하게 활동함으로써 결과적으로 기억력을 높인다는 것이다. 코로 그 향을 맡을 수 없을 정도로 미량일지라도, 방향 성분이 호흡기를 통해 혈액으로 들어가 직접 뇌에 작용함이 밝혀지기도 했다.

한편, 쥐를 이용한 다른 실험에서도 로즈메리 향에 의해 뇌 운동량이 향상되었다는 보고가 있다. 쥐에게 로즈메리 향을 맡게 하고 한 시간 후에 혈액을 검사하면 시네올이 검출되는데, 이 혈액 속 시네올 양에 비례해 쥐가 활발하게 운동을 했다는 것이다.

사프란에도 기억력을 높이는 물질이 있어서, 고대 페르시아 의학과 중국 의학에서는 예로부터 사프란이 건망증이나 치매 등에 효과가 있는 생약으로 처방되었다. 중국에서 가장 오래된 약전인 《신농본초경神農本草經》*을 비롯한 고대 중국 의서에 사프란이 언급되어 있다. 현대 과학에서 밝혀진 바에 따르면, 사프란의 색소 성분인 크로신이 신경전달물질의 효율을 높여주며, 이를 통해 기억 장애 개선에 도움이 된다고 한다.

이외에도 여러 향신료가 기억력을 향상시키는 특성이 있으며 뇌 건강에 도움이 될 수 있는 것으로 알려지고 있다. 강황의 커큐민, 생강의 쇼가올, 육두구의 미리스티신, 시나몬의 신나믹알데히드 등은 알츠하이머의 원인 성분인 베타-아밀로이드 플라크 형성을 방해함으로써, 세이지는 신경전달물질인 아세틸콜린acetylcholine을 차단하는 효소를 억

---

* 중국 최초의 약물학에 관한 전문 서적으로, '본초경本草經', '본경本經'이라고도 불린다. 기원전 200년에서 기원전 100년 사이에 발간된 것으로 보이며, 백성들이 오랫동안 의료 실천을 통하여 얻은 약물학 성과를 총결한 것이다.

> **프루스트 효과**
>
> 프랑스 작가 마르셀 프루스트Marcel Proust의 대하소설 《잃어버린 시간을 찾아서A La Recherche Du Temps Perdu》에서 유래했다. 주인공이 홍차에 적신 마들렌 과자를 먹다가 그 냄새에 자극되어 어린 시절을 회상하는 장면이 나온다. 여기서 파생된 용어가 '프루스트 효과' 또는 '마들렌 효과'인데, 이 소설에서처럼 '냄새'를 매개로 특정한 기억을 떠올리게 되는 현상을 가리킨다.
>
> 이처럼 후각은 뇌의 감정 중추와 직접 연결되어 있어, 냄새를 통해 과거의 감정적 경험을 생생하게 되살리게 한다. 연구에 따르면, 냄새를 통해 기억을 회상할 때는 시각적 기억보다 감정적 세부사항이 더 선명하게 재현된다고 한다. 이런 효과 때문에 향기를 통해 기억을 되살리는 방법이 치매 환자를 위한 치료나 트라우마 치료에서 활용되고 있다.

제함으로써, 그리고 후추의 피페린은 뇌 신경전달물질의 활동을 촉진해 기억력과 인지 기능을 향상시키고, 타임은 뇌에서 활성 오메가-3 지방산인 DHA의 양을 증가시킴으로써(동물실험), 퇴행성 뇌 질환인 알츠하이머병이나 파킨슨병, 뇌 손상, 경도 인지 장애, 조현병에서 빈번하게 발생하는 인지 장애에 임상적으로 도움을 줄 것으로 기대를 모으고 있다.

한편, 향은 과거의 기억을 소환하는 작용을 하는데, 이는 냄새와 기억이 연결된다는 뇌 구조학에 근거한 것이다. 향 물질은 코 점막 세포에 감지된 뒤 뇌에 전기 자극을 보낸다. 이 자극은 신경 메시지로서 감정을 담당하는 대뇌 변연계邊緣系/limbic system*의 기억회로에 작용한다.

---

* 대뇌피질과 시상하부 사이에 위치하는 일련의 구조물들을 가리키며, 주로 감정, 행동, 욕망 등의 조절에 기여하고 특히 기억에 중요한 역할을 한다.

이처럼 어떤 냄새를 맡았을 때 그 냄새에 얽힌 과거의 기억을 불러오게 하는 기억 재생 현상을 일명 '프루스트 효과Proust effect'라고 부른다.

향의 이런 기억 소환 작용은 마케팅 수단으로도 활용된다. 가장 친근한 용어로 식품 광고에 많이 쓰이는 '어머니의 맛'이나 '고향의 냄새'라는 표현이 바로 그 예다.

PART

8

향신료 생산과 소비의 지리

- 향신료의 주요 생산 지역
- 향신료의 재배 및 생산 현황
- 세계의 향신료 시장 현황
- 한국의 향신료 시장 현황

18 향신료의 주요 생산 지역

　　　　　　종류에 따라 차이가 있지만, 향신료 및 그 파생상품의 재배 및 생산은 주로 남회귀선과 북회귀선 사이에 위치한 열대 기후 지역과 아열대 기후 지역에 집중되어 있다(그림 8-1 참고). 이들 지역은 1년 내내 월평균 기온이 섭씨 18도 이상에 비가 많이 오며, 또한 배수가 잘되는 삼림토양이나 모래토양을 가진 지역이다. 대부분 열대성 식물인 향신료는 이러한 자연환경이 재배에 적합하다.

　지리적으로 특정 지역에서만 자생했던 많은 향신료는 이제 그 토착 지역은 물론, 기후 조건이 비슷한 전 세계 곳곳에서 재배되고 있다. 대표적인 향신료가 육두구, 정향, 생강, 강황, 후추 및 고추다. 인도네시아 동부의 몰루카 제도가 원산지인 정향은 오늘날 아시아의 인도, 말레이시아, 중국뿐 아니라 아프리카 동부의 탄자니아, 마다가스카르, 라틴아메리카의 브라질, 카리브해 지역 그리고 튀르키예에서도 생산되고 있다. 또한 인도와 열대 아시아가 원산지인 강황은 현재 아프리카와 라틴아메리카의 열대 지역에서 광범위하게 재배되고 있으며, 원래 인도 남서부에서 자생했던 후추는 남아시아와 동남아시아 전 지역뿐 아니라 중앙아메리카와 브라질에서 생산되며, 인도가 원산지인 카다멈은

그림 8-1 **세계의 향신료 주요 생산 지역**

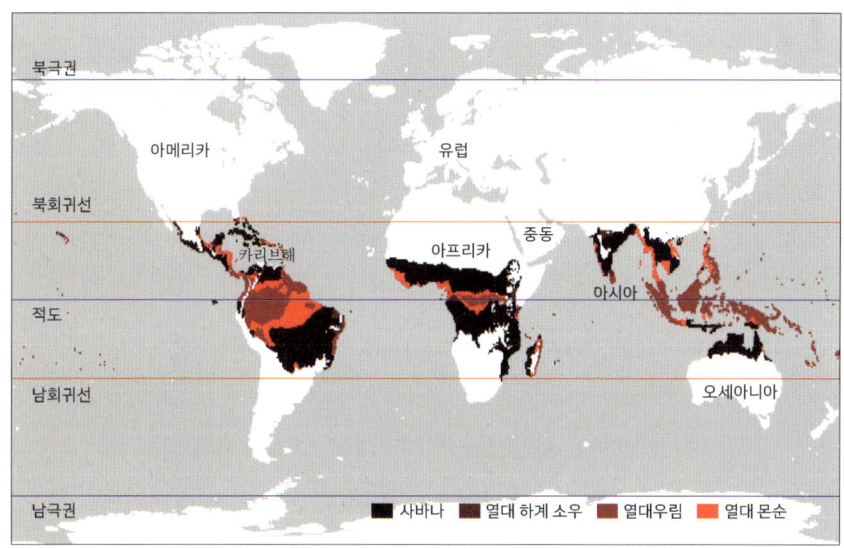

출처: 오뚜기 식문화원.

현재 과테말라, 탄자니아, 엘살바도르, 파푸아뉴기니 등에서도 재배된다. 한편 지중해 지역과 중동이 원산지인 고수는 지금은 인도가 가장 큰 생산국이며, 고수와 유사한 기원을 가진 향신료인 커민은 인도와 중동뿐 아니라 전 세계에서 생산되고 있다.

향신료의 재배지는 그 향신료에 대한 수요와 큰 관련이 있다. 예를 들어 대표적인 매운맛 향신료인 후추와 고추는 오래전부터 전 세계에서 소비되었고, 그로 인해 재배지 또한 일찍부터 전 세계로 확산되었다. 그러나 동아시아 유래의 향신료인 화자오와 초피는 소비 지역이 여전히 중국·일본·한국의 동아시아로 제한되어 있고, 재배지 또한 확대되지 않고 있다.

19 | 향신료의 재배 및 생산 현황

그렇다면, 향신료들은 어디에서 얼마나 생산되고 있을까? 또한 교역량으로 보면 어떤 소비 패턴을 알 수 있을까? 여기서는 주요 향신료의 생산 및 수출입 현황을 살펴보도록 하자.

■ 후추

후추는 가장 많은 국가에서 소비되는 향신료다. 당연히 생산도, 소비, 교역도 국제 수준에서 이루어진다.

후추는 2023년 세계에서 총 855,105톤이 생산되었다. 원산지를 벗어나 다양한 지역에서 재배되는 대표적인 향신료로, 생산량 10위권의 국가를 살펴보면 1위인 베트남(257,427톤)과 5위 인도(65,740톤), 7위 스리랑카(45,166톤) 등 열대 아시아는 말할 것도 없고, 2위 브라질(126,548톤), 3위 부르키나파소(73,836톤), 6위 이라크(48,585톤), 10위 타지키스탄(23,273톤)으로, 아메리카와 아프리카가 망라돼 있다.[*]

후추 수출입 상위 5개국을 살펴보면, 생산량이 많은 베트남, 브라

---

[*] 이하의 생산 및 무역 통계는 유엔식량농업기구 FAOSTAT의 2023년 자료다.

그래프 8-1 후추 생산량 상위 10개국(단위 톤)

순위	국가	생산량
1위	베트남	257,427
2위	브라질	126,548
3위	부르키나파소	73,836
4위	인도네시아	70,169
5위	인도	65,740
6위	이라크	48,585
7위	스리랑카	45,166
8위	말레이시아	40,675
9위	중국	33,909
10위	타지키스탄	23,273

세계 총 생산량 855,105톤

그래프 8-2 후추 수출 상위 5개국(단위 톤)

순위	국가	수출량
1위	베트남	172,051
2위	브라질	80,702
3위	인도네시아	23,818
4위	아랍에미리트	19,746
5위	인도	15,437

그래프 8-3 후추 수입 상위 5개국(단위 톤)

순위	국가	수입량
1위	미국	69,052
2위	인도	34,971
3위	베트남	22,098
4위	독일	20,601
5위	아랍에미리트	20,012

질, 인도네시아 등에서 수출량도 많고, 인구가 많은 미국, 인도, 독일 등에서 수입량이 많다. 그런데 베트남과 아랍에미리트는 수출량도 수입량도 많은 것이 눈에 띈다.

■ 생강

후추만큼이나 전 세계인이 사랑하는 향신료가 생강이다. 생강은 비교적 일찍 원산지를 벗어나 세계 곳곳에서 재배되기 시작했고, 현재 대륙과 기후대를 가리지 않고 재배되고 있다. 그럼에도 원산지와 가까운 인도에서 압도적인 양을 생산하고 있다. 한국 또한 26,012톤을 생산해 세계 14위의 생강 생산국이다. 기후 조건이 유리한 생강 생산 대국이 수출국이기도 하다. 미국과 네덜란드가 수입국 1, 2위를

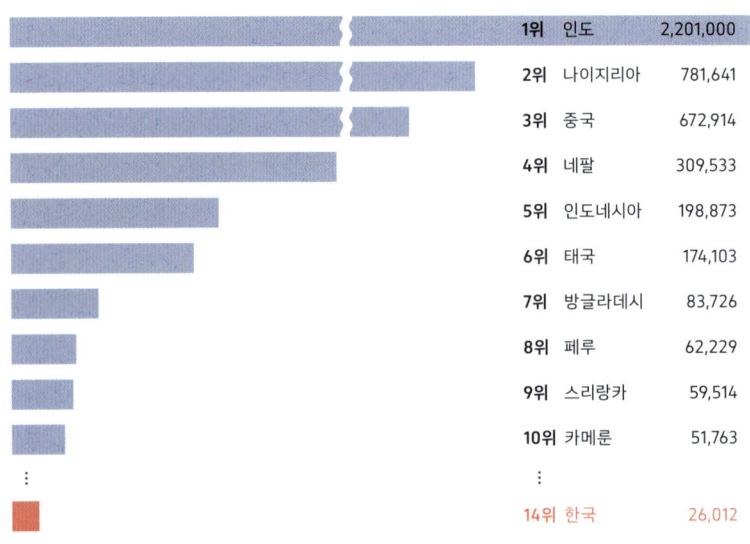

그래프 8-4 생강 생산량 상위 10개국(단위 톤)

순위	국가	생산량
1위	인도	2,201,000
2위	나이지리아	781,641
3위	중국	672,914
4위	네팔	309,533
5위	인도네시아	198,873
6위	태국	174,103
7위	방글라데시	83,726
8위	페루	62,229
9위	스리랑카	59,514
10위	카메룬	51,763
14위	한국	26,012

세계 총 생산량 4,877,179톤

그래프 8-5 생강 수출 상위 5개국(단위 톤)

순위	국가	수량
1위	중국	290,684
2위	태국	89,412
3위	페루	73,842
4위	나이지리아	53,731
5위	인도	53,415
6위	네덜란드	46,447

그래프 8-6 생강 수입 상위 5개국(단위 톤)

순위	국가	수량
1위	미국	94,511
2위	네덜란드	84,105
3위	파키스탄	75,856
4위	방글라데시	68,343
5위	말레이시아	55,354

차지했는데, 이들은 식품 산업이 발달한 국가로, 소비자의 직접 섭취는 물론, 식품가공에 사용하는 양이 많다.

▪ 마늘

한국에서 가장 중요한 향신료를 꼽으라면 마늘과 고추일 것이다. 먼저 마늘의 생산 현황을 들여다보자. 2023년 전 세계 마늘 생산량(생마늘 기준)은 총 28,672,226톤으로, 그중 72%에 해당하는 20,688,005톤이 중국에서 생산되었다. 한국 또한 318,220톤을 생산해 생산량 5위에 해당한다. 스페인을 제외하면 서구에서의 소비량이 많지 않아, 마늘 수입국 또한 대체로 아시아에 국한되어 있다.

그래프 8-7 **마늘 생산량 상위 10개국(단위 톤)**

순위	국가	생산량
1위	중국	20,688,005
2위	인도	3,266,023
3위	방글라데시	548,907
4위	이집트	490,418
5위	한국	318,220
6위	우즈베키스탄	225,952
7위	알제리	212,300
8위	미얀마	207,187
9위	스페인	194,340
10위	에티오피아	190,628

세계 총 생산량 28,672,226톤

그래프 8-8 **마늘 수출량 상위 5개국(단위 톤)**

순위	국가	수출량
1위	중국	2,032,198
2위	스페인	150,559
3위	아르헨티나	121,129
4위	인도	61,287
5위	이집트	43,433

그래프 8-9 **마늘 수입 상위 5개국(단위 톤)**

순위	국가	수입량
1위	인도네시아	564,114
2위	베트남	233,129
3위	말레이시아	197,456
4위	방글라데시	166,192
5위	브라질	115,040

■ 고추

마늘도 건조되어 유통되는 양이 만만치 않지만, 고추는 생고추로 유통되는 양과 건고추로 유통되는 양이 모두 많다. 여기에서는 한국에서 가장 중요한 향신료라 할 고추의 생산 현황을 생고추와 건고추로 나누어 살펴보자.

파프리카를 포함한 고추류는 2023년 전 세계에서 38,310,351톤 생산되었다. 앞서 여러 차례 언급했다시피 고추류는 전 세계에 퍼져나가 제각각의 토양과 식문화에 맞게 개량되어 종류도 많고 그만큼 소비량도 많다. 따라서 생산량 자체가 다른 향신료와 비교할 수 없을 정도로 많다. 생산량 상위 10개국을 살펴봐도 중국, 인도네시아 등 아시아, 멕시코, 미국 등 아메리카, 스페인과 이집트, 알제리 등 지중해 지역을 망라하고 있다.

그런 반면 네덜란드와 캐나다는 수출량과 수입량이 모두 상위권에 있어 흥미롭다. 특히 세계 11위 고추 생산국인 네덜란드는 생산한 고추의 양과 수출한 고추의 양이 거의 같은데, 수입량도 6위를 차지하고 있다. 이는 고추류가 매우 다양하기에 수출을 위해 재배하는 종과 가공을 위해 수입하는 종이 있기 때문으로 짐작할 수 있다. 중국, 인도네시아, 이집트 등 생산량 상위 국가들에서 생산량 대부분을 자국 내 소비로 소화하고 있는 것과 대조적이다.

건조 고추는 유통이나 가공의 편의로 인해 수출입에서의 비중은 생고추보다 더 크지만, 건조하면서 줄어든 무게로 인해 양 자체는 생고추보다 적다. 2023년 전 세계 건조 고추(파프리카 포함)의 생산량은 총 5,821,858톤이며, 생고추에서는 생산량 10위권에 들지 못한 인도가 2,782,000톤을 생산해 전체 생산량의 절반 가까운 약 48%를 차지했다. 마찬가지로 생고추 생산량에서는 10위권에 들지 못한 방글라데

그래프 8-10 생고추(파프리카 포함) 생산량 상위 10개국 (단위 톤)

순위	국가	생산량
1위	중국	17,104,871
2위	멕시코	3,681,061
3위	튀르키예	3,081,010
4위	인도네시아	3,061,260
5위	스페인	1,389,830
6위	이집트	1,065,143
7위	나이지리아	773,962
8위	알제리	624,970
9위	미국	576,743
10위	튀니지	444,948
11위	네덜란드	420,000

세계 총 생산량 38,310,351톤

그래프 8-11 생고추(파프리카 포함) 수출량 상위 5개국 (단위 톤)

순위	국가	수출량
1위	멕시코	1,114,502
2위	스페인	747,705
3위	네덜란드	416,552
4위	튀르키예	182,401
5위	캐나다	179,679

그래프 8-12 생고추(파프리카 포함) 수입량 상위 5개국 (단위 톤)

순위	국가	수입량
1위	미국	1,251,711
2위	독일	387,424
3위	영국	230,710
4위	프랑스	185,208
5위	캐나다	152,443
6위	네덜란드	102,648

그래프 8-13 **건조 고추(파프리카 포함) 생산량 상위 10개국**(단위 톤)

순위	국가	생산량
1위	인도	2,782,000
2위	방글라데시	662,833
3위	태국	328,910
4위	중국	325,522
5위	에티오피아	298,206
6위	미얀마	151,787
7위	베냉	134,120
8위	코트디부아르	131,559
9위	파키스탄	109,615
10위	가나	109,360

세계 총 생산량 5,821,858톤

그래프 8-14 **건조 고추(파프리카 포함) 수출량 상위 5개국**(단위 톤)

순위	국가	수출량
1위	인도	479,159
2위	중국	308,610
3위	스페인	78,063
4위	멕시코	47,229
5위	페루	45,562

그래프 8-15 **건조 고추(파프리카 포함) 수입량 상위 5개국**(단위 톤)

순위	국가	수입량
1위	미국	191,292
2위	중국	144,435
3위	태국	84,479
4위	스페인	75,657
5위	방글라데시	71,459

시와 태국이 그 뒤를 이었다.

건조 고추의 수출량 5위권에는 생산량이 많은 인도, 중국도 포함되어 있지만, 생산량에서 10위권에 들지 못한 스페인, 멕시코, 페루가 눈에 띈다. 수입량 1위 국가는 역시 인구와 식품가공기업이 많은 미국인데, 수출량 3위였던 스페인이 수입량 또한 4위를 차지한 것이 흥미롭다.

■ 육두구, 메이스, 카다멈

유엔식량농업기구FAO에서는 육두구, 메이스, 카다멈을 합쳐서 통계를 내고 있는데, 2023년의 세 향신료 합계 세계 총 생산량은 219,223톤으로, 원산지인 인도네시아가 아닌 과테말라가 세계 1위 생산국인 것을 주목할 만하다. 수출량 1위 국가 역시 과테말라다.

■ 정향

식품으로서뿐 아니라 치약 등 다양한 제품의 원료로 사용되는 정향은 2023년 전 세계에서 185,691톤이 생산된 가운데, 여전히 원산지인 인도네시아가 전 세계 생산량의 약 73%를 생산해 압도적인 1위를 차지했다. 또한 9위인 그레나다의 42톤 외의 나머지 국가들은 생산량 통계조차 잡히지 않을 정도로 생산량이 미미해, 여전히 귀한 향신료임을 알 수 있다. 생산량 2위 국가인 마다가스카르가 수출량 1위를 차지한 데 반해, 생산량 1위인 인도네시아가 수입량 또한 1위를 차지하고 있어, 인도네시아의 정향 사랑을 엿볼 수 있다.

지금까지 살펴본 주요 향신료의 생산 및 수출입 현황에서 특히 눈에 띄는 나라가 있다. 향신료 생산량과 소비량이 많은 아시아나 아프

그래프 8-16 육두구, 메이스, 카다멈 생산량 상위 10개국 (단위 톤)

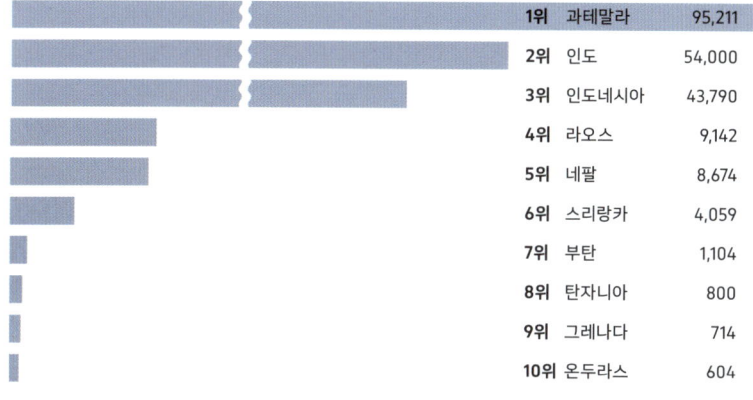

순위	국가	생산량
1위	과테말라	95,211
2위	인도	54,000
3위	인도네시아	43,790
4위	라오스	9,142
5위	네팔	8,674
6위	스리랑카	4,059
7위	부탄	1,104
8위	탄자니아	800
9위	그레나다	714
10위	온두라스	604

세계 총 생산량 219,223톤

그래프 8-17 육두구, 메이스, 카다멈 수출 상위 5개국 (단위 톤)

순위	국가	수출량
1위	과테말라	52,700
2위	인도네시아	44,986
3위	아랍에미리트	12,202
4위	인도	10,906
5위	네팔	8,804
7위	네덜란드	2,743

그래프 8-18 육두구, 메이스, 카다멈 수입 상위 5개국 (단위 톤)

순위	국가	수입량
1위	중국	30,711
2위	인도	15,140
3위	아랍에미리트	12,555
4위	사우디아라비아	11,061
5위	방글라데시	5,307
8위	네덜란드	3,132

19 향신료의 재배 및 생산 현황

그래프 8-19 정향 생산 생산량 상위 9개국(단위 톤)

순위	국가	생산량
1위	인도네시아	135,178
2위	마다가스카르	24,681
3위	탄자니아	8,582
4위	코모로	7,663
5위	스리랑카	5,899
6위	케냐	2,103
7위	중국	1,323
8위	말레이시아	221
9위	그레나다	42

(이하의 순위는 생산량이 미미해 통계 없음.)

세계 총 생산량 **185,691톤**

그래프 8-20 정향 수출량 상위 5개국(단위 톤)

순위	국가	수출량
1위	마다가스카르	39,916
2위	인도네시아	13,935
3위	코모로	8,992
4위	싱가포르	7,691
5위	스리랑카	5,842
⋮		
9위	네덜란드	925

그래프 8-21 정향 수입량 상위 5개국(단위 톤)

순위	국가	수입량
1위	인도네시아	23,886
2위	인도	22,395
3위	싱가포르	7,015
4위	아랍에미리트	5,343
5위	중국	2,421
⋮		
11위	네덜란드	1,140

리카 지역이 아닌 유럽의 네덜란드다. 생강, 생고추(파프리카 포함), 육두구·메이스·카다멈, 정향의 수출량과 수입량이 상위권에 위치하고 있어 세계에서 손꼽히는 향신료 무역국임을 알 수 있다. 그 배경에는 1600년대 인도네시아의 향신료 제도를 지배했던 역사와 함께 그 이후 네덜란드로 이주한 인도네시아인들을 통해 향신료를 사용하는 음식 문화에 친숙한 점, 그리고 가공 및 패키징 등 식품 산업이 발달한 것 등이 있다.

20 | 세계의 향신료 시장 현황

세계의 향신료 가공품 시장 규모

세계의 향신료* 및 조미료 가공품의 시장은 2021년 177억 5,000만 달러 규모에서 2023년 193억 달러 규모로 성장했다. 또한 2024년 201억 9,000만 달러 규모에서 2029년에는 254억 2,000만 달러 규모로 성장할 것으로 예측되어, 해당 기간 동안 연평균 성장률 약 4.9%를 나타낼 것으로 전문가들은 예상하고 있다.

향신료 시장의 이러한 성장에는 몇 가지 배경이 있다. 첫째, 세계적으로 여행, 이민, 음식 매체의 영향으로 에스닉 푸드에 대한 인기가 높아지고 있다. 또한 스낵 및 간편식품, 베이커리 및 제과, 냉동식품 산업의 성장에 따라 풍부한 향과 맛을 더해주는 향신료 수요가 증가하고 있다. 둘째, 강황, 생강, 계피 등 여러 향신료가 가진 항염증 및 항산화 특성을 포함해 주목할 만한 건강상의 이점이 과학적으로 입증되고

---

* 여기서 향신료는 통 향신료whole, 분말 향신료ground, 혼합 향신료blends의 합을, 조미료 seasoning는 소금, 허브, 혼합 조미료의 합을 가리킨다.

있다. 이에 서구 여러 국가에서 건강한 식습관에 대한 관심으로 향신료에 주목하고 있다. 셋째, 바쁜 라이프스타일에 맞춰 식사 준비를 더 빠르고 쉽게 만드는, 즉시 사용 가능한 혼합 향신료의 인기 및 소비 증가 등을 들 수 있다.

참고로, 유엔식량농업기구 통계 데이터베이스FAOSTAT에 따르면 세계의 향신료 생산량은 중량 기준 2019년 1억 9,090만 톤, 2020년 1억 9,580만 톤, 2021년 2억 190만 톤, 2022년 2억 570만 톤, 2023년 2억 820만 톤으로, 연평균 성장률 1.75%를 나타내고 있다.

유형별 향신료 시장 현황

세계 향신료의 유형별 시장점유율(2023년)을 보면, 매운 향신료(후추, 고추, 카엔고추, 생강, 겨자 등)가 42.8%로 가장 높고, 허브(바질, 타임, 딜, 마조람, 타라곤 등)가 21.7%, 순한 향신료(파프리카, 고수 등)가 21.4%로 거의 비슷한 수준이며, 그리고 아로마틱 향신료(카다멈, 카시아, 시나몬, 정향, 커민 등)는 14.2%로 나타났다.

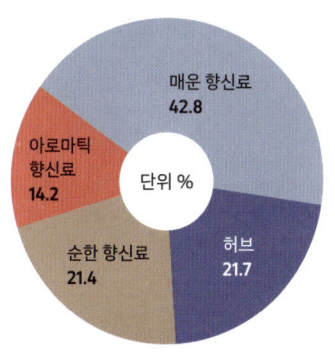

그래프 8-22 유형별 향신료 시장점유율

향신료의 유형 중에서는 매운 향신료 시장이 미래(~2032년)에 가장 크게 성장할 것으로 예측된다. 특히 후추가 이러한 추세를 이끌 것으로 보이는데, 후추가 다양한 요리에 활용되어 그 수요가 음식문화권을 가리지 않는 데다 생산 또한 비교적 용이하기 때문이다. 매운 향신료는 후추, 생강, 겨자(머스터드)처럼 전 세계에서 인기를 끌며 다양하게 활용돼온 것이 있고,

고추나 화자오처럼 특정 지역에서 엄청난 소비량을 자랑해온 것을 모두 포괄하는데, 두 부류의 향신료 모두 소비량과 함께 시장도 커지고 있다. 게다가 강황, 생강, 마늘과 같은 면역 강화 향신료의 판매가 팬데믹으로 인해 2020년대 초반 크게 증가했으며, 저당식 및 저염식에 대한 소비자의 관심도 고추, 후추, 생강, 계피 같은 매운 향신료의 수요 증가로 연결되고 있다. 이외에도 아시아 국가의 패스트푸드 소비 증가 추세가 매운 향신료의 사용량 증가에 큰 영향을 끼치고 있다.

지역별 향신료 시장 현황

세계 향신료의 지역별 시장점유율(2023년)을 보면, 아시아·태평양 42%, 북아메리카 24%, 유럽 19%, 중동 및 아프리카 8%, 라틴아메리카 7% 순으로, 아시아·태평양 지역이 압도적으로 높다. 각 지역별 향신료 시장 현황은 다음과 같다.

■ 아시아·태평양

인도, 중국, 베트남, 인도네시아, 태국이 가장 큰 소비국이자 생산국으로서 향신료 시장을 주도하고 있다. 전통 요리에 대한 관심은 물론 소득 증가, 도시화, 급속한 경제 발전으로 인한 식습관 변화로 이국적인 음식에 대한 노출 증가, 그리고 패스트푸드 산업의 성장이 향신료 수요 증가로 이어져 가장 빠르게 성장하는 시장이다.

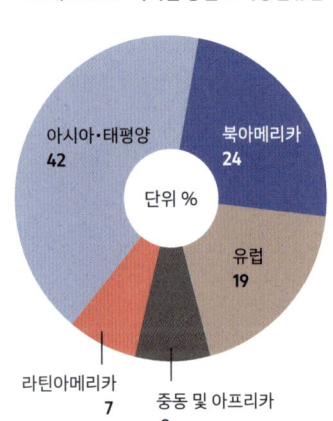

그래프 8-23 지역별 향신료 시장점유율

■ 북아메리카

미국, 캐나다, 멕시코는 고유한 요리 전통과 선호도에 의해 향신료 소비 패턴에서 뚜렷한 차별성을 갖는다. 북아메리카에서 가장 큰 향신료 소비국인 미국에서는 다문화 인구의 증가, 에스닉 푸드의 인기, 편의식품 수요 증가가 향신료 시장을 주도하고 있다. 멕시코는 북아메리카에서 가장 빠르게 성장하는 향신료 시장으로, 멕시코 소비자들은 전통적인 향신료를 선호하는 한편, 새로운 풍미 조합의 수용에도 개방적이다. 멕시코 요리의 전 세계적 인기도 다양한 향신료의 생산과 소비 증가에 기여하고 있다.

■ 유럽

전 세계 허브 및 향신료 총 수입량의 약 4분의 1을 차지하는 최대 수입 지역이다. 영국, 독일, 프랑스, 스페인, 이탈리아, 러시아가 유럽의 향신료 및 허브 시장의 큰손인데, 향신료 소비 패턴은 지역별로 상당한 다양성을 보인다. 유럽에서는 에스닉 푸드의 인기, 유기농 향신료, 프리미엄 향신료에 대한 수요 증가가 향신료 시장의 성장을 주도하고 있다. 독일이 유럽에서 가장 큰 시장으로, 정교한 향신료 가공·정제 산업 및 유기농 향신료와 허브에 강점을 가지고 있다.

■ 중동 및 아프리카

중동 및 아프리카 시장은 역사적으로 향신료 거래 허브hub로서 역할을 했던 특성과 지역 요리 전통이 이끌어가고 있다. 사우디아라비아가 이 지역에서 가장 큰 시장이고, 남아프리카는 가장 빠른 성장 잠재력을 가진 것으로 평가된다. 중동의 전통적인 혼합 향신료에 대한 수요가 크고 글로벌 향신료 채택이 증가하는 것도 특징이다. 관광 산업의 확대가 견인하는 향신료 시장 성장도 예상된다.

■ 라틴아메리카

브라질과 아르헨티나가 라틴아메리카의 향신료 시장을 주도하고 있다. 향신료를 많이 사용하는 음식문화를 가지고 있는 데다 식품가공 산업에서 사용하는 향신료 증가로 인해 시장이 꾸준히 성장하고 있다. 특히 브라질은 이 지역에서 가장 크고 빠르게 성장하는 시장인데, 많은 인구와 다양한 음식문화의 영향 때문이다. 브라질의 향신료 시장은 전통적인 라틴아메리카 향신료와 글로벌 향신료 모두에서 강점을 보이고 있고, 프리미엄 향신료 및 유기농 향신료에 대한 수요도 증가하고 있다.

향신료 주요 생산 국가 현황

주요 향신료 생산 국가는 지리적으로 열대 및 아열대 기후대에 위치한 인도 및 동남아시아 등 아시아 국가가 대부분이고, 이외에 아프리카의 나이지리아와 에티오피아가 포함된다. 이들 국가의 향신료 생산량은 기후 변화 등 여러 요인에 의해 그때그때 작황이 달라지므로 매년 순위가 다소 달라진다. 그러나 여기에 소개하는 국가들은 거의 매년 상위 10위에 들어가는 향신료 생산국이다(표 8-1 참고).

세계 향신료 시장을 이끄는 국가는 인도다. 인도는 세계 제1의 향신료 생산국이자 소비국이자 수출국이다. 여기서는 인도를 필두로, 세계 향신료 시장을 좌우하는 주요 생산국 및 소비국을 살펴보자.

표 8-1 향신료의 생산 상위10개국

순위	국가	특징	기후 및 환경 조건	주요 생산 향신료	주요 수출국
1	인도	세계 최대 향신료 생산국이자 소비국	열대, 아열대, 몬순	후추, 카다멈, 강황, 정향, 생강, 고수 등	전 세계 (주로 유럽, 미국)
2	중국	세계 최대 향신료 수출국	온화한 겨울, 여름, 열대	펜넬, 화자오, 화자오분말, 정향, 스타아니스, 시나몬 등	호주, 일본, 미국, 네덜란드
3	나이지리아	생산량 매년 3% 성장	남부는 고온다습, 북부는 고온건조	생강, 마늘, 후추 등	
4	인도네시아	향신료 산업이 국가경제에서 큰 역할을 함.	열대, 더운 기온, 높은 습도, 다우 (스파이스 아일랜드)	정향, 시나몬, 후추, 고수 등	미국, 남아시아, 호주, 일본, 인도
5	방글라데시	향신료 산업이 국가경제에서 큰 역할을 함.	열대 기후, 적정한 기온과 햇빛, 시원한 날씨	강황, 생강, 카다멈, 시나몬, 후추, 고추, 고수 등	카타르, 사우디아라비아, 말레이시아
6	튀르키예	주요 수출국 중 하나	지중해성 기후, 비옥한 토양, 여름 건기, 겨울 우기	민트, 커민, 수막, 타임, 고추 플레이크 등	중국, 베트남, 미국, 독일, 폴란드, 캐나다
7	에티오피아	아프리카의 대표적인 향신료 생산 및 수출국	고산지대 기후, 열대 및 아열대 기후	카다멈, 생강, 후추, 페누그릭 등	미국, 유럽, 인도, 중국, 일본
8	태국	주요 생산국이자 소비국	열대 몬순 기후	고추, 마늘, 생강, 레몬그라스, 갈랑갈	파키스탄
9	베트남	수출 세계 점유율 11%	열대 기후	강황, 스타아니스, 후추, 시나몬 등	미국, 유럽, 중국, 인도, 중동
10	네팔	세계 최대 카다멈 생산국	열대, 아열대, 산악성 기후	청고추, 카다멈, 마늘 등	인도, 홍콩, 중국, 유럽, 미국, 사우디아라비아, 카타르

출처: https://rankingroyals.com/food/spice-production-around-the-world,
https://www.insidermonkey.com/blog/top-10-spice-producing-countries-in-the-world.

■ 인도

2023년 향신료 생산량은 약 595만 톤으로, 2019년 이래 매년 2%씩 생산량이 증가하고 있다. 소비량 또한 약 470만 톤으로 세계 최대인데, 2019년 이래 연평균 0.9%씩 증가세를 보이고 있다.

인도는 자국 원산의 향신료뿐 아니라 외래에서 도입된 70여 종의 향신료도 재배하고 있으며, 주요 향신료는 강황, 커민, 고수, 블랙 카다멈, 생강, 마늘, 시나몬 등이다. 인도 향신료는 주로 유럽과 미국으로 수출된다.

■ 중국

세계 2위의 향신료 생산국이지만, 2023년 생산량은 약 118만 톤으로, 1위 생산국인 인도의 5분의 1에 못 미친다. 2019년 이래 매년 0.6% 생산량이 증가하고 있다. 반면 소비량은 2023년 약 42만 톤으로, 소비량에서 상위에 랭크되어 있지는 않다. 심지어 2019년 이래 소비량은 매년 1.2%씩 감소하고 있다. 생산량과 소비량의 이와 같은 격차로 인해 세계 최대 향신료 수출국이다.

중국의 주요 향신료는 시나몬, 정향, 스타아니스, 펜넬, 화자오 등이다. 현재 향신료 생산량에 비하면 소비량이 크지는 않지만, 오향으로 상징되듯이 중국 음식문화에서 향신료는 빼놓을 수 없는 부분이다. 경제 수준의 향상과 음식문화의 서구화로 인해 외국산 향신료 소비가 늘 것으로 예상된다.

■ 나이지리아

2023년 향신료 생산량 약 104만 톤으로 세계 3위의 생산국이다. 2019년 이래 매년 6%라는 괄목한 만한 생산량 증가 추이를 보이고 있다. 이에 반해 소비량은 약 25만 7,000톤이며, 2019년 이래 연평균 0.3%라는 미미한 증가 추세를 보인다.

주요 향신료는 생산량 세계 2위인 생강, 그리고 생산량 세계 7위인 고추류를 비롯해 마늘, 후추 등이며, 생산량 대부분을 수출한다.

■ 인도네시아

2023년 기준 세계 4위의 향신료 생산국이자 3위의 소비국이다. 2023년의 향신료 생산량은 약 65만 1,000톤으로, 2019년 이래 연평균 0.4%씩 생산량이 감소하고 있다. 소비량은 약 47만 2,000톤으로, 2019년 이래 연평균 1.5%의 증가세를 보인다.

천혜의 지형·기후적 조건으로 인해 인도네시아는 '스파이스 아일랜드'라고 불릴 만큼 매우 다양한 향신료를 생산하고 있다. 그중 가장 많이 생산하는 향신료는 후추이며, 가장 중요한 향신료는 정향이다. 그 외의 주요 향신료는 강황, 생강, 커민, 시나몬, 고수 등이다.

■ 방글라데시

세계 최빈국에 속하는 방글라데시이지만, 향신료 생산량에서는 2023년 약 41만 톤을 생산해 세계 6위를 랭크했다. 따라서 향신료 산업은 방글라데시의 기간산업이라 할 수 있다. 2019년 이래 연평균 0.8%의 생산 증가세를 보인다. 생산량도 많지만, 방글라데시를 향신료 세계에서 주요 국가로 만든 것은 소비량으로, 2023년 약 48만 5,000톤을 소비했다. 소비량의 증가는 미미해 2019년 이래 연평균 0.1% 증가세를 보인다.

방글라데시의 주요 향신료는 생강, 마늘, 강황, 양파, 고추 등이며, 카타르, 사우디아라비아, 말레이시아 등으로 수출한다.

향신료 무역

커피, 설탕, 열대과일 등의 기호식품과 마찬가지로, 향신료는 열대와 아열대의 제3세계에서 생산해 온대의 제1세계로 수출하는 전형적인 무역 상품이다. 따라서, 향신료의 주요 수출국은 주요 생산국인 인도, 중국, 베트남, 인도네시아 등이다. 향신료의 주요 수입국은 많은 인구와 글로벌 식품기업을 보유한 미국과 유럽의 선진산업국, 그리고 자국에서 나지 않거나 부족한 향신료를 수입해서 소비하는 아시아의 향신료 소비강국이다.

전통적으로 향신료를 많이 소비했던 생산국은 물론, 음식문화의 글로벌화, 에스닉 푸드에 대한 관심 증대 등에 따라 세계 향신료의 소비

표 8-2 **2023년 향신료 수출 상위 10개국**(단위 1,000톤, %)

순위	국가	수출량	증감률	5년 평균 증감률
1	인도	948	+0.74	+0.8
2	중국	918	+3.03	+3.02
3	베트남	296	+2.07	-0.27
4	인도네시아	139	-2.11	-2.03
5	네덜란드	127	+2.42	+1.83
6	태국	114	+3.64	+4.16
7	브라질	104	+4	+2.04
8	스페인	93	+1.09	+1.58
9	아랍에미리트	78	+1.3	-0.51
10	미얀마	76	+5.56	+4.16

출처: reportlinker.com: Global Spices Export Volume by Country.

표 8-3 **2023년 향신료 수입 상위 10개국**(단위 1,000톤, %)

순위	국가	수입량	증감률	5년 평균 증감률
1	미국	455	+1.34	+1.42
2	베트남	273	+2.25	-1.27
3	인도	198	+1.54	+1.92
4	네덜란드	156	+1.96	+1.61
5	방글라데시	144	+1.41	+0.71
6	독일	142	+1.43	+1.47
7	아랍에미리트	142	0	+0.43
8	파키스탄	136	0	-0.15
9	말레이시아	135	+0.75	+0.15
10	중국	117	0	0

출처: reportlinker.com: Global Spices Import Volume by Country.

량은 점점 늘어날 것으로 전문가들은 예상한다. 세계 향신료 산업의 규모가 더욱 커질 것이 전망되는 것이다. 그러나 기후 변화로 인한 생산량의 급등락, 환경오염과 노예노동에 대한 선진국 소비자들의 기피와 이로 인한 공정무역·유기농 인증에 관한 요구 등이 향신료 시장에 영향을 끼칠 것으로 예상된다.

21 한국의 향신료 시장 현황

한국의 향신료 가공품 시장 규모

한국 향신료 가공품* 시장은 2023년 기준 생산량 62,500톤, 수입량 97,600톤으로 수입량이 약 1.56배로 많으며, 총 중량 기준으로 2019년부터 2023년까지 최근 5년 연평균 5.5% 증가율을 나타내고 있다. 최근 5년간 현황에서도 수입량이 국내 생산량보다 약 1.6배 많다. 금액 기준으로 시장 규모는 2023년 약 5,893억 원이며, 2019년부터 2023년까지 연평균 10.8%의 증가율을 나타냈다. 해외여행 붐과 외식 산업의 발전으로 과거에 인지하지 못했던 다양한 향신료를 사용한 요리를 접할 기회가 증가하고 있다. 이로 인해 소비자 기호 변화와 음식문화의 글로벌화가 가속되어 향신료 시장은 지속적으로 성장할 것으로 예상된다.

---

* 한국 식품공전의 식품별 기준 및 규격으로 분류할 때, '향신료 가공품'은 향신 식물(고추, 마늘, 생강 포함)의 잎, 줄기, 열매, 뿌리 등을 단순가공한 것[즉 천연 향신료] 및 풍미를 높이기 위해 천연 향신료에 식품 또는 식품첨가물을 혼합하여 가공한 것[즉 향신료 조제품]을 가리킨다. 단, 여기에서 카레 및 고춧가루 또는 실고추에 해당하는 것은 제외된다.

그래프 8-24 한국 향신료 가공품 생산 및 수입(단위 100톤)

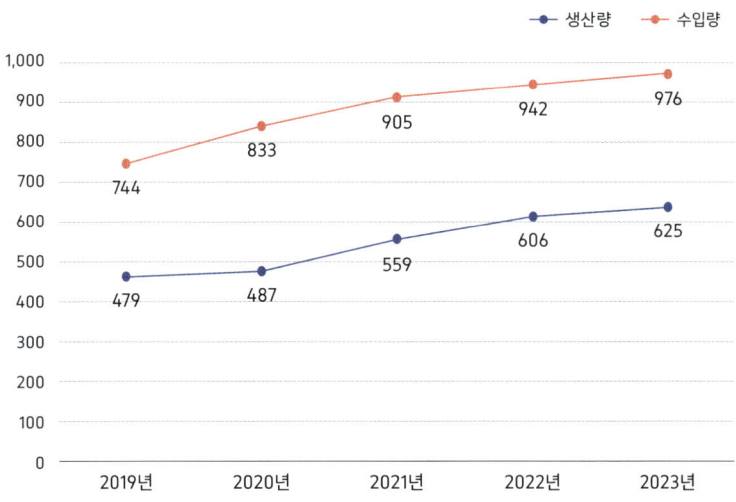

자료: 식품의약품통계연보.

그래프 8-25 한국 향신료 가공품 산업 현황(단위 억 원)

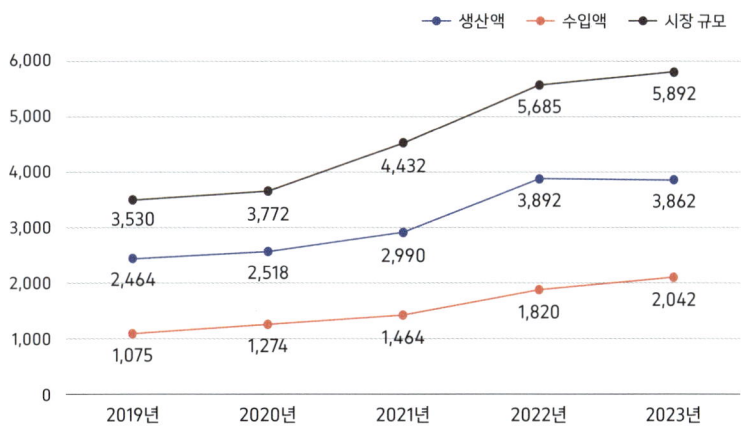

자료: 식품의약품통계연보.

한국에서 소비되는 주요 향신료 및 활용

셀 수도 없이 많은 요리의 밑간으로 마늘이 들어가고, 풋고추를 고추장에 찍어 먹고, 고기쌈을 싸 먹을 때 고추장, 참기름에 편마늘까지 얹어 먹으며, 마늘장아찌를 밥반찬으로 먹는다. 향신료를 일반 채소로 취급하면서 반찬으로 이용하는 한국의 음식문화는 인도나 동남아시아의 향신료 이용과는 또 다른 양상을 보여준다.

이처럼 한국에서 주로 소비되는 향신료는 채소로서의 용도도 크므로, 서구에서의 향신료 소비 패턴과는 차이가 있으며, 그 사용량도 많다. 여기에서는 소비량을 중심으로 한국에서 가장 중요한 향신료는 무엇인지 살펴보자.

한국에서 가장 많이 소비되는 향신료는 채소로도 많이 섭취하는 양파이며, 전통 한식을 대표하는 향신료인 파, 마늘, 고추가 그 뒤를 따르고 있다. 양파만으로도 전체 향신료 소비량의 절반을 넘기고 있으며, 파, 마늘, 고추까지 합하면 93%로, 그 비율이 압도적으로 높다. 비율 자체는 미미하지만 그 중요성에서는 결코 작지 않은 참깨와 들깨, 양념 재료(생강 다대기) 및 차 재료로 사용되는 생강, 그리고 거의 대부분을 수입에 의존하는 후추, 계피, 강황의 소비량이 통계에 잡히는 향신료다.

양파, 파, 마늘은 국내 생산량도 수위를 다투는데, 소비를 많이 하는 만큼 수입량

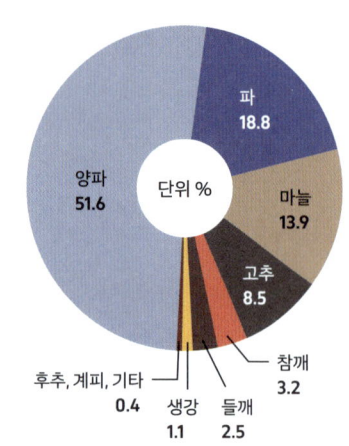

그래프 8-26 **한국에서 소비되는 주요 향신료**

파 18.8
마늘 13.9
고추 8.5
참깨 3.2
들깨 2.5
생강 1.1
후추, 계피, 기타 0.4
양파 51.6
단위 %

※ 2023년 기준으로 생산량과 소비량을 합한 수치의 비율임.

자료: 통계청 농작물생산통계.

표 8-4 한국의 주요 향신료의 생산량과 수입량(2023년)

향신료명	국내 생산량(톤)	수입량(톤)	합계(톤)	합계(백분율, %)
양파	1,172,848	139,867	1,312,715	51.6
파	454,302	23,888	478,190	18.8
마늘	318,220	36,479	354,699	13.9
고추	206,413	8,788	215,201	8.5
참깨	8,972	71,933	80,905	3.2
들깨	47,772	16,966	64,738	2.5
생강	22,848	4,853	27,701	1.1
후추, 계피 등	0	11,201	11,201	0.4

자료: 통계청 농작물생산통계.

도 적지 않다. 특히 양파와 파는 2022년부터 수입량이 현저하게 증가했는데(표 8-6 참고), 해당 향신료가 주로 사용되는 즉석식품류와 냉동만두류의 소비 증가와 관련된 것으로 보인다. 국내 생산량보다 수입량이 현저히 많은 것이 참깨인데, 참깨는 고소한 풍미를 즐기는 전통 조미유인 참기름으로의 활용이 거의 80%를 차지하며, 그 외 조미식품에 15% 정도 쓰인다.

후추, 계피, 타임, 월계수 잎, 강황, 고수, 커민, 펜넬, 육두구, 아니스, 정향, 카다멈 등은 국내에서 생산되지 않으므로 전체 소비량을 수입에 의존한다. 이 중 후추와 계피가 전체 수입량의 약 75%를 차지한다. 이 두 향신료는 전통 한식 및 서양 요리에 두루 사용되어 소비량이 많다. 다만, 채소로도 사용하는 마늘, 파 등과 달리 건조한 상태로 분말을 사용하므로 양 자체는 적게 측정된다. 특히 후추는 육류, 생선, 국·탕·찌개 및 무침 등 일상의 요리에 매우 친숙한 향신료다. 반면 계

표 8-5 한국의 향신료 생산 추이(단위: 톤)

향신료	2019년	2020년	2021년	2022년	2023년
양파	1,594,450	1,168,227	1,576,752	1,195,563	1,172,848
파	463,721	417,881	493,162	448,632	454,302
마늘	387,671	363,432	308,532	272,759	318,220
고추	254,280	243,424	261,132	215,050	206,413
참깨	12,986	6,795	10,090	11,679	8,972
들깨	42,341	38,784	42,493	47,579	47,772
생강	24,966	31,538	35,842	22,137	22,848

자료: 통계청 농작물생산통계.

피는 전통 다과 및 음료에 사용되고, 또한 서양식 제과제빵에 많이 사용된다. 강황, 고수, 커민, 펜넬, 육두구, 정향, 카다멈 등은 대부분 카레 등 주로 서양 요리 및 에스닉 푸드에 사용되는 향신료다. 이 중 타임과 월계수 잎은 2019년 수입량 167톤에서 2020년 이후 수입량이 4~5배로 크게 증가해 2023년에는 758톤의 수입량을 기록했다. 이는 외식 산업의 성장 및 가정에서 이를 이용한 양식 요리를 하는 경우가 증가했기 때문이다. 향신료가 핵심적인 베이스가 되는 양념, 소스, 드레싱, 가정간편식 등 편의형 제품 시장의 성장과 함께 한국의 향신료 시장은 더욱 확대될 것으로 전망된다.

표 8-6 한국의 향신료 수입 현황(단위 톤)

향신료	2019년	2020년	2021년	2022년	2023년
양파	35,051	42,064	53,990	91,460	139,867
참깨	76,812	77,662	86,923	84,250	71,933
마늘	39,719	33,965	41,620	67,790	36,479
파	954	1,258	2,321	17,144	23,888
들깨	24,411	24,839	15,077	13,172	16,966
고추류(건조)	4,343	6,080	6,112	6,742	8,788
후추	6,567	7,759	6,882	7,192	5,901
생강	12,872	9,211	6,496	4,403	4,853
계피	2,782	2,600	2,250	2,765	2,568
타임, 월계수 잎	167	213	790	862	758
강황(심황)	868	1,020	942	840	701
고수	560	475	636	413	531
커민	320	462	414	428	254
펜넬·주니퍼	248	184	155	150	136
육두구	110	114	133	139	109
아니스·스타아니스	101	60	103	80	87
정향	137	147	136	91	86
카다멈	51	34	65	74	41
바닐라	12	11	17	22	24
캐러웨이	10	11	14	10	8

※ 메이스, 사프란도 수입 항목에 있으나, 메이스는 5톤 이하, 사프란은 1톤 이하라 생략함.
자료: 한국무역협회 무역통계(HS코드 기준).

부록

표 1 향신료의 식물학적 분류

문	강	목	과	향신료명
속씨식물아문	쌍떡잎식물강	통화식물목	꿀풀과	바질, 타임, 세이지, 오레가노, 로즈메리, 세이보리, 민트, 마조람
			가짓과	고추, 할라페뇨, 파프리카
			참깨과	참깨
		초롱꽃목	국화과	타라곤
		후추목	후춧과	후추
		미나리아재비목	육두구과	육두구, 메이스
			녹나무과	월계수 잎, 시나몬, 카시아
			오미자과	스타아니스
		양귀비목	십자화과	머스터드(겨자), 호스래디시(서양고추냉이), 와사비(일본고추냉이)
		장미목	콩과	페누그릭, 타마린드
		쥐손이풀목	운향과	화자오, 초피
		도금양목	도금양과	올스파이스, 정향
		미나리목	미나리과	커민, 펜넬, 고수, 캐러웨이, 아니스, 파슬리, 셀러리, 딜
	외떡잎식물강	백합목	백합과	마늘, 양파, 파
			붓꽃과	사프란
		생강목	생강과	강황, 생강, 카다멈
		난초목	난초과	바닐라
		벼목	볏과	레몬그라스

출처: 小林彰夫 編集, 〈香りと匂い〉,《vesta》46号, 味の素食の文化センター, 2002, p. 8을 수정·첨삭; 武政三男,《スパイスのサイエンス(スパイスを科学で使いこなす!)》, 文園社, 2001, p. 19; 武政三男,《スパイスのサイエンス(PART2)》, 文園社, 2002, p. 73.

표 2 향미 특성에 따른 향신료 분류

분류	향미 특성	종류
시드형 향신료	고소함 nutty	참깨sesame, 니겔라nigella
	달콤함 sweet	시나몬cinnamon, 카시아cassia, 고수coriander, 바닐라vanilla, 핑크 페퍼pink pepper, 파프리카paprika
	산성 및 과일 맛 acidic and fruity	타마린드tamarind, 수막sumac, 바베리barberry(매자나무 열매), 석류pomegranate
	감귤 향 citrus	레몬그라스lemon grass, 갈랑갈galangal, 감귤류citrus
	술 또는 아니스성 liquorice or anise spices	스타아니스star anise, 아니스anise, 감초liquorice
	따뜻하고 흙 같은 향신료 warm and earthy	사프란saffron, 카다멈cardamon, 블랙 카다멈black cardamon, 커민cumin, 캐러웨이caraway, 육두구nutmeg, 메이스mace, 강황turmeric, 커리프curry leaves
	쓴맛 또는 떫은맛 bitter or astringent	페누그릭fenugreek, 홍화safflower
	톡 쏘는 pungent	후추pepper, 화자오sichuan pepper, 초피sansho, 생강ginger, 올스파이스allspice, 정향cloves, 겨자mustard, 고추류chilies
허브형 향신료	신선하고 순한 fresh and mild	파슬리parsley, 들깨perilla
	달콤한 sweet	바질basil, 라벤더lavender, 월계수 잎bay leaf
	감귤 향 또는 타르트성 citrus or tart	베르가못bergamot, 레몬밤lemon balm, 사사프라스sassafras
	술 또는 아니스성 liquorice or anise herbs	타라곤tarragon, 딜dill, 펜넬fennel
	민트성 minty	민트mint, 캣닙catnip
	양파성 허브 oniony herbs	마늘garlic, 파green onion, 차이브chive
	쓴맛 또는 떫은맛 bitter or astringent	셀러리celery, 치커리chicory
	톡 쏘는 매운맛 pungent and spicy	오레가노oregano, 마조람marjoram, 로즈메리rosemary, 세이지sage, 타임thyme, 세이보리savory, 고수coriander, 호스래디시horseradish, 와사비wasabi, , 쑥mugwort

출처: Norman, Jill, *Herbs & Spices: The Cook's Reference*, DK Publishing, 2002, pp. 4-7을 요약·정리.

표 3 향신료의 주요 정유 성분과 정미 특성

(정미 특성 표시: ■ 매운맛 ▲ 쓴맛 ● 단맛)

향신료	정유량(%)	주요 정유 성분(정유 중 비중)	정미 특성		
올스파이스	3~5	유게놀(65~80%), 티몰, 펠란드렌, 카리오필렌	■	▲	
시나몬 (카시아)	1~2.4	신나믹알데히드(55~75%), 유게놀(4~10%), 알파/베타-피넨	■	▲	●
정향	15~18	유게놀(75~90%), 카리오필렌(5~12%)	■	▲	
육두구, 메이스	7~16	알파/베타-피넨, 알파-캄펜, 미리스티신(4%), 유게놀	■	▲	
강황	1~6	투메론(59%), 베타-진지베렌		▲	
마늘	0.1~0.2	디알릴설파이드(23~29%), 디알릴트리설파이드(13~19%)	■		●
양파	0.4~3	디프로필-디설파이드dipropyl-disulfide, 메틸프로필-디설파이드methylpropyl-disulfide	■		●
후추	0.6~2.6	피넨(4~17%), 리모넨(4~21%), 사비넨(2~30%), 카리오필렌(12~42%)	■		
화자오/ 초피	2~6	산쇼올, 산쇼아미드, 시트로넬랄, 디펜텐	■		
사프란	0.02~0.06	사프라날, 푸르푸랄furfural		▲	
바질	0.2~0.4	시네올, 리날룰, 메틸차비콜, 아네톨			●
월계수 잎	0.7~3.0	시네올(45~50%), 유게놀, 리날룰, 게라니올		▲	
마조람 (잎, 꽃)	0.7~3.5	메틸차비콜(27%), 알파-테르피네올(15%), 리날룰(10%)		▲	
오레가노	0.2~0.4	티몰(2~7%), 카바크롤		▲	
파슬리	0.1~0.3	아피올apiol, 알파-피넨, 시네올		▲	
로즈메리	0.7~2.0	보르네올(8~15%), 시네올(17~30%)		▲	
세이지	1.5~2.5	시네올(15%), 캠퍼(8%)		▲	

향신료	정유량(%)	주요 정유 성분(정유 중 비중)	정미 특성		
타라곤	0.2~0.8	메틸차비콜(60~70%), 펠란드렌(15~20%)		▲	
타임	0.7~2.5	티몰(30~71%), 카바크롤(2~5%)	■	▲	
딜	1~4	카르본(40~60%), 펠란드렌, 리모넨		▲	
펜넬	1~6	아네톨(50~60%), 리모넨(9~17%), 캄펜			●
아니스	2~3	파네톨fanethole(80~95%), 메틸차비콜(60~70%)			●
캐러웨이	3~6	카르본(50~60%), 리모넨(20~45%), 카르베올carveol		▲	
카다멈	3~8	시네올(30~40%), 테르피네올(45%), 테르피닐아세테이트terpinyl acetate(30%)		▲	
고수	2~3	리날롤(60~70%), 베타-펠란드렌		▲	
커민	2.4~4	쿠민알데히드(쿠미날 35~63%), 펠란드렌		▲	

향신료 저마다의 개성 있는 정미 특성을 나타내는 핵심 성분이 정유 성분인데, 일반적으로 향신성 향신료는 매운맛과 쓴맛 특성을 나타내는가 하면, 허브형 향신료나 시드형 향신료의 경우는 대체로 쓴맛 특성을 나타낸다. 향신료의 방향성은 정유 성분의 구성 또는 그 양에 따라 달라지기 때문에, 정유 성분의 구성과 함유량은 품질 평가의 중요한 요소가 된다. 향신료에 함유된 정유 성분의 함량은 아주 적지만, 소량으로도 강한 방향성을 나타낸다.

출처: 武政三男, 《スパイスのサイエンス(スパイスを科学で使いこなす!)》, 文園社, 2001, p. 43; 小林彰夫 編集, 〈香りと匂い〉, 《vesta》 46号, 味の素食の文化センター, 2002, p. 9.

표 4 **향신료 및 허브의 주요 향, 맛, 색 성분**

향신료·허브	주요 향·맛·색 성분
정향	유게놀, 이소유게놀, 아세틸유게놀, 세스퀴테르펜, 피넨, 바닐린, 갈릭산, 플라보노이드, 페놀산
시나몬	유게놀, 리모넨, 테르피네올, 리날룰, 샤프롤, 피넨, 메틸유게놀, 벤즈알데히드, 카테킨, 프로안토시아니딘, 탄닌
카다멈	리날룰, 1,8-시네올, 터피놀렌, 미르센, 카페인산, 케르세틴, 캠퍼롤, 루테올린, 펠라고니딘
고수	리날룰, 보르네올, 게라니올, 테르피네올, 큐멘, 피넨, 터피넨, 케르세틴, 캠퍼롤, 카페인산, 페룰린산, p-쿠마린산, 바닐린산, 류틴, 토코페롤, 피로갈롤
사프란	크로신(수용성 카로티노이드), 사프라날, 플라보노이드, 갈릭산, 카페인산, 페룰린산, n-카테큐인산, 시린진산, 살리실산, 바닐린산
강황	유게놀, 커큐민, 에센셜오일, 카로틴, 아스코빈산, 카페인산, p-쿠마린산, 프로토카테큐인산, 시린진산, 바닐린산
생강	파라돌, 게라니올, 보르네올, 리날룰, 캄펜, 진저롤, 튜메릭산, 진지베론
아니스	캄펜, 피넨, 리날룰, 아네톨, 유게놀, 아세타니졸, 류틴, 류테올린-7-글리코사이드, 아피제닌-7-글리코사이드, 이소오리엔틴
캐러웨이	모노테르펜, 세스퀴테르펜, 아로마틱알데히드, 테르펜알데히드, 테르페날, 테르페논, 리모넨, 사프라날, 캠퍼롤, 케르세틴, 탄닌, 카페인산, 페룰릭산, p-쿠마린산, 클로로겐산
페누그릭	세스퀴테르펜, 아로마틱알데히드, 테르펜
흑후추	피넨, 캄펜, 리모넨, 테르페넨, 피페린, 피페리딘, 이소케르세틴, 사멘틴
오레가노	아피제닌, 케르세틴, 루테올린, 미르세틴, 디오스메틴, 에리오딕티올, 카바크롤, 티몰, 로즈마린산, 카페인산, p-쿠마린산, 프로토카테큐인산
바질	유게놀, 리모넨, 터피넨, 카바크롤, 게라니올, 멘톨, 사프롤, 아피게닌, 카테킨, 케르세틴, 루테인, 캠퍼롤, 안토시아닌, 탄닌, 우소린산, p-쿠마린산, 로즈마린산
월계수 잎	1,8-시네올, 신나믹알데히드
딜	카르본, 리모넨, 케르세틴, 캠퍼롤, 미르세틴, 카테킨, 이소람네틴
마늘	알리신, 디알릴설파이드, 디알릴디설파이드, 디알릴트리설파이드, 알릴이소티오시아네이트, s-알릴시스테인

향신료·허브	주요 향·맛·색 성분
호스래디시	페닐메틸이소티오시아네이트, 알릴이소티오시아네이트, 시니그린, 아스파라긴
올스파이스	유게놀, 갈릭산, 피멘톨, 케르세틴
마조람	리모넨, 피넨, 테르피넨, p-큐멘, 아피게닌, 페룰린산, 시나피닌산, 카페인산, 시린진산, 로즈마린산, 4-하이드록시벤조산, 바닐린산
겨자	알릴이소티오시아네이트, 카로틴, 이소람네틴, 이소람네틴-7-O-글루코시드, 캠퍼롤글루코시드
펜넬(꽃)	피넨, p-큐멘, 티모퀴논, 티모하이드로퀴논, 티몰, 카바크롤, 니겔리신, 니겔리딘, 헤데린
양파	케르세틴, 아피게닌, 디피리딜디설파이드, 류틴, 케르세틴-4-글루코시드
파슬리	아피게닌, 루테올린, 캠퍼롤, 미리세틴, 케르세틴, 카페인산
붉은 고추	캡사이신, 토코페롤, 루테인, 카로틴, 캡산틴, 케르세틴, 아스코르빈산
페파민트	멘톨, 멘톤, 리모넨, 이소멘톤, 에리오시트린, 헤스피리딘, 아피게닌, 루테올린, 류틴, 카로틴, 토코페롤, 카페인산, 로즈마린산, 클로로제닌산
로즈메리	카노솔, 로즈마놀, 게라니올, 피넨, 리모넨, 아피게닌, 나린진, 루테올린, 로즈마린산, 바닐린산, 우소린산, 카페인산
세이지	게라니올, 피넨, 리모넨, 카노솔, 사포닌, 카테킨, 아피게닌, 루테올린, 로즈마린산, 카노신, 바닐린산, 카페인산
육두구	카테킨, 리그난, 미르세틴, 오르젠틴, 카페인산
은매화 Myrtle	피넨, 리모넨, 갈린산, 엘라진산, 안토시아닌, 미르토코뮤론, 미리세틴-3-O-갈락토시드, 미리세틴-3-O-람노시드
라벤더	리모넨, 케르세틴, 아피게닌, 캠퍼롤글리코시드, 페룰린산, 로즈마린산, 카페인산, p-쿠마린산

출처: Yashin, A., et al, "Antioxidant Activity of Spices and Their Impact on Human Health: A Review", *Antioxidants*, 2017, 6(3): 70-77 (doi:10.3390/antiox6030070).

표 5 주요 향신료의 색소 성분과 색의 특성

색소 성분		색의 특성	주요 향신료
카로티노이드 carotenoid	β-카로틴 β-carotene	적등색赤橙色	고추, 겨자, 파프리카, 사프란
	크립토잔틴 cryptoxanthin	적색赤色	파프리카, 고추
	루테인lutein	홍색紅色	파프리카, 파슬리
	지아잔틴 zeaxanthin	황색黃色	파프리카
	캡산틴 capsanthin	홍적색紅赤色	파프리카, 고추
	캡소루빈 capsorubin	자적색紫赤色	파프리카, 고추
	크로세틴 crocetin	암적색暗赤色	사프란
	네오잔틴 neoxanthin	등황색橙黃色	파슬리
	비올라크산틴 violaxanthin	등색橙色	파슬리, 고추
	타라잔틴 taraxanthin	황갈색黃褐色	파슬리
	잔틴xanthin	황갈색黃褐色	파슬리
	크립토캡신 cryptocapsin	적색赤色	파슬리
크로신crocin		황등색黃橙色	사프란
플라본flavone		황색黃色	생강
커큐민curcumin		등황색橙黃色	강황
클로로필chlorophyll		녹색綠色	허브계 스파이스

출처: 武政三男, 《スパイスのサイエンス(スパイスを科学で使いこなす!)》, 文園社, 2001, p. 41.

표 6 향신료와 허브의 주요 플라보노이드 성분과 함량

향신료 및 허브	플라보노이드(mg/100g)	총 플라보노이드 함량 (mg/100g)
파슬리	아피게닌 4503.5, 이소람네틴 331.2, 루테올린 19.7	4854.5
멕시칸 오레가노	루테올린 1028.7, 나린기닌 372.0, 에리오딕티올 85.3, 케르세틴 42.0, 아피게닌 17.7	1550.8
셀러리 씨	루테올린 762.4, 아피게닌 78.6	841.1
태즈메이니아 후추	시아니딘 752.7	752.7
케이퍼	캠퍼롤 259.2, 케르세틴 233.8	493.0
사프란	캠퍼롤 205.5	205.5
딜	케르세틴 55.2, 이소람네틴 43.5, 캠퍼롤 13.3, 미리세틴 0.7	112.7
펜넬	케르세틴 48.8, 미리세틴 19.8, 이소람네틴 9.3, 캠퍼롤 6.5, 루테올린 0.1	84.5
겨자	캠퍼롤 38.2, 케르세틴 8.8, 이소람네틴 16.2	62.9
파프리카	케르세틴 50.6, 루테올린 6.9	57.6
고수 잎	케르세틴 52.9	52.9
타임	루테올린 45.3, 아피게닌 2.5	47.7
적양파	케르세틴 20.3, 이소람네틴 4.6, 델피니딘 4.3, 시아니딘 3.2, 페오니딘 2.1, 캠퍼롤 0.6, 아피게닌 0.2	35.3
생강	캠퍼롤 33.6	33.6
로즈메리	나린기닌 24.9, 루테올린 2.0, 아피게닌 0.5	27.4
쑥	케르세틴 10.0, 캠퍼롤 11.0, 이소람네틴 5.0, 루테올린 1.0	27.0
세이지	루테올린 16.7, 아피게닌 1.2	17.9
고추(칠리페퍼)	케르세틴 14.7	14.7
마늘	케르세틴 1.7, 미리세틴 1.6, 캠퍼롤 0.3	3.6

출처: Yashin, A., et al, "Antioxidant Activity of Spices and Their Impact on Human Health: A Review", *Antioxidants*, 2017, 6(3): 70-77 (doi:10.3390/antiox6030070); Flavonoid content in spices from the USDA(U.S. Department of Agriculture) database on flavonoids content of selected foods, release 3.1 (2018).

표 7 세계의 혼합 향신료에 사용되는 주요 향신료 및 허브의 조합

구분	혼합향신료	원료 향신료 및 허브의 조합
카레 (분말)	카레분말	방향성(육두구, 메이스, 고수, 페누그릭, 커민, 카다멈, 시나몬, 정향, 펜넬, 캐러웨이, 셀러리 씨, 월계수 잎, 마늘, 양파, 올스파이스, 레몬그라스, 커리리프, 양귀비 씨, 참깨, 아조완 등), 매운맛(고추, 후추, 생강, 겨자, 갈랑갈 등), 착색성(강황, 사프란, 파프리카 등)
	삼바르 파우더	방향성(고수, 페누그릭, 커민), 매운맛(고추, 후추), 착색성(강황), 기타(달)
	판치포론	방향성(커민, 펜넬, 페누그릭, 블랙 커민, 아니스), 매운맛(겨자)
마살라	가람마살라	방향성(육두구, 카다멈, 커민, 시나몬, 마늘, 정향, 캐러웨이, 고수, 메이스, 월계수 잎 등), 매운맛(생강, 후추, 고추 등)
	차트 마살라	방향성(커민, 아위, 민트), 매운맛(후추), 기타(망고가루, 암염)
	차이 마살라	방향성(시나몬, 카다멈, 정향), 매운맛(생강, 후추)
향신료 페이스트	카레 페이스트	방향성(마늘, 양파, 레몬그라스, 갈랑갈, 고수 씨, 커민), 매운맛(고추)이 기본, 종류(레드, 그린, 옐로)에 따라 착색성 향신료로 조정
	남프릭 소스	방향성(마늘, 고수), 매운맛(생적고추)
	삼발 소스	생고추가 기본, 종류(칠리, 케찹, 블라찬)에 따라 마늘, 양파를 추가하거나 조리법이 달라짐.
	똠얌 페이스트	방향성(레몬그라스, 갈랑갈, 고수, 민트, 라임 잎), 매운맛(생강, 고추)
아프리카 향신료	하리사	방향성(마늘, 커민, 캐러웨이, 고수 씨), 매운맛(고추), 기타(소금, 올리브유)
	베르베르	방향성(고수 씨, 페누그릭 씨, 카다멈, 커민, 정향, 육두구, 시나몬, 마늘), 매운맛(고추, 후추, 생강)
	라스 엘 하누트	방향성(고수 씨, 커민, 정향, 카다멈, 육두구, 시나몬), 매운맛(후추, 고추, 생강)
	두카	방향성(고수 씨, 커민), 기타(헤이즐넛, 통아몬드, 참깨)
	자타르	방향성(수막, 타임, 오레가노), 기타(참깨, 소금)
	미트미타	방향성(카다멈, 정향, 커민, 시나몬), 매운맛(고추, 후추, 생강), 기타(소금)
	야지	방향성(마늘), 매운맛(고추, 후추, 생강), 기타(볶은 땅콩, 소금)
	타빌	방향성(고수 씨, 캐러웨이, 마늘, 커민, 민트), 매운맛(고추)

구분	혼합향신료	원료 향신료 및 허브의 조합
바비큐 향신료	케이준 스파이스	방향성(오레가노, 커민, 마늘, 양파, 타임), 매운맛(겨자, 후추, 고추), 착색성(파프리카)
	바비큐 스파이스 럽	방향성(셀러리 씨, 육두구, 커민, 마늘, 양파, 마조람), 매운맛(고추, 후추), 착색성(파프리카)
	오향분	방향성(스타아니스, 카시아, 정향, 펜넬), 매운맛(화자오)
달콤한 향신료	피클링 스파이스	방향성(올스파이스, 정향, 카다멈, 고수 씨, 시나몬, 월계수 잎), 매운맛(고추, 후추, 겨자, 생강)
	애플파이 스파이스	방향성(정향, 시나몬, 육두구)
	푸딩 스파이스	방향성(올스파이스, 시나몬, 정향, 육두구), 매운맛(생강)
	카트르 에피스	방향성(정향, 육두구, 시나몬), 매운맛(후추, 생강)
기타	부케 가르니	방향성(월계수 잎, 타임, 파슬리, 셀러리 씨)이 기본 배합
	칠리 파우더	방향성(오레가노, 커민, 마늘, 올스파이스, 딜, 양파, 정향), 매운맛(고추), 착색성(파프리카)
	시치미	매운맛(고추, 초피, 생강), 기타(진피, 유채 씨, 양귀비 씨, 유자, 참깨, 파래)
	에르브 드 프로방스	방향성(로즈메리, 타임, 세이지, 세이보리, 바질, 월계수 잎, 오레가노)
	바하라트	방향성(육두구, 고수 씨, 커민, 정향, 카다멈, 시나몬), 매운맛(후추, 고추)
	유즈코쇼	매운맛(청고추), 기타(청유자)
	양념장	방향성(마늘, 파), 매운맛(고추, 후추, 생강), 기타(참깨, 소금, 참기름)
	저크 스파이스	방향성(올스파이스, 육두구, 타임, 정향, 시나몬), 매운맛(스카치 보닛 고추, 후추)

출처: 에스비식품주식회사·후지사와 세리카, 《허브와 스파이스 도감》, 한뼘책방, 2020, pp. 14~102; Anderson, Ian, *The History and Natural of Spices*, The History Press, UK, 2023, pp. 272~277; Jolliffe, Lee, *Spices and Tourism*, Channel View Publications, 2014, p. 139; Morries, S. & Mackley, L., *Cook's Encyclopedia of Spices*, Lorenz Books, 2003, pp. 82~119; 武政三男, 《スパイスのサイエンス(PART2)》, 文園社, 2002, pp. 16~49을 참고해 정리.

표 8 동양 및 서양의 국가별 향신료의 용도 및 적합성

동양 요리와 서양 요리에서 국가별 향신료의 용도 및 적합성은 일상적으로 섭취하는 각국의 식문화 특성, 향신료의 원산지 또는 주산지와의 관련성이 깊다.

기능	향신료	동양 요리					서양 요리				
		한국	일본	중국	동남아	인도	미국	영국	독일	이탈리아	프랑스
향 부여	1. 파슬리			○	○	○	◎	◎	○	○	○
	2. 셀러리 씨				○		○	○	○	◎	◎
	3. 시나몬			○	○	◎	○	○	○		○
	4. 올스파이스						◎	◎	◎	○	
	5. 딜				○		◎		○		○
	6. 민트				○		◎	◎		○	
	7. 타라곤						◎		○		○
	8. 커민			○	◎	◎	○				
	9. 마조람						◎	○	○		
	10. 스타아니스			◎	○	○					
	11. 바질						◎			◎	
	12. 아니스				○		◎	○		○	
	13. 메이스					◎		○			
	14. 펜넬					◎		◎		○	○
	15. 참깨	◎	◎	○							
	16. 바닐라									◎	
	17. 페누그릭					◎					
	18. 카다멈					◎					
탈취·마스킹	19. 마늘	◎	○	◎	○	○	○	○	○	◎	○
	20. 양파	◎	○	◎	○	○	◎	○	○	○	○
	21. 월계수 잎				○		○	○	○	○	◎
	22. 정향					◎	○	○	○	○	○

기능	향신료	동양 요리					서양 요리				
		한국	일본	중국	동남아	인도	미국	영국	독일	이탈리아	프랑스
	23. 육두구					◎	○	◎	◎	○	○
	24. 리크/파	◎	◎	○	○					◎	○
	25. 타임						○	○	○	◎	◎
	26. 로즈메리						○	◎	○	◎	○
	27. 캐러웨이			○	○			○	◎	○	
	28. 세이지						○	◎	○	○	○
	29. 오레가노						○			◎	
	30. 세이보리								◎		
	31. 고수			◎	◎	◎				○	
매운맛 부여	32. 후추	○		○	○	◎	◎	○	○	○	○
	33. 고추	◎	○	○	◎	◎	○	○			
	34. 머스터드	○	◎			○	◎	○	○		○
	35. 생강	◎	◎	◎	○	○		○			
	36. 호스래디시/와사비		◎					○	○		
	37. 초피(산초)/화자오	○	◎	◎							
착색	38. 파프리카				○		◎		◎	○	
	39. 강황				○	◎	○				
	40. 사프란					◎				◎	○

적합성: ○<◎

출처: Hirasa K. & Takemasa M., *Spice Science and Technology*(4. The Patterning Theory of Spice Use), CRC Press, 1998, p. 96과 본서 'PART5. 10장 세계의 향신료 요리'의 내용을 참고하여 다듬음.

표 9 **향신료의 다양한 질병 예방 및 치료 효과**

질병	향신료
심혈관 질환(심장마비 포함)	마늘, 강황, 생강
신경퇴행성 질환	민트, 양파
항당뇨 작용	시나몬, 월계수 잎, 페누그릭, 겨자, 쑥, 석류
위장 질환	후추, 월계수 잎
고혈압	카다멈, 시나몬
간장 질환	캐러웨이, 카다멈
내분비 질환	생강, 강황
DNA 항산화	바질
비만	사프란, 강황
골 질환	정향
적혈구의 산화적 손상에 대한 보호	마늘, 페누그릭
면역조절 작용	강황
신장 질환	마늘, 펜넬(꽃), 생강
항궤양 작용	생강
색소세포 증식 억제	강황
타액 내 코르티솔 수치 감소	라벤더, 로즈메리
알코올 남용 방지	타임, 생강
잇몸병 예방	감초

출처: Yashin, A., et al, "Antioxidant Activity of Spices and Their Impact on Human Health: A Review", *Antioxidants*, 2017, 6(3): 70-77 (doi:10.3390/antiox6030070).

참고문헌

1장 향신료란 무엇인가

https://astaspice.org (Introduction to Spices for New Industry Professionals Spices 101 Part II)

https://en.wikipedia.org/wiki/List_of_Capsicum_cultivars

https://various.foodsafetykorea.go.kr/fsd/#/ext/Document/FC (식품의약품안전처, 식품공전, 2024)

http://www.ansa-spice.com/M04_Spice/Spice.html (全日本スパイス協会)

http://www.iso.org (ISO 676:1995 Spices and condiments-Botanical nomenclature)

https://www.mapsofworld.com/answers/food/what-is-th-history-of-spices

https://www.oed.com/search/dictionary/?scope=Entries&q=spice

Billing, J. & Sherman, P. W., "Antimicrobial Functions of Spices: Why Some Like It Hot", *The Quarterly Review of Biology*, 1998, 73(1): 3-49 (doi: 10.1086/420058)

福場博保·小林彰夫 編集,《調味料·香辛料の辞典》, 朝倉書店, 1991

中尾佐助,《栽培植物と農耕の起源》, 岩波新書, 1992

阪本寧男,《世界有用植物事典》, 平凡社, 1989

롭 던·모니카 산체스, 김수진 옮김,《딜리셔스—인류의 진화를 이끈 미식의 과학》, 까치, 2022 (Dunn, Rob & Sanchez, Monica, *DELICIOUS: The Evolution of Flavor and How It Made Us Human*, Princeton University Press, 2021)

마르쿠스 가비우스 아피키우스, 박민음 옮김,《데 레 코퀴나리아—로마 요리에 대하여》, 우물이있는집, 2018

스튜어트 페리몬드, 이영래·Fabio 옮김,《향신료 과학》, 북드림, 2022

아니 위베르·클로틸드 부아베르, 노정규 옮김,《향신료》, 창해, 2000 (Hubert, Annie & Boisvert, Clotilde, *The Book of SPICES(Le Livre des Épices)*, Flammarion, 1998)

유중림, 이강자 외 옮김,《증보산림경제》, 신광출판사, 2003

장 마리 펠트, 김중현 옮김,《향신료의 역사》, 좋은책만들기, 2005

2장 향신료의 세계사

https://www.mccormickscienceinstitute.com/resources/history-of-spices

https://www.cabidigitallibrary.org/do/10.5555/blog-history-spice-trade (James Hancock is the author of *Spices, Scents and Silk*, published by CABI)

https://www.linkedin.com/pulse/social-cultural-significance-spices-connecting-people-kaj-traders

Li, Qiang, et al., "Enjoyment of Spicy Flavor Enhances Central Salty: Taste Perception and Reduces Salt Intake and Blood Pressure", *Hypertension*, 2017 (doi.org/10.1161/HYPERTENSIONAHA.117.09950)

Montero, María Laura & Ross, Carolyn F., "Saltiness perception in white sauce formulations as tested in older adults", *Food Quality and Preference*, 2022, 98(11): 104529 (doi.org/10.1016/j.foodqual.2022.104529)

U.S. Department of Health and Human Services and U.S. Department of Agriculture, *2015-2020 Dietary Guidelines for Americans*(8th Edition), December 2015 (https://health.gov/dietaryguidelines/2015/resources/2015-2020_dietary_guidelines.pdf)

有元葉子,《スパイスの知識と料理(素敵ブックス 53 マイライフシリーズ特集版)》, ルックナウ(グラフGP), 1997

로저 크롤리, 조행복 옮김,《욕망의 향신료 제국의 향신료》, 책과함께, 2024

리처드 버턴, 고산고정일 옮김,《아라비안나이트》, 동서문화사, 2011

마르코 폴로, 채희순 옮김,《동방견문록》, 동서문화사, 2024

우아한형제들·B Media Company,《매거진 F(Magazine F): Spice》, vol. 28, B Media Company, 2023

장 마리 펠트, 김중현 옮김,《향신료의 역사》, 좋은책만들기, 2005

잭 터너, 정서진 옮김,《스파이스—향신료에 매혹된 사람들이 만든 욕망의 역사》, 따비, 2012

저자 미상, 이석호 옮김 및 주해, 《에리트라이 해 항해기》, 도서출판 아프리카, 2017
프레드 차라, 강경이 옮김, 주영하 감수, 《향신료의 지구사》, 휴머니스트, 2014
한춘섭·염진철, 《정통 이태리 요리》, 백산출판사, 2011

3장 한국의 향신료

네이버 지식백과: 향신료의 역사—세계사를 바꾼 식품, 우리 조상들은 어떻게 소비했을까(한국의 생활사, 김용만)
한국민족문화대백과사전 https://encykorea.aks.ac.kr '겨자'
한국의 지식 콘텐츠 https://www.krpia.co.kr '오주연문장전산고'
한국전통지식포탈 https://www.koreantk.com '마늘'
한국전통지식포탈 https://www.koreantk.com '조미료와 양념'
한국전통지식포탈 https://www.koreantk.com '파'
한국전통지식포탈 https://www.koreantk.com '후추'
김만조·이규태·이어령, 《김치 천년의 맛(하)》, 디자인하우스, 1996
김부식, 이강래 옮김, 《삼국사기 1·2》, 한길사, 1998
김상보, 《한국의 음식생활문화사》, 광문각, 1997
농림축산식품부, 《2024 농림축산식품 주요통계》, 농림축산식품부, 2024 (https://lib.mafra.go.kr/skyblueimage/2965.pdf)
농촌진흥청 국립농업과학원 전통한식과 편, 《(현대식으로 다시보는) 수문사설》, 농촌진흥청 국립농업과학원 전통한식과, 2010
농촌진흥청 편, 《규곤요람·음식방문·주방문·술빚는법·감저경장설·월여농가》, 진한엠앤비, 2014
류성룡, 김시덕 역해, 《교감·해설 징비록》, 아카넷, 2013
방신영, 국학간행회 편, 《조선요리제법》, 민속원, 1991
빙허각 이씨, 정양완 옮김, 《규합총서》, 보진재, 1975
서긍, 조동원 외 옮김, 《고려도경—중국 송나라 사신의 눈에 비친 고려》, 황소자리, 2005
서모란·정희선, 〈조리서와 신문, 잡지기사에 나타난 1930-2010년대 배추김치 연대별 고추 사용량 변화에 대한 고찰〉, 《한국식생활문화학회지》, 30(5): 576-586, 2015.
서유구, 임원경제연구소 옮김, 《임원경제지 정조지 3》, 풍석문화재단, 2020

서호수, 노재준·윤태순·홍기용 옮김, 《해동농서 1·2》, 농촌진흥청, 2008
세계김치연구소 편·김일권 외 역, 《거가필용 역주 음식편》, 세계김치연구소, 2015
손정규, 《우리음식》, 삼중당, 1948
우아한형제들·B Media Company, 《매거진 F(Magazine F): Spice》, vol. 28, B Media Company, 2023
유중림, 《증보산림경제 I~III》, 농촌진흥청, 2003~04
유효통 외, 신민교 외 옮김, 《향약집성방(하)》, 영림사, 1989
이경록 옮김, 《국역 향약구급방》, 역사공간, 2018
이규보, 민족문화추진회 옮김, 《동국이상국집5》, 민족문화추진회, 1985
이수광, 남만성 옮김, 《지봉유설 2》, 올재, 2016
이용기, 옛음식연구회 편역, 《(다시 보고 배우는) 조선무쌍신식요리제법》, 궁중음식연구원, 2001
이효지 외 11인, 《시의전서─우리 음식 지킴이가 재현한 조선시대 조상의 손맛》, 신광출판사, 2004
장계향 원작, 한복려 외 6인 지음, 《(다시 보고 배우는) 음식디미방》, 궁중음식문화재단 선일당, 2022
장지현, 〈우리나라 전래의 양념류〉, 《한국식품조리과학회지》, 2(2): 87-94, 1986
전순의, 《산가요록》, 농촌진흥청, 2004
전순의, 《식료찬요─조선시대 편찬된 한국 최고의 식이요법서》, 진한엠앤비, 2014
정혜경, 《채소의 인문학─나물민족이 이어온 삶 속의 채소, 역사 속의 채소》, 따비, 2017
주영하, 《글로벌 푸드 한국사─한국인의 입맛을 사로잡은 외래 음식의 역사》, 휴머니스트, 2023
최세진, 오종필 옮김, 《훈몽자회 3360》, 부크크, 2018
최한기, 《농정회요III》, 농촌진흥청, 2007
충청북도 청주시, 《반찬등속》, 휴먼컬처아리랑, 2015
프레드 차라, 강경이 옮김, 주영하 감수, 《향신료의 지구사》, 휴머니스트, 2014
한국학술정보 편역, 《(신편 국역) 산림경제1》, 한국학술정보, 2007
허균, 민족문화추진회 편, 《(국역) 성소부부고 3: 도문대작》, 민문고, 1989
허준, 윤석희 외 옮김, 《(대역) 동의보감》, 동의보감출판사, 2005
조선왕조실록 https://sillok.history.go.kr
한국사데이터베이스 https://db.history.go.kr

4장 향신료의 종류와 특성

https://baike.baidu.com '麻椒'
https://baike.baidu.com '花椒'
https://culinarylore.com/food-history:how-was-horseradish-named
https://dennishorseradish.com/health-benefits-horseradish
https://en.wikipedia.org/wiki/List_of_Capsicum_cultivars
https://en.wikipedia.org/wiki/Allspice
https://en.wikipedia.org/wiki/Anise
https://en.wikipedia.org/wiki/Basil
https://en.wikipedia.org/wiki/Brassica_juncea
https://en.wikipedia.org/wiki/Capsicum_annuum
https://en.wikipedia.org/wiki/Caraway
https://en.wikipedia.org/wiki/Cardamom
https://en.wikipedia.org/wiki/Celery#Uses
https://en.wikipedia.org/wiki/Chili_pepper
https://en.wikipedia.org/wiki/Cinnamon
https://en.wikipedia.org/wiki/Clove
https://en.wikipedia.org/wiki/Coriander
https://en.wikipedia.org/wiki/Cumin
https://en.wikipedia.org/wiki/Cymbopogon_citratus
https://en.wikipedia.org/wiki/Dill
https://en.wikipedia.org/wiki/Fennel
https://en.wikipedia.org/wiki/Fenugreek
https://en.wikipedia.org/wiki/Garlic
https://en.wikipedia.org/wiki/Ginger
https://en.wikipedia.org/wiki/Gingerbread_man
https://en.wikipedia.org/wiki/Heinz
https://en.wikipedia.org/wiki/Horseradish
https://en.wikipedia.org/wiki/Illicium_verum
https://en.wikipedia.org/wiki/Jalapeño
https://en.wikipedia.org/wiki/Laurus_nobilis
https://en.wikipedia.org/wiki/Mustard_(condiment)

https://en.wikipedia.org/wiki/Nutmeg
https://en.wikipedia.org/wiki/Oregano
https://en.wikipedia.org/wiki/Parsley
https://en.wikipedia.org/wiki/Saffron
https://en.wikipedia.org/wiki/Sage_oil
https://en.wikipedia.org/wiki/Salvia_officinalis
https://en.wikipedia.org/wiki/Sichuan_pepper
https://en.wikipedia.org/wiki/Tamarind
https://en.wikipedia.org/wiki/Thyme
https://en.wikipedia.org/wiki/Turmeric
https://en.wikipedia.org/wiki/Wasabi
https://en.wikipedia.org/wiki/Zanthoxylum_piperitum
https://ja.wikipedia.org/wiki/%E3%83%AF%E3%82%B5%E3%83%93
https://ja.wikipedia.org/wiki/サンショウ
https://jarvis.tistory.com/186
https://ko.wikipedia.org/wiki/바질
https://ko.wikipedia.org/wiki/파슬리
https://ko.wikipedia.org/wiki/머스터드
https://ko.wikipedia.org/wiki/셀러리
https://ko.wikipedia.org/wiki/터치_오브_스파이스
https://namu.wiki/w/강황
https://namu.wiki/w/계피
https://namu.wiki/w/마늘
https://namu.wiki/w/머스터드소스
https://namu.wiki/w/와사비
https://namu.wiki/w/정향
https://namu.wiki/w/초피
https://namu.wiki/w/타임(허브)
https://namu.wiki/w/피망
https://namu.wiki/w/홀스래디시
https://namu.wiki/w/후추
https://powo.science.kew.org/taxon/urn:lsid:ipni.org:names:528796-1
https://powo.science.kew.org/taxon/urn:lsid:ipni.org:names:775951-1

https://species.nibr.go.kr/index.do
https://stptrans.com/gingerbread-the-history-the-traditions-the-recipes
https://www.britannica.com/plant/black-pepper-plant
https://www.britannica.com/plant/cinnamon
https://www.britannica.com/plant/ginger
https://www.britannica.com/plant/horseradish
https://www.britannica.com/topic/nutmeg
https://www.britannica.com/topic/saffron
https://www.chosun.com/site/data/html_dir/2017/09/04/2017090401951.html
https://www.etymonline.com/kr/word/nutmeg
https://www.health.com/lemongrass-benefits-8642233
https://www.health.com/thyme-8661186
https://www.healthline.com/health/food-nutrition/health-benefits-of-celery#Tips-for-Buying-and-Storing-Celery
https://www.healthline.com/health/health-benefits-of-thyme#outlook
https://www.healthline.com/nutrition/11-proven-health-benefits-of-garlic#easy-to-include
https://www.healthline.com/nutrition/allspice
https://www.healthline.com/nutrition/basil#benefits
https://www.healthline.com/nutrition/caraway#benefits
https://www.healthline.com/nutrition/coriander-benefits
https://www.healthline.com/nutrition/paprika-benefits#TOC_TITLE_HDR_10
https://www.healthline.com/nutrition/parsley
https://www.healthline.com/nutrition/saffron#antioxidant
https://www.healthline.com/nutrition/star-anise#benefits
https://www.hopkinsmedicine.org/health/wellness-and-prevention/ginger-benefits
http://www.indianspices.com (Data for 2019-2021)
https://www.mccormickscienceinstitute.com/resources/culinary-spices/herbs-spices/oregano
https://www.medicalnewstoday.com/articles/266480#benefits
https://www.nccih.nih.gov/health/sage
https://www.reddragonseeds.co.uk/scoville-heat-units-pepper-chart

https://www.rxlist.com/supplements/caraway.htm

https://www.sciencedirect.com/topics/agricultural-and-biological-sciences/mustard-seed

https://www.webmd.com/diet/bay-leaf-health-benefits

https://www.webmd.com/diet/castor-oil-health-benefits

https://www.webmd.com/diet/health-benefits-anise

https://www.webmd.com/diet/health-benefits-black-pepper

https://www.webmd.com/diet/health-benefits-capsaicin

https://www.webmd.com/diet/health-benefits-coriander

https://www.webmd.com/diet/health-benefits-horseradish

https://www.webmd.com/diet/health-benefits-parsley

https://www.webmd.com/diet/ss/slideshow-health-benefits-ginger

https://www.webmd.com/diet/what-are-the-health-benefits-of-mustard-seed

네이버 지식백과: 셀러리

네이버 지식백과: 케메스테시스

네이버 지식백과: 파프리카

한국민족문화대백과사전: 마늘

Aggarwal, Sanjay, *Spice Kitchen: Vibrant Recipes and Spice Blends for The Home Cook*, Quadrille Publishing, 2023

Jonzen, Emily, *The Goodness of Ginger & Turmeric: 40 Flavoursome Anti-inflammatory Recipes*, Kyle Books, 2018

Jordan, Michele Anna, *The Good Cook's Book of Mustard: One of The World's Most Beloved Condiments, with More Than 100 Recipes*, Skyhorse Publishing, 2015

Mohaddese Mahboubi, "Caraway as Important Medicinal Plants in Management of Diseases", *Nat Prod Bioprospect*, Oct 29 2018, 9(1) (doi: 10.1007/s13659-018-0190-x).

Morris, Sallie, *SPICES: A Culinary Guide to Choosing and Using Spices*, Anness Publishing, 2002

Nabhan, Gary Paul, *Cumin, Camels, and Caravans: A Spice Odyssey*, Berkeley, CA :University of California Press, 2014

Norman, Jill, *Herbs & Spice: The Cook's Essential Companion*, A Dorling Kindersley Book, 2004

Reckless, J., *Nutmeg; Graters, Pomanders and Spice Boxes: Luxury and Utility from The 16th Century to The Present Day*, ACC Art Books, 2022

ジル・デイヴィーズ(Gill Davies),《カラー図鑑 スパイスの秘密(利用法·效能·歴史·伝承)》, 西村書店, 2019

ジル・ノーマン, 長野ゆう 訳,《スパイス完全ガイド(最新版)》, 山と溪谷社, 2019 (Norman, Jill, *The Complete Book of SPICES*, Dorling Kindersley Limited, 1990)

木苗直秀 外著,《ワサビのすべて: 日本古来の香辛料を科学する》, 学会出版センター, 2006

武政三男,《スパイス百科事典=Encyclopedia of spice》, スパイスコーディネーター協会, 2006

武政三男,《スパイスのサイエンス: スパイスを科学で使いこなす!》, 文園社, 2001

山本隆,《楽しく学べる 味覚生理学: 味覚と食行動のサイエンス-》, 建帛社, 2023

山本紀夫,《トウガラシの世界史》, 中央公論新書, 2016

岩井和夫·渡辺達夫 編集,《トウガラシ: 辛味の科学》, 幸書房, 2008

日本藥科大學 丁宗鐵 編著,《スパイス百科: 起源から効能·利用法まで》, 丸善出版, 2018

가사협, 최덕경 역주,《제민요술 역주 4—발효식품·분식 및 음식조리법》, 세창출판사, 2018

김부식, 이강래 옮김,《삼국사기 1·2》, 한길사, 1998

김창민 외 4인,《2015 한약재감별도감》, 아카데미서적, 2014

김현위·허경택·최춘언,〈향신료의 휘발성 향미성분에 관한 연구〉,《한국식품과학회지》, 21(1): 127-135, 1989

농촌진흥청 국립축산과학원,《국가표준 식품성분표 II》, 2019

롭 던·모니카 산체스, 김수진 옮김,《딜리셔스—인류의 진화를 이끈 미식의 과학》, 까치, 2022

리처드 버턴, 고산고정일 옮김,《아라비안나이트》, 동서문화사, 2011

마르쿠스 가비우스 아피키우스, 박민음 옮김,《데 레 코퀴나리아—로마 요리에 대하여》, 우물이있는집, 2018

미즈노 진스케, 고정아 옮김,《향신료의 모든 것》, 비앤씨월드, 2019

박종철,《요리와 약으로 쓰는 향신료 백과》, 푸른행복, 2014

산림청 국립수목원,《국가표준식물목록(자생식물)》, 2020

실업지일본사, 정세영 옮김,《알면 더 맛있는 향신료 사전》, 북커스, 2019

에스비식품주식회사·후지사와 세리카 감수, 신준수 옮김,《허브와 스파이스 도감》,

한뼘책방, 2020
올레 G. 모우리트센·클라우스 스튀르베크, 정우진 옮김,《마우스필—음식의 맛과 향과 질감이 어우러질 때 우리 입이 느끼는 것》, 따비, 2023
이경록 옮김,《국역 향약구급방》, 역사공간, 2018
제프리 초서, 송병선 옮김,《켄터베리 이야기》, 책이있는마을, 2003
최수근·최혜진,《향신료 수첩》, 우듬지, 2011
한국원예학회,《원예학 용어 및 작물명집》, 씨아이알(CIR), 2007
해럴드 맥기, 이희건 옮김,《음식과 요리—세상 모든 음식에 대한 과학적 지식과 요리의 비결》, 이데아, 2017
허준, 윤석희 외 옮김,《(대역) 동의보감》, 동의보감출판사, 2005
홍지은,《스파이시 인도》, 따비, 2017

5장 향신료의 음식학

https://ispicefoods.com/the-cultural-significance-of-spices-in-different-regions
Anderson, Ian, *The History and Natural of Spices*, The History Press, 2023
Fortunato, Luisa, *Spices of Life and Herbs, Too!: Recipes with Locked-in Tastes*, Austin Macauley Publishers, 2023
Hirasa K. & Takemasa M., *Spice Science and Technology*(3. Cooking with Spices, 4. The Patterning Theory of Spice Use), CRC Press, 1998
Katana, Nisha, *The Spice Tree: Indian Cooking Made Beautifully Simple*, Ebury Press, 2017
Norman, Jill, *Herb & Spices, The Cook's Reference*, DK Publishing, 2015
Sercarz, Lior Lev, *Mastering Spice: Recipes and Techniques to Transform Your Everyday Cooking*, Clarkson Potter/Publishers, 2019
有元葉子,《スパイスの知識と料理》, ルックナウ(グラフGP), 1997
日本藥科大學 丁宗鐵 編著,《スパイス百科: 起源から効能·利用法まで》, 丸善出版, 2018
라루스 편집부, 강현정 옮김,《그랑 라루스 요리백과》, 시트롱마카롱, 2021
미즈노 진스케, 고정아 옮김,《향신료의 모든 것》, 비앤씨월드, 2019
이성우,〈조미 향신료의 역사〉,《한국식생활문화학회지》, 5(3): 373-379, 1990

6장 향신료의 과학

https://en.wikipedia.org/wiki/Scoville_scale

https://ispicefoods.com/the-cultural-significance-of-spices-in-different-regions.

https://ispicefoods.com/the-science-behind-how-spices-enhance-flavor/

https://rxisk.org/ion-channels.

https://www.bhf.org.uk/informationsupport/heart-matters-magazine/nutrition/herbs-and-spices

https://www.popsci.com/science/spicy-basic-taste

https://www.researchgate.net/publication/343510625_Black_Pepper_the_King_of_Spices_Chemical_composition_to_applications

木苗直秀 外著,《ワサビのすべて: 日本古来の香辛料を科学する》, 学会出版センター, 2006

武政三男,《スパイスのサイエンス(PART2)》, 文園社, 2002

武政三男,《スパイスのサイエンス: スパイスを科学で使いこなす!》, 文園社, 2001

山本隆,《楽しく学べる 味覚生理学: 味覚と食行動のサイエンス-》, 建帛社, 2023

枻出版社 編,《スパイス好き;スパイスを使ってカレーも料理もレベルアップ!: スパイス使いのテクニックと基礎知識=We Love Spices!》, (エイムック), 枻出版社, 2017

小林彰夫 編集,〈香りと匂い〉,《vesta》46号, 味の素食の文化センター, 2002

松島憲一,〈刺激的な味: 日本の辛い食べもの〉,《vesta》115号, 味の素食の文化センター 2019

水野仁輔,《スパイスを極める》, バイインターナショナル, 2023

岩井和夫·渡辺達夫 編,《トウガラシ_辛味の科学》, 辛書房, 2000

Barnett, S. M., Sablani, S. S., Tang, J. and Ross, C. F., "Utilizing Herbs and Microwave-Assisted Thermal Sterilization to Enhance Saltiness Perception in a Chicken Pasta Meal", *J. Food Sci.*, 2019, 84(8): 2313-2324 (doi:10.1111/1750-3841.14736)

Castada, Hardy Z., et al., "Deodorization of garlic odor by spearmint, peppermint, and chocolate mint leaves and rosmarinic acid", *LWT*, 2017, Vol. 84, October, pp. 160-167 (doi.org/10.1016/j.lwt.2017.05.064)

Diacono, Mark, *Spice/a Cook's Companion*, Quadrille, 2022

Garavand, F., Eghbal, N., Nooshkam, M., Miraballes, I. and Mahdi Jafari, S., "Chapter 10—Salt, Spices, and Seasonings Formulated with Nano/

microencapsulated Ingredients", *Application of Nano/Microencapsulated Ingredients in Food Products*(Volume 6 in Nanoencapsulation in the Food Industry), Academic Press, 2021, pp. 435-465 (doi.org/10.1016/B978-0-12-815726-8.00010-6)

Hunter, Stephanie R., Beatty, C. and Dalton, Pamela H., "More Spice, Less Salt: How Capsaicin Affects Liking for and Perceived Saltiness of Foods in People with Smell Loss", *Appetite*, 2023, volume 190 (doi.org/10.1016/j.appet.2023.107032)

Hirasa K. & Takemasa M., *Spice Science and Technology*(3. Cooking with Spices, 4. The Patterning Theory of Spice Use), CRC Press, 1998

Kasahara K. & Osawa C., "Combination Effects of Spices on Masking of Odor in Boiled Sardine", *Fisheries Science*, 1998, 64(3): 415-418 (doi.org/10.2331/fishsci.64.415)

Lim, J. G., Kim, G. Y., Mo, C. Y. and Kim, M. S., "Design and Fabrication of a Real-Time Measurement System for the Capsaicinoid Content of Korean Red Pepper(Capsicum annuum L.) Powder by Visible and Near-Infrared Spectroscopy", *Sensors*, 2015, 15(11): 27420-27435 (doi.org/10.3390/s151127420)

McDonald, Shane T., Bolliet, David A. and Hayes, John E., *Chemesthesis: Chemical Touch in Food and Eating*, John Wiley & Sons, Inc, 2016

Nakatani, N., Miura, K. and Inagaki, T., "Structure of New Deodorant Biphenyl Compounds from Thyme(Thymus vulgaris L.) and Their Activity Against Methyl Mercaptan", *Agric. Biol. Chem.*, 1989, 53(5): 1375-1381 (doi.org/10.1080/00021369.1989.10869455)

Rysová, Jana & Šmídová, Zuzana, "Effect of Salt Content Reduction on Food Processing Technology", *Foods*, 2021, 10(9): 2237 (doi.org/10.3390/foods10092237)

Sastry, E. V. Divakara, "Understanding Spices for Processing", *Ethiop .J. Appl. Sci. Technol.*, 2013, Special Issue No. 1: 81-89

Tomić-Obrdalj, H., Keser, I., Ranilović, J., Palfi, M., Gajari, D. and Cvetković, T., "The Use of Herbs and Spices in Sodium-reduced Meals Enhances Saltiness and Is Highly Accepted by The Elderly", *Food Quality and Preference*, January 2023, Vol. 105 (doi.org/10.1016/j.foodqual.2022.104789)

Zheng, Jie, et al., "Spices for Prevention and Treatment of Cancers", *Nutrients*, 2016, 8(8): 495-530 (doi:10.3390/nu8080495)

권대영·정경란·양혜정·장대자,《고추 이야기》, 효일, 2011

김우정·최희숙,《고추 이야기》, 효일, 2001

대릴 지오프리, 이문영 옮김,《설탕 중독—혈당을 낮추고 비만, 노화, 만성질환에서 해방되는 3주 혁명》, 부키, 2024

이정희·김미리, 〈향신채의 조리 중 기능성 변화〉,《한국식품조리과학회지》 24(1): 132-156, 2008

7장 향신료의 건강학

https://telegrafi.com/en/these-spices-are-recommended-for-good-memory

https://en.wikipedia.org/wiki/Spice, List_of_Capsicum_cultivars

https://www.amenclinics.com/blog/do-you-know-the-9-herbs-and-spices-that-fight-memory-loss

https://www.verywellhealth.com/spices-for-weight-loss-11751895 (9 Spices That Can Boost Your Metabolism and Help With Weight Loss)

武政三男,《スパイスのサイエンス(PART2)》, 文園社, 2002

日本藥科大學 丁宗鐵 編著,《スパイス百科: 起源から効能·利用法まで》, 丸善出版, 2018

Avgerinos, Konstantinos I. Christos, et al., "Effects of Saffron(Crocus sativus L.) on Cognitive Function: A Systematic Review of RCTs", *Neurological Sciences*, 2020, 41(10): 2747-2754 (doi: 10.1007/s10072-020-04427-0)

Bhattacharjee, S. & Sengupta, A., "Spices In Cancer Prevention: An Overview", *The Internet Journal of Nutrition and Wellness*, 2008, 7(1) (https://ispub.com/IJNW/7/1/5854)

Brandon, Britt., *Ginger for Health*, Adams Media, 2015

Charneca, S., Hernando, A., Costa-Reis, P. and Guerreiro, C. S., "Beyond Seasoning-The Role of Herbs and Spices in Rheumatic Diseases", *Nutrients*, 2023, 15(12): 2812-2837 (doi: 10.3390/nu15122812)

Finley, J. W. & Gao, S., "A Perspective on Crocus sativus L. (Saffron) Constituent Crocin: A Potent Water-Soluble Antioxidant and Potential Therapy for

Alzheimer's Disease", *J. Agric. Food Chem.*, 2017, 65(5) (doi: 10.1021/acs.jafc.6b04398)

Goel, Bharti & Maurya, Neelesh Kumar, "Memory Booster Herb(natural cognitive enhancers): An Overview", *International Journal of Physiology, Nutrition and Physical Education*, 2019, 4(1): 975-979

Haytowitz, David B., Wu, Xianli and Bhagwat, Seema, "USDA Database for the Flavonoid Content of Selected Foods" (Release 3.3), 2018

Heinerman, John, *The Healing Benefits of Garlic*, Wings Books, 1995

Jiang, T. Alan, "Health Benefits of Culinary Herbs and Spices", *Journal of AOAC International*, 2019, 102(2): 395-411 (doi: 10.5740/jaoacint.18-0418)

Johnson, A. J., Miles, C., Haddrell, B., Harrison, E., Osborne, L., Wilson, N. and Jenks, R., "The Effect of Chewing Gum on Physiological and Self-rated Measures of Alertness and Daytime Sleepiness", *Physiol Behavior*, 2012, 105(3): 815-820 (doi: 10.1016/j.physbeh.2011.10.020)

Mackonochie, M., Rodriguez-Mateos, A., Mills, S. and Rolfe, V., "A Scoping Review of the Clinical Evidence for the Health Benefits of Culinary Doses of Herbs and Spices for the Prevention and Treatment of Metabolic Syndrome", *Nutrients*, 2023, 15(23): 4867-4911 (doi: 10.3390/nu15234867)

Mahachandra, M., Yassierli and Garnaby, Erdo D., "The Effectiveness of In-vehicle Peppermint Fragrance to Maintain Car Driver's Alertness", *Procedia Manufacturing*, 2015, volume 4, pp. 471-477 (doi:org/10.1016/j.promfg.2015.11.064)

Marx, W., McKavanagh, D., McCarthy, A. L., Bird, R., Ried, K., Chan, A. and Isenring, L., "The Effect of Ginger(Zingiber officinale) on Platelet Aggregation: A Systematic Literature Review", *PLoS One*, 2015, 10(10) (doi: 10.1371/journal.pone.0141119)

Moss, M., Cook, J., Wesnes, K. and Duckett, P., "Aromas of Rosemary and Lavender Essential Oils Differentially Affect Cognition and Mood in Healthy Adults", *International Journal of Neuroscience*, 2003, 113(1): 15-38 (doi.org/10.1080/00207450390161903)

Nematolahi, P., Mehrabani, M., Karami-Mohajeri, S. and Dabaghzadeh, F., "Effects of Rosmarinus officinalis L. on Memory Performance, Anxiety, Depression, and Sleep Quality in University Students: A Randomized Clinical Trial",

Complementary Therapies in Clinical Practice, Feb. 2018, Vol. 30, pp. 24-28 (doi:org/10.1016/j.ctcp.2017.11.004)

Norrish, Mark Ian Keith & Dwyer, Katie Louise, "Preliminary Investigation of The Effect of Peppermint Oil on an Objective Measure of Daytime Sleepiness", *International Journal of Psychophysiology*, 2005, 55(3): 291-298 (doi.org/10.1016/j.ijpsycho.2004.08.004).

Pengelly, Andrew, et al., "Short-Term Study on the Effects of Rosemary on Cognitive Function in an Elderly Population", *Journal of Medicinal Food*, 2012, 15(1): 10-17 (doi.org/10.1089/jmf.2011.0005)

Pitsikas, Nikolaos, "The Effect of Crocus sativus L. and Its Constituents on Memory: Basic Studies and Clinical Applications", *Evidence-Based Complementary and Alternative Medicine*, February 2015(1) (doi.org/10.1155/2015/926284)

Raghavendra, R. H. & Naidu, K. Akhilender, "Spice Active Principles as the Inhibitors of Human Platelet Aggregation and Thromboxane Biosynthesis", *Prostaglandins, Leukotrienes and Essential Fatty Acids*, 2009, 81(1): 73-78 (doi.org/10.1016/j.plefa.2009.04.009)

Rajashri, K., Mudhol, S., Peddha, M. S. and Borse, B. B., "Neuroprotective Effect of Spice Oleoresins on Memory and Cognitive Impairment Associated with Scopolamine-Induced Alzheimer's Disease in Rats", *ACS Omega*, 2020, 5(48): 30898-30905 (doi.org/10.1021/acsomega.0c03689)

Srinivasan, K., "Dietary Spices as Beneficial Modulators of Lipid Profile in Condition of Metabolic Disorders and Disease", *Food Funct.*, 2013, 4(4): 503-521 (doi: 10.1039/c2fo30249g)

Talib, Wamidh H., et al., "Anticancer Effect of Spices Used in Mediterranean Diet: Preventive and Therapeutic Potentials(REVIEW)", *Frontiers in Nutrition*, 2022, Vol. 9 (doi: 10.3389/fnut.2022.905658)

Tapsell, L. C., et al., "Health Benefits of Herbs and Spices: The Past, the Present, the Future", *Med J Aust.*, 2006, 185(S4): S1-S24 (doi: 10.5694/j.1326-5377.2006.tb00548.x.)

Vasanthi, H. R. & Rarameswari, R. P., "Indian Spices for Healthy Heart—An Overview", *Curr. Cardiol. Rev.*, 2010, 6(4): 274-279 (doi: 10.2174/157340310793566172)

Wang, M., Huang, W. and Xu, Y., "Effects of Spicy Food Consumption on Overweight/Obesity, Hypertension and Blood Lipids in China: A Meta-analysis of Cross-sectional Studies", *Nutrition Journal*, 2023, 22(1): 29 (doi.org/10.1186/s12937-023-00857-6)

Yashin, A., et al., "Antioxidant Activity of Spices and Their Impact on Human Health: A Review", *Antioxidants*, 2017, 6(3): 70-77 (doi:10.3390/antiox6030070)

Zhang, W., et al., "The Effects of Capsaicin Intake on Weight Loss Among Overweight and Obese Subjects: a Systematic Review and Meta-analysis of Randomised Controlled Trials", *British Journal of Nutrition*, 2023, 130(9): 1645-1656 (doi:10.1017/S0007114523000697)

Zheng, J., Zheng, S., Feng, Q., Zhang, Q. and Xiao, X., "Dietary Capsaicin and Its Anti-obesity Potency: From Mechanism to Clinical Implications", *Bioscience Reports*, 2017, 37(3): BSR20170286 (doi: 10.1042/BSR20170286)

Zheng, Jie, et al., "Spices for Prevention and Treatment of Cancers", *Nutrients*, 2016, 8(8): 495-530 (doi:10.3390/nu8080495)

8장 향신료의 생산과 소비의 지리

https://rankingroyals.com/food/spice-production-around-the-world
https://www.astuteanalytica.com/ko/press-release/spices-seasonings-market
https://www.fao.org/faostat
https://www.fortunebusinessinsights.com/ko/industry-reports/spices-and-seasonings-market-101694
https://www.grandviewresearch.com/industry-analysis/seasonings-spices-market/toc
https://www.insidermonkey.com/blog/top-10-spice-producing-countries-in-the-world-1190915/?singlepage=1
https://www.mordorintelligence.kr/industry-reports/seasoning-and-spices-market
https://www.quora.com/Which-is-the-spice-capital-of-India
https://www.reportlinker.com/dataset/0223200dabef43860703d00654268f79b20e278f

https://www.reportlinker.com/dataset/55a51fa5ca0d44758664e871d242c70259c1dff1

https://www.sigccltd.com/spice-production-areas

https://www.verifiedmarketreports.com/ko/product/global-spices-market-2019-by-manufacturers-regions-type-and-application-forecast-to-2024

식품의약품통계연보

통계청 농작물생산통계

한국무역협회 무역통계자료

도판 출처

27쪽	소장 British Museum(영국, 런던)
28쪽	Douwe C. van der Zee(Wikimedia Commons)
31쪽	소장 The Metropolitan Museum of Art(미국, 뉴욕)
33쪽	Wikimedia Commons
36쪽	소장 Palazzo Comunale(이탈리아, 스폴레토)
39쪽	상 소장 Gallica Digital Library, 하 Gallica Digital Library
59쪽	모두 소장 국립중앙박물관
63쪽	소장 국립중앙도서관
65쪽	국가유산청 국가유산포털
76쪽	소장 국립중앙박물관
85쪽	Rainer Zenz(Wikimedia Commons)
87쪽	K Hari Krishnan(Wikimedia Commons)
88쪽	Miansari66(Wikimedia Commons)
92쪽	Simon A. Eugster(Wikimedia Commons)
95쪽	좌 Thamizhpparithi Maari(Wikimedia Commons), 우 Ping an Chang(Wikimedia Commons)
99쪽	Kjokkenutstyr(Wikimedia Commons)
101쪽	좌 Gaetan Lee(Wikimedia Commons), 우 U.S. Defense Health Agency
102쪽	Burdigo(Wikimedia Commons)
105쪽	Silar(Wikimedia Commons)
106쪽	좌 T. R. Shankar Raman(Wikimedia Commons), 우 Rainer Zenz(Wikimedia Commons)
109쪽	Ryan Snyder(Wikimedia Commons)
111쪽	좌 Herbolario Allium(Wikimedia Commons), 우상 Franz Eugen Köhler, *Köhler_s Medizinal-Pflanzen*(1897), 우하 राजू जांगि(Wikimedia Commons)등
114쪽	Holly Cheng(Wikimedia Commons)
115쪽	좌 Shi Annan(Wikimedia Commons), 우 David J. Stang(Wikimedia Commons)
117쪽	Simon Mannweiler(Wikimedia Commons)
119쪽	Holly Cheng(Wikimedia Commons)

120쪽	좌 H. Zell(Wikimedia Commons), 우 Pohled 111(Wikimedia Commons)
121쪽	좌 Mrmatiko(Wikimedia Commons), 우 WingkLEE(Wikimedia Commons)
123쪽	좌 Sanjay Acharya(Wikimedia Commons), 우 Kpsudeep(Wikimedia Commons)
125쪽	모두 Forest and Kim Starr(Wikimedia Commons)
129쪽	Picchar(Wikimedia Commons)
130쪽	H. Zell(Wikimedia Commons)
133쪽	Thamizhpparithi Maari(Wikimedia Commons)
134쪽	좌 SABENCIA Guillermo César Ruiz(Wikimedia Commons), 우상 Franz Eugen Köhler, *Köhler_s Medizinal-Pflanzen*(1897), 우하 Yercaud-elango(Wikimedia Commons)
137쪽	좌 Miansari66(Wikimedia Commons), 우 RIE0712(photoAC)
139쪽	상좌 Reaperman(Wikimedia Commons), 상우 Zeynel Cebeci(Wikimedia Commons), 하 2-2 위키, Bibliothèque de l_Université Laval(Wikimedia Commons)
142쪽	4028mdk09(Wikimedia Commons)
143쪽	좌 Tiia Monto(Wikimedia Commons), 우 Daderot(Wikimedia Commons)
146쪽	좌 Herusutimbul(Wikimedia Commons), 우 Sailesh(Wikimedia Commons)
148쪽	좌상 Fpalli(Wikimedia Commons), 좌하 Sajith Erattupetta(Wikimedia Commons), 우 Vinayaraj(Wikimedia Commons)
152쪽	Jacek Halicki(Wikimedia Commons)
154쪽	좌 Forest_Kim Starr(Wikimedia Commons), 우 tinofrey(Wikimedia Commons)
157쪽	Tarasna0922(Wikimedia Commons)
159쪽	좌상 Forest and Kim Starr(Wikimedia Commons), 좌하 Daderot(Wikimedia Commons), 우 Forest_Kim Starr(Wikimedia Commons)
162쪽	좌 Humbads(Wikimedia Commons), 우 Thamizhpparithi Maari(Wikimedia Commons)
163쪽	Krzysztof Ziarnek, Kenraiz(Wikimedia Commons)
166쪽	Ivar Leidus(Wikimedia Commons)
167쪽	Forest and Kim Starr(Wikimedia Commons)
170쪽	좌 Henna(Wikimedia Commons), 우 Marjeeva(Wikimedia Commons)
171쪽	좌 Mokkie(Wikimedia Commons), 우 Judgefloro(Wikimedia Commons)
174쪽	Evan-Amos(Wikimedia Commons)
175쪽	David J. Stang(Wikimedia Commons)
179쪽	좌 Misterneedlemouse(Wikimedia Commons), 우 Agnieszka Kwiecień, Nova(Wikimedia Commons)
181쪽	모두 Agnieszka Kwiecień, Nova(Wikimedia Commons)
182쪽	the Archive Team(Wikimedia Commons)

184쪽 좌 INAsTEA GbR(Wikimedia Commons), 우 Agnieszka Kwiecień, Nova(Wikimedia Commons)
185쪽 좌 David J. Stang(Wikimedia Commons), 우 Meneerke bloem(Wikimedia Commons)
189쪽 좌 formulatehealth(Wikimedia Commons), 우 Deror_avi(Wikimedia Commons)
191쪽 좌상 Consultaplantas(Wikimedia Commons), 좌하 VASANTH S.N.(Wikimedia Commons), 우 모두 Forest and Kim Starr(Wikimedia Commons)
196쪽 Misterneedlemouse(Wikimedia Commons)
197쪽 Krzysztof Ziarnek, Kenraiz(Wikimedia Commons)
200쪽 Arnaud 25(Wikimedia Commons)
201쪽 Picasa(Wikimedia Commons)
204쪽 Hubertl(Wikimedia Commons)
205쪽 좌 Zeynel Cebeci(Wikimedia Commons), 우 Stilfehler(Wikimedia Commons)
209쪽 Luis Miguel Bugallo Sánchez(Wikimedia Commons)
212쪽 상좌 H. Zell(Wikimedia Commons), 상우 AfroBrazilian(Wikimedia Commons), 하 Dwight Sipler(Wikimedia Commons)
216쪽 좌 Thamizhpparithi Maari(Wikimedia Commons), 중 Dsaikia2015(Wikimedia Commons), 우 Tarasna0922(Wikimedia Commons)
218쪽 좌 Trikutdas(Wikimedia Commons), 우 Satdeep gill(Wikimedia Commons)
219쪽 Rainer Zenz(Wikimedia Commons)
224쪽 Frank Vincentz(Wikimedia Commons)
226쪽 Krzysztof Ziarnek, Kenraiz(Wikimedia Commons)
228쪽 E136(Wikimedia Commons)
230쪽 상 江戸村のとくぞう(Wikimedia Commons), 하 lienyuan lee(Wikimedia Commons)
234쪽 좌 Ramon FVelasquez(Wikimedia Commons), 우 Miansari66(Wikimedia Commons)
235쪽 Obsidian Soul(Wikimedia Commons)
239쪽 photoAC
241쪽 Ramjchandran(Wikimedia Commons)
243쪽 Wilfredor(Wikimedia Commons)
246쪽 좌 Epp(Wikimedia Commons), 우 Drcooling(Wikimedia Commons)
248쪽 좌 Epp(Wikimedia Commons), 우 Dinkum(Wikimedia Commons)
249쪽 cjmartin(Wikimedia Commons)
250쪽 Nikodem Nijaki(Wikimedia Commons)
251쪽 좌 Ranjithsiji(Wikimedia Commons), 우 Juan Carlos Fonseca Mata(Wikimedia Commons)

252쪽　Ljiljana Sundać(Wikimedia Commons)
255쪽　좌 Didier Descouens(Wikimedia Commons), 우 Matt K(Wikimedia Commons)
257쪽　좌 국립생물자원관, 우 Plants of the World Online
263쪽　좌 Holger Casselmann(Wikimedia Commons), 우 Mediatech24(Wikimedia Commons)
265쪽　좌 Hit2cupid(Wikimedia Commons), 우 Keerthinellikkalaya(Wikimedia Commons)
267쪽　상좌 Wiki-uk(Wikimedia Commons), 상우 Khurram Shehzad(Wikimedia Commons), 하좌 kris krüg(Wikimedia Commons), 하우 AlekhyaDas(Wikimedia Commons)
270쪽　좌 Helge Høifødt(Wikimedia Commons), 우 Creative Tools(Wikimedia Commons)
271쪽　Takeaway(Wikimedia Commons)
272쪽　Midori(Wikimedia Commons)
273쪽　좌 Vegan Feast Catering(Wikimedia Commons), 우 Iain Cameron(Wikimedia Commons)
274쪽　Tim Sackton(Wikimedia Commons)
275쪽　좌 june29(Wikimedia Commons), 우 七味家本舗(Wikimedia Commons)
276쪽　모두 photoAC
277쪽　psd(Wikimedia Commons)
278쪽　Miansari66(Wikimedia Commons)
279쪽　좌 Purple Prain(Wikimedia Commons), 우 afooda.com
281쪽　좌 CC BY 2.0(Wikimedia Commons), 우 Fshadid(Wikimedia Commons)
282쪽　좌 allrecipes.com, 우 Artem.G(Wikimedia Commons)
284쪽　좌 sitarspiceteas.com(Wikimedia Commons), 우 dashofjazz.com(Wikimedia Commons)
285쪽　좌 Nutrition, Food Safety & Health, 우 Mariuszjbie(Wikimedia Commons)
287쪽　좌 Peter Halasz(Wikimedia Commons), 우 James Petts(Wikimedia Commons)
288쪽　좌 https://silkroadspices.ca, 우 https://www.saveur.com
289쪽　좌 thespruceeats.com, 우 Arnaud 25(Wikimedia Commons)
290쪽　Arnaud 25(Wikimedia Commons)
291쪽　좌 Daryn Nakhuda(Wikimedia Commons), 우 Matthew Field(Wikimedia Commons)
292쪽　Jane Charlesworth(Wikimedia Commons)
293쪽　좌 Mediatech24(Wikimedia Commons), 우 Badagnani(Wikimedia Commons)
295쪽　Xaymacan(Wikimedia Commons)
302쪽　상좌 stu_spivack(Wikimedia Commons), 상우 Manuel M. Vicente(Wikimedia Commons), 중좌 Richard Weaver(Wikimedia Commons), 중우 Muesse(Wikimedia Commons), 하 Pannet(Wikimedia Commons)

303쪽　상 Ben Brown(Wikimedia Commons), 중좌 Missvain(Wikimedia Commons), 중우 Abhinaba Basu(Wikimedia Commons), 하 Dr. Bernd Gross(Wikimedia Commons)

306쪽　위로부터 Benreis(Wikimedia Commons), m.louis(Wikimedia Commons), Xylotet(Wikimedia Commons), JIP(Wikimedia Commons)

307쪽　위로부터 N509FZ(Wikimedia Commons), Valters Krontals(Wikimedia Commons), Edward Russell(Wikimedia Commons)

309쪽　상좌 A.Savin, 상중 David Monniaux, 상우 Gustamons, 하좌 Rasbak, 하우 Moberg (모두 Wikimedia Commons)

311쪽　상 Odil Ruzaliyev, 중 pita pita granada, 하좌 cyclonebill, 하우 Vengolis (모두 Wikimedia Commons)

313쪽　상좌 Abdeaitali(Wikimedia Commons), 상우 Feedgame(Wikimedia Commons), 하 Dina Said(Wikimedia Commons)

314쪽　상좌 Valeva1010, 상우 A Healthier Michigan, 하좌 10 Tope Asokere, 하우 Miguel Discart (모두 Wikimedia Commons)

317쪽　상좌 Officialksv, 상우 Abhinaba Basu, 하좌 Atudu, 하우 Subhashish Panigrahi (모두 Wikimedia Commons)

319쪽　위로부터 Takeaway, D.W. Fisher-Freberg, Copperhead02, Ser Amantio di Nicolao (모두 Wikimedia Commons)

320쪽　상좌 Opponent(Wikimedia Commons), 상우 BrokenSphere(Wikimedia Commons), 중좌 wizdata(Wikimedia Commons), 중우 photoAC, 하좌 syvwlch(Wikimedia Commons), 하우 Jun Seita(Wikimedia Commons)

321쪽　Finbar.concaig(Wikimedia Commons)

323쪽　상좌 jeffreyw, 상우 Stephanie, 중좌 Jen, 중우 Carstor, 하좌 BR, 하우 Alejandro C 7ve (모두 Wikimedia Commons)

338쪽　Joe mon bkk(Wikimedia Commons)

341쪽　Katina Rogers(Wikimedia Commons)

344쪽　Abissada(Wikimedia Commons)